国家社会科学基金“十一五”规划课题
“以就业为导向的职业教育教学理论与实践研究”研究成果

全国高等职业教育旅游大类专业规划教材

酒店经营管理任务教程

Hotel Management and Operation

徐文苑 刘雪梅 主 编
闫立媛 副主编

中国铁道出版社
CHINA RAILWAY PUBLISHING HOUSE

内容简介

本教材围绕现代酒店运行与管理过程中所需要的知识和能力以及高职教育的教学标准进行内容组织。本教材以单元和任务的形式，全面阐述了酒店管理中酒店企业及其管理、酒店的计划与组织管理、酒店业务管理、酒店资源管理、酒店营销管理、酒店服务质量管理等六个方面内容。每个单元分解为若干任务来展开学习和训练。

本教材在内容组织上打破了传统的课程学科体系，采用任务驱动的方式，把“简化理论阐述，着重实际训练”放在首位，以具体的实践任务贯穿整个教学过程。每个任务都由案例导入，以启发学生思考解决实际问题的途径。教材强调以职业素质培养、能力培养和技能训练为中心，把酒店运行中的服务与管理融为一体，相互渗透。本教材突出实训过程，用任务驱动、实战演练来提高学生的职业岗位能力，还增加了知识拓展。

本教材适合作为高职高专旅游、酒店管理专业学生的教材，也可作为酒店从业人员了解和研究酒店经营管理的参考用书。

图书在版编目（CIP）数据

酒店经营管理任务教程 / 徐文苑，刘雪梅主编. —北京 : 中国铁道出版社，2012.7

全国高等职业教育旅游大类专业规划教材　国家社会科学基金“十一五”规划课题“以就业为导向的职业教育教学理论与实践研究”研究成果

ISBN 978-7-113-14881-2

Ⅰ. ①酒… Ⅱ. ①徐… ②刘… Ⅲ. ①饭店—经营管理—高等职业教育—教材 Ⅳ. ①F719.2

中国版本图书馆CIP数据核字(2012)第127266号

书　　名： 酒店经营管理任务教程

作　　者： 徐文苑　刘雪梅　主编

策　　划： 祁　云　　　　**读者热线：** 400-668-0820

责任编辑： 赵　鑫　徐盼欣

封面设计： 刘　颖

责任印制： 李　佳

出版发行： 中国铁道出版社（100054，北京市西城区右安门西街8号）

网　　址： http://www.51eds.com

印　　刷： 北京市昌平开拓印刷厂

版　　次： 2012年7月第1版　　2012年7月第1次印刷

开　　本： 787mm×1092mm　1/16　**印张：** 17.75　**字数：** 427千

印　　数： 1～3 000册

书　　号： ISBN 978-7-113-14881-2

定　　价： 39.80元

全国高等职业教育旅游大类专业规划教材

编审委员会

PREFACE 序

国家社会科学基金（教育学科）“十一五”规划课题“以就业为导向的职业教育教学理论与实践研究”（课题批准号BJA060049）在取得理论研究成果的基础上，选取了高等职业教育十个专业类开展实践研究。高职高专旅游类专业是其中之一。

本课题研究发现，高等职业教育在专业教育上承担着帮助学生构建起专业理论知识体系、专业技术框架体系和相应的职业活动逻辑体系的任务，而这三个体系的构建需要通过专业教材体系和专业教材内部结构得以实现，即学生的心理结构来自于教材的体系和结构。为此，这套高职高专旅游类专业系列教材的设计，依据不同课程教材在其构建知识、技术、活动三个体系中的作用，采用了不同的教材内部结构设计和编写体例。

承担专业理论知识体系构建任务的教材，强调了专业理论知识体系的完整与系统，不强调专业理论知识的深度和难度；追求的是学生对专业理论知识整体框架的把握和应用，不追求学生只掌握某些局部内容，而求其深度和难度。

承担专业技术框架体系构建任务的教材，注重让学生了解这种技术的产生与演变过程，培养学生的技术创新意识；注重让学生把握这种技术的整体框架，培养学生对新技术的学习能力；注重让学生在技术应用过程中掌握这种技术的操作，培养学生的技术应用能力；注重让学生区别同种用途的其他技术的特点，培养学生职业活动过程中的技术比较与选择能力。

承担职业活动体系构建任务的教材，依据不同职业活动对所从事人特质的要求，分别采用了过程驱动、情景驱动、效果驱动的方式，形成了“做中学”的各种教材的结构与体例。由于旅游大类专业毕业生的职业活动，基本上是情景导向的，因此多数旅游大类的教材采用了情景导向的教材结构。这对于培养从事旅游业高技能型人才的个性化服务理念，情景导向的思维方式，规范而又不失灵活的行为方式，富有情感的语言和交往沟通能力，特别是对游客的情感和旅游管理与服务情景的敏感特质，是

序 PREFACE

十分有效的。

本套教材从课程标准的开发、教材体系的建立、教材内容的筛选、教材结构的设计，到教材素材的选择，均得到了旅游业行业专家的大力支持。他们依据旅游业不同职业的职业资格标准，对课程标准提出了十分有益的建议；他们根据课程标准要求，提供了大量的典型职业活动案例，使教材素材鲜活起来。国内知名职业教育专家和一百多所高职高专院校参与本课题研究，他们对高职高专旅游类高技能人才培养提出了宝贵的意见，对高职高专旅游类专业教学提供了丰富的素材和鲜活的教学经验。

这套教材是我国高职教育近年来从只注重学生单一职业活动逻辑体系构建，向专业理论知识体系、技术框架体系和职业活动逻辑体系三个体系构建的转变的有益尝试，也是国家社会科学研究基金课题“以就业为导向的职业教育教学理论与实践研究”研究成果的具体应用之一。

如本套教材有不足之处，敬请各位专家、老师和广大同学不吝赐教。希望通过本套教材的出版，为我国高等职业教育和旅游业的发展做出贡献。

邓泽民

2011 年 11 月

FOREWORD 前言

近年来，国家大力推进以服务为宗旨、以就业导向的职业教育改革，取得一定的研究成果，尤其是在课程改革环节，提出了工作过程导向、项目导向、任务驱动等一系列新理念、新方法、新理论。目前，“以培养职业能力为核心，以工作实践为主线，以工作过程（项目）为导向，用任务进行驱动，建立以行动（工作）体系为框架的现代课程结构，重新序化课程内容，做到陈述性（显性）知识与程序性（默会）知识并重，将陈述性知识穿插于程序性知识之中，理论与实践一体化”的课改思路，已得到许多专家和学者的认可。随着课程改革的进行，作为课程内容载体的教材也必然要进行改革。新教材应该按照课程改革的思路进行重构，打破传统的编写模式,采用新的编写方法,如任务驱动编写模式等。为贯彻落实《关于实施国家示范性高等职业教育院校建设计划，加快高等职业教育改革与发展的意见》（教高 [2006]14 号）和《关于全面提高高等职业教育教学质量的若干意见》（教高 [2006]16 号）精神，提升高职教材建设水平，满足我国高职教育新时期的发展需要，我们着手编写一系列以项目为导向的新思路教材，以推动教学改革，促进教学质量的提高。

工学结合人才培养模式的核心是基于工作过程来开发（选择）课程体系（教学内容）。在这一理念指导下，本教材探索实施了基于工作过程的教材开发（编写）模式,与现有教材相比,本教材具有以下三个方面的特点：

第一，基于工作过程，以满足完成工作任务的需要为中心，选择教材和排序教材内容，把“简化理论阐述，着重实际训练”放在首位。

第二，以学习目标为导向，采取任务驱动型教学理念。以学习任务的形式进行编写，明确知识目标、技能目标，使学生有针对性地学习。

第三，以学习任务为目标，重新梳理整合知识体系。通过对学习任务的分析和整理，提炼学生需要掌握的学习性工作任务，以岗位操作的要求指导教学，强调教学做一体。

前言 FOREWORD

本教材为了适应高职高专酒店类工学结合教学体系改革的需要，以"工学结合、教学做一体化"为编写原则，以满足职业岗位需求为目标，以培养学生的应用技能为着力点。在内容的组织上打破了传统的课程学科体系，采用任务驱动、案例教学的方式，以具体的实践任务贯穿整个教学过程，力求在新颖性、实用性、可读性三个方面有所突破，体现高职高专教材的特点。本教材共分为六个单元：酒店企业及其管理、酒店的计划与组织管理、酒店业务管理、酒店资源管理、酒店营销管理、酒店服务质量管理。每个单元均有学习目标、任务导入，中间穿插知识拓展，后有技能训练可供学生学习和练习。本教材主要适用于高等职业院校酒店管理专业教学，也可作为酒店从业人员的培训和自学参考书。

本教材由天津职业大学徐文苑、辽宁现代职业技术学院刘雪梅任主编，天津职业大学闫立媛任副主编。郭杰、薛健、李莉、徐文兵、徐鸿志、张国彦、李德明等同志在编写过程中提出了大量宝贵的建议，同时，编者曾多次听取业内有关专家的意见，并得到一些酒店的支持和帮助，在此一并表示感谢。

虽然我们力求体现创新、实用等特色，但由于高职教育的改革与发展尚处于起步阶段，教材建设还处在探索阶段，另因编者的水平有限，因此，本教材在编写中难免存在不足之处，恳请广大读者和专家指正，以便不断完善。

编　者

2012 年 2 月

CONTENTS 目录

目录 CONTENTS

单元六 酒店服务质量管理

参考文献

单元一

酒店企业及其管理

学习目标

知识目标

1. 理解酒店及其产品的含义、特点
2. 了解酒店业的发展历史及不同时期特点
3. 掌握酒店的类型及等级划分方法
4. 了解酒店管理集团的优势及管理形式
5. 了解并掌握酒店管理的含义、职能及方法
6. 了解酒店管理的基础理论

能力目标

1. 能够应用所学内容分析一家酒店的类型
2. 能够根据给出的各种硬件状况初步判断酒店的等级
3. 能够应用所学知识对酒店中发生的现实问题进行分析和判断
4. 能够对酒店的具体问题提出管理方案
5. 能够判断酒店的行为是否科学合理

任务 1 初识酒店

酒店是人类旅行活动的产物，最初的功能是为旅行者提供过夜服务。而现代酒店的功能日趋完备，成为旅游者综合消费需求的主要依托和“家外之家”，与旅行社、旅游交通一起被称为旅游业的三大支柱。酒店作为旅游业的主要组成部分，正在发挥越来越重要的作用。酒店的内涵也随着消费者需求的发展而不断变革，消费者对现代酒店的功能、经营管理提出了新的衡量标准。以此为基础，酒店的等级标准也逐渐提高。现代酒店竞争格局的变化带来现代酒店集团的产生与发展，它对酒店功能的设置与资源管理也提出了更为严格的要求。

任务导入

世界唯一的七星级酒店

知道全世界唯一的一座七星级酒店在哪里吗？知道全世界最贵的酒店在哪里吗？知道全世界曾经最高的酒店在哪里吗？这三个问题其实只有一个答案：在迪拜，迪拜的 Burj Al-Arab 酒店（阿拉伯塔酒店，又称帆船酒店或音译为柏瓷酒店，见图 1-1）。

图 1-1　迪拜的 Burj Al-Arab 酒店

阿拉伯塔酒店的豪华程度令人叹为观止，评论家们都不知道该给它定为几星：是五星，六星，还是七星？酒店建在海滨的一个人工岛上，是一个帆船形的塔状建筑，一共有 56 层，全高 321 m。它正对着 Jumeirah Beach 酒店，以 202 套复式客房、200 m 高的可以俯瞰迪拜全城的餐厅以及世界上最高的中庭，成为 Jumeirah Beach 酒店最强劲的对手。到过这里之后，你才能真正体会到什么叫做“金碧辉煌”。它的中庭是金灿灿的，它的最豪华的 780 m^2 的皇家套房也是金灿灿的。客房面积从 170 m^2 到 780 m^2 不等，最低房价也要 1000 美元，最高的皇家套房则要 28 000 美元。皇家套房在第 25 层，家具是镀金的，设有一个电影院，两间卧室，两间起居室，一个餐厅，出入有专用电梯。

阿拉伯塔酒店是世界上唯一的七星级酒店（因为酒店设备实在太过高级，远远超过五星的标准，只好破例称它为七星级），开业于 1999 年 12 月，建立在离海岸线 280 m 处的人工岛 Jumeirah Beach Resort 上。阿拉伯塔酒店糅合了最新的建筑及工程科技、迷人的景致及造型，使它看上去仿佛和天空融为一体。阿拉伯塔酒店的工程花了 5 年的时间，2 年半时间在阿拉伯海填出人造岛，2 年半时间用在建筑本身，使用了 9000 t 钢铁，并把 250 根基建桩柱打在 40 m 深海下。酒店由英国设计师 W.S. Atkins 设计，外观如同一张鼓满了风的帆，是全球最高的酒店，比法国艾菲尔铁塔还高上一截。

阿拉伯塔酒店是阿拉伯人奢侈的象征，亦是迪拜的新标志。走进这个世界上最高的酒店，就好像走进了阿拉丁的洞穴，豪华的佐证非笔墨可言喻，从带你走进海鲜餐馆的小型潜艇，到每个房间的17部电话，再到用作机场巴士的8辆劳斯莱斯都可略见些许。你甚至可以要求直升机接送，在15 min的航程里，率先从高空鸟瞰迪拜的市容，欣赏壮丽的景观后，才徐徐降落在28楼的直升机坪。

阿拉伯塔酒店内部更是极尽奢华之能事，触目皆金（见图1-2至图1-4），连门把、厕所的水管，甚至是一张便条纸，都“爬”满黄金。虽然是镀金，但要所有细节都优雅不俗地以金装饰，则是对设计师的品位与功力的考验。由于是以水上的帆为外观造型，酒店到处都是与水有关的主题。如一进酒店门即可见到的两大喷水池，不时有不同的喷水方式，每一种皆经过精心设计，约15～20 min就换一种喷法，跟水舞没什么两样，搭着电梯还可以欣赏高达十几米的水族箱，很难相信外面就是炎热高温的阿拉伯沙漠。

图1-2　金碧辉煌的酒店内部

图1-3　黄金电视

图1-4　黄金电梯

而金碧辉煌的酒店套房，则让你感受到极度奢华。所有的客房皆为两层楼的套房，最小面积的房间都有170 m^2；而最大面积的皇家套房，更有780 m^2之大。而且全部是落地玻璃窗，随时可以面对一望无际的阿拉伯海。最令人吃惊的是一进房间，居然有一个管家等着跟你解释房内各项高科技设施如何使用，因为酒店豪华尊贵的服务宗旨就是务必让房客有阿拉伯油王的感觉。

酒店中有雄霸25楼及以上楼层的皇家套房（见图1-5），装饰典雅辉煌，顶级装修和搜罗自世界各地的摆设，如同皇宫一样气派，家具是镀金的，有私家电梯、私家电影院、旋转睡床、阿拉伯式会客室，甚至衣帽间的面积都比一般酒店的房间大。最特别的是睡房的天花板上有一面与床齐大的镜子，和自己面对面睡觉的感觉会不会很奇怪？浴室里的所有卫浴用具都是爱马仕的牌子，包括肥皂、古龙香水等。当然淋浴设备也不同凡响，除上头的莲蓬头之外，还可选择上、中、下三段式喷水，旁边则是马赛克壁画陪衬下的按摩浴池（见图 1-6），浴室门口还有皮质躺椅。

图 1-5　皇家套房

图 1-6　按摩浴池

阿拉伯塔酒店的餐厅更是让人觉得匪夷所思：酒店内的 AI-Mahara 海鲜餐厅仿佛是在深海里为顾客捕捉最新鲜的海鲜，在这里进膳的确是难忘的经历——要动用潜水艇接送。从酒店大堂出发直达 AI-Mahara 海鲜餐厅（见图 1-7），虽然航程只有短短 3min，可是已经进入一个神奇的海底世界，沿途有鲜艳夺目的热带鱼在潜水艇两旁游来游去，美不胜收。安坐在舒适的餐厅椅子上，环顾四周的玻璃窗外，珊瑚、海鱼所构成的流动景象，伴随客人享受整顿惬意的晚餐。

图 1-7　海底餐厅

海里有餐厅，空中也有餐厅，客人只需搭乘快速电梯，33 s 内便可直达屹立于阿拉伯海湾上 200 m 高空的 AI-Mahara 餐厅（见图 1-8）；进入太空设计的餐厅，以蓝绿为主的柔和灯光，再加上波浪设计的衬托，就仿佛进入另一世界。这个餐厅可容纳 140 名顾客，晚餐之际，夜空璀璨，顾客可以环观迪拜的天空和海湾，享受地中海风味的高级厨艺。而仅供应美味的 Mediterranean（地中海餐），则是该餐厅的一大特色。

图 1-8 空中餐厅

由于阿拉伯塔酒店实在是太特别了，很多外来访客只想来参观一下（对绝大多数人而言，也只能是这样饱饱眼福），不过请注意，踏进这家酒店可是要付参观费的，平日 100 Dhs、假日 200 Dhs（1 Dhs 约等于 2.25 元人民币），不过可抵作餐厅消费。

思考

1. 最好的东西一定是最有特色的东西，酒店自然也不例外。你认为阿拉伯塔酒店为什么可以称为七星级酒店？

2. 酒店为什么要分等定级？

3. 我国的酒店星级划分主要从哪些方面进行评定？

任务描述

酒店是旅游者的家外之家，度假者的世外桃源，城市中的城市，大千世界里的小世界。要管理酒店，先要认识酒店，了解酒店的类型、业务内容、业务特点、社会联系、运行方式，从而掌握酒店的运行规律，提出酒店管理的理念和方法。

任务实施

一、酒店与酒店产品

1. 酒店的基本含义

酒店（Hotel）一词源于法语，原指招待贵宾的乡间别墅，后来欧美国家沿用了这一名称，泛指所有商业性的住宿设施。酒店在中国的称谓不完全一样，除酒店外，还有宾馆和旅馆等。这里所讲的酒店，无论其设施是简单还是豪华，它至少要食宿兼备。就概念而言，酒店是指能够接待客人，为客人提供吃、住、行、游、购、娱、通信、商务和其他服务的综合性服务企业。

根据酒店的这些特性，国外的一些权威辞典对酒店下过这样一些定义：

酒店一般地说是为公众提供住宿、膳食和服务的建筑与机构。——《科利尔百科全书》

酒店是装备好的公共住宿设施，它一般都提供膳食、酒类与饮料以及其他服务。——《美利坚百科全书》

酒店是在商业性的基础上向公众提供住宿，也往往提供膳食的建筑物。——《大不列颠百科全书》

酒店是提供住宿，也经常提供膳食与某些其他服务的设施，以接待外出旅游者和非永久性居住的人。——《韦伯斯特美国英语新世界辞典》

酒店是提供住宿、膳食等服务并因而收费的住所。——《牛津插图英语辞典》

综上所述，现代酒店是设施设备完善、功能齐全、智能化控制的综合性群体建筑，是以提供住宿、餐饮、商务、购物、娱乐和健身等不同服务项目为主的系列化多样性产品，从而满足社会大众对社交、休闲、文化、健康需求的大众性、公开型、开放式的服务机构。

2. 酒店产品及其特征

(1) 酒店产品

与所有的生产经营企业一样，酒店也在生产“产品”，我们将这种“产品”称为酒店产品。酒店所有经营管理的活动都围绕着酒店产品进行，为客人提供满意、优质的酒店产品，是酒店经营的最终目标。而客人对酒店生产、销售、经营和管理活动的认识，也是以酒店产品为评价标准的。酒店产品就是酒店为客人提供的实物产品、有形设施、无形服务及企业文化的有机结合。

从宾客的角度讲，酒店产品是一段住宿经历。宾客的这段住宿经历是个组合产品，它由三部分构成：物质产品，即宾客实际消耗的食品、饮料等；感觉上的享受，它是通过住宿设施的建筑物、家具、用具等来传递的，宾客通过视觉、听觉、嗅觉领略；心理上的感受，宾客在心理上所感觉到的利益，如地位感、舒适感、满意程度、享受程度等。

从酒店的角度讲，酒店产品是酒店有形设施和无形服务的综合：

① 酒店的位置。酒店所处的位置，指它与机场、车站的距离，周围的风景环境，距游览景点和商业中心的远近等，这些都是宾客选择酒店的重要因素。酒店只要能充分利用现有的优势向宾客推销，往往就能吸引宾客，取得较佳效果。

② 酒店的设施。酒店设施指酒店的建筑，酒店的各类客房，包括单人间、标准间、商务套间、豪华套间、总统套房等；各类别具特色的中餐厅、西餐厅、风味厅、快餐厅；康乐中心，包括保龄球、台球、麻将室、卡拉OK厅、游泳池、商务中心、美容院、按摩室、桑拿浴室、健身房，以及公共的休息场所、卫生间等。齐全的设施也是推销酒店产品的重要条件。

③ 酒店的服务。酒店的服务包括训练有素、端庄大方、懂得礼仪、恭敬待客的服务员，操作熟练、动作轻盈利落、主动热情、善为宾客处理意外情况的现场管理员，以及能讲标准、流利的国际语言，不厌其烦地解答宾客的问询，千方百计为宾客排忧解难，使宾客感到安全可靠的服务。良好的服务应该说是酒店产品中最为重要的部分。

④ 酒店气氛。气氛是宾客对酒店的一种感受。现代化装饰的豪华设施，中华民族风格的（古色古香、园林风格）酒店建筑，配上不同的格调、不同档次的壁画、艺术品，错落有致的花草布置，以及与之相适应的服务员的服饰打扮，对各国宾客都将有特殊的吸引力。

⑤ 酒店的形象。酒店通过销售与公关活动在公众中所形成的良好形象，涉及酒店的历史（知名度）、经营思想、产品质量与信誉度等诸多因素，是最有影响的活广告。

⑥ 酒店的价格。价格也是产品的组成部分之一。

(2) 酒店产品的特点

现代商业酒店管理大师斯塔特勒指出：“酒店出售一种特殊产品——服务。”服务是一种特殊商品，与一般商品比较，其特殊性体现在以下几方面：

① 生产与消费同步。一般商品由生产到消费要经过商业这个流通环节。商品的生产过程与宾客的消费过程是分离的，宾客看到的和感受到的只是最终产品。而酒店出售的产品却不存在这样“独立”的生产过程，它要受宾客即时需要的制约，其生产过程和消费过程几乎是同步进行的。只有当宾客购买并在现场消费时，酒店的服务和设施相结合才能成为酒店产品。

② 价值不能储存。一般商品的买卖活动会发生商品的所有权转让，而酒店出租客房、会议室和其他综合服务设施，并同时提供服务，并不发生实物转让。宾客买到的只是某一段时间的使用权，而不是所有权。以每晚租金 880 元的酒店客房为例，如果此房全天租不出去，那么这 880 元的价值就无法实现，也就是说，它的价值具有不可储存性，价值实现的机会如果在规定的时间内丧失，便一去不复返。它不像一般的商品那样，一时卖不出去，可以储存起来以后再销售。所以，一般把客房比喻为“易坏性最大的商品”、“只有 24 小时寿命的商品”。

③ 受人的因素影响很大，具有不可捉摸性。酒店服务是无形的，服务质量的好坏不能像其他商品那样用机械或物理的性能指标来衡量。来自不同国家和地区的不同类型的宾客，由于他们所处的社会经济环境不同，民族习惯、经历、消费水平和结构不同，对服务接待的要求也不尽相同，因此，宾客对服务质量的感受往往带有较大的个人色彩和特点。酒店提供的服务质量的高低在一定程度上取决于宾客各自的需要和自身的特点。

一般的商品可以摆在柜台里，让宾客自由选择购买，而酒店产品却具有不可捉摸性。宾客在购买前对酒店产品看不见、摸不着，通常不可能对这一产品的质量和价值做出准确的判断，往往产生“担风险”的心理，因而不利于酒店产品的销售。酒店服务也不能像其他产品那样，做得不好，可以重新返工，而酒店的任何一个环节和服务人员出了问题，对酒店所造成的损失常常是难以弥补的。

④ 具有综合性和季节性。现代旅游是一种高级消费形式，酒店必须提供和满足宾客的吃、住、行、购、娱等多种产品和服务。酒店产品往往同时具有生存、享受和发展三种功能，酒店产品必须是能够满足宾客多层次消费的综合性商品。

旅游受季节、气候等自然条件和各国休假制度的影响较大。在国际上，各国的休假大多在夏季和秋季，因此酒店产品的销售具有明显的季节性。淡旺季宾客多寡差别很大，造成宾客住店大起大落的差异。

二、酒店业的发展历史

酒店是伴随着人类旅行活动的发展而在人类社会出现的。国内外酒店业的发展，均经历了一个漫长的历程。阐述酒店业如此漫长的历史沿革，一般是以划分酒店业历史时期作为切入点，通过比较酒店业不同时期和不同阶段之间质的差别，揭示酒店业历史变迁的进程和发展脉络。

1. 世界酒店业的发展历程

按照传统分期理论，世界酒店业发展史大致经历了四个时期：早期的客栈时期，专为富有的特权阶层服务的大酒店时期（豪华酒店时期），为适应工商业大发展需要的商业酒店时期，以及第二次世界大战后至今的现代新型酒店时期。这四个时期的划分及特点如表 1-1 所示。

表 1-1　酒店业发展的过程及特点

发展阶段	市　场	交通方式	地　点	特　　点
客栈时期	传教士，信徒，外交官吏，信使，商人	步行 骑马 驿车	古道边 车马道路边 驿站附近	设备简陋，仅提供基本食宿；服务项目少，质量差；声誉差，被认为是低级行业；不安全，常有抢劫发生
大酒店时期	贵族度假者，上层阶级，公务旅行者	火车 轮船	铁路沿线 海港附近	规模大，设施豪华；服务正规，具有一定接待仪式，具备一定规格的礼貌礼节
商业酒店时期	公务旅行者	汽车 飞机 火车	城市中心 公路边	设施方便、舒适、清洁、安全；服务健全但较简单；经营方向开始以顾客为中心；价格合理
现代新型酒店时期	大众旅游市场	汽车 飞机 火车	城市中心 旅游胜地 公路边 机场附近	规模扩大，酒店集团占据着越来越大的市场；类型多样化，开发了各种类型的住宿设施；服务综合性，酒店提供住、食、旅游、通信、商务、康乐、购物等服务

（1）客栈时期

客栈是现代意义上酒店的雏形（见图 1-9），作为一种住宿设施早就存在，真正流行是在 12 世纪以后，盛行于 15 ～ 18 世纪之间，以英国的客栈最为著名（见图 1-10）。客栈是独立的家庭生意，主要接待宗教徒和商人。从设施上讲，其特点是规模小，设备简陋，多设在乡间或小镇，一般相距马匹一天可以行走的路程，除提供基本的睡眠设施和饮食外，无其他服务可提供，价格也很低廉。客栈是人们聚会并互相交往、交流信息的场所，并逐渐发展成为当地社会政治与商业活动的中心。客栈的发展为豪华酒店的出现及酒店管理的发展提供了经验。

图 1-9　欧洲的客栈

图 1-10　英国早期的客栈

（2）大酒店时期（豪华酒店时期）

大酒店时期大约为 19 世纪初到 20 世纪初这一时期。19 世纪的欧洲，随着上层社会新的生活方式的转变，专为王室、贵族、上层社会服务的豪华酒店应运而生。其中，在德国巴登 - 巴登（Baden- Baden）这一罗马时代著名的温泉疗养地建立的巴典国别墅（Der Badischer Hof）是第一座富丽堂皇的大酒店（见图 1-11），而法国的“巴黎大酒店”、“罗浮宫大酒店”（见图 1-12）、英国的“萨伏依酒店”，美国波士顿的“特里蒙特酒店（Tremont）”（见图 1-13），德国柏林的“恺撒大酒店”（见图 1-14）、“法兰克福大酒店”是这一类型的代表。大酒店建在最为繁华的大都市，规模宏大，建筑与设施豪华，装饰讲究，服务一流，讲究礼仪，尽全力满足客人的要求。这一时期，瑞士籍酒店主恺撒·里兹（César Ritz）（见图 1-15）建造、经营的酒店及他本人的名字变成了最豪华、最高级、最时髦的代名词，他提出的“The guest is never wrong（客人永远不会错）”成为酒店经营的格言。豪华酒店出现后，随着酒店规模的扩大，接待服务活动逐渐形成一种社会化劳动，酒店管理工作开始从接待服务中分离出来，形成专门的职能，从而促进了酒店管理的发展。

图 1-11　19 世纪初在德国巴登 - 巴登建造的巴典国别墅

图 1-12　1855 年建于巴黎的罗浮宫大酒店

图 1-13　1829 年建于美国波士顿的特里蒙特酒店

图 1-14　1874 年建于柏林的凯撒大酒店

图 1-15　被称为“现代豪华酒店之父”的恺撒·里兹

(3) 商业酒店时期

商业酒店时期（见图 1-16）大约从 19 世纪末到 20 世纪 50 年代，以美国为代表。20 世纪初期，随着世界经济的发展，导致了商务旅游的急剧增加。结果对价格低廉、设备舒适、服务周到的投宿设施的需求量增加，但无论是豪华的大酒店还是简陋的客栈，都无法满足这种需求，于是商业酒店应运而生。20 世纪初的美国出现了“一个房间一浴室，一美元零五十分”的斯塔特勒酒店。埃尔斯沃思·密尔顿·斯塔特勒（Ellsworth Statler）（见图 1-17）于 1908 年在布法罗（Buffalo）建造的以他的名字命名的斯塔特勒酒店是商业酒店的代表（见图 1-18），他提出的“客人永远是正确的”至理名言，迄今仍为酒店业主们推崇恪守。商业酒店的特点是提供完善的设备和设施，推行优良的服务，服务对象是从事商业活动的旅游者，其设施与服务项目讲究舒适、方便、清洁、安全与实用，价格便宜合理。他们格外讲究经营艺术，注意服务水平的提高与改善管理，力求降低成本以获得最佳利润，并开始向标准化、连锁化迈进。商业酒店时期是世界酒店发展史中最为重要的阶段，它从各方面奠定了现代酒店业的基础，并在此基础上形成了世界性的国际酒店协会，制定了酒店法规，建立了一些旅游管理、酒店管理的高等院校。科学技术的先进成果也广泛运用于酒店管理中，使酒店管理工作达到科学化和效率化，大大提高了管理水平、服务质量和经济效益，使酒店管理以崭新的面貌在住宿业中出现。

图 1-16 建于 1931 年的华尔道夫·阿斯托利亚旅馆

图 1-17 酒店标准化之父——斯塔特勒

图 1-18 1908 年建于布法罗的斯塔特勒酒店

(4) 现代新型酒店时期（酒店联号时期）

这一时期大约从 20 世纪 50 年代开始至今。它是社会生产力高度发展，社会消费结构深刻变化，国际旅游活动“大众化”、“普及化”的必然结果。从 20 世纪 50 年代开始，随着国际旅游业的发展，世界上一些有实力的酒店公司以其自身的扩展、出售特许经营权与签订经营合同等方法向国外扩展，逐渐形成了一大批使用统一名称、统一标识，在酒店建造、设施设备、服务程序、管理方法等方面实行统一标准，共同进行酒店促销、客房预订、物资采购与人才培训的大小不等的酒店联号。酒店不再是仅仅向客人提供吃、住的安全场所，其功能日益多样化，除满足舒适、卫生、安全的需要外，还要满足客人对消遣、健身、公务等的多种特殊需要，它不仅为外来的旅游者服务，还是当地社会活动的重要场所。旅游业的发展刺激了酒店业，酒店业的发展又引起了同行的竞争，各酒店均不断改进经营管理，加强市场营销，以获得最佳效益为目标。世界上出现了规模庞大的跨国酒店联号和专门从事酒店经营管理或提供管理咨询的专门公司。如希尔顿（Hilton）（其创始人见图 1-19）、喜来登（Sheraton）、假日酒店（Holiday

Inn)（其创始人见图 1-20）、最佳西方国际（Best Western International）等。现代新型酒店注重规模效益、连锁经营，其功能日益多样化，在经营管理上，注重用科学手段进行市场研究，加强成本控制，提供优质服务，不断提高管理水平和服务质量，使酒店管理日益科学化和现代化。

图 1-19 康拉德·希尔顿——希尔顿酒店创始人

图 1-20 凯蒙斯·威尔逊——假日酒店创始人

2. 中国酒店业的发展历程

按照传统分期理论，中国酒店业发展史大致经历了四个时期：古代客栈时期、近代酒店时期、行政事业单位时期和现代旅游酒店时期。

（1）古代客栈时期

在中国，最早的酒店设施可追溯到春秋战国或更古远的时期。数千年来，中国的唐、宋、明、清被认为是酒店业得到较大发展的时期。在古代，酒店设施可以分为官办和私营民间酒店两大类。

官办的住宿设施有驿站和迎宾馆两类，它们在古代酒店史上占有重要的地位。驿站是中国历史上最古老的一种官办住宿设施。驿站是为“驿传制度”服务而设立的，始于商代中期，止于清光绪年间“大清邮政”的兴办，以专门接待往来信使和公差人员并为其提供车、马等交通工具和食宿设施。但由于朝代更迭、政令变化，其名称常有变化，如传舍、驿舍、驿楼、驿馆、邮亭、邮铺、铺舍等均为这种官办设施在不同时期的种种称谓。迎宾馆是中国古代另一类官办住宿设施。“迎宾馆”的名称最早见于清末，在此以前，春秋战国时期称“诸侯馆”和“传舍”，西汉时称“蛮夷邸”，南北朝时称“四夷馆”，隋、唐、宋称“四方馆”，元、明、清称“会同馆”，这是专门用来接待各国使者和商客食宿的设施。

民间经营的食宿设施也很多。商周时期出现的专门供人在旅途中休息食宿的场所称“逆旅”，历代多有发展。到明清时期，随着中国封建科举制度的发展，在各省城和京城出现了专门接待各地赴试学子的会馆，亦成为当时住宿业的一部分。

古代客栈时期，驿站等仅仅是一种简单的住宿设施，其规模较小、设施简陋、服务单调，管理没有形成专门的职能（见图 1-21）。

图 1-21 古代客栈

(2) 近代酒店时期

近代酒店时期大约从 19 世纪末到 1949 年。此时的酒店除了传统的旅馆外，还出现了西式酒店和中西式酒店。

西式酒店是 19 世纪初外国资本侵入中国后所建造和经营的酒店（见图 1-22)。这类酒店在建筑式样、设施设备、内部装修、经营方法、服务对象等方面都传承西方文化，与中国传统旅馆不同。中西式酒店是从民国开始由民族资本投资兴建的酒店，多为楼房建筑，店内设施、服务项目和经营方式都受西式酒店影响。到 20 世纪 30 年代，中西式酒店的发展达到了鼎盛时期。中西式酒店将欧美酒店业的经营观念和方法与中国酒店经营环境的实际相融合，为中国酒店业进入现代酒店时期奠定了良好的基础。

这一时期酒店的特点是规模大、设施较为舒适、服务项目较多，经营管理已从服务中分离出来形成专门的职能。学习西方管理的先进技术和方法，以经验管理为主。

图 1-22　利顺德酒店 (始建于 1863 年)

(3) 行政事业单位时期

我国酒店行政事业单位时期主要指从 1949 年至 1978 年的阶段。这一阶段是我国酒店管理演变过程中的特殊阶段。酒店作为行政事业单位，接待服务工作完全按照上级行政机关的计划和行政指令运行，价格由上级行政机关统一确定，财务统收统支。酒店的服务对象以接待国际友好人士、爱国华侨和国内高级会议为主，政治要求高。酒店管理主要是为政治服务、为外交政策和侨务政策服务的，处于经验管理阶段，缺乏科学的理论指导，在管理体制、管理方法、接待程序、环境艺术、经营决策等方面都比较落后。酒店管理不注重市场研究，没有预订制度和客源开发机构，在经营方式、接待服务、价格等方面都是固定的、僵化的，以不变应万变，使我国酒店管理长期处于落后的局面。

(4) 现代旅游酒店时期

从 1978 年至今属于现代旅游酒店时期。我国现代旅游酒店的发展历史不长，但速度较快。中国现代化的酒店设施主要兴建于近十几年，其中一些是经过改造的老酒店，一些是新建造的宾馆、酒店和招待所，另一些则是近些年来兴建的现代化新型酒店（见图 1-23 和图 1-24)。自 1978 年以来，我国旅游酒店无论是行业规模或设施质量，还是经营观念或管理水平，都已取得了长足的进步。1978 年，我国能够接待境外人员的酒店只有 203 座，客房 2.3 万间，酒店业规模小、数量少，难以满足客源迅速增加的要求。为了适应形势发展，先把政府招待所改成了涉外酒店，尤其是在沿海地区各主要旅游城市，同时引进外资兴建酒店。但在这一时期，我国的旅游酒店尚属起步阶段，在设施设备、人员素质、服务质量、经营管理等方面，离国际市场上的要求还有很大差距。1982 年，我国旅游酒店业进行了改革。1982 年 2 月，杭州酒店、杭州华侨酒店率先在全国酒店业中进行试点，试行岗位责任制和浮动工资制，并在 1983

年向全国推广，实现我国酒店业从经验管理向科学管理、从事业单位向企业经营的重大转变。此后，我国旅游酒店业蓬勃发展。时至今日，许多外资酒店、外方管理酒店、中外合资经营酒店、合作经营酒店在全国各大城市、各主要游览城市开张营业，国际著名酒店集团也纷纷登陆中国酒店市场。这一时期的主要特点是：酒店设施和服务日臻完善，事业单位体制转化为企业化体制，多种形式联合，引进外资和管理，整体经营管理水平日趋先进，形成了一套相对比较规范的服务体系和先进的管理理念。

图 1-23　建于 1982 年的北京建国饭店

图 1-24　建于 1983 年的广州白天鹅宾馆

三、酒店的分类

现代酒店的种类繁多，按照不同的标准（如服务对象、规模大小、计价方式等），可以将酒店分为不同的类型。根据某些特定标准对酒店进行分类，一是有利于市场营销，能使酒店明确营销对象和所处市场，从而更有效地制定计划，更集中地使用广告宣传费用，同时也能使宾客在选择酒店时有比较明确的目标；二是便于同行业比较，一家酒店经营效益的好坏，要与同一类型的酒店相比较才有意义，特别是当酒店企业运用酒店行业的各种统计资料分析市场动向、研究竞争对策和制定经营方针时，同类酒店的比较显得格外重要。

1. 根据客源市场和宾客特点划分

（1）商务型酒店（Commercial Hotels）

商务型酒店又称暂住型酒店（见图 1-25），此类酒店以接待商务客人为主，也接待旅游客人及因为各种原因作短暂逗留的其他客人，通常地处城区，靠近商业中心。这类酒店适应性广，在酒店业中占有较大的比例。酒店应从外观环境、内部设施、装饰布局及定制服务等方面考虑，充分满足商务客人的需要。商务型酒店的各类服务设施，特别是商务所需的设备设施，需一应俱全。商务中心提供打字、文秘和翻译服务等，另外也要注重康乐中心、健身房和游泳池等设施。

图 1-25　商务型酒店

（2）度假型酒店（Resort Hotels）

度假型酒店主要接待以度假、休闲、保健等为目的的宾客。此类酒店一般坐落在风景名胜地区，如海滨、山区、瀑布、森林和温泉等（见图 1-26）。度假型酒店除了提供一般酒店所应有的一切服务项目外，大多还开设适宜的各类健身、娱乐项目，如高尔夫球、网球、游泳池、水上游艇、划船、滑雪、骑马等。度假型酒店环境优美，宾客不仅可以享受到舒适的服务，同时可以尽情欣赏大自然的景色，返璞归真，回归自然。

图 1-26 度假型酒店

（3）长住型酒店（Resident Hotels）

长住型酒店主要接待住宿时间较长，在当地短期工作或度假的客人或家庭。这类酒店（见图 1-27）要求长住客人与酒店签订租约，酒店的组织、管理相对而言较为简单。酒店客房多采用家庭式布局，以套房为主，配备适合客人长住所需要的家具、电器和厨房设施。既有酒店的常规服务，又要使服务亲切、周到、针对性强，讲究家庭式氛围。

图 1-27 长住型酒店

（4）会议型酒店（Convention Hotels）

会议型酒店主要接待各种会议团体。通常设在大都市和政治、文化中心，或交通方便的风景区、游览胜地（见图 1-28）。酒店除提供常规性的服务外，还要设置足够的多种规格的会议厅或大的多功能厅，必须具备各种规格的会议设备，提供高效率的接待服务。目前，MICE 的接待业务已成为世界范围内的酒店共同追逐的目标。MICE 分别代表 Meeting（会议）、Incentive（奖励旅游）、Conference（大型会议）、Exhibition（展览会），四项业务中有三项属于会议性质。随着经济的发展和对外交流的日益频繁，会议型酒店在中国有了较大发展。

图 1-28 会议型酒店

（5）汽车旅馆（Motel）

汽车旅馆是设在公路旁，为自备有汽车的游客提供食宿等服务的酒店（见图 1-29）。这种酒店最初建在公路旁边，有明显的标记，旅馆不大，一般有 100 个房间左右，二层楼居多。二楼做客房、餐厅，一楼做车库，有的还有健身房、游泳池等综合服务设施。随着酒店业的发展，这种汽车酒店逐渐打入城市周围和市内。它和一般酒店不同的地方在于建有较大规模的停车场，且价格便宜，一般采用自动化服务，设有商店和餐厅。进入 20 世纪 70 年代以来，汽车旅馆不仅提供客房和餐饮服务设施，还有洗衣服务、会议室、舞厅、球场等其他酒店所拥有的综合服务设施。因此，这种新型的酒店很受旅游者的欢迎。

图 1-29　汽车旅馆

2. 根据酒店计价方式分类

（1）欧式计价酒店

房价仅包括房租，不含食品、饮料等其他费用。世界各地绝大多数酒店均属此类。

（2）美式计价酒店

客房价格包括房租以及一日三餐的费用。

（3）修正美式计价酒店

客房价格包括房租及早餐和一顿正餐（午餐或晚餐）的费用，以方便宾客有较大的自由安排白天的活动。

（4）欧陆式计价酒店

房价包括房租及一份简单的欧陆式早餐，即咖啡、面包、果汁。此类酒店一般不设餐厅。

（5）百慕大计价酒店

房价包括房租及美式早餐的费用。

3. 根据酒店规模划分

酒店的规模通常把客房数量作为分类标准。根据客房数量可以将酒店划分为大型、中型和小型酒店。通常认为：客房在 600 间以上的为大型酒店；客房在 300 ～ 600 间之间的为中型酒店，客房在 300 间以下的为小型酒店。

四、酒店的等级划分

酒店等级是指一家酒店的豪华程度、设施设备、服务范围、服务质量等方面所反映出的级别与水准。不同国家和地区采取不同的评定方式对酒店进行等级评定。不少国家和地区通常根据酒店的位置、环境、设施、服务等情况，按照一定的标准和要求对酒店进行分级，并用某种标志表示出来，在酒店显著的地方公诸于众。不同的国家和地区采用的分级制度各不相同，用以表示级别的标志与名称也不一样。目前世界上通用的方法有如下几种：

1. 星级制

星级制是将酒店按照一定的标准分成的等级分别用星号表示出来，以区别等级的制度。采用星级体系，可将酒店分为五个星级，即一星、二星、三星、四星和五星级酒店（见图 1-30）。比较流行的是五星级级别，星级越高，等级越高。这种星级制在世界上，尤其在欧洲，采用最为广泛。我国国家旅游局也采用这种方法进行酒店星级的评定，并在新的星级评定标准中增加了白金五星酒店。

★	一星级	卫生
★★	二星级	方便
★★★	三星级	舒适
★★★★	四星级	豪华
★★★★★	五星级	豪华＋文化
☆☆☆☆☆	白金五星	超豪华

图 1-30 星级酒店标牌

2. 字母表示法

许多国家将酒店的等级用英文字母表示，即 A、B、C、D、E 五级，E 为最低级。有的国家虽然是五级却用 A、B、C、D 四个字母表示，最高级用 A_1 或特别豪华级来表示。

3. 数字表示法

用数字表示酒店的等级，一般最高级用豪华表示，继豪华之后由高级到低级依次为 1、2、3、4，数字越大，档次越低。

五、酒店的主要功能区

酒店从业务性质上来说可以分为两大部分：直接供宾客使用的，对宾客面对面服务的部分称为前台接待部分；不直接接触宾客的，为前台服务提供供应性服务的部分称为后台供应部分。前台部分的功能和结构布局是围绕着宾客的活动来进行的。后台部分一般不直接接触宾客，其功能和结构布局是围绕着为宾客服务、为前台服务而发生作用的。

1. 酒店外环境

酒店建筑造型是千变万化的，从酒店本身出发，建筑造型要注意几点：其一，建筑造型要适合酒店业务特点、经营和效益的需要；其二，要充分考虑建筑物内部布局，要和整个周围环境相协调；其三，建筑物尽量扩大外立面，加大自然采光；其四，建筑物及外立面造型要和酒店形象的 CI 系统相一致；其五，建筑物应有酒店徽标、名称字样。外环境的总体布局要合理配置，有韵律节奏感，形成众星捧月之势（见图 1-31）。对外环境的绿化带、喷水池、装饰物、庭园、交通道、停车场等都要因地制宜，合理布局，突出文化性、美感和酒店气氛。酒店建筑物与城市道路之间留足消防通道后，用较密集的绿化带做隔离。酒店门厅前及四周可开辟花坛或小庭园，种植常绿植物和地被植物，使酒店给人以柔情、恬静和生机勃勃的感觉。门厅外环境是宾客首先接触酒店的地方，也是宾客进出酒店的必经之地，又是车辆最繁忙之地。门厅外应有一片开阔地或小广场，如用地紧张，至少也应有回车道、人行道、残疾人通道、停车坪、停车场、防雨棚等。为了使车道与人行道有所分隔，通常布置一些花坛、草地、雕塑、庭园或喷水池做分隔，既增加美感，又带有自然分隔空间的作用，喷水池还可做消防水源。门厅前停车坪的设置要便于门童和行李员为宾客提供服务。酒店必须要有停车场，车位数应是客房数的 1/3 左右。如果酒店餐饮娱乐项目较多，停车场车位数还得增加。停车场一般设置在酒店的侧面、正面两侧或地下。地下停车场有自动灯指挥装置，车道和停车场应有路标、指示牌。

图 1-31　酒店外环境

2. 前厅大堂

前厅是宾客进出酒店的吞吐口和集散地，是宾客办理手续的场所。前厅还要为宾客提供休息、综合服务、处理投诉等多项服务，前厅又是酒店的信息中心和业务调度中心。

前厅要有一个美观大方的大门，以双层门为好，双层门以一道为自动门，一道为非自动门。前厅大堂要有足够的空间以供宾客集散和通行。大堂面积以不小于 200 m^2 和不大于 1000 m^2 为宜。大堂的空间要做有机的区分和组合。大堂应有作业空间、服务空间、流动空间、停留空间和休息空间等。大堂也可布置小庭园、雕塑、绿化或其他设施以自然地分割空间。前厅大堂的中心部分是总台，总台设置以长条式为佳，总台应附设有总台办公用房、行李寄存室等与总台业务相关的设施。大堂要设置预订处、行李房、商务中心、大堂经理等，根据酒店档次风格的不同，大堂还可以设置其他一些设施。大堂布置要有一定的文化气息，有风格个性、艺术特色（见图 1-32）。大堂还要设置大堂酒吧、宾客休息区、宾客用卫生间、公用电话亭、书报阅览架、酒店服务示意图等。大堂布局的发展趋势是趋向于多功能化，如在大堂设置商务洽谈室、咖啡室、美容室、图书室、花店、商场等。

图 1-32　酒店大堂

3. 客房

客房是酒店的主体，是酒店存在的基础。客房是宾客在酒店唯一能封闭而单独使用的场所。

客房的功能是供宾客休息、睡眠、工作、梳洗、会客等须单独进行活动的场所（见图 1-33），如果宾客把酒店当作家外之家的话，那么这一点在客房表现得最为充分。客房又是酒店收入的主要来源之一，且收入比较稳定，客房的功能结构正趋向于多样化，客房的布局应随之而现代化。

客房布局的要求是安全、安静、舒适、温馨、设施齐全和使用方便。客房布局十分讲究“细”，即细部、细节、细微之处的考虑。客房通常是在公用设施的上层，客房的布局呈立体垂直规则排列，即各楼层相同功能的空间都在同一个立面上，由管道井贯通上下，卫生间也都在同一个立面上。采用这种布局一方面是由于客房比较规则，另一方面是由于众多客房管道的走向要一致。客房排列在楼面上，一个楼面的客房数以 10 ～ 12 的倍数为最理想。楼面客房排列以走道左右两侧排列居多，走道两侧客房相对的房门应错开排列。各类客房要有一个合理的比例。一般同档次的客房安排在同一个楼面，高档次客房安排在高楼层，低档次客房安排在低楼层。最高档次客房为总统套房、豪华套房等往往安排在顶层。客源有多种类型，客房也有多种布局形式。以标准房为例，客房要有睡眠空间、书写空间、起坐空间、储藏空间、盥洗空间。客房布局还应尽可能使较多的客房窗户面临好的景色和朝面，客房布局时应充分利用窗户，应扩大窗户面积以增加更多的自然采光。客房设计工艺要充分考虑隔音，使客房噪声降低到最低程度。客房最好能采用综合布线系统，使通信线路有多种功用，让宾客在客房能使用计算机、国际互联网及各种自携式通信设备。

图 1-33　酒店客房

4. 餐饮设施

餐饮设施是酒店为宾客提供食品、饮料消费的场所和设施的总称，餐饮的功能主要是营造环境和气氛，满足宾客对食和饮的需求。宾客对食和饮的需求，不仅是满足生理和享受的需要，而且还是对一种文化的探求，在精神上感受一种氛围，因为餐饮本身是一种民族文化的反映。餐饮从完整概念上来说，应包括食品、饮料、餐厅环境、餐饮服务、厨房生产和食品原料等多种因素，所以餐饮的结构布局也要考虑周全。

酒店餐厅往往不是一两个，而是由多种类型组成。酒店餐厅一般有中餐厅、宴会厅、西餐厅、自助餐厅等（见图 1-34）。有些酒店还有旋转餐厅、烧烤餐厅、特色餐厅等。设置什么样的餐厅，设置多少个餐厅，要根据餐厅的客源市场和酒店本身的技术力量而定。餐厅属公用场所，既要接待住宿宾客，也要接待非住宿宾客，同时要接待外来的大型宴会。

餐厅要设置在适中或便于进出的地方，既要方便住宿宾客的出入，也要方便非住宿宾客的出入。餐厅一般设置在建筑物的一、二层，沿街的建筑物可靠街设置餐厅。餐厅可连接大堂而安置于一楼，也可和其他公用设施安置于一个楼层。高层建筑的顶层用来设置餐厅的布局形式也较普遍，在高层便于宾客边用餐边俯瞰大地景色，旋转餐厅必安置在顶层。厨房应和餐厅配套在同一个平面上，餐厅布局中切忌餐厅分散在不同楼层而共用一个厨房，切忌用升降机运送成品菜食。一个酒店若餐厅较多且又在同一个平面上，就形成餐厅群（或称餐饮区）。餐厅群可以以厨房为中心，形成周围圆形布局，以充分利用厨房空间，并能共用厨房的许多机械设备、冰冻设备及人员，以减少空间、能源设备的浪费，同时也有效地缩短出菜、收台的行走路线。餐厅和厨房之间应有一个中间地带，称为备餐间。备餐间的作用是备餐、餐厅服务的后台准备、菜食的集散地，也有分隔餐厅和厨房，以减少油腻味、油污和厨房噪声进入餐厅的作用。

咖啡厅和酒吧是现代酒店不可缺少的一部分。咖啡厅和酒吧主要也是提供饮料和食品，业务上和组织上均归属于餐饮部。咖啡厅和酒吧的功能是供宾客休闲、憩息、社交、商谈、会友的场所，有一种轻松愉快的气氛。咖啡厅的位置布局比较自由，能与景观相连或能观赏景观是最理想的。我国酒店往往把咖啡厅和西餐厅合二为一，这是很合理的。酒店的酒吧可以是一个，也可以是多个。酒吧一般和大堂、娱乐场所、庭园、游泳池等组合在一起。酒吧的空间面积可大可小，根据需要而因地制宜。

图 1-34　酒店餐厅

5. 娱乐、康乐设施

娱乐、康乐设施是现代酒店不可缺少的部分，随着市场对酒店产品多元化的需求，以及人们生活方式的改变，酒店发展趋势最明显的部分是娱乐、康乐设施的发展，即从单一到多样化，从简单到复杂，所处的地位和份额稳步提高。酒店娱乐设施主要是歌舞厅、卡拉 OK 厅、棋牌室、电子游戏厅、影视厅等。娱乐设施通常布局在酒店底层后部、侧面，或安置在裙房里，或安置在公共设施区域。娱乐设施较为理想的布局是自成一个区域，与其他公共设施有一定的分隔。因为娱乐设施的音响可能造成对酒店其他客用区域的不良影响，在布局时位置选择必须谨慎。棋牌室比较安静，它自身也需要一个安静的环境，布局时应把棋牌室放于一个僻静的区域。歌舞厅面积一般不应小于 250 m^2，歌舞厅附带有舞台、化妆室、音控室、酒吧、制作室、公共卫生间、休息室等。卡拉 OK 厅附属设施与舞厅相同，也应自成一个区域，将其和歌舞厅靠得近一点更佳。

酒店康乐设施种类繁多（见图 1-35），可分为以下几类：康体类，如健身房、桑拿浴等；球类，如保龄球、台球、乒乓球、壁球、地滚球、网球等；戏水类，如游泳池、温泉浴、戏水乐园等；休闲类，如高尔夫球、茶室、垂钓等。康乐设施占地或大或小，场地或室内或室外，场地的建筑结构或简单或复杂，康乐设施布局也颇费思量。首先取决于场地。健身房面积不小于 50 m^2，设置在公用设施区域较僻静处，用透明的全玻璃与走廊隔断。桑拿浴区一般由更衣区、淋浴区、桑拿浴（干湿蒸）区、按摩浴区、休息区、梳理区、洗手间、按摩区等组成，桑拿浴区外设有服务台，面积应不小于 100 m^2，多安置在酒店的后、侧部，且自成区域，与其他公用设施有区域性隔断。保龄球场要求场地较大，其球道长度约需 30 m。保龄球区一般由竖瓶区、球道、助跑区、保龄球台、记分台、球员休息区、休息区、更鞋区、小酒吧等组成。保龄球场一般布局在一楼或地下室或裙房，因保龄球滚动时声响较大，故不宜设置在底楼以上楼层。网球场占地面积较大，约 250 m^2，并要求空间上有一定的高度，一般安置在室外、裙房或屋顶。游泳池或戏水池大小自由，可安置在室内也可安置在室外。在室内设置游泳池能使池水恒温，利用时间长，但费用支出大。室内游泳池要具备室内空间，以及空调、水加温设备。室外游泳池使用时间短，设备较简单，一般设置在环境幽雅、较为空旷的地方，也可设置在裙房屋顶。游泳池都附有水循环净化系统和相应的机房、男女宾更衣室、淋浴室、池边休息区、酒吧、卫生间。台球和乒乓球在酒店比较受欢迎，它所占用的场地也不很大，安置在公用设施区域即可。高尔夫球场对一般酒店来说是不可能设置的，有的酒店设置模拟的室内高尔夫球场，由模拟球区、挥杆练习区、宾客观赏区、休息区等组成。其他的康乐设施可根据酒店的实际情况进行选择，在全面规划后，把各种设施合理地安排到各个区域中去。

图 1-35　酒店康乐设施

6. 仓库

各种仓库对一个酒店来说不但是必不可少的，而且还应具有足够的量，但恰恰是仓库的设置常常被一些酒店设计者所忽视。酒店物资种类很多，有些物资周转较快，有些物资周转较慢，各类物资的储存条件和要求也不尽相同，因而仓库设置在酒店布局上应予以充分重视。

酒店仓库布局采用有合有分、按需设置的方法。酒店的客用消耗品总仓库、低值易耗品仓库、棉织品总仓库等宜采用大空间集中设置。各部门专用仓库宜靠近该部门设置，但尽量不要占用供营业的场地。

7. 其他工程用房

酒店还有一些其他的工程用房。如维修中心、员工用房、木工间、电工间、消防监测中心、监控中心、计算机房等。这些用房都不安置在主楼的主要部位，一般都安置在边角地等位置。

酒店的种类和性质是多种多样的，酒店功能也不尽相同，其结构布局只能遵循一定的原则，而无一个固定的模式。酒店结构要合理科学，有赖于设计者、经营者和业主的默契配合共同设计，也有赖于设计者的智慧和创造能力。设计布局合理的酒店不但会带来方便和美感，更能带来效率和效益。

六、酒店集团

酒店集团 (Hotel Chain)，又称连锁酒店、酒店联号，它是一种在本国或世界各地直接或间接地控制两个以上的酒店，以统一的店名和店标，使用统一的经营管理规范和服务质量标准，联合经营形成的经济联合体。在 20 世纪 40 年代末的欧美国家，随着交通运输业的迅速发展，许多大的酒店集团应运而生，并从某一国家内的酒店集团逐步走向世界。国际酒店集团在市场需求的驱动和经济利益的牵引双重作用下，逐步完成了从无到有、从小到大、从单一到多元、从国内到国际的成长发展过程。这些酒店集团在资金、技术、人才、设备设施等方面具有雄厚的实力，对所管理的酒店实现了统一模式，达到了管理水平高、服务质量优、经济效益好，深受广大顾客的好评。

1. 酒店集团的优势

当今世界，国际酒店集团数量越来越多，其资本实力也不断地增强，在国际旅游市场中占有越来越大的市场占有率。酒店集团由于规模较大，分布地域广，产品较多，可以充分利用管理公司的资金优势、促销优势、采购优势、预订优势、人才优势、管理模式优势，而形成综合的抗风险优势，形成规模经营，达到良好的规模经济效益。

（1）管理优势

经营管理上的优势是酒店集团生存与发展的必要条件。在通常情况下，酒店集团具有较为完善的管理系统，能为所属连锁酒店制定统一的经营管理程序和方法，为服务规范制定统一标准，为服务质量管理制定统一的操作规程和提供典型示范，还在酒店的建筑设计、内部装饰和硬件设施等方面规定标准。这些规范和标准被编印成经营业务手册发给所属酒店，以促使其经营管理达到所要求的水平。与此同时，酒店集团总部还不定期派遣巡视人员到所属酒店中去检查，督促他们达到多项经营标准，并对检查过程中发现的问题及不合格的服务提出改进意见，指导后续管理与服务工作。

为了使所属各连锁酒店的管理人员尽早掌握服务规范和服务质量管理标准，提高其管理水平，酒店集团总部还定期组织管理知识的培训。一般说来，许多规模较大的酒店集团都有自己的培训基地和培训系统。比如，假日酒店集团在其总部所在地美国孟菲斯有一所假日大学；而希尔顿酒店集团则在美国休斯敦大学设立自己的酒店管理学院。酒店集团内部还设立了培训部门，负责拟订培训计划，选派有关专家对所属酒店在职员工进行培训。

（2）营销优势

正是由于酒店集团经营规模大、资本实力雄厚，在国际市场上享有较高的声誉，因而在公众中产生深刻的印象，其知名度较高，为集团所属酒店提供了无形资产。凡参加酒店集团的酒店，都可以使用酒店集团的名称和标志，这对于开拓国内外市场营销业务极为有利。在一般情况下，一个为公众熟悉的国际酒店集团名称，会使顾客对酒店及酒店提供的产品和服务产生信赖感，从而容易招徕更多的客人。

要开拓国际营销业务，广告宣传是重要的促销手段。通过宣传便于在市场上树立良好的、群体的企业形象，效果显著。然而，营销广告的成本是昂贵的，单体酒店是承受不起的，特别是国际性广告费用则更高。酒店集团由于资本雄厚，甚至可以集合各酒店的资金进行世界范围的广告宣传活动。与此同时，集团公司还有能力每年派业务代表到世界各地参加旅游交易会、洽谈会、展览会、艺术节和各种体育盛会，并与相关的经销商推销集团公司所属酒店的产品和服务。更为重要的是，酒店集团都具有先进的客房预订系统，配备高效率的网络中心和国际长途电话系统，为所属酒店处理客房预订业务，并在各分店之间相互推荐客源。为了在竞争中争夺客源，集团公司还在各地派遣了许多精明的营销员和信息员，不断地为所属酒店及时提供客源信息，为其招揽业务。

(3) 财务优势

酒店集团具有较强融资调控能力。对内，它可以及时调控各酒店的资金余缺，对新酒店或经济较困难的酒店，可予重点扶持；对外，它具有较强的信誉度，对吸纳社会资金、发展酒店业务、加快设备设施及技术的更新，具有突出的作用。当今社会，独立的单体酒店很难得到金融机构的信任，特别在筹集资金遇到困难的时候更是如此。酒店集团以其庞大的经营规模、雄厚的资本实力和可靠的融资信誉度，为所属酒店赢得银行的信赖，为此，参加酒店集团或酒店联号的酒店企业，可便利地从金融机构得到贷款或提高融资可信度。与此同时，酒店集团还能对所属酒店遇到财力困难时提供资金支持或帮助其贷款。

在市场竞争激烈的现今社会里，每个企业都会受到社会、政治经济等因素的影响，特别是酒店行业更容易受到社会经济大环境的制约，如在金融危机时，许多企业很难从银行得到贷款支持，这样一来，很容易发生财务危机，导致经营陷入困境之中。然而，作为跨国公司的酒店集团，由于资本实力雄厚，既可以为所属酒店提供贷款担保，又可以从集团财务中支持其度过财务危机的困难期。

(4) 技术优势

酒店集团不仅具有财务上的优势，而且具有技术上的优势，能够为所属连锁酒店提供技术上的帮助和服务。例如，由于酒店集团要求所属连锁酒店实现设备设施和经营用品标准化、规范化，因而酒店集团专门设立负责向所属酒店供应各种物资的经营公司，或者在总部设立采购供应站，向所属各酒店提供统一规格和标准化的设备和经营用品，如厨房用具、地毯、家具用具、床上用品、办公用品、装饰材料、食品饮料和餐厅用品等，从而形成较为系统的物资供应链。从经营效益上看，由于集中采购能获得大批价格折扣，因而降低了所属连锁酒店的经营成本。

技术服务不仅表现在物资采购方面，更多地表现为技术指导和技术支持方面。例如，假日酒店集团拥有专业性建筑公司，拥有自己的建筑师和内部设计专家，专门为所属几千家酒店提供这方面的技术指导和支持。这样，就极大地降低了各酒店的经营成本。

2. 酒店集团管理的形式

经过半个多世纪的发展，酒店集团化管理越来越普及和完善，它不仅在区域上实现了跨国经营，而其经营方式、管理手段也变得越来越复杂和科学。就目前世界酒店集团的情况看，大致有如下几种方式（见表1-2）：

表1-2 酒店集团经营的形式

名称	经营形式	特点
直接经营	总部所有，直接经营	既是经营者，又是拥有者
合同经营	签订合同，接受业主委托，根据酒店集团的经营管理规范和标准经营管理酒店，获取管理酬金	所有权与经营权分离；收取管理费；不承担或部分承担酒店经营亏损的风险
租赁经营	签订租约、交纳固定租金，租赁酒店，然后由酒店集团作为法人对其进行经营管理	所有权与经营权分离；收取租金；对员工负责，承担经营亏损的风险
特许经营	拥有特许经营权人向受特许权人提供特许经营权力，以及在组织、经营和管理方面提供支持，并从受特许权人获得相应回报	在特许经营中，双方的关系是合同关系；转让经营模式、商品、标志等
战略联盟	两个或两个以上酒店为了达到某种战略目的而建立起来的一种合作关系	各个联盟酒店在经营管理上和财务上保持相对独立

(1) 直接经营

直接经营的形式是酒店集团所采用的最基本和最通常的做法，是酒店集团直接投资建造酒店或购买、兼并酒店，然后由酒店集团直接经营管理的形式。在这种形式下，酒店集团既是各酒店的经营者，又是拥有者。其中又有两种情况：一是直接投资建造酒店并经营；二是购买现成酒店并经营。直接经营是以赢得酒店的所有权为经营酒店的前提，并自主经营，自担风险。通常情况下，酒店集团利用自有资本购置土地来建造新的酒店，但在十分有利的情况下，也会收购他人酒店，然后调配人力去经营管理这些酒店。这种经营管理的模式优点在于：直接贯彻执行集团的经营宗旨，有利于实现经营目标，有利于节省各种费用开支和降低经营成本，也能及时发现问题，调整经营计划，适应市场竞争的需要。但这种经营模式也有其缺陷：一是直接投资建造新的酒店往往要耗费大量的人力、物力和财力，并且建设周期较长，开拓业务较慢；二是经营风险较大，因为集团所属若干家酒店的产权同属一个法人或同一业主，如果连锁分店中有一家酒店经营亏损而资产不足以清偿债务时，则集团中其他酒店的资产就得不到保护，有可能用来偿还债务。

(2) 战略联盟

战略联盟是两个或两个以上酒店为了达到某种战略目的而建立起来的一种合作关系。战略联盟也叫合作联盟，是一种较为松散的组织形式，各个联盟酒店在经营管理上和财务上保持相对独立。战略联盟的好处很多，但主要的是可以分散风险与共享资源，以及缩短新产品进入市场的时间。通过合作，酒店企业之间能够在管理技术、技能、营销、品牌等方面实现优势互补，所以可增强联盟各方的竞争力。战略联盟并不强调所有酒店的一致性，只重视相互之间在某些方面的使用，对某些资源的共同享用，或资源的相互转换。

从根本上说，酒店企业进行战略联盟的目的是构建持续竞争优势。为了能够获得长期发展，就必须不断地开拓新市场，而战略联盟是酒店集团迅速进入新市场或拓展新业务的捷径。此外，资源互补利用、促进创新、克服贸易壁垒、避免恶性竞争、增强联盟成员各自的竞争力等也是酒店企业进行战略联盟的动因所在。

(3) 合同经营

合同经营又称委托经营，是酒店集团或酒店管理公司与所有者签订合同，接受业主委托，根据酒店集团的经营管理规范和标准经营管理酒店，并获取管理酬金。有的公司建造了酒店或购买了酒店，但由于缺乏经营管理经验，或不打算自己进行经营，因而就出现了通过管理合同的模式来聘请酒店集团或专门的管理公司来进行经营管理。当酒店业主与管理公司或酒店集团之间签订了管理合同之后，管理公司或酒店集团就开始进行管理，但不承担经营风险。如果是由酒店集团来管理酒店，该酒店就成为酒店集团的成员，使用集团的名称，采用集团的管理模式和服务规范。在某些情况下，酒店集团也投资一部分，作为取得经营管理权的条件。酒店集团采取管理合同经营模式，无须对土地、设备设施等资产进行投资，以管理为本，迅速发展自己的连锁分店，壮大自身的力量。如果是管理公司来进行经营管理，管理公司则是酒店业主的代理人，它代替业主经营酒店，收取管理费，但不承担经营风险。

在一般情况下，酒店集团或管理公司每年向酒店业主收取占酒店总收入的百分之几的管理费。酒店集团或管理公司在收取管理费时，有不尽相同的情况，如有的收取占总收入百分之几的费用；也有的是收取一笔固定管理费，再加毛利的百分之几作为奖励。按照国际惯例，酒店集团收取奖励费的标准为酒店经营毛利的10%。对于酒店集团而言，采用管理合同模式进行经营，则是一种以较少的投资扩展集团规模的方法，可使酒店集团不直接投资建设酒店或购买股份就能向世界各地区发展酒店网点。

（4）租赁经营

租赁经营指酒店集团通过签订租约、交纳固定租金的形式，租赁业主的酒店，然后由酒店集团作为法人对其进行经营管理。酒店集团向酒店的所有者交付一定的租金即可取得经营权，而不必像直接经营那样，以赢得酒店的所有权为经营的前提条件。

租赁经营模式主要有以下几种：

① 定额租金式租赁。这种租赁模式是指承租者使用酒店的建筑物、土地、设备等，定期交纳租金，并自主组织经营管理活动。这种租赁标的物比较明确具体，如只租用建筑物大楼和土地，而不包括酒店的用具和设备时，其合同必须规定这些设备和用具的更新改造、大修理费用应由谁负责。从实际运作情况来看，有的由酒店业主自己承担，有的则由承租人承担，还有的是由业主和承租人共同负担。酒店的固定资产属于业主，因而租赁合同必须明确租赁者在租赁经营期间的权、责、利，使所有权和经营权分离。

② 盈利分成式租赁。租赁经营模式多种多样，以收入或利润分成作为租金也是其中的一种。在酒店行业中，有许多酒店将收入或利润分成作为租金。这是因为在通货膨胀的情况下，土地和建筑物的价格波动较大，从而使租金过高，损害承租人的利益。采用收入或利润分成办法，既可消除通货膨胀因素，又可以调动承租人经营管理的积极性，因为收入或利润多少与承租人利益密切相关。在实际计算和确定利润分成比例时，主要有以下几种：一是按营业总收入的百分比计算租金，如15%、20%或30%等；二是按利润的百分比（不包括其他收入）来计算租金，如40%、50%或60%等；三是按总收入和经营利润混合计算租金，如30%的比例按总收入计算，70%按经营利润计算；或40%按总收入计算，60%按经营利润计算。

通常情况下，酒店业主更愿意将总收入百分比来计算租金，而不愿将利润百分比来计算租金。这是因为，如果将利润作为计算租金的依据，会给酒店业主增加风险。在这里可能有两种情况发生：一是承租人人为地扩大经营成本，使利润总额减少。尽管承租人利润收入减少了，但实际上承租人通过人为扩大成本而预先提走了盈利，真正受损失的是酒店业主；二是承租人未能很好地经营管理或经营失误，使利润达不到应有的水平而使酒店业主遭受损失。所以，酒店业主和承租人在协商租金时，业主往往要求确立最低租金限额保障条款，减少租赁风险。

③ 产权转让式租赁。所谓产权转让式租赁，就是指承租人将酒店产权转让给他人后再将酒店租回继续经营，又称"出售—回租"式租赁。这种租赁经营模式比较特殊，它是因为承租人出售酒店产权时，往往出于各种不同动机和目的。比如，有的可能拥有酒店产权但资金周转十分困难，急需以出售产权而获取充足的现金；有的可能是因为用贷款建造酒店负债太重，而通过出售产权以摆脱债务困扰，等等。然而，承租人转让产权并不等于放弃酒店的经营使用权，因而通过回租的方式来重新获得经营使用权。所以，承租人在转让产权的同时要求继续经营酒店，这样双方就要签订"出售—回租"合同，并向产权买方交纳租金。

租赁经营方式与管理合同经营方式既有相同之处，也有较大的差别。两者相同之处在于：酒店的所有权与经营权分离；收取管理费和收取租金方法相似。两者不同之处在于：在租赁合同关系中，承租人在法律上完全独立于酒店业主，酒店员工由承租人负责，并承担经营风险，即出现经营亏损则由承租人自负；在管理合同关系中，酒店集团只是酒店业主的代理人，它代替业主经营酒店，但不承担经营风险；酒店普通员工由酒店业主负责，管理集团在经营中代表业主而管理员工。

（5）特许经营

根据国际特许经营协会的定义，特许经营是指拥有特许经营权人向受特许权人提供特许经营权力，以及在组织、经营和管理方面提供支持，并从受特许权人获得相应回报的一种经营形式。酒店的拥有者无须出让酒店的拥有权或经营权，而是交纳一定的费用，向酒店集团购买特许经营权，从而使获得特许经营权的酒店使用本集团的名称、标识、服务标准、操作规程，加入本集团的预订网络，并以集团连锁酒店的名义进行营销活动。与此同时，酒店集团还要为特许经营权的酒店业主提供指导与咨询，协助解决酒店经营中出现的问题。

特许经营的酒店有责任确保在经营中达到酒店集团所要求的经营规范和基本标准，包括设备设施的规格、维修保养质量和服务质量标准等。特许经营权并不是无偿的，而是有偿的。这就是说，获得特许经营权的酒店业主必须向酒店集团交纳一定的费用。其费用包括两部分：一是一次性开办费用，二是定期交纳特许经营费。除交纳固定费用外，还要按从预订系统获得客源数中交付费用，按客房营业额的百分比交付费用等。酒店集团收取特许经营权费用的同时，还要向获得特许经营权的酒店提供各种服务管理，如派巡视员定期视察和检查酒店经营管理工作，以确保在各个经营环节中达到和符合集团规定的标准和要求，否则，集团有权要求限期整改，整改无成效的，取消其特许经营权。当今世界上许多著名的酒店集团都是通过这种特许经营权转让而发展壮大的。

知识拓展

主 题 酒 店

目前，酒店产品的结构与消费者多样化需求的矛盾越来越突出，对市场进行细分并针对某专一市场进行专业化经营、管理与服务，是当前的主旋律。主题酒店就是在这样的背景下应运而生的，它以某个特定文化认同群和消费群为细分市场，以为这个群体提供以该主题文化为特征的专业化的酒店服务为主要产品的组织（见图 1-36 至图 1-39）。从这里我们不难看出，主题酒店有细分的固定客源对象，即专业顾客群，因此可以说主题酒店是市场细分酒店，是专业化酒店。此外需要指出的是，从表面看其细分是对客源、对市场的细分，而事实上是对客源、市场细分的基础上对酒店的筹建、经营、管理、服务等全过程和全方位的细分和专业化运营。因此，市场细分和专业化运营是相互联系的一个事物的两个方面，两者不可分割，是一个统一体。

主题酒店通过建筑物造型、外环境、外装修、酒店的环境艺术、室内装修设计、设备设施和用品物品的造型、色彩图案、款式、设置创意、视觉效果等硬件和酒店的产品理念、服务理念、文化理念、服务程序设计、产品及业务设计、服务中心的 CI 设计、服务过程中的文化点缀、服装设计、语言文字设计、背景音乐设计等软件，从外形和内涵上促进品牌的形成、品牌推广、品牌营销、品牌保护。因此，主题酒店较之于一般的标准化酒店更易于形成企业特色，塑造企业品牌。

图 1-36　汽车主题酒店

图 1-37　海底酒店

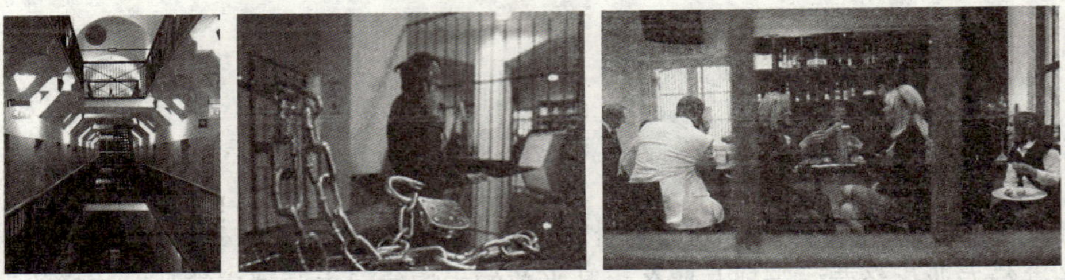

图 1-38　监狱酒店

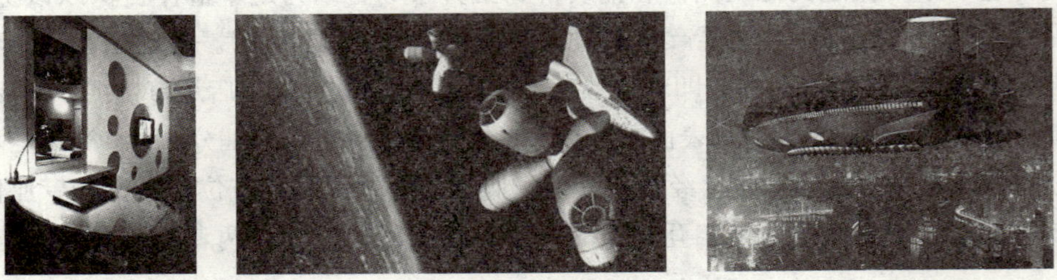

图 1-39　太空酒店

国际著名酒店集团简介

1. 洲际酒店集团（InterContinental Hotels Group）

洲际酒店集团是一个全球化的酒店集团，在全球 100 多个国家和地区经营和特许经营超过 4500 家酒店，超过 666 000 间客房，为全球拥有客房最多的酒店集团。目前洲际酒店集团旗下拥有七个酒店品牌，分别是洲际酒店及度假村（Intercontinental Hotels & Resorts）、皇冠假日酒店及度假村（Crowne Plaza Hotels & Resorts）、假日酒店及度假村（Holiday Inn Hotels & Resorts）、智选假日（快捷假日）酒店（Holiday Inn Express）、Staybridge Suites 酒店、Candlewood Suites 酒店以及 Hotel Indigo 品牌酒店。其中既有洲际酒店及度假村和皇冠假日酒店及度假村这类高端豪华酒店品牌，也有假日酒店及度假村、快捷假日酒店等中端舒适酒店，更不乏 Staybridge Suites 这样专为延长住宿酒店市场而创立的特色酒店。

Holiday Inn 广告语：Be yourself.（自在自我。）

Intercontinental 广告语：We know what it takes.（明白所需，满足所想。）

（1）洲际酒店及度假村 INTERCONTINENTAL HOTELS & RESORTS

1998 年 3 月，巴斯集团以 29 亿美元从日本 Saison 集团手上收购了洲际酒店及度假村。在满足国际商务旅客及休闲旅客的独特需求方面，洲际酒店已建立了一定的声誉，它亦善于将全球性的服务标准巧妙地与当地的传统相结合。多年来，洲际酒店远近驰名，一直是各国商界所喜爱入住的酒店（见图 1-40）。此外，洲际酒店具有的独特文化特色及其在顶级酒店市场的地位，使集团的酒店品牌日趋多元化。

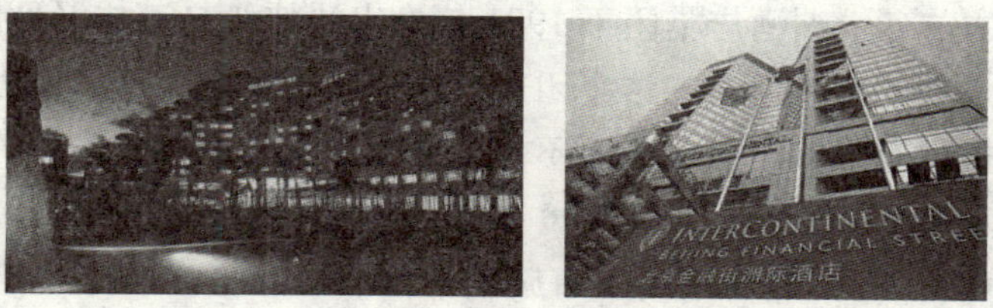

图 1-40　洲际酒店

（2）皇冠假日酒店及度假村 CROWNE PLAZA HOTELS & RESORTS

皇冠假日品牌的前身是由假日酒店于 1983 年衍生出来的酒店品牌，1994 年发展成为独立的酒店品牌，以突出其高品位、高消费的市场形象及以商务旅客为主的特色。皇冠假日酒店及度假村以合理的价格提供高档的酒店住宿设施（见图 1-41）。它专为满足今日精明的旅客的需求而设，并以提供更优质的服务及设施来迎合那些追求物有所值的商务旅客。目前，超过 366 家皇冠酒店分布于全球 60 多个国家和地区，每家皇冠酒店均提供先进的会议设施、专职负责会议的员工及完善的商业服务；同时，还配备有设备齐全的健美中心、餐饮设施和多样化的休闲活动。

图 1-41　皇冠假日酒店

（3）假日酒店及度假村

假日酒店以超值的价格为今日的商务及休闲旅客提供可靠友善的服务及现代化的设施。无论在大小城镇、寂静的公路沿线，还是在熙来攘往的机场附近，均可看到假日酒店的踪影（见图 1-42），因为提供全面服务的假日酒店都是位于交通方便的地区。目前，假日酒店在全球已开设了 1600 多间酒店，其不仅保持着全球最具规模的单一酒店品牌的地位，同时也是世界上最广为人知的酒店品牌之一。

图 1-42　假日酒店

（4）智选假日（快捷假日）酒店

洲际酒店集团的前身六洲酒店集团于 1991 年推出快捷假日酒店（见图 1-43），这一举动成为酒店业史上最成功的事件之一。该集团通过创造这一品牌，迅速地划分出一类中档酒店市场，这类酒店只提供有限的酒店服务而不包含餐饮设施。在不到十年的时间里，快捷假日酒店品牌在世界各地的酒店数目已增至 1000 多家。

2011 年 1 月 20 日，洲际酒店集团宣布旗下中档酒店品牌“快捷假日酒店”(Holiday Inn Express) 的中文名称将更改为“智选假日酒店”。中文“智选”的英文含义 Smart Choice，恰好与 Holiday Inn Express 的品牌精髓和品牌价值保持高度一致。品牌旗下的 2100 余家酒店遍布全球各地，提供免费早餐、免费高速互联网、优悦会奖励计划、舒适的客房，此类贴心服务及设施必会令旅客备感轻松、神清气爽。凭借此类特色服务，智选假日酒店无疑是追求舒适、便利和超值入住体验的休闲游客或商务旅客的明智之选。

图 1-43　快捷假日酒店

（5）Staybridge Suites 酒店

1997 年底，假日酒店属下的 Staybridge Suites 酒店正式面世（见图 1-44），这是巴斯集团为打入新兴的延长住宿酒店市场而创立的品牌。首间 Staybridge Suites 于 1998 年 12 月在美国乔治亚州 Alpharetta 开业。这一品牌是一个别具一格的酒店概念，专为满足那些来自世界各地需连续入住酒店五晚或以上的旅客的需求。

（6）Candlewood Suites 酒店

这一品牌创建于 1995 年，向客户提供宾至如归的超值体验（见图 1-45）。

图 1-44　Staybridge Suites 酒店

图 1-45　Candlewood Suites 酒店

（7）Hotel Indigo

这一品牌创建于 2004 年，通过全新的理念向客人提供高档的入住体验（见图 1-46）。

图 1-46　Hotel Indigo 酒店

2. 万豪国际酒店集团公司（Marriott International, Inc. Hotels）

万豪国际集团是全球具领导地位的酒店管理企业。其源自 1927 年，由 J. Willard 和 Alice S. Marriott 于华盛顿创立的一间啤酒小店开始（见图 1-47）。现在，万豪国际在美国以及全球 71 个国家和地区已经拥有超过 3600 家酒店，公司总部位于美国华盛顿特区。

图 1-47　The first Hot Shoppe

万豪国际集团旗下共拥有 18 个酒店品牌，分别是万豪酒店及度假村（Marriott Hotels & Resorts）、JW 万豪酒店及度假村（JW Marriott Hotels & Resorts）、万丽酒店及度假村（Renaissance Hotels）、Edition 酒店（Edition Hotels）、Autograph Collection、万怡酒店（Courtyard by Marriott）、AC Hotels by Marriott、万豪行政公寓（Marriott Executive Apartments）、Fairfield Inn & Suites by Marriott、Residence Inn by Marriott、Marriott Conference Centers、TownePlace Suites by Marriott、SpringHill Suites by Marriott、ExecuStay、Marriott Vacation Club International、丽思·卡尔顿酒店（The Ritz-Carlton Hotel Company, L.L.C.）、The Ritz-Carlton Destination Club、Grand Residences by Marriott（见图 1-48）。其中，万豪酒店及度假村和 JW 万豪酒店及度假村是全服务酒店，丽思·卡尔顿酒店是豪华型酒店，万怡酒店、SpringHill Suites by Marriott 是高中价酒店，Fairfield Inn & Suites by Marriott 是经济型酒店，万豪行政公寓（Marriott Executive Apartments）是酒店式公寓，而 Marriott Vacation Club International、The Ritz-Carlton Destination Club 则是度假型酒店，形式多样。

图 1-48　万豪国际集团旗下酒店品牌

在万豪国际集团下属的 18 个酒店品牌中，有五大酒店品牌已经进入中国市场，它们分别是 JW 万豪酒店及度假村、万豪酒店及度假村、万怡酒店、万丽酒店及度假村和万豪行政公寓（分别见图 1-49 至图 1-53）。

Marriott 广告语：Thinking of you!（全心为你！）

图 1-49　JW 万豪酒店

图 1-50　万豪酒店

图 1-51　万怡酒店

图 1-52　万丽酒店

图 1-53　万豪行政公寓

3. 美国圣达特集团（胜腾集团，Cendant Corporation）

圣达特集团是世界上首席的服务业销售公司，世界财富 500 强（Fortune 500）之一，全美 50 强企业之一。经营范围主要包括：旅游服务业——在全世界拥有 6000 余家酒店，超过 55 万间客房；在全球 100 多个国家和地区管理着 3500 多个分时度假酒店。Cendant 集团公司注重拥有的这些知名品牌在国际市场上的开拓，并发挥集团优势，利用各服务业的行业互补，使其更具竞争力。

目前圣达特集团旗下共拥有 10 个酒店品牌（见图 1-54），分别是速 8（Super 8 Motels）、戴斯（Days Inn）、华美达（Ramada）、Baymont Inn & Suites、Travelodge、豪生（Howard Johnson）、Knights By Wyndham、Wingate Inn、Amerihost Inn 及 Wyndham Hotels & Resorts（见图 1-55）。这 10 个品牌风格迥异，各具特色，如速 8（Super 8）是全球最大的连锁汽车旅馆，Wingate Inn 是适合 35 ~ 49 岁男性商业旅行者的中高档商务酒店，Travelodge 和 Knights Inn 是迎合美国市场对家庭式住宿需求发展起来的中低档经济型酒店等。

Howard Johnson 广告语：Go anywhere. Stay here.（不管您去哪里，请在这里停留。）

Days Inn 广告语：The best value under the sun.（天下最划算的地方！）

图 1-54　圣达特集团旗下酒店品牌

Super 8 Motels

Days Inn

图 1-55　圣达特集团旗下酒店

Ramada

Baymont Inn & Suites

Travelodge

Howard Johnson

Knights Inn

Wingate By Wyndham

Amerihost Inn

Wyndham Hotels & Resorts

图 1-55　圣达特集团旗下酒店（续）

4. 法国雅高国际酒店集团（Accor）

法国雅高集团（Accor）是全球最大的酒店集团之一，法语意为和谐。雅高集团于 1967 年成立，总部设在巴黎，是欧洲最大的旅游和酒店管理服务集团，在 90 多个国家和地区拥有超过 4200 家酒店、500 000 间客房。

雅高集团旗下主要有 15 个酒店品牌（见图 1-56），分别是索菲特酒店（Sofitel）、铂尔曼酒店（Pullman）、美憬阁酒店（MGallery）、Grand Mercure、美居酒店（Mercure）、诺富特（Novotel）、Suite Novotel、Adagio、宜必思（Ibis）、All seasons /Ibis Style、Etap Hotel / Formule 1 / Ibis Budge、HotelF1、Motel 6、Studio 6 和 Thalassa Sea & Spa（见图 1-57）。在这些品牌中，既有豪华型的索菲特酒店，又有经济型的宜必思、Etap Hotel 这样的酒店，还有 Thalassa Sea & Spa 这样的海洋会馆。

Accor 广告语：We built smile!（我们创造微笑！）

Suite hotel 广告语：Suite hotel. A new way of hotel living.（雅高套房酒店。一种新的酒店生活。）

Novotel 广告语：Novotel .Contemporary hotel concept convenient for business and leisure.（诺富特酒店，方便、休闲的现代商务酒店。）

F1 广告语：Budget hotels offering simple and functional comfort.（廉价旅店提供简单和功能的安慰。）

Ibis 广告语：Round-the-clock service and budget prices.（我们有 24 小时的服务和低价收费。）

Mercure 广告语：Mercure. For the best of the region.（美居酒店，做本地最好的。）

图 1-56　雅高集团旗下酒店品牌

Sofitel

Pullman

Mgallery

Grand Mercure

Mercure

Novotel

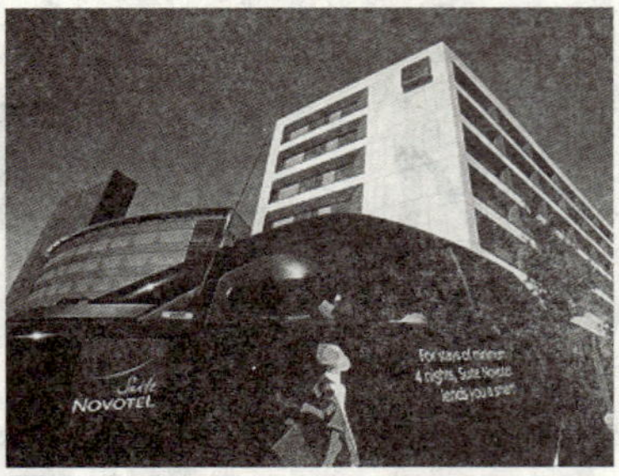

Suite Novotel

Adagio

Ibis

All seasons

图 1-57　雅高集团旗下酒店

Etap Hotel

HotelF1

Motel 6

Studio 6

Thalassa Sea & Spa

图 1-57　雅高集团旗下酒店（续）

5. 希尔顿酒店集团公司（Hilton Hotels Corporation）

希尔顿集团旗下包括两个酒店管理集团，分别是希尔顿国际酒店集团（Hilton International）和希尔顿酒店集团公司（Hilton Hotels Corporation）。作为英国希尔顿集团公司旗下的分支，希尔顿国际酒店集团拥有除美国外全球范围内“希尔顿”商标的使用权，美国境内的希尔顿酒店则由希尔顿酒店集团公司（Hilton Hotels Corporation）拥有并管理。作为国际消费者心目中第一位的酒店品牌，希尔顿集团在全球范围内的 78 个国家和地区共拥有 540 多所酒店和度假村，并提供超过 189 000 个房间。

希尔顿集团旗下共拥有 10 个酒店品牌（见图 1-58），分别是希尔顿酒店及度假村（Hilton Hotels & Resorts）、希尔顿合博酒店（Embassy Suites Hotels）、希尔顿逸林酒店（DoubleTree by Hilton）、康莱德酒店及度假村（Conrad Hotels& Resorts）、希尔顿惠庭套房酒店（Homewood Suites by Hilton）、希尔顿花园酒店（Hilton Garden Inn）、汉普顿恒庭酒店（Hampton Inn and

Hampton Inns & Suites)、希尔顿分时度假俱乐部（Hilton Grand Vacations Club)、希尔顿欣庭套房酒店（Home2 Suites by Hilton)、华尔道夫酒店及度假村（Waldorf Astoria Hotels & Resorts)（见图 1-59)。

Hilton 广告语：Travel is more than just a to b.（旅行不仅是 a 地到 b 地。)

Conrad 广告语：The luxury of being yourself.（做高贵的你。)

Double tree 广告语：This summer is packed with the fun of kids at doubletree!（今年夏天逸林酒店充满了孩子们的快乐！)

图 1-58　希尔顿集团旗下酒店品牌

Hilton Hotels & Resorts

Embassy Suites Hotels

DoubleTree by Hilton

Conrad Hotels & Resorts

Homewood Suites by Hilton

Hilton Garden Inn

图 1-59　希尔顿集团旗下酒店

Hampton Inn and Hampton Inns & Suites

Hilton Grand Vacations Club

Home2 Suites by Hilton

Waldorf Astoria Hotels & Resorts

图 1-59 希尔顿集团旗下酒店（续）

6. 喜达屋国际酒店集团（Starwood Hotels & Resorts Worldwide）

喜达屋酒店及度假村国际集团原名为喜达屋住宿设施投资公司/喜达屋膳宿公司(Starwood Loding Trust/Starwood Loding Corp.)，在 1998 年和 1999 年分别并购了威斯汀酒店度假村集团(Westin Hotels & Resorts Worldwide Inc)和它的几个分公司、维斯塔纳(Vistana)股份有限公司，使得喜达屋集团在行业内处于领先地位。目前，喜达屋集团在全球范围内拥有 1027 家酒店和 23 个度假村，提供近 302 000 间客房，旗下酒店遍布世界各地。

喜达屋集团旗下的酒店品牌以高档豪华著称（见图 1-60），主要包括：瑞吉酒店（St. Regis）、福朋酒店（Four Points）、威斯汀酒店（Westin）、豪华精选酒店（The Luxury Collection）、W 酒店（W Hotels）、喜来登酒店（Sheraton）、艾美酒店（Le Méridien）、雅乐轩酒店（Aloft）和源宿酒店（Element）（见图 1-61）。其中瑞吉酒店、艾美酒店属于高端的奢侈性消费酒店，而福朋酒店和威斯汀酒店则更倾向于为游客和商务人士提供住所。

The Luxury Collection 广告语：Collect the world' s experience! (精选世界的风采！)

Westin 广告语：Explore & Experience！（探索，体验！）

W Hotels 广告语：Well，Hello there. (W 酒店，欢迎您。)

图 1-60　喜达屋集团旗下酒店品牌

St. Regis

Four Points

Westin

The Luxury Collection

W Hotels

Sheraton

Aloft

Element

图 1-61　喜达屋集团旗下酒店

7. 凯悦酒店集团（Hyatt Corporation）

美国凯悦酒店集团是世界知名的酒店管理集团，其首间酒店于 1957 年开业，在随后的发展过程中不断引入其他品牌，成就了如今位列世界前十大酒店管理集团的凯悦酒店集团。现时在全世界 43 个国家和地区共有 213 间凯悦酒店及度假酒店，共提供超过 9 万间客房。

目前凯悦酒店集团共拥有君悦酒店（Grand Hyatt）、凯悦酒店（Hyatt Regency Hotels）、柏悦酒店（Park Hyatts）、凯悦度假村（Hyatt Hotels & Resorts）、凯悦假日俱乐部（Hyatt Vacation Club）以及新推出的 Andaz、Hyatt Place 和 Hyatt Summerfield Suites 等共 8 个品牌（分别参见图 1-62 和图 1-63）。其中凯悦酒店是典型的商务酒店，而君悦酒店和柏悦酒店则侧重于精品和豪华的服务，凯悦度假村则有着令人心旷神怡的风景，适合度假旅游的客人。

Hyatt 广告语：Care for you anytime!（时刻关照您！）

图 1-62　凯悦酒店集团旗下酒店品牌

Grand Hyatt

Hyatt Regency Hotels

Park Hyatts

Hyatt Hotels & Resorts

Hyatt Vacation Club

Andaz

图 1-63　凯悦酒店集团旗下酒店

Hyatt Place

Hyatt Summerfield Suites

图 1-63　凯悦酒店集团旗下酒店（续）

任务 2　认识酒店管理

酒店管理是以管理学的一般原理和理论为基础，综合运用多学科知识，与酒店具体实践相结合，从酒店本身的业务特点和管理特点出发而形成的一门独立的管理学科。它是管理科学的一个分支，有其特定的研究对象，即酒店经营活动。虽然酒店管理理论来源于管理学的各种学说和原理，但它已形成了自己独立的体系和内容。

任务导入

管理出效益

某酒店是一家四星级酒店。酒店自开业以来，在经营上遇到了一系列的问题：第一，260 间客房中有 230 间标准房，12 套套房，因此无法接待大量的商务客人。而商务客人却总是希望能够入住高星级酒店，商务客人的不足直接影响了酒店的经济效益。第二，酒店有四个大餐厅，分别是本地特色餐厅、西餐厅、宴会厅和粤菜厅。生意最好的是本地特色餐厅，常常高朋满座。生意最差的是粤菜厅，可以说是惨淡经营。第三，管理沟通不畅，服务质量水平不高，部门间的沟通和信息传递往往脱节。例如，预订是在销售部，可是前厅部往往得不到预订信息；房务中心和总台的房态有时也会不一致。因此，当陆续有新的高星级酒店进入市场后，该酒店的市场优势就不存在了。针对这种情况，酒店管理层意识到应该调整管理来改变酒店目前的现状。

于是，酒店在管理上做出了几个重大的调整：第一，改造客房，把一部分标准房改造成商务房，使商务房的数量达到总数的 34%，其中有两个商务楼层；商务房都配备了网络接口，部分客房还配备了传真机，以满足高档市场的需要。商务房几乎天天客满。第二，取消粤菜厅，改为半隔断的本地特色餐厅，并把粤菜中的一些高档菜进行本地化改造后向市场推出。这个餐厅还根据需要不定时地举行美食节，生意很快就火爆起来。第三，改造管理系统，建立管理信息系统，完善酒店的运作制度和运作体系，强化控制职能。第四，建立螺旋式培训体系和培训制度，科学培训员工，以提高服务质量。第五，实行管理人员的“四现场”：现场管理、现场指挥、现场考核、现场带岗。

酒店实施这几项措施后，酒店的市场定位准了，客源逐渐走向高档。餐厅基本能够满足需求而且效益很好。员工素质的提高直接带来了服务质量的提高。结果，酒店的利用率、平均房价、营业收入、利润都有很大的提高。在最近的星级复核中，该酒店被评为“全市综合效益最佳酒店”。这就是管理出效益。

思考

1. 有人说，我没学过什么酒店管理，不是照样管理酒店。看了这个案例，你认为这种想法是否正确？

2. 管理在酒店的运行中起着怎样的作用？

任务描述

酒店的经营管理五彩缤纷，丰富生动，犹如一个绚丽的舞台剧。酒店的服务过程就是剧本，酒店的管理者就是导演，他们间或还要跑跑龙套。酒店的服务员就是演员，锣鼓一响，大戏开场。演好一台戏，固然需要有好的剧本，好的导演，好的演员，但更需要演职人员吃透剧本，理解剧情，充分进入角色。

酒店管理由两个相关联的事物组成：一个是管理的对象——酒店，一个是酒店正常运行的保证——管理。这两者的结合就形成了酒店管理。人们常用“酒店就是一个小社会”来形容酒店的丰富内涵，说明其管理是一个复杂的系统工程。酒店管理工作千头万绪，管理的方法也千变万化。管理好一家酒店确实是一件非常具有挑战性的工作。但万变不离其宗，酒店管理者能够胜任酒店管理工作的前提就是要明确酒店管理的含义与内容，把握酒店管理的主要职能，熟悉酒店管理的基本方法，并善于在实践中运用酒店管理的基础理论。

任务实施

一、酒店管理的基本含义

酒店管理是酒店经营管理的简称，是指酒店管理者在了解市场需求的前提下，遵循客观经济规律的要求，依照一定的原则、程序和方法，对酒店所拥有的人力、财力、物力、时间、信息等资源进行计划、组织、指挥、控制和协调，以保证酒店经营活动的顺利进行，达到既定的企业目标的过程。

酒店管理是从对市场的了解和认识开始的。酒店管理者要了解酒店相关的市场规律、市场状况和客源渠道，并根据市场需求规定自己的作业行为。酒店向客人提供的服务都是具有商品生产和商品交换性质的特殊商品，它同样要依据市场，面向市场。酒店管理的主要活动是执行管理职能，这是每个管理者的基本职责。现代酒店管理要求管理者精通业务，全面熟悉管理范围内的操作技术，有一定的时间参加与管理岗位相适应的业务操作，但不强调管理者必须参加业务操作活动，而强调管理者必须执行管理职能。酒店管理的目的是为了实现酒店的经济效益和社会效益，首先是为了取得良好的社会效益。社会效益是指酒店对社会需求的满足程度。酒店占有和消耗社会劳动，就应该为社会做出贡献，为社会承担责任。酒店首先要满足客人对旅居生活和日常消费的需求，要满足酒店所在地客人的消费需求，直至成为一个对外交流、开放的窗口。酒店的水平反映了一个国家、一个地区、一个城市的精神面貌和生产力水平，反映了社会经济、文化意识形态水准，在推动商品流通、经济发展，促进对外开放和精神文明建设等方面都有重要作用。酒店是一个自负盈亏的企业，当然要追求经济效益。酒店要参与商品交换、进行再生产，要得到发展，自然就要使自己的劳动消耗得到完全的补偿。从社会效益和经济效益的关系来看，社会效益是前提，经济效益是结果，没有社会效益也就没有经济效益，只顾经济效益忽视社会效益，不能称为合格的现代酒店管理。

酒店管理实际上既包括经营也包括管理。酒店经营和管理有着不同的内涵，是两个不同的概念，侧重点也各不相同，但在现实中两者又是密不可分的（经营与管理的区别与联系见表 1-3）。经营是在国家政策指导下，以市场为导向，充分利用市场规律，通过与市场的双向信息交流，对酒店的经营方向、目标、内容、方式、市场策略等做出决策。经营的侧重点是酒店外部，针对市场、针对顾客需求。管理是为了达到酒店的经营目标，对酒店的人力、财力、物力进行合理的组织、调配和组合，形成酒店的接待能力，最大限度地满足市场需求。经营的内容包括：市场状况分析、开发组合酒店产品以求最大可能地占有市场、参与市场竞争、扩大客源市场等；而管理的侧重点是酒店内部，针对具体业务，针对内部的人、财、物、组织、制度等方面。管理包含的主要内容是：根据科学管理原则组织和调配酒店的人、财、物、信息四大资源，遵循酒店业务运转的客观规律使业务正常运营，在业务运转中保证和控制服务质量，激励并保持员工的工作积极性，通过核算工作保证达到酒店经营的经济目标。经营和管理是两个内涵既有区分又有交叉的概念，经营中蕴含着管理，管理中蕴含着经营，二者互相融合、密不可分。酒店管理者必须既懂经营又懂管理，并能把两者有机结合起来并贯穿于实际管理工作之中。

表 1-3　经营与管理的区别与联系

比较 \ 项目	经　营	管　理
区别	主要由上层管理者承担 主要解决酒店外部环境有关问题 侧重于酒店全局性、战略性问题 既要考虑当前问题，又要考虑长远发展 以解决动态问题为主 非程序化	主要由中下层管理者承担 主要解决酒店内部条件利用问题 侧重于酒店局部的、战术性问题 主要是当前酒店产品生产技术活动 以解决静态问题为主 程序化
联系	目标上具有一致性 管理产生于经营之中 管理既为经营服务，又驾驭经营	

二、酒店管理的基本内容

在了解酒店管理含义的基础上，酒店管理者必须进一步研究酒店管理的对象和内容，也就是研究管什么和怎么管的问题，目的是构筑酒店管理的框架，然后对框架各部分的实质内容进行分步展开研究，理清思路，在自己的意识中形成框架概念，即把握酒店管理的纲要。最后抓住纲要，实施有效管理。

1. 营销管理

只有在市场上，酒店产品才能实现价值，企业才能获得效益，酒店的生存和发展才能得到保证。酒店管理的宗旨是满足市场的需求，而营销的作用正是在于沟通酒店和市场的供求管理，因此可以认为营销管理是酒店管理的核心内容。酒店营销工作主要围绕树立企业形象和促进产品销售两个主题来展开。树立企业形象是为了提高酒店在公众中的知名度，建立酒店的信誉，为酒店产品的销售创造条件，酒店通常以进行公共关系活动来实现这个目的；促进产品销售是通过客源市场需求及产品分析研究，对酒店产品的定价、产品组合、销售渠道、促销手段进行正确的选择，促进酒店产品的销售和产品的不断创新，促使酒店管理和服务水平的提高。

2. 业务管理

业务管理是指直接对客服务并产生营业收入的酒店业务部门的管理，如前厅、客房、餐饮、娱乐、商务、购物等业务部门的管理。业务管理是酒店营业活动的日常管理，目的是按时、按期、保质、保量地完成生产任务，增加营业收入，实现经营利润。酒店业务管理的主要内容有：

① 服务过程管理。指酒店对每项服务的服务环节建立质量标准，对每个服务岗位的服务工作制定工作规范和工作程序，以制度形式使之法规化，使服务行为有章可循，检查评估有据可依。

② 物资管理。指制定各种原料物资消耗定额和储备定额，编制和执行原料物资采购、验收、储藏、发放计划，以及实行物资节约等管理活动。

③ 成本控制。指业务部门管理者对提供对客服务所需的物料成本和人工费用的管理和控制。

④ 素质管理。酒店员工直接参与酒店产品的生产和销售，个人素质的优劣、表现状态的好坏，与酒店产品的质量和酒店声誉休戚相关。素质管理的重点是抓好员工的专业技能和服务态度。

3. 服务质量管理

酒店是以“服务”为主要产品的企业，酒店产品的特点决定了服务质量是酒店的生命线。酒店服务质量主要体现在设施设备质量水平、餐饮产品质量水平、劳务服务质量水平、环境氛围质量水平和后台保障质量水平等方面。服务质量管理应以质量管理体系为基础，以科学管理理论为指导，以满足宾客需求为标准，以取得最佳社会效益和经济效益为目的，开展全体员工参与的全面质量管理。

4. 人力资源管理

人力资源是各种生产要素中最重要的要素。酒店的生产经营要利用诸多资源，其中其他资源多为被动利用，而人则主动参与、主动投入；其他资源要通过人的使用才能发挥作用。人力资源管理水平不仅影响其本身的利用效果，还会影响其他资源的利用程度。人力资源管理包括员工的招聘、录用、使用、考察和辞退，人事档案、薪酬福利管理，员工业务培训和继续教育，创造良好的工作氛围，调动员工工作积极性，发展员工潜在的工作能力等内容。

5. 财务管理

酒店的经济活动过程是资金从被占有到以货币形态被重新收回的循环过程。财务管理就是从资金运动的角度来计划和控制酒店的生产经营活动，并评估和分析其合理性，以尽可能少的资金取得尽可能大的经济效益，提高酒店的经营管理水平。财务管理的主要内容有：

① 资金管理。包括筹资管理和投资管理，指从各种渠道、各种方式筹集资金并进行合理投资。

② 资产管理。酒店经营需要各种资产的共同运作，如流动资产、固定资产、无形资产、递延资产及其他资产。

③ 成本费用管理。成本费用管理是酒店财务管理的重要内容，降低成本费用是增加盈利的根本途径。

④ 营业收入和利税管理。营业收入和利润是酒店经济效益的基本指标，纳税是酒店应尽的基本义务。营业收入和利税管理是对酒店收入的实现及其分配进行管理。

⑤ 财务分析。以报表形式对酒店的经营活动和财务成果进行评价，通过评价，对酒店的财务状况和经营效果做出判断，为经营管理决策提供依据。

6. 设备管理

现代酒店的综合服务功能要求酒店配备大量的现代化生活设施和设备，这些设备是酒店经营的物质基础。酒店设备的管理水平不仅直接关系到酒店的服务质量，而且还直接影响酒店的经济效益。酒店设备管理的主要工作是设备的资产管理和设备的使用与维护。设备的资产管理主要包括对设备的分类编号、登记建档和实行动态管理制度；设备的使用和维护是通过制定和执行有关制度，强化员工的设备管理意识，培训员工正确使用和精心维护各种设施设备，保证设备的完好率并延长使用寿命，降低运行成本，提高酒店的经济效益。

7. 安全卫生管理

酒店作为宾客的"家外之家"，安全、卫生水平十分重要。安全、卫生工作看起来似乎不产生经济效益，但缺乏安全、卫生的酒店产品，不仅会影响宾客的愉悦感和舒适感，还会给酒店的声誉造成极坏的影响，甚至带来无法弥补的损失。酒店安全卫生管理的主要内容有：

① 治安管理。指为防偷盗、防破坏、防流氓滋事，保护宾客生命、财物安全，保护酒店财产不受损失，维护酒店经营秩序的管理活动。

② 消防管理。指火灾的预防和火警、火灾事故的处理。重点是火灾的预防。

③ 劳动保护。指为保护员工在劳动过程中的安全和健康所采取的各种技术措施和组织措施。

④ 食品卫生管理。指保证酒店提供的餐食、饮品符合卫生标准，杜绝食品污染，保障就餐者身体健康的一系列管理活动。

⑤ 卫生防疫。为了预防疾病传播，为宾客提供舒适的旅居环境，卫生防疫工作的重点是做好宾客活动的公共区域环境卫生和生产操作区域的环境卫生。

三、酒店管理的职能

管理的职能就是管理的职责与功能。最早系统地提出管理的各种具体职能的是法约尔。法约尔认为，管理活动是由计划、组织、指挥、协调和控制这五种职能组成的。他认为，管理就是实行计划、组织、指挥、协调和控制；计划就是探索未来、制定行动计划；组织就是建立企业的物质和社会的双重结构；指挥就是使其人员发挥作用；协调就是连接、联合、调和所有的活动及力量；控制就是注意是否一切都按已制定的规章和下达的命令进行。继法约尔之后，行为管理学派突出了人的因素，从组织职能中划分出了人事、信息沟通、激励等职能。系统论、控制论、信息论应用于管理之后，出现了许多科学的决策方法和手段，有的管理学者又从计划职能中提出了决策职能，有的学派则把原来的指挥、协调职能的内容分别纳入组织与控制的职能之内。尽管管理职能的划分众说纷纭，莫衷一是，但都是在“五职能论”基础上进行的取舍或补充。酒店管理过程中同样离不开这五大职能，酒店管理的核心就是管理者通过执行管理职能来实现酒店的经营目标。

1. 计划职能

计划职能是管理的首要职能，计划职能与其他管理职能之间的关系如图 1-64 所示。酒店计划职能就是指酒店通过周密、科学的调查研究，分析预测，并进行决策，以此为基础确定未来某一时期内酒店的发展目标，并规定实现目标的途径方法的管理活动。酒店通过计划职能对未来的活动进行规划和安排，在工作或行动之前，预先拟定出具体内容和步骤，包括确立短期和长期目标，以及选定实现目标的手段。计划职能的主要内容如下：一是分析和预测企业未来的情况变化；二是制定目标，包括确定任务、方针、政策等；三是拟定实现计划目标的方案，做出决策，对各种方案进行可行性研究，选定可行方案；四是编制综合计划和具体计划；五是检查总结计划的执行情况。

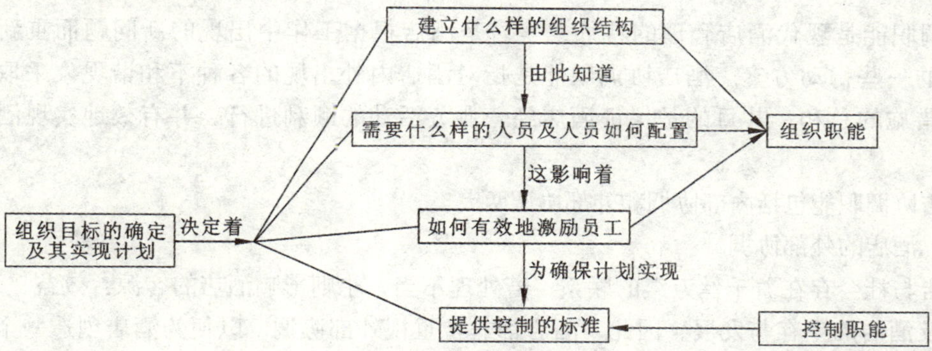

图 1-64 计划职能与其他管理职能之间的关系

计划职能通过确定酒店的经营管理目标，为酒店内各部门、各环节及各岗位员工的工作或行动指明方向，明确责任，有利于相互之间的沟通与协调，使酒店所有成员互相配合，最终实现酒店目标。计划职能可使酒店对所拥有的人、财、物等资源进行合理而有效的组合与调配，使人尽其才、物尽其用，减少人力、物力、财力的浪费，从而形成尽可能大的接待能力，并实现酒店效益最大化。计划职能在确定酒店目标的同时也规定了实现目标的途径和方法，这些途径和方法充分考虑了酒店内外环境的变化及其趋势，使酒店在市场竞争日趋激烈、宾客需求日益多变的环境中求生存图发展，变被动为主动，增强酒店的应变能力。

2. 组织职能

组织职能是为了实现目标，对人们的活动进行合理的分工与协作，合理配备和使用资源，正确处理人际关系的管理活动。为了实现管理目标和计划，必须要有组织保证，必须对管理活动中的各种要素和人们在管理活动中的相互关系进行合理的组织。酒店组织职能是指为了有效地达到酒店计划目标，管理者确定组织结构，进行人、财、物、时间、信息等资源的调配，并划分部门、分配权力和协调酒店各种业务活动的管理过程。组织职能是计划职能的自然延伸，它贯穿于酒店管理的全过程。其内容主要有：一是按照目标要求建立合理的组织结构；二是按照业务性质分工、确定各部门的职责范围；三是给予各级管理人员相应的权力；四是明确上下级之间、个人之间的领导与协作关系，建立信息沟通渠道；五是编制定员；六是建立和健全酒店管理制度。

3. 指挥职能

酒店指挥职能是指管理者凭借权力和权威，根据决策计划的要求对所属指挥对象发出指令，进行领导和调度，使之服从管理者意志，并付诸行动，齐心协力地实现酒店的预定目标的管理活动。在指挥的过程中，通常先有组织目标和决策计划，后有管理者根据组织授权视具体情况行使的指挥。当酒店管理目标已定，即形成一定的接待能力，管理者就要通过执行指挥职能，使酒店的全体员工积极实施管理目标，进而使酒店接待能力成为实际的接待业务活动。指挥职能是酒店的管理者或管理机构，通过下达各种信息，引导推动下级完成酒店经营计划的活动。酒店管理者在执行指挥职能时，应根据自身所处的职位、周围的环境和下属的能力、特点等来选择不同的指挥方法。指挥职能发挥得好坏有两个重要因素：一是酒店决策计划的合理性，二是管理者自身的素质高低。指挥职能是计划职能和组织职能的延伸和继续，计划是指挥的依据，组织是指挥的保证。

4. 协调职能

协调职能是现代酒店管理的特征之一，是酒店根据工作中出现的新问题而重新制定的或改进的一些行动方案。酒店协调职能是指对酒店内外出现的各种不和谐现象采取的调整联络等措施的总和。其目的是保证酒店经营业务活动的顺利进行，并有效地实现酒店的经营目标。

酒店协调职能包括内部协调和外部协调两大类。

（1）酒店的外部协调

酒店与社会存在着千丝万缕的联系，若处理不当，小则影响酒店的客源、效益、形象等，大则危及酒店的生存与发展。因此，酒店都非常重视外部协调，以便为酒店创造一个良好的外部环境。通常，酒店外部协调可分为酒店与宾客的协调和酒店与社会的协调两种。

在目前酒店业市场激烈竞争的环境中，宾客需求也日益复杂多变，酒店与宾客之间的协调主要体现在酒店应根据市场供求及竞争情况，不断地调整酒店的服务内容与项目，减少酒店与宾客之间的不和谐因素，如增添服务设施、增加服务项目、努力提高服务质量等。从而最大限度地满足宾客需求，使酒店与宾客之间相互和谐融洽，并在酒店竞争中处于不败之地。与此同时，酒店是社会的一个组成部分，与社会各界存在着各种维护与制约的关系，这种关系处理是否妥当，直接影响着酒店在社会上的地位和声誉。因此，大多数酒店都非常注重通过各种公共关系活动处理好与社会各界，特别是与银行、财税、工商、公安、消防、环保、文化卫生、新闻媒体等各方面的关系，树立酒店良好形象并获得社会各界的信任、理解和支持，使酒店业务正常、有序地进行。

（2）酒店的内部协调

酒店内部协调一般分为横向协调与纵向协调两类。横向协调就是指酒店内各部门之间、本部门内各环节之间的协调。如工程部与客房部的合作、前厅部的预订与接待、收银的信息沟通与配合等。各部门、各环节之间信息传递及时、迅速、准确是协调的基本要求。各相关部门、环节的所有人、财、物、信息等要素的配合得当、步调一致，是通过协调职能的执行所应达到的结果，也只有如此，才能确保酒店各项管理工作的顺利进行。纵向协调是指酒店上下各级人员之间的协调。有效的纵向协调要求上级应能根据酒店目标要求下达正确的指令，而下级则无条件地服从和执行上级的指令要求。另外，纵向协调还应遵循等级链的原则，即上级不越级指挥，下级也不越级向上汇报。最终，通过酒店全体员工的齐心合力、相互配合，共同完成酒店的预定目标。

5. 控制职能

控制职能是对实现计划目标的各种活动进行检查、监督和调节。虽然在计划职能中要求尽可能全面、周密地反映客观情况，制定出切实可行的计划，但是在管理过程中，还会出现各种预料不到的情况，所以在执行计划的过程中，仍有可能产生不同程度的偏差。这就要求控制职能加以调节，以保证目标的实现。控制的基本程序是：制定控制标准，衡量计划执行情况，将实际成果同预定目标相比较以确定是否发生了偏差，采取纠正措施。有效的控制应该根据管理者和管理对象的不同情况，采取预先控制、现场控制和反馈控制等不同的控制方法（见图 1-65），将控制职能贯穿于管理的全过程。

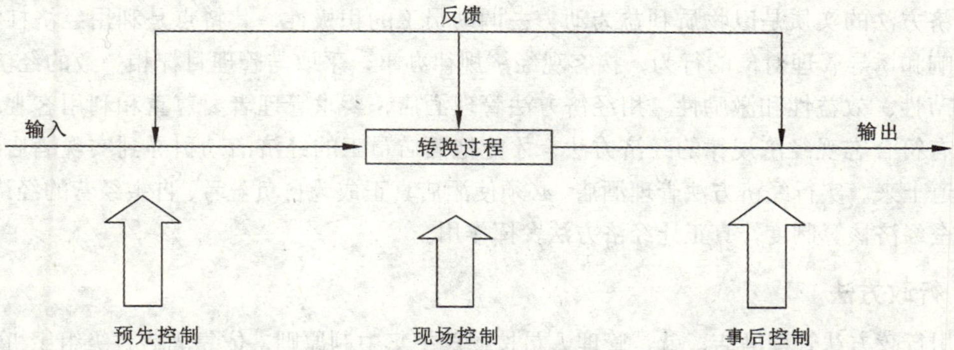

图 1-65　控制的基本类型

（1）预先控制

预先控制又称前馈控制，是指管理者通过对酒店业务情况的观察、预测和分析，预计可能出现的问题，在其未发生前加以防止的管理活动。

预先控制主要是对业务进行前的资源投入实施有效的控制。其中，最为重要的有：

① 人力投入控制。即管理者根据酒店规模及各部门的运转需要，确定所需人员的数量、素质要求，并合理地排班。酒店营业前的检查则可发现现有人员与标准之间的差异，以便在事前采取措施，如增减人员或加强培训等纠正偏差。

② 财力投入控制。即管理者根据酒店业务经营需要，确定所需资金数额及其来源，在编制酒店预算及对未来业务活动进行预测时，估计可能发生的偏差，并采取措施予以纠正。

③ 物力投入控制。即管理者在业务经营活动前检查酒店所有物质资源的数量和质量是否适应宾客需要和酒店等级要求。若发现某项没有达到，即应及时采取补救措施，更换或补充相应的物质资源，确保酒店业务活动的顺利进行。

（2）现场控制

现场控制又称实时控制，是指管理者在酒店业务进行过程中的控制，是酒店管理的一种有效的管理方式。它通过管理者的现场巡视，督导下属员工按服务规程操作；根据业务活动的需要，对预先安排的人、财、物等资源进行合理的重新组合、调配；及时处理宾客投诉以消除不良影响，并有效地保证酒店服务质量。

（3）事后控制

事后控制又称反馈控制，是指管理者在酒店经营业务活动结束后，对其结果的检查考核。

所以，事后控制是把实际工作结果与预定目标相比较，找出偏差，分析产生差异的原因，提出整改措施，以便在今后的工作中改进提高的管理方法。

四、酒店管理的基本方法

酒店经营管理的目的是为了最大限度地发挥酒店的效能，使酒店能以最低的消耗产生最大的效益。为了达到这一目的，酒店的管理者必须采用适当的管理方法来保证酒店经营管理活动的正常开展。

1. 经济方法

用经济方法管理酒店是指采用经济手段，依靠经济组织，按照客观经济规律的要求来管理酒店。经济手段是指价格、利润、利息、工资、奖金等经济杠杆和经济合同、经济责任等手段。经济方法的实质是以物质利益为动力去调动员工的积极性，其特点是利用经济杠杆的作用来影响和诱导管理对象的行为，按客观经济规律办事，采取与管理目标相一致的经济措施，具有调节性、效益性和激励性。用经济方法管理酒店，要求管理者要尊重和利用客观经济规律，只有符合客观经济规律的经济方法，才能把酒店员工的经济活动引导到实现酒店经营目标的轨道上来。实行经济方法管理酒店，必须使酒店真正成为自负盈亏、自主经营的经济实体，建立健全经济核算制度，真正让经济方法发挥作用。

2. 行政方法

利用行政方法管理酒店，就是管理人员按照民主集中制原则，依靠酒店各级组织机构及管理人员的权威，用指令性的计划和命令、指示、规章制度等强制性的手段来控制和管理下属员工，从而达到管理酒店的目的。运用行政方法首先要建立健全酒店的各级组织机构，按决策（总经理）、管理（部门经理）、执行（主管、领班）和操作层（酒店服务员和其他工作人员）四个层次来组建机构，按照行政管理程序发布指令、贯彻执行、检查反馈和协调处理。行政方法对于管理对象不是间接地施加影响，也不是提建议，而是直接地指挥和控制，因此具有强制性、直接性、明确性等特点。它是酒店管理中不可缺少的方法。行政方法管理效果的好坏与管理者的水平密切相关。在运用行政方法时，要注意对客观经济规律的研究，注意与经济方法相结合，避免滥用职权。

3. 法律方法

用法律方法管理酒店，是国家有关部门将酒店管理中比较稳定、比较成熟、带有规律性的经验，用立法的形式规定下来，以保证酒店经营管理活动的正常进行，并用以调整酒店内外部各种经济关系。法律方法较之行政方法的特点是具有相对的稳定性、高度民主的权威性、明显的强制性和确切的规范性。法律条文一经确定，便不可轻易更改，违反者将受到法律制裁。因此，法律方法也是解决经济纠纷的重要工具，是酒店开展经营活动的有力保证，也是同损害酒店利益的行为做斗争的有效手段。用法律方法管理酒店，要求管理者要了解国家的有关法律，并在国家法律允许的范围内开展经济活动。

4. 定量分析管理方法（数学方法）

酒店管理中运用量化手段是指通过对管理对象数量关系的研究，遵循其量的规律性来进行管理。定量方法在管理中，主要运用于资金管理、财务管理、投资管理、物资管理、市场管理、市场预测和经营决策等方面。通常是建立一些数学模型，将一些问题定量化，通过计算得出有关数据，从而为经营管理决策提供依据。目前在酒店管理中可用的数学模型有：ABC质量分析法、物资购置的经济批量公式、ABC库存管理法、盈亏平衡点分析法、定量预测方法、投资效益分析法、计划管理的网格技术和线性规划等。为了更好地发挥定量方法的作用，必须在日常的经营管理中注意各种原始数据的记录、积累、整理、分析，使之成为定量分析的基础。定量方法的主要过程是计算，计算机技术可以运用于酒店管理。定量方法是运用数学手段进行管理，参与管理的主观因素较少，具有准确可靠、经济实用、节省人力、物力的优点，但它解决不了酒店管理中存在的众多不可控制因素，在许多重大问题的决策上最终还是离不开人的判断。

5. 职能管理方法

酒店管理者运用酒店的职能管理方法，使酒店能按照自身的发展规律存在和发展，使酒店的业务活动能按酒店的经营目标进行。酒店管理职能的执行，目的是为了合理地组织酒店的业务活动，扩大酒店的接待能力和经济效益，维护和改善酒店的运营体系。酒店的职能管理方法是通过具体职能体现出来的，即通过计划、组织、指挥、控制、协调和激励等职能来发挥作用。

计划职能是确定酒店的经营方针、规划经营目标和规定实现目标的途径方法的管理活动，是酒店管理中最重要的职能。组织职能是为了实现酒店的决策目标，对酒店的组织结构进行合理的设置，对人力、财力、物力进行合理的分配，对业务活动进行合理的调配和分工协作的一种职能管理方法。指挥职能是酒店管理者凭借其权力和权威，对指挥对象发出指令，使之服从代表酒店目标的统一行动。控制职能是酒店管理人员依照市场信息和内部信息，按决策目标和规定的标准对酒店经营活动进行监督、调节、检查、分析，使之不发生偏离经营目标的职能管理方法。协调职能是管理人员通过对不同业务之间的调整、联络等活动，使各部分业务活动和谐一致，以达到酒店的经营目标。激励职能是通过调动人的积极性来发挥效能。职能管理是酒店业务活动管理的最重要手段之一。

6. 行为科学方法

用行为科学方法管理酒店，也就是运用社会学、心理学、组织学等现代行为科学理论，分析研究酒店中人的行为及这些行为产生的原因，根据人的行为规律进行管理。管理是协调他人的行动，并通过他人的行为收到预期效果。酒店管理中最重要、最活跃的因素是人，员工的积极性和创造性是实现酒店各项目标的最根本因素。但员工的积极性和创造性受员工需求的满足程度、动机、情绪、思想状况及在劳动过程中的人际关系等因素的影响和制约。行为科学方法就是通过对员工行为规律的分析研究，来激励、控制和改变员工的行为，使员工追求的行为和酒店的目标趋向一致。行为科学方法涉及个体行为、群体行为、领导行为和组织行为四个方面的问题，是酒店管理中激励员工发挥创造性才能的重要方法。

知识拓展

酒店管理的理论基础

酒店管理是以管理学的一般原理为基础，从酒店本身业务特点和经营管理特点出发而形成的一门独特的学科。酒店管理理论既有管理学的一般理论，又有酒店管理的独特个性。例如古典科学管理理论、人际关系方法、组织行为理论、线性规划、排队论、系统论等理论方法对酒店管理都有现实意义。企业流程再造、学习性组织理论等新型管理理论也都可以成为酒店管理的理论基础。作为对管理学的继承，现代酒店管理理论延续了管理科学理论体系中的三个主要学派的思想，即科学管理理论、行为科学理论和管理科学理论。酒店管理者必须了解各种管理理论和方法，善于从中选择最恰当的理论体系加以灵活运用。任何管理方法都不是解决管理问题的唯一方法，各种方法都有其长处，也有其不足。酒店管理人员必须掌握现有的管理知识，并善于吸收发展过程中出现的新理论、新方法。

一、科学管理理论（Scientific Management）

科学管理理论形成于 19 世纪末 20 世纪初，随着生产力的发展、生产技术的进步，企业生产规模的日益扩大，企业管理工作日益复杂，对管理的要求越来越高，单凭经验进行生产和管理已经不能适应这种激烈竞争的局面。这迫切需要改进企业管理，以增强企业的竞争能力。正是基于这些客观要求，西方国家的一些企业管理人员和工程技术人员，开始致力于总结经验，进行各种试验、研究以提高生产率。科学管理理论由此应运而生。

1. 泰勒的科学管理理论

科学管理的产生是管理发展史中的重大事件，也是管理从经验走向科学的第一步。其创始人是美国的泰勒（Frederick W. Taylor），研究的范围主要是基层的作业管理，其核心是谋求最高的工作效率。科学管理理论从管理思想到工作方法形成了系统的理论体系，在提高劳动生产效率方面取得了巨大成就，因而被公认为管理学产生的标志，该理论的代表人物弗雷德里克·泰勒也被誉为“科学管理之父”。泰勒的科学管理理论的内容主要有以下几点：

（1）标准化原理

标准化原理主要是指作业方法和工具的标准化。泰勒通过大量实验，对工厂的每一个作业过程进行动作和工时研究和分析，清除作业中所有不必要的动作，使作业速度加快，然后予以确定，制定出标准化的作业规程和方法，这种作业方法的标准化即为标准操作法。动作和工时研究的目的在于为工人寻找科学、合理、最有效的操作工具、程序和动作，使工人在不增加劳动强度的情况下，大幅度地提高生产效率。另一方面，他还把工人使用的工具、机器、材料及作业环境也加以标准化，使之更有利于减轻劳动强度，完成工作定额。

（2）刺激性的工资报酬制度——实行差别计件工资制

按照作业标准和时间定额，规定不同的工资率。对完成工作定额的工人，以较高的工资率计件支付工资；对没有完成定额的工人，则按较低的工资率支付工资。这样可以极大地调动工人完成任务的积极性。

（3）工作定额原理

为了发掘工人们劳动生产率的潜力，需要制定出有科学依据的工作量定额。定额可以通过调查研究的方法科学地加以确定。工作定额原理是指在科学实验的基础上，制定出标准操作法，并据此对全体员工进行训练，从而制定出合理的工作定额，提高企业的工作效率。所谓合理的工作定额，是指既要保证完成一定的工作量，符合管理者的期望，又要限定在工人能够长期承受的限度内，不损害其健康。

(4) 科学地选择和培训工人

泰勒认为，每个工人都有自身的特点，管理者应为员工找到他们最适合的工作，并对其进行培训，激励他们尽最大的力量来工作。

(5) 作业人员和管理者的分工协调

泰勒主张工人与管理部门实行分工，把计划职能从工人的工作中分离出来，由专业的计划部门去做，从而提高计划的科学性、可行性，也便于工人去执行。

(6) 在组织机构的管理控制上实行例外原则

所谓例外原则，即企业的高级管理人员把一般的日常事务授权给下级管理人员去处理，自己只处理例外事项，如企业的发展战略、重要人事任免等。

泰勒的科学管理方法的最大特点就是实行标准化管理，这种管理方法在酒店管理中得到了广泛运用。从服务程序到工作量的制定，从通用设备的统一和标准化到酒店的制服、建筑装饰风格的和谐统一，无不体现了标准化原理。例如，时间与动作研究可适用于操作程序固定的酒店客房整理工作，以提高酒店客房整理的工作效率。

2. 法约尔的一般管理理论

1916 年，与泰勒同时代的法国人亨利 · 法约尔（Henri Fayol）在《工业管理和一般管理》一书中较完整地提出了他的企业组织管理理论。他早期参与企业的管理工作，并长期担任企业高级领导职务。泰勒是以普通工人的身份进入工厂的，因此他所研究的重点内容是企业内部具体工作的作业效率。而法约尔的研究则从“办公桌前的总经理”出发，以企业整体作为研究的对象。他侧重于从中高层管理者的角度剖析具有一般性的管理，其理论也因此而被称为“一般管理理论”。

法约尔认为，要经营好一个企业，不仅要改进生产现场的管理，而且要注意改善有关企业经营的六个方面的活动：技术活动、经营活动、财务活动、安全活动、会计活动、管理活动。一般管理理论把经营和管理分为两个不同的概念，认为管理就是执行计划、组织、指挥、协调、控制职能，管理的五大要素就是计划、组织、指挥、协调和控制。并在此基础上提出了企业管理中组织管理的十四项原则：劳动分工，权力与责任，纪律，统一指挥，统一领导，个人利益服从集体利益，合理报酬，集权，等级链，秩序，公平，人员稳定，首创精神，团结精神。法约尔的管理理论特别强调经营与管理的区别、管理职能的五要素论和组织管理的十四项原则。法约尔第一次从一般的角度阐述了管理理论，构建了管理理论的基本框架，对以后管理理论的发展产生了巨大影响。

3. 韦伯的行政组织理论

马克斯 · 韦伯 (Max Weber) 是德国著名的社会学家。在韦伯生活的年代，德国因长期的分裂，经济较英法等国落后，当时德国的企业主要是家族式企业，其规模远不及英法等国的大规模的现代化工业企业。韦伯理想的行政组织理论，反映了当时德国从封建主义向资本主义过渡的要求。他总结了在大型组织中的实践经验，为资本主义的发展提供了一种稳定、严密、高效、合乎理性的管理体系理论。所谓理想的行政组织体系理论，集中反映在《社会组织与经济组织》一书中。该理论的核心是组织活动要通过职务或职位而不是通过个人或世袭地位来管理。他也认识到个人魅力对领导作用的重要性。他所讲的“理想的”，不是指最合乎需要的，而是指现代社会最有效和合理的组织形式。之所以称其为“理想的”，是因为它具有如下一些特点：

① 明确的分工。即每个职位的权利和义务都应有明确的规定，人员按职业专业化进行分工。

② 自上而下的等级系统。组织内的各个职位，按照等级原则进行法定安排，形成自上而下的等级系统。

③ 人员的任用。人员的任用要完全根据职务的要求，通过正式考试和教育训练来实行。

④ 职业管理人员。管理人员有固定的薪金和明文规定的升迁制度，是一种职业管理人员。

⑤ 遵守规则和纪律。管理人员必须严格遵守组织中规定的规则、纪律及办事程序。

⑥ 组织中人员之间的关系。组织中人员之间的关系完全以理性准则为指导，只是职位关系而不受个人情感的影响。这种公正不倚的态度，不仅适用于组织内部，而且适用于组织与外界的关系。

韦伯认为，这种高度结构的、正式的、非人格化的理想行政组织体系是人们进行强制控制的合理手段，是达到目标、提高效率的最有效形式。这种组织形式在精确性、稳定性、纪律性和可靠性方面都优于其他组织形式，能适用于各种管理工作及当时日益增多的各种大型组织。韦伯的这一理论，对泰勒、法约尔的理论是一种补充，对后来的管理学家们尤其是组织理论学家则有很大的影响，他被称为“组织理论之父”。

二、行为科学理论（Behavioral Science）

行为科学理论始于20世纪20年代，在早期被称为人际关系学说，侧重于人际关系的研究，包括研究人的工作动机、情绪、行为等与工作间的关系，以及研究按照人的心理发展规律来激发人的积极性和创造性。

20世纪初期以后，随着泰勒制的实行，工人阶级劳动强度加大，劳资矛盾日益尖锐。在这种情况下，古典管理理论由于忽视人的因素，已不能完全适应新的形势。为缓和劳资矛盾，并进一步提高劳动生产率，一些管理学家开始试着从不同的角度对管理理论和方法进行新的研究，西方管理学家们将心理学、社会学等理论引入企业管理的研究领域，行为科学就是当时的主流学派。行为科学是基于人类学、社会学、心理学、管理学的理论，运用类似自然科学的实验和观察方法，研究在自然和社会环境中人的行为的一门综合性科学。它研究人的行为产生的原因和影响行为的因素，目的在于激发人的积极性、创造性，以达到组织目标。由于酒店属于服务行业，酒店服务的强劳动特征和行业服务人员的地位属性，在很大程度上造成国内酒店一线服务人员的极大流动性，而这与其心理、行为都有关，酒店日常管理如能更好地考虑一线服务人员的心理需求问题，将在很大程度上提高酒店的服务质量。

1. 梅奥的人际关系理论

美国哈佛大学的教授乔治·埃尔顿·梅奥（G. Elton. Mayo）领导了开拓性的工业研究项目，即著名的霍桑试验。该试验在芝加哥西方电器公司的霍桑工厂中进行，历时八年（1924—1932年）。通过这次试验，梅奥等人提出了人际关系学说，其主要论点如下：

① 工人是“社会人”。工厂中的工人并非只是单纯追求金钱收入，他们还有社会、心理方

面的需求，也就是追求人与人之间的友情、安全感、归属感和受人尊重等。

科学管理理论假设了一种在工厂中的单一的刺激与反应的关系，只要对工作做出适当的设计，再加上适当的奖励制度，工人就会照说的去做，并会尽力生产来增加他们的工资总额（见图 1-66）。人际关系理论提出了一个更为复杂的过程（见图 1-67）。可见，人际关系理论认为工人主要受社会内容的影响（社会内容主要包括社会环境条件、情感、工作中的人际关系等）。也就是说，管理当局对工人的关心会导致工人满意度的增加，并进而产生更好的绩效。

图 1-66　科学管理理论对工作的看法

图 1-67　人际关系理论对工作的看法

② 企业中存在着“非正式组织”。企业职工在共同生产和工作中，必然会产生相互之间的人群关系，产生共同的感情，自然形成一种行为准则，要求个人服从，这就构成了“非正式组织”。这种非正式组织对于工人的行为影响很大，是影响生产效率的重要原因。

③ 新的领导能力在于提高职工的“满足度”，以提高士气，从而提高劳动生产率。新型的领导方法主要是组织好集体工作，通过提高职工的满足度，提高职工的士气，达到提高生产率的目的。这就要求转变管理观念，重视“人的因素”，采用以“人”为中心的管理方式。梅奥等人认为，“士气”高低取决于安全感、归属感等社会、心理方面的欲望的满足程度，满足程度越高，“士气”就越高，生产效率也就越高。

霍桑试验的影响是巨大的，它促进了管理对人的因素的关注，管理人员开始主动寻求提高职工的满足感和激励士气，使得人际关系研究成为研究管理的一种普遍方法，并掀起了一场人际关系运动。推动人际关系运动的主要理论家还有马斯洛和麦格雷戈等人。

2. 马斯洛的需求层次论

美国威斯康星大学的心理学家马斯洛（Abraham H. Maslow）于 1943 年提出了关于人的需要结构理论——“需求层次论”（见图 1-68）。他认为大多数人的需要可分为五类：生理需要，这是人类最原始的基本需要，包括食物、衣物、住房、异性等生理机能的需要，这些需要如不能得到满足，人类的生存就成为问题；安全需要，包括摆脱失业、疾病暴力的威胁、年老时有保障等；社交需要，包括人与人之间的友谊、忠诚及归属某一个群体、组织的需要等；尊重需要，包括对一定的社会地位、名望、个人能力及成就得到社会承认，能独立自主地工作和生活等需要；自我实现需要，指实现个人理想抱负，最大限度地发挥自己的才干的需要，由于个人抱负的不同，满足自我实现的需要所采取的途径也不同。

马斯洛认为，上述五种需要不是并列的，而是按层次次序逐级上升的；在同一时间内，可能存在几种需要；这五种次序不是绝对固定的；需要层次越高，与生活的联系越少；需要满足后就不再起激励作用，下一级需要基本满足以后，上一级的需要就成为行为的主要驱动力。根据这种理论，在酒店管理中，管理者要善于不断发现员工的未被满足的需求，将实现酒店经营目标与员工的个人需要结合起来，及时采取措施激励员工，调动员工的积极性和创造性。

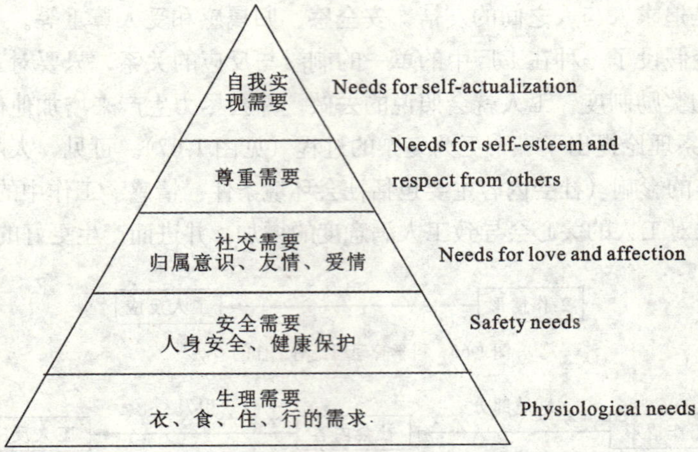

图 1-68 马斯洛的需求层次论

3. 赫茨伯格的双因素理论

双因素理论是一种激励模式理论，由美国心理学家弗雷德里克·赫茨伯格（Frederick Herzberg）所创。赫茨伯格认为影响人的工作动机的主要因素有两类，即保健因素和激励因素（见表 1-4）。赫茨伯格在美国匹兹堡大学心理学研究中心工作时，调查了当地 11 家工业企业的 200 多名工程师和会计，询问使他们在工作中愉快或不愉快的因素。分析结果表明，人们觉得不满意的项目，都与工作环境有关，而觉得满意的项目一般都与工作本身有关。赫茨伯格把人们觉得不满意的因素，同时也是能够防止不满的因素称为保健因素。而把人们觉得满意的因素，同时也是能够给人们带来满足的因素称为激励因素。保健因素属于员工工作环境和工作关系方面的因素，如工资报酬、工作条件、人际关系、企业政策与企业管理等方面，这些因素能防止员工产生不满，但不能激发职工提高工作效率。激励因素属于员工工作本身和工作内容方面的因素，如工作成就、被重用、富有挑战性的工作和光明的前途等，这些因素能对员工构成激励，使员工对工作感到满足。

赫茨伯格的激励因素相当于马斯洛的较高层次的需要，保健因素相当于较低层次的需要，但两者的侧重点有所不同，马斯洛侧重分析需要或动机，赫茨伯格侧重分析满足这些需要的目标或诱因。这两种理论都没有把个人需要的满足同组织目标的达成这两点联系起来。从管理角度来说，要消除员工的不满情绪，应解决保健因素问题，激发员工的工作热情则应解决激励问题。

表 1-4 双因素

保健因素	激励因素	保健因素	激励因素
组织的行政管理政策 管理监督的方式和方法 工作条件	良好的工作性质 职务上的职责感 工作得到认可	工资福利 工作保障 人际关系	工作的成就感 成长的可能性 晋升

4. 人性假设理论

所谓人性假设理论，是指任何组织的管理者在管理下属时对下属所持的基本看法，有人称之为“管理的假设”。管理的假设不同，管理者采取的管理办法及激励下属的形式也不同。

（1）X、Y 理论

在人性理论研究方面，美国麻省理工学院的心理学教授麦格雷戈（Douglas Megregor）的 X 理论和 Y 理论有很高的地位。麦格雷戈认为，传统的管理理论有很多缺陷，根本在于对人的看法不正确，对人性作了错误的假设。他把传统的管理观称为X理论，X理论的主要观点有：①一般员工都好逸恶劳，只要可能他们就会逃避工作；②员工工作缺乏动力，必须采取强制、监督、指挥、惩罚等措施；③员工大都明哲保身，不愿承担责任，甘愿受人指挥。在这种假设的基础上，管理者将员工看成是动机唯一的"经济人"，常常以金钱作为管理工具，用强硬的控制方法去驱使下属工作。

根据X理论的假设，相应的管理措施是：①注重工作任务管理，采用严格的控制、监督和"管、卡、压"的独裁式管理；②在奖励制度方面主要是"胡萝卜加大棒"的方法，即以金钱来刺激工人的工作积极性，用惩罚来对付工人的"消极怠工"行为；③管理工作是少数管理者的事情，工人只是服从指挥。

麦格雷戈认为，与X理论相反的Y理论应作为传统的X理论的替代物。Y理论的主要观点是：①员工视工作如休息和娱乐一般自然，并非懒惰不可靠；②员工一旦对某项工作做出承诺，就会进行自我指导和自我控制，以完成任务；③大多数人愿意承担责任，并富有创造才能和主动精神；④对组织目标承担的义务是同劳动成就的报酬相关的。在这种人性假设的前提下，管理者相信下属有良好工作的愿望，会努力协调组织目标与个人目标之间的矛盾，在组织中创造有利于个人发展的良好环境，正确激励下属。

根据Y理论的假设，相应的管理措施是：①管理者不应只注意组织目标的完成，应把注意的重点放在对员工需要的关心上；②管理者要注意员工之间的关系，培养其归属感和整体感；③在实行奖励时，提倡集体奖励制度为主，个人奖励为辅；④管理者的职能不应只限于技术和经济问题的处理，要注意人际关系的处理；⑤鼓励员工参与管理。

对比X理论和Y理论可以发现（见表1-5），其差别在于对人的需要看法不同，因此采用的管理方法也不同。据X理论来看，对于工人的需要，管理者就要采取严格的控制和强制的方式。如果按Y理论，管理者就要创造一个能多方面满足工人需要的环境，使人们的智慧和能力得以充分的发挥，以更好地实现组织和个人的目标。麦克雷格认为，Y理论的假设比X理论更实际有效，因此他建议让员工参与决策，为员工提供富有挑战性和责任感的工作，建立良好的群体关系，激励和培训员工，这些都会极大地调动员工的工作积极性。

表1-5 X理论和Y理论比较

实验对象性质 / 管理模式	任务易测定的工厂、企业、操作工人	任务不易测定的研究所和人员（工程师、经理）
X理论	效率高	效率低
Y理论	效率低	效率高

（2）超Y理论和Z理论

在麦格雷戈提出了X理论和Y理论之后，美国的洛尔施（Joy Lorsch）和莫尔斯（John Morse）对两个工厂和两个研究所进行对比研究后发现，采用X理论和采用Y理论都有效率高的和效率低的结果，便由此推断Y理论不一定都比X理论好。那么，到底在某种情况下应选用哪种理论呢？他们认为，管理方式要由工作性质、成员素质等来决定，并据此提出了超Y理论。其主要观点是，不同的人对管理方式的要求不同。有人希望有正规化的组织与规章条例来要求自己的工作，而不愿参与问题的决策去承担责任，这种人欢迎以X理论为指导的管理方式。有的人却需要更多的自治责任和发挥个人创造性的机会，这种人则欢迎以Y理论为指导的管理方式。

此外，工作的性质、员工的素质也影响管理理论的选择。不同情况应采取不同的管理方式。

Z 理论是由美国日裔学者威廉·大内（William Ouchi）提出来的，其研究的主要内容是人与企业、人与工作的关系。威廉·大内认为，X 理论和 Y 理论对人性的假设，都是建立在将管理者与工人对立的前提下，而 Z 理论则基于管理者与工人相一致的立场。与 Z 理论相对应的新型管理模式的主要特征如下：

① 建立企业与职工长期的稳定关系，基本上是终身雇佣，在这样的企业中工作的工人有主人翁责任感。

② 主张职工参与管理，保证职工有参与企业决策、设计企业发展目标的权利。

③ 具有良好的人际关系，管理人员在下达上级决策或分配工作任务时，应与下属协商，允许下属发挥主观创造性。

④ 企业不仅为员工提供良好的工作环境、创造良好的生活条件，而且注意员工的成长和未来发展，注意给员工提供多方面工作经验锻炼的机会。

超 Y 理论和 Z 理论的实质在于权变，管理方法的选择和运用必须符合企业自身的特点，才能收到满意的效果。

除上述行为科学管理理论以外，还有许多管理学家也做出了重大贡献，如利克特 (R. Likert) 的“领导模式”、弗鲁姆（V. Vroom）的“期望概率模式”、布莱克 (R. Black) 和穆顿 (J. Mautom) 的“管理方格理论”等。行为科学理论是一门研究人的学科，不但内容庞大、内涵丰富，而且和许多学科交织在一起。酒店以提供劳务服务为主，酒店管理中人的管理是关键，所以行为科学理论对酒店管理具有特别重要的指导意义。

三、现代管理理论（Modern Management Theories）

科学管理和行为科学是企业管理中对生产过程、物和人的管理的革命。二战后生产力的发展，社会科技的进步使得企业状况与社会环境都发生极大的变化，管理理论随着发展变化而产生了现代管理理论。现代管理理论是多种最新管理理论的综合体系，它涉及管理的诸多方面。现代管理理论有两个基本前提：一是认为企业管理是建立在物、人和环境三个因素之上的，企业从封闭系统转向开放系统，管理的重点从内部转向经营，并将决策放在了重要位置上。二是面对不断变化的企业和环境，管理也要不断随机应变，以适应这种变化。

1. 系统管理理论

系统管理理论的代表人物有美国的卡斯特（F. E. Kast)、罗森茨韦克（J. E. Rosenzweig)、约翰逊（R. A. Johnson)。系统管理理论应用“系统”观念从全局和整体上分析和研究企业管理活动和管理过程，认为企业是一个复杂的系统，具有整体性、相关性和有序性。

该学派认为，组织是由人们建立起来的，相互联系并共同工作着的要素构成的系统。这些要素亦可称为子系统，系统的运行效果是通过各个子系统相互作用的效果决定的。因此，研究企业管理的任何个别事物，都要从系统整体出发，既要研究此事物与系统内部组成部分的关系，又要研究其与外部环境的相互联系。企业在研究部门工作时，应把内部因素与外部环境相结合进行全面分析，研究各部门的相互联系与制约关系，以求得各部门工作能保证企业最优化的结果。系统理论认为各部门的工作优化固然重要，但企业整体目标的优化更重要。

酒店的服务与管理是一个极其复杂的管理系统，在现代酒店管理中应用系统论，可以使酒店管理中的复杂现象条理化，使酒店服务活动成为有秩序的系统，从而理清酒店管理中的各种关系，协调对客服务工作。

2. 决策理论

决策论的代表人物有美国的西蒙（H. A. Simon）、马奇（J. G. March）等。决策论是在社会系统理论的基础上，吸收了行为科学、运筹学和计算机科学的内容而发展起来的。决策论认为，决策是从多个达到目标的行动方案中选择最优的方案，管理的关键就是决策。因此，管理必须采用一套制定决策的科学方法，要研究科学的决策方法，以及合理的决策程序。

主要观点有：

① 管理就是决策。

② 决策是一个复杂的过程，包括收集信息、拟定方案、选定方案等步骤。

③ 决策包括程序化决策和非程序化决策。

④ 满意的行为准则：企业在决策时以令人满意的准则代替最优化准则。

3. 权变理论

20 世纪 70 年代，外部环境越来越复杂而多变，面对复杂、剧变的社会经济环境，在企业管理中不存在“普遍适用，一成不变或最好的”管理理论和方法。企业迫切需要一种新的管理理论作指导，提高自身的竞争力，以弥补传统理论的不足。管理的指导思想上出现了强调灵活应变的“权变观点”。权变管理的基本含义是：成功的管理无定式，一定要因地、因时、因人而异。这种观点是针对系统管理学派中的学者们建立万能管理模式的偏向而提出的。它强调了针对不同情况，应当采用不同的管理模式和方法，反对千篇一律的通用管理模式。

权变理论提出：管理与环境之间存在着一种函数关系，其函数式为：管理 =*f*(环境)。环境是自变量，管理的思想和方法是应变量。在理论方法上，权变理论采用对大量事实和典型案例进行研究和概括，把千变万化的企业类型和管理方法归纳为几个基本类型，从而提出每一种类型的管理模式。

4. 管理科学学派

管理科学学派是社会生产力和科学技术水平发展到一定阶段的产物。企业效率的提高要求改变过去凭经验或直觉观察来进行决策计划及解决管理问题的方法，而在企业管理中应用大量的现代技术和定量方法将计划指标定量化，并用精确的计算结果来表示，即采用定量的方法来描述管理问题，使管理更加客观化。

管理科学学派的典型代表是美国的伯法（E. S. Buffa）等人。该学派认为，管理科学是指在一定的物质条件下，为达到一定的目的，运用数学的方法进行定量分析，统筹兼顾研究对象的整个活动所有各个环节之间的关系，为选择最优的方案提供数据上的依据，以便做出综合的合理的安排，最经济有效地使用人力、物力、财力，达到最好的效果。所以，管理科学有时也叫运筹学。简单地说，管理科学就是用数学模式、程序对企业进行管理，如计划、组织、控制等做出最优的解答，并通过电子计算机应用到企业管理中。其主要理论有规划论、排队论、库存论、对策论等。

管理科学理论以决策为主要的着眼点，以经济效果标准作为评价的根据，依靠数学模型和电子计算机作为处理问题的方法和手段。管理科学理论可以运用于酒店的投资策划和酒店投资的前期可行性研究等方面。

综合实训

1. 星级酒店感性认识

实训内容	
训练目的	了解酒店的设施设备，认识酒店的各功能区，能够分清酒店的等级与类型，熟悉不同星级酒店的差别
训练程序	(1) 教师讲解参观日程及注意事项 (2) 带领学生到不同星级酒店参观，包括酒店的设施设备、各功能区、各种类型的客房等，并请工作人员讲解，鼓励学生大胆提问
训练提示	(1) 参观不同星级酒店，听工作人员讲解，对比不同星级酒店的差别，做出归纳总结 (2) 学生就参观情况相互交流，并写出对酒店星级感性认识的总结和参观感受
思考	你认为酒店的功能都一样吗？当你设计酒店功能时，你的依据是什么

2. 介绍世界著名酒店管理集团及其品牌

实训内容	
训练目的	通过查找资料来收集世界著名酒店管理集团的相关资料，对其进行了解并能对世界著名酒店管理集团进行介绍
训练程序	(1) 教师为各组学生分派一家世界酒店管理集团的资料收集任务 (2) 学生以小组形式，收集相关资料，制作 PPT 并进行介绍
训练提示	(1) 说明该酒店集团的现状 (2) 该酒店集团的发展历程 (3) 该集团旗下有哪些品牌 (4) 该酒店集团在中国的发展状况
思考	你认为品牌的价值体现在哪些方面？自己调查一些国内酒店集团的资料，并与世界著名酒店集团进行比较分析

3. 酒店现场督导管理观摩与分析

实训内容	
训练目的	通过现场观摩酒店运营区域，了解该岗位工作流程，提出改进措施
训练程序	(1) 准备工作 ① 联系好一家酒店 ② 根据学生人数确定需要观摩的工作区域 ③ 根据酒店工作的实际情况确定好观摩的时间 ④ 做好学生现场观摩计划，可分不同时段观摩 ⑤ 学生做好计划观摩区域的相关营运知识资料收集工作 (2) 教师组织学生到指定酒店的营运现场观摩。将学生 2 或 3 人一组分布在不同的营运区域 (3) 学生观摩营运现场，教师做巡回观察 (4) 学生按小组写出现场观察报告，要求写明现场观察到的问题，处理方法、如何杜绝类似问题不再发生等，按教师规定的格式完成。在规定的期限内交给教师 (5) 教师写出对学生现场观摩工作的评估 (6) 教师批阅学生的现场观察报告 (7) 教师总结点评
训练提示	(1) 参观星级酒店的多个部门与岗位，注意观察其工作流程与存在的问题 (2) 学生分小组进行讨论，提出解决或改进措施
思考	你认为酒店营运督导的方法与技巧有哪些

4. 酒店会议接待业务流程设计

实　训　内　容	
训练目的	了解酒店日常业务，学会设计酒店的具体业务流程
训练程序	（1）会前工作 ① 与会议主办方洽谈 ② 提供会议所需要的机票、车票、住宿酒店、会议场所、交通等信息，并制定完备的会议预案书给会议方 ③ 派专人协助客户实地考察会议举办地的吃、住、会议场地、娱乐等相关情况 ④ 确定方案，签订合同，预付定金 （2）会中工作 ① 会议接待：专人负责机场、车站的礼仪、接站、公关等服务。提前在酒店、会议室摆放欢迎条幅、欢迎牌、签到台、指示牌等 ② 会前准备：准备好会议所需要的会议资料、会议用品等会议相关物品 ③ 会议场所：专人到会议室检查会议室条幅、灯光、音响、茶具等 ④ 会议住宿：房间楼层及房间号确认，询问客户是否有特殊要求 ⑤ 会议餐饮：用餐时间、用餐标准及特殊客人的确认 ⑥ 会议旅游：旅游线路行程、用车、导游、景点增减确认等 ⑦ 会议娱乐：娱乐消费形式、消费标准、娱乐地点的确认等 ⑧ 会议服务：会议代表合影留念、为代表提供文秘服务及相关服务 （3）会后工作 ① 结账：提供会议过程中的详细费用发生明细及说明，由专人与客户进行核对并结账 ② 资料：会议后的资料收集，根据客户要求制作会议通讯录或花名册
训练提示	（1）根据以上接待方案，自定主题，设计与酒店具体业务相关联的工作流程 （2）要求学生能够根据接待方案独立设计酒店具体业务工作流程，同时要把总体任务分配到各有关部门去完成
思考	通过前面的活动，你学到了什么

单元二

酒店的计划与组织管理

学习目标

知识目标

1. 了解酒店计划管理的意义与类型
2. 了解影响计划编制的主要因素
3. 掌握酒店计划的制定步骤与方法
4. 了解现代酒店组织结构的主要类型

能力目标

1. 能够应用所学知识编制酒店各种接待计划、部门计划等
2. 能够应用所学知识分析现实酒店计划中存在的问题并提出初步的解决方案
3. 能够应用所学知识判断自己所熟悉酒店的组织结构类型
4. 能够根据给定的条件，合理设计酒店的组织结构
5. 能够制定酒店工作岗位的职务说明书

任务 1 酒店计划管理

任务导入

盖威特酒店的年度计划

1. 基本情况

盖威特酒店位于英国盖威特飞机场以南 4 km 处，酒店每半个小时有班车来往于飞机场。这是一家三星级酒店，有 226 间客房，包括 10 个商务套房、5 个女士房、44 个无烟客房及 1 个带温泉的客房。

盖威特酒店建于 1970 年，当时只有 91 间客房，1982 年又增加了 140 间客房，但公共区域未增加。1997 年将第六层重新装修成商务楼层，1998 年对餐厅、商务中心、宴会设施、啤酒园、酒吧等区域进行了大规模装修，并开始新建一个娱乐中心，完善了前台与餐厅计算机管理信息系统，共花费 450 万英镑。休闲吧于 1999 年 11 月开业，现有 450 个会员，主要是家庭和新婚夫妇。当地居民通常在下午 5:30—8:30 和早餐前使用该设施，娱乐设施受到会议和商务客人的欢迎。当地另外 5 家酒店也有娱乐设施。

2. 酒店组织机构

酒店总经理的任务是评估酒店的运行和制定有关的中长期决策，他做出有关销售和成本的主要决策，50 000 镑以上的采购额需请示本酒店集团地区负责人，但 20 000 英镑以下的维修工程可以自行决定。副总经理处理日常业务。其他重要的管理人员有：房务总管、前厅经理、大堂行李总管、餐厅经理、总厨、维修工程师和商务中心联络员。该酒店现有 192 名员工，仍缺约 15 名员工，目前的主要人事问题是缺员。该地区有 15 家酒店，由于该地区失业率低，盖威特酒店很难雇佣到合适的员工。他们通过在英格兰北部城市寻找员工来解决这个问题，现在酒店有一半员工来自北部，来自爱尔兰的也有许多。在盖威特地区的飞机场工作的收入要比酒店多得多。许多员工不仅仅是离开酒店，而是离开这个行业。

总经理每年需制定年度计划，并为每个部门制定目标，以下为 2000 年部门工作计划。

（1）前厅部计划

① 有效地促进各类型客房的销售，以取得预计收入。

② 显著地增加商务、会议和流动性人口开房。

③ 增加周末商务客房的销售。

④ 把开发新婚市场作为一个重要任务。

（2）餐厅部计划

① 接待超过预计的餐厅和啤酒园客人数，特别是非住店客人，增加人均消费。

② 餐厅、啤酒园、宴会达到与新硬件设施水平相一致的服务和热情好客水平。

③ 预测早、午和晚餐的客流量，在圣诞节期间推出新的菜单，提高餐饮销售量。

④ 制定商务客人菜单。

（3）会议部计划

① 把酒店建成英国伦敦南部接待中等规模会议的最好酒店。

② 有效地销售客房及会议设施，确保客房销售率不降低。

③ 把新设施有效地销售给会议代理人和本地商务客人。

（4）人事和培训计划

① 促进本酒店所有部门的人事和培训工作，目标是进一步提高本酒店的服务水平。

② 提高员工在岗培训量。

③ 显著地降低员工流失率。

④ 将员工工资总额控制在预算水平内。

3. 销售和市场营销

1999 年盖威特酒店各类客源住房情况是：临时流动性客人为 10%、商务客人为 6%、会议客人为 4%、旅游团队为 2%、有较多折扣的住客为 45%、周末度假客为 13%，全年客房出租率为 80%。盖威特酒店希望减少有较多折扣的客源市场，增加会议、商务和流动性客人用房。销售部经理尽力预测每个市场的需求量，在营业旺季尽可能地为会议、商务客多留房间，特别是临时住店客人，因为他们可能带来更多的收入，但很难预测临时住店客人和商务客的住房需求量。会议客人由 Crest 集团来整体促销，制作特殊的会议宣传册，同时邀请本地会议市场上的有关公司以提高回头客生意。会议和较大折扣市场的决策者往往不是使用者，如果酒店拥有较新的娱乐、会议设施，他们可能更容易做出决定。

盖威特酒店的较大折扣市场主要由两部分组成：本地公司和航空公司。本地公司客人是盖威特酒店营业的基础。盖威特酒店也与航空公司签约接待机组人员：一类是定期航班的机组人员，他们的住宿较有规律；另一类是季节性的包机机组人员。如果从酒店的收入来看，接待两个机组人员通常相当于接待一个临时性住客所带来的收入。商务市场可以通过品牌形象、便捷的预订来吸引客人，但临时流动性住客市场非常难以影响，应预测一些重要的外部影响因素。例如，2000 年英国范堡罗的航空展览会，人们会提前几个月预订房间。盖威特酒店每年 5 ～ 9 月为旺季，1 ～ 2 月营业最为清淡。星期一至星期四是商务客人集中的时间，而星期四至星期日临时住客较多。

思考

1. 酒店计划包括哪些类型？有何作用？
2. 该酒店的 2000 年度主要的计划目标是什么？你认为是否可行？
3. 分析和评论该酒店的年度部门计划。

任务描述

常识告诉我们：在一个人真正到达一个地方之前，他应当知道想去什么地方，何时到达及如何到达。显然，那些做事有计划与那些做事无计划的人之间是存在巨大差别的，酒店管理环境相当复杂，如果没有适当的计划，就无法应付和处理复杂的事情。计划能够帮助管理人员接受由机会带来的挑战，与此同时降低伴随机会而产生的风险。计划不仅是成功的先决条件，而且是在复杂和竞争的世界中生存的先决条件。现代酒店计划管理涉及酒店经营管理活动的各个方面，是现代酒店管理的核心问题。要使酒店的经营活动顺利进行，就要求各部门、各环节有统一的计划并严格地执行计划管理，在统一计划的指导下发挥各部门的作用，保证酒店经营活动能够高效、协调地进行。

任务实施

一、酒店计划的编制

制定计划是管理的基础，计划是否恰当，直接影响到酒店管理的成效。制定计划必须充分考虑酒店的各种内外信息，并对广泛收集的酒店内外信息进行整理分析。在信息准备基础上，管理者制定酒店计划草案以供相关人员讨论，并根据讨论意见对草案进行反复修改，使之更可行、更具体化。酒店计划编制的步骤如图 2-1 所示。

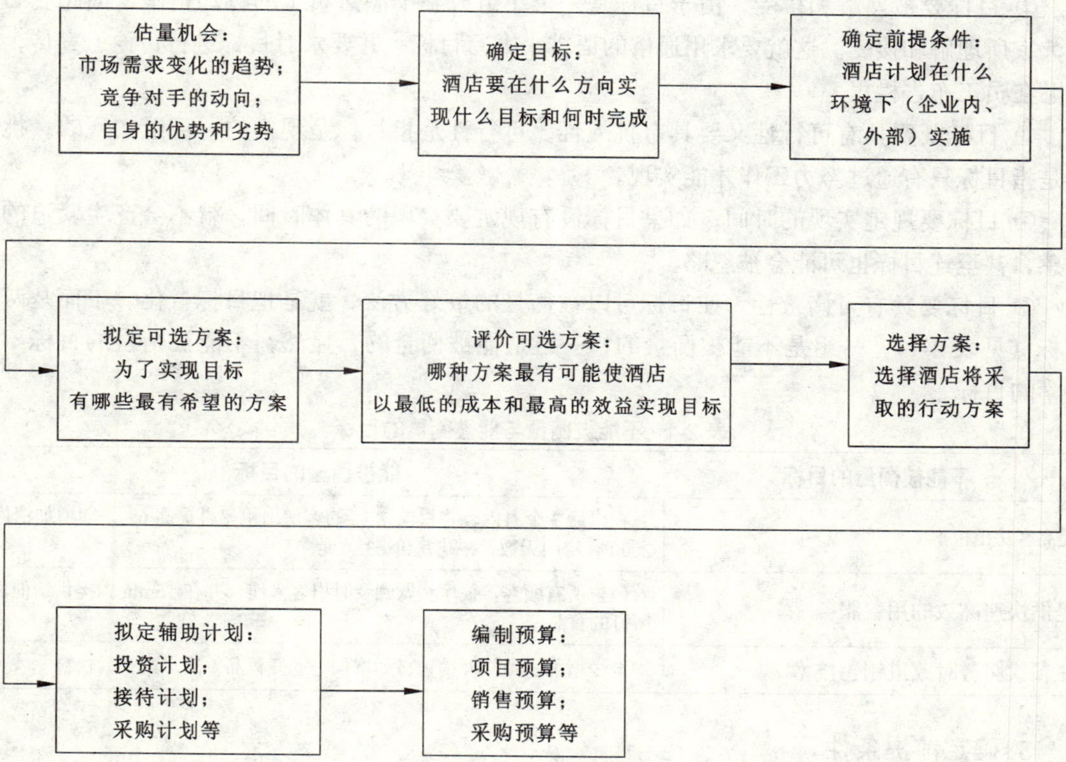

图 2-1　酒店计划编制的步骤

1. 估量机会

虽然估量机会要在编制实际计划之前进行，但是留意外界环境和组织内部的机会是编制计划的真正起点。应该初步地看一看将来可能出现的机会，清楚而全面地了解这些机会，根据自身的优点和弱点来确定所处的地位，应该明白希望去解决什么问题，以及为什么要解决这些问题，应该知道期望得到的是什么。编制计划需要实事求是地对机会的各种情况进行判断。

① 对未来可能出现的变化和预见机会进行初步分析，形成判断。

② 根据酒店的长处与短处，了解酒店所处的地位。

③ 了解本酒店利用机会的能力。

④ 列举主要的不确定因素，并分析发生的可能性和影响程度。

⑤ 在反复斟酌的基础上，扬长避短，进行科学的决策。

2. 确定目标

编制计划的第二步是要确定整个酒店的目标，然后确定每个部门的目标，包括确定长期的和短期的目标。确定目标就是要设定预期结果，指明要达到的终点和重点所在，并且能够让人理解这些需要通过策略、政策、程序、规则、预算和规划等去完成预期的任务。一个好的目标要符合下列五项标准：

① 目标要落实在书面上。其好处是：使人在考虑制定目标时更全面；书面目标作为每天的提示告示，可以时刻催促管理人员去努力实现；书面目标也容易在实施计划的全体人员之间进行沟通，并可作为工作检查的标准。

② 目标要被理解和接受。由于目标是一个小组或整个酒店员工的行动指南，因此它必须被大家所理解和接受。这就要求用通俗的语言来书写目标，并要求对目标进行讨论、宣传，如张贴在员工布告栏里。

③ 目标既要具有可行性又要具有挑战性。可行性是指目标是现实的，可以实现的。挑战性是指目标只有通过努力工作才能实现。

④ 目标要规定实现的时间。如果目标没有规定要实现的具体时间，就不会产生紧迫的责任感，甚至连目标也可能会被忽略。

⑤ 目标要具有可衡量性。使目标可以被衡量的最好方法，就是把目标量化。下面是两组目标（见表2-1），一组是不能被衡量的，一组是能被衡量的，显然，不能被衡量的目标不是科学的目标。

表2-1 不能被衡量与能被衡量的目标

不能被衡量的目标	能被衡量的目标
提高客房出租率	在以后3个月内，将目前77%的客房出租率再提高6%，即增加销售2000客房间天数，平均房价63美元
提供快速高效的用餐服务	敬告所有顾客，餐厅将做到及时引客入座，并在15min内提供给他们所订的食品
在餐饮服务时改进销售技术	至少增加一项额外销售，如增加一道开胃品、甜点或餐后饮料

3. 确定前提条件

编制计划的第三步是要确定一些关键性的计划前提条件，并设法取得一致的意见。这些前提条件是关于要实现计划的预期环境的假设条件，即计划实施时的预期环境。使所有参与编制计划的主管人员都同意这些前提条件是很重要的。根据酒店的内外环境，计划工作前提条件可以分为三种，即不可控条件、部分可控条件和可控条件。外部前提条件多数为不可控条件，内部前提条件大多数为可控条件。不可控前提条件越多，不确定性越大，就越要通过预测工作确定其发生的概率和影响程度。

4. 拟定可选方案

编制计划的第四步是要寻求和检验各种可供选择的行动方案。为了选择行动方案，必须拟定各种可供选择的方案，决策过程正是从工作计划的这一阶段开始的。正确的行动方案必须建立在对内部和外部条件估量的基础上，并与其目标保持一致。备选方案必须是在给定条件下能够起到实际作用的。需要注意的是，有时最不起眼的备选方案恰恰可能是最佳的。

5. 评价可选方案

编制计划的第五步是根据计划目标和前提来权衡各种因素，比较各个方案的优点和缺点，对各个方案进行评价。评价实质上是一种价值判断，它一方面取决于评价者所采用的标准，另一方面评价者对各个标准所赋予的权数。显然，确定目标和确定计划前提条件的工作质量，直接影响到方案的评价。

6. 选择方案

编制计划的第六步是选择方案。这是关键的一步，也是实质性阶段——抉择阶段。选择方案就是采纳计划，也就是从备选方案中做出选择，选择最优或最令人满意的方案。在选择最优方案时应以组织的资源、优势、弱点和环境等因素作为依据。

7. 拟定辅助计划

辅助计划就是总计划的分计划。如在拟定酒店年度综合计划后，需要制定酒店各部门计划。辅助计划是总计划的基础，酒店总计划要靠各部门辅助计划来保证。

8. 编制预算（计划数量化）

编制计划工作的最后一步是要把计划转变成预算，使计划数字化。预算是用收益和费用来表示的计划。一家酒店或者酒店的每一部门或每一方案，可以有它自己的预算，这些预算又汇总到总预算内。预算为采取纠偏措施提供信息，所以预算也是计划和控制的有效工具。

二、酒店计划的执行与控制

酒店计划管理既包括计划的编制，又包括计划的实施。编制计划是实施计划的前提，实施计划是编制计划的最终结果。实施计划由计划执行、计划控制两部分组成。

1. 酒店计划的执行

计划的作用在于指导酒店经营活动的实践。编制计划的目的是为了实施计划，达到计划目标。计划管理的关键在于执行计划，执行计划要注意做好以下各项工作：

① 执行计划要有一个强有力的指挥系统。酒店拥有强有力的、高效率的、以酒店总经理为首组成的业务指挥系统，是酒店计划管理和完成计划目标的重要保证。

② 执行计划要同经济责任相结合。由于经济责任制强调部门和个人的责任，强调实际的效果，把计划和经济责任制相结合，就能使计划落到实处。执行计划落实经济责任制还应和分配制度结合起来。

③ 执行计划要对执行情况进行检查和控制。计划检查就是按时间的顺序和进度，对计划执行情况、计划指标的完成情况进行分析、比较、评价、保证计划的执行。

④ 将执行计划和月考核结合起来。酒店要对每个月的业务状况、财务成果、制度执行情况等进行考核。月考核也是检查计划执行情况的一种形式。

2. 计划控制

酒店所面临的市场环境是瞬息万变的，同时，酒店对外部环境的变化表现出很强的脆弱性。因此，酒店在经营过程中要理想地达到酒店的计划目标，需要对计划执行过程进行控制。所谓计划控制是指在计划检查的基础上，发现计划执行结果和计划目标存在的差异，分析问题产生的原因，并采取相应措施以达到计划目标。计划控制主要有以下几项工作：

① 明确标准。标准是控制的基础。在一定的时限内，酒店各岗位必须有明确的标准，要有相应的数量或质量标准。

② 分析偏差。根据计划检查的结果，及时和计划标准相比较，发现偏差。

③ 计划调整。计划调整是一个十分严肃的决策。计划调整的内容是多方面的，或调整计划指标，或调整投入等。不管哪一种调整，都需经过店务会议的充分讨论和论证，由总经理做出最后的决策。

知识拓展

一、酒店计划的定义与重要性

1. 酒店计划的定义

计划就是预测未来并制定行动方案。酒店计划就是酒店根据环境的需要和自己的实际情况，确定组织在一定时期内的目标，并通过行动计划的编制、执行和监督来协调、组织各类资源以顺利达到目标的过程。简言之，计划就是酒店管理者预先决定要做什么，如何做，何时做和由谁做，即计划的前提是决策，决策的结果形成计划。酒店计划规定了酒店经营业务活动的内容，为酒店的经营业务活动提供了依据，是酒店在计划期内的行动纲领和奋斗目标。理解计划的含义应把握四点：计划是预先制定的行动方案；计划是一个连续的行为过程；计划是控制的基础和前提；计划需要修正和调整。

一个健全、完整的计划，一般包括以下构成要素：

① 主题。即对计划内容的概括，反映酒店未来行为的一种规划，它具有特定的内容。

② 时效。指有效计划的时间幅度。任何有效的计划，必须有明确的实现目标的时间界限。计划根据其时间特征，可分为长期、中期和短期计划三种。

③ 行动主体。指制定计划或执行计划的部门或个人。计划要求有明确的行为主体，无论是制定还是执行都有明确的责任者。根据不同的主体或组织层次,计划可分为不同类型的计划。如酒店总体规划、部门计划及按职能划分的财务计划、人事计划等。

2. 酒店计划的重要性

(1) 计划是酒店管理中的首要职能

计划职能是管理的首要职能。在市场经济条件下，社会及经济的发展为酒店的发展提供了机会，但也带来了风险。计划职能就是利用各种机会有效地利用现有资源，实现酒店最佳的经济效益和社会效益，即酒店利益的最大化，同时使酒店经营风险最小化。因此，在酒店管理中，首先要制定科学合理的计划。

(2) 计划确立了酒店统一行动的目标

目标是根据企业宗旨而提出的组织在一定时期内要达到的预期效果，是一个组织各项管理活动所指向的终点。计划职能通过确定酒店的经营管理目标，为酒店内各部门、各环节及各岗位员工的工作或行动指明了方向，明确了责任，有利于相互之间的沟通与协调，使酒店所有岗位互相配合，最终实现酒店目标。

（3）计划有助于合理配置资源，提高管理效率

计划可使酒店对所拥有的人、财、物等资源进行合理而有效地组合与调配，使人尽其才、物尽其用，减少人力、物力、财力的浪费。从而形成尽可能大的接待能力，并实现酒店效益最大化。

（4）增强适应环境变化的应变能力

计划在确定酒店目标的同时也规定了实现目标的途径和方法。这些途径和方法充分考虑了酒店内外环境的变化及其趋势，使酒店在市场竞争日趋激烈、宾客需求日益多变的环境中求生存图发展，变被动为主动，增强了酒店的应变能力。

二、酒店计划的类型

酒店计划可分为不同的类型，管理者在制定计划时的侧重点也有所不同（见表 2-2）。

表 2-2 不同管理层的计划类型及特点

管理层	花费时间	计划类型	不确定性
上层：酒店集团总裁和酒店总经理	75%	战略性：全面、长期的目标、政策	具有很大的不确定性
中层：部门经理	少于 50%	战术性：部门业务的行动计划	有一定的不确定性
低层：主管	10%	作业性：每周、每天的作业安排	不确定性最少

1. 按时间分类

按时间分类，可以将酒店计划分为长期计划和短期计划。

长期计划是指酒店在较长时期(一般在一年以上)内有关酒店发展方向、规模、设备、人员、等级等方面的战略性、纲领性计划。它明确了酒店的发展方向，为其他各类计划提供构架，并使之适应外部环境的变化，关系到酒店的生存与发展。由于计划期较长，未来存在着大量的可变因素，如社会潮流、政府政策、经济发展及客源需求的变化等，所以长期计划不宜过于具体，应符合“远粗近细”的计划原则。

长期计划的制定是对远景的一个决策过程，具有战略性、总体性、全面性、预见性，前瞻性。它是酒店在对旅游市场深入了解，对国内外酒店发展形势及影响酒店发展的众多因素正确估计的情况下，在掌握可靠数据的基础上，把酒店在规划期内的决策具体化。长期计划的核心是酒店的发展目标，由高层管理者制定，中低层管理者协作完成。

短期计划是根据长期计划制定的，通常为一年或一年以内时间，主要是指导酒店的日常经营管理工作，具有战术性、局部性、具体性。短期计划是长期计划的具体化，对各种任务和具体事项要落实到部门、班组，是酒店员工实施的执行性计划，所以应尽量详细、具体、明确、具有可操作性。主要是由中层管理人员即部门经理一级制定，主管一级参与短期计划的制定。因为他们都负责日常的管理工作，对基层情况比较了解。

2. 按范围分类

按范围分类，可以将计划分为酒店总体计划和部门计划。

酒店总体计划是指确定整个酒店目标和任务的综合性计划，它包括酒店计划目标的制定、目标的分解及其说明、计划的实施过程及其措施方法等内容。

部门计划是指酒店内各部门为实现酒店的总目标而制定的本部门在计划期内需完成的具体目标和任务的实施性计划。所以，部门计划的制定是以酒店总目标和政策为指导的，它包括部门的具体目标、实施细则等内容。酒店总体计划为部门计划提供一个基本框架，部门计划的好坏直接影响酒店总体计划的完成。

3. 按内容分类

按内容分类，可以将计划可以分为酒店经营计划和酒店管理计划。

（1）酒店经营计划

① 酒店经营战略计划：即酒店的长期计划，它从总体上确定酒店未来的发展水平和标准、经营规模和接待能力，以及酒店各项经济效益指标的增长水平。经营战略计划还要就酒店的固定资产投入、员工培训、员工生活福利水平做出总体规划。

② 酒店销售计划：在经营战略计划的基础上，根据酒店未来的发展和市场的变化而制定的年度经营计划。销售计划主要确定酒店的销售目标和盈利水平，需要确定客房、餐饮、商品等部门的销售额、毛利率和净盈利水平。在销售计划中要具体规定酒店销售的措施、时期、费用及控制和评估方法。

③ 市场营销计划：市场营销计划要从实际出发，规划酒店的客源结构，确定酒店的客源市场占有率，同时确定酒店产品的结构、档次、产品组合方式等，并指出酒店市场推销的主要方向及市场营销策略。

④ 酒店接待业务计划：接待业务计划是酒店所有经营活动的核心。酒店各部门的所有计划都必须与接待计划所确定的接待总人数、客源的组织形式、宾客来源和方式的安排相衔接。

（2）酒店管理计划

酒店管理计划主要指酒店的各个职能部门为保证酒店经营活动的正常运行而确定的各种职能计划。

① 劳动工资计划：对酒店人员及劳动报酬的具体安排。

② 设备建设和维修计划：对酒店设备进行投资建设、保养和维修计划。

③ 财务计划：根据酒店经营决策而对酒店资金使用和管理的规划与安排。

④ 物资供应计划：为酒店各部门完成接待和供应任务提供各种物资计划。

⑤ 员工培训计划：对一定时期酒店员工的来源、素质要求所达到的标准做出计划。

酒店计划的种类很多，功能各异。为了便于管理，使计划真正发挥作用，酒店可根据实际情况，按照不同要求和特点，制定不同类型的酒店计划。

三、酒店计划中的主要指标

计划指标是酒店在计划期内用数值来表示的经营、接待、供应、效益等方面要达到的目标和水平。酒店指标要有概念明确的指标名称、指标数量、规范化的计量单位。酒店指标确定后才能着手制定计划。

酒店计划指标体系中所有的指标按其性质可分为两大类：一类是质量指标，另一类是数量指标。

1. 质量指标

质量指标通常用相对数（百分比）表示计划期间酒店的人力、物力和财力的利用，以及经营活动中服务质量、工作质量要达到的水平。

（1）客房(床位)出租率

客房或床位出租率是表示酒店接待能力利用状况的基本指标。客房出租率是指酒店实际出租客房数在可供出租客房总数中所占的比例。计算公式为

$$客房出租率=\frac{实际出租房间数}{可供出租客房总数}\times 100\%$$

（2）双开率

双开率是指在已出租客房中，双人使用的房间数所占的比例。计算公式为

$$双开率=\frac{双人使用的房间数}{已出租客房总数}\times 100\%$$

$$双人使用房间数=客人总数-已出租房间数$$

酒店经营者仅仅测算客房出租率并不能完全、准确地反映客房出租状况及产生的效益和成本费用。因为在已出租房间中，每间房住二位客人与每间房只住一位客人的成本费用和效益是不同的。因此，使用“双开率”这个指标，并与客房出租率配合使用，才能全面、科学、正确地反映客房出租状况及由此而产生的经济效益。

（3）劳动生产率

劳动生产率是衡量酒店员工工作效率的指标，通常用人均营业额、人均创汇额和人均创利额来表示。

$$人均创汇额=创汇额/酒店平均员工数$$

此外，质量指标还包括设备完好率、毛利率、食品原料损耗率等。

2. 数量指标

数量指标通常用绝对数表示计划期内酒店在经营管理活动中各项工作所要达到的数量要求。

（1）客房（床位）数

客房（床位）数是表示酒店接待能力的最基本指标，是其他各项指标的基础。

（2）接待人数

接待人数可以通过两个指标反映：住宿人数（一定时期内到酒店住宿登记的人数）和人天数（一位客人在酒店住宿一天）。

（3）酒店营业收入

营业收入是酒店在营业中以货币形式提供的服务和商品的价值总和，它反映了一定时期内酒店经营效果的最基本的价值指标。酒店营业收入包括出租客房、提供餐饮、出售商品、代办手续及其他服务项目所得的全部收入。对于酒店企业而言，客房和餐饮是其主营业务收入，而其他则属于附属业务收入。

（4）酒店营业成本和费用

营业成本和费用是酒店在营业过程中各种支出的总和。成本费用直接影响酒店的利润。

（5）利润和税金

利润是考核酒店经营活动成果和质量的综合性指标；税金则表现酒店对国家所承担的经济责任。

利润总额 = 经营利润 + 营业外收入 − 营业外支出

此外，数量指标还包括工资总额、人均消费额、能源消耗量、物资需要量和供应量等。

四、影响计划编制的因素

计划的制定应符合酒店组织自身特点及其所处环境，不同的酒店及其所处环境不同，计划内容的重点也不相同。影响计划内容的因素主要有以下两大方面。

1. 企业内部影响因素

（1）组织的生命周期

任何组织都要经历一个从形成、成长、成熟到衰退的生命周期。在组织生命周期的各个阶段，计划工作的侧重点不一样，如图 2-2 所示。组织处于形成期时，各类不确定因素很多，目标是尝试性的，要求组织具有很高的灵活性，要求计划也能随时按需要进行调整。所以，管理者应当更多地依赖指导性计划。在成长阶段，随着目标更确定，不确定因素减少(如资源更容易获取、顾客忠诚度的提高)，计划的重点可放在具体的操作性上。当组织进入成熟期时，组织面临的不确定性和波动性最少，可预见性最大，计划工作的重点可放在长期的、具体的计划上。当组织进入衰退期时，目标要重新考虑，资源要重新分配，计划工作的重点又重新放在短期的、指导性的内容上。

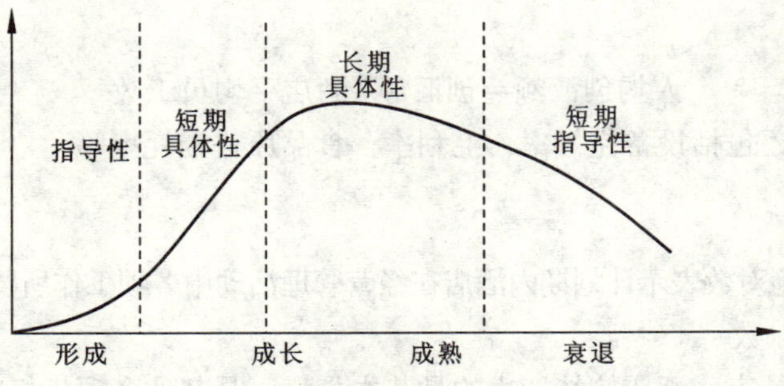

图 2-2　组织生命周期

（2）组织文化

企业文化及其内部组织成员所共有的价值体系也会对计划内容的重点产生影响。在强调过程与手段倾向型的组织文化中，组织的计划更侧重于具体的操作性内容；而在强调结果倾向型的组织文化中，组织的计划则会侧重于目标性和指导性的内容。

（3）管理者所处的组织层次

大型酒店通常分层次制定不同性质的计划，在管理层次与计划类型之间的关系上，一般认为，基层管理者所制定的计划主要是具体的作业计划，而高层管理者所制定的计划主要是指向性的战略计划，如图 2-3 所示。而在小型酒店中，管理者制定的计划则可能兼具这两种计划的性质。

（4）酒店综合接待能力

酒店综合接待能力是指酒店各部门能够接待宾客、容纳市场、获取效益的能力总和。酒店各部门的接待能力会因时因事而异，因此，酒店应按各个部门的实际情况核定各部门的计划接待能力，以此作为编制酒店计划的依据之一。

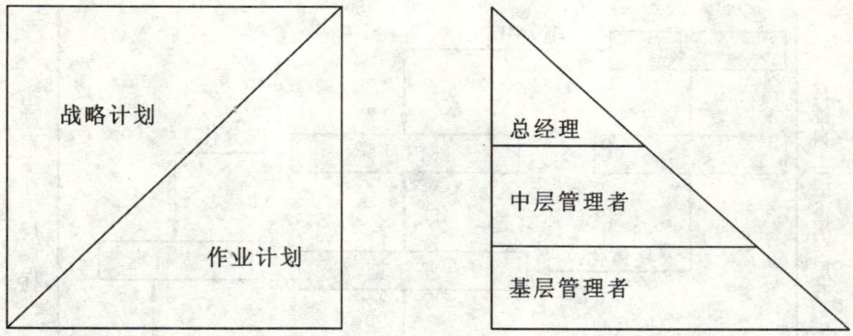

图 2-3 组织层次与计划类型的关系

2. 企业外部影响因素

（1）环境的波动性

环境的不确定性越大，计划就越不需要精确，管理就越应当具有灵活性。因此，计划应当是指导性的，计划的期限也应更短。具体而言，若环境波动的频率高，即变化频繁，则计划的重点应放在短期计划内容；反之，计划的重点则可偏向于长远的规划。另一方面，若环境变化的幅度大，则计划的重点应放在指导性内容；反之，计划则可侧重于操作性的具体内容方面。

（2）市场状况

酒店产品的生产与销售必须以市场为依据，因此，酒店在编制计划时，首先要对市场有一个全面深入的了解。而要了解市场状况和发展趋势，就需要进行市场调查。内容涉及环境调查（调查国内外的政治环境、政治形势及对市场的影响，调查经济状况等）、酒店状况调查（调查有关酒店的接待能力、酒店产品、其他酒店的经营策略等）、客源状况调查（客源结构、消费水平、对产品的需求等）、客源渠道调查（客源从何渠道进入市场、酒店掌握的渠道有哪些等）。

五、酒店计划的目标管理

1. 目标管理与计划的关系

美国著名管理学家德鲁克在 1954 年所著《管理的实践》一书中最先阐明了目标管理的概念和方法。他认为，传统管理学派是以任务为中心，忽视了人的作用，行为学派过于强调人，忽视了人与工作的结合，为了克服两者的弊端，需要实行目标管理，把以任务为中心和以人为中心的管理方法统一起来，使员工了解自己的目标任务，实行自我控制，既强调工作成果，又重视人的积极性，这正是目标管理的本质特征。

目标管理是指在计划期内，组织以目标作为一切管理活动的出发点、归宿点和手段，它要求把组织的总目标分解为下属单位与成员的分目标。一切活动的进行以目标为导向，活动的结果用目标来评价，管理者通过目标——责任链对下级进行领导，并以此来保证组织总目标的实现（见图 2-4）。

目标管理与计划的关系表现为：

① 实行目标管理要求酒店制定明确的目标，而制定目标是计划的重要一环。

② 明确的目标便于员工理解与执行，并产生动力去完成计划。

③ 明确的目标使为完成计划而组织安排的各项业务活动更为具体。

④ 目标管理有助于计划控制。

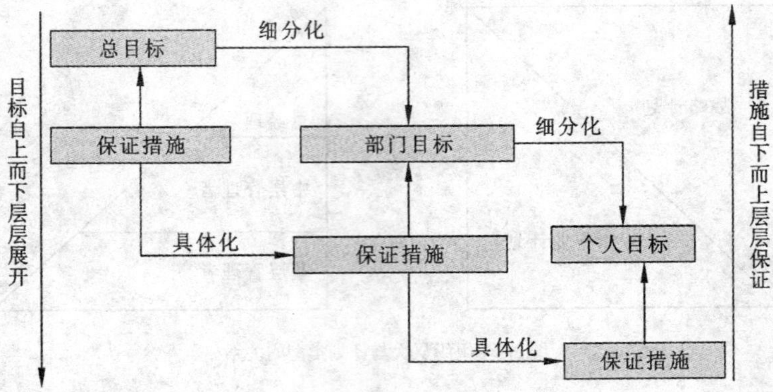

图 2-4 目标管理法

2. 目标管理的实施过程

（1）建立一套完整的目标体系

实行目标管理，首先要建立一套完整的目标体系。酒店的经营管理者都非常熟悉每年由业主或董事会下达的经营目标。全面目标管理中的目标设定应首先从酒店的使命和愿景的设定开始。酒店的使命要回答的问题是我们是谁？我们做什么？我们要做到什么程度？愿景是指酒店对未来的憧憬，是希望达到的状态，它提出了酒店的发展方向。使命和愿景确立了酒店的总体发展方向，明确了企业的核心价值。但要实现这样的宏伟目标，还必须在愿景的指引下，脚踏实地地制定出酒店的中长期发展战略。酒店的发展战略对其年度经营目标具有指导作用。离开了发展战略，而只在每一经营年度的基础上制定经营目标，必定是短视的，必将产生短期行为。酒店年度经营目标的设定要遵循具体、量化、可达成、现实和有时间控制的 SMART 原则。有了明确清晰的经营目标，才会有详细的达成目标的措施和方案，同时为日后的目标实施评估提供依据。

目标的设定通常由酒店的高层管理者来完成，然后把目标分解成各部门、各层次、各阶段的具体目标，形成酒店的目标体系。而实现目标的具体方案和措施要通过中基层管理者提出，并通过全员努力来完成。因此，可以说大的目标是由上而下传达，小的目标（方案和措施）是由下而上汇报。酒店在确立了自己的使命愿景、中长期发展战略和年度经营目标以后，应首先通过各种沟通渠道向全体员工传达。目标的沟通传达过程也是一次对全体员工的激励鼓舞过程，让全体员工了解酒店的各层次目标，并认同这些目标，有利于激发全体员工朝着相同的目标去努力，形成团队凝聚力。

（2）目标的组织与实施

“自我控制”是目标管理的组织实施过程中一个十分重要的指导思想。所谓自我控制，就是酒店的各部门和全体员工都按照自己的目标责任，在实现目标的过程中，充分发挥主动性和积极性，进行自主管理，即不断进行自我分析、自我检查、自找差距、自我激励、自我完善。酒店对各部门的管理则主要表现在监督、指导、协助、授权、提供信息、提出问题、创造条件、纵横协调及创造良好的工作环境等方面。

（3）检查和评价

目标管理的重要任务之一是对目标实施的检查和监督，它将决定目标管理是否能完全进行下去。其内容包括对已经完成的阶段性目标任务进行考核评估，并通过激励制度奖励完成好的部门和员工。对各级目标的完成情况，要事先规定出期限，定期进行检查。检查的方法可灵活地采用自检、互检和责成专门的部门进行检查。检查的依据就是事先确定的目标。对于最终结果，应当根据目标进行评价，并根据评价结果进行奖罚。经过评价，使得目标管理进入下一轮循环过程。以上步骤如图 2-5 所示。

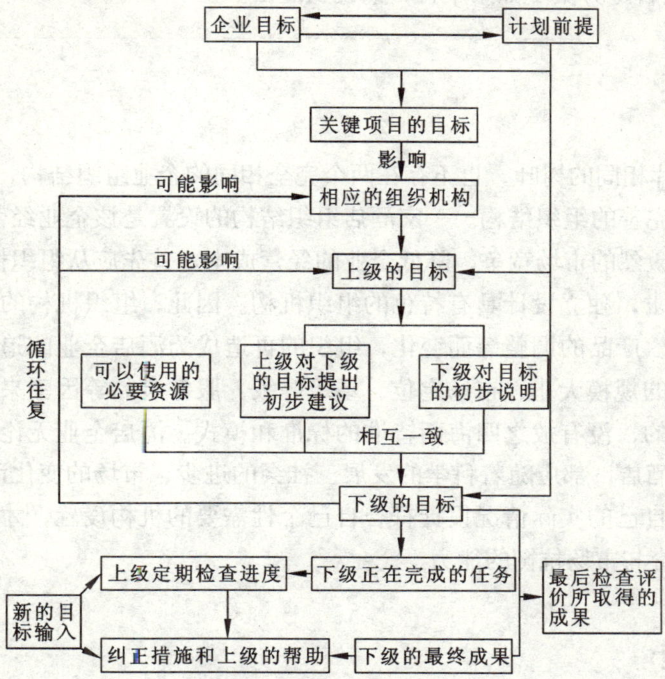

图 2-5　目标管理和评价的工作系统

任务 2　酒店组织管理

任务导入

组织结构扁平化

位于瑞士的某酒店，从总经理到普通员工，其组织等级有别于一般酒店。一共只有三级，即总经理—部门总监—员工。该酒店的信息传输渠道非常畅通，管理者和普通员工的工作效率非常高，收入自然也较高。该酒店组织结构的构建充分体现了当今国际组织结构的一个发展趋势，即组织结构的扁平化。当然，扁平化的组织结构也需要有一定的基础，如管理者和员工要有较高的知识水平和协作能力，以及酒店管理应用先进科技等。

组织结构扁平化就是适当减少管理层次和增加管理幅度，是现代管理结构创新。国内酒店从业人员知识水平的普遍提高、局域网办公信息化的普及和酒店内通信手段多样化的实现，都为实现组织结构扁平化提供了催生剂。管理幅度是指向管理人员或监督人员汇报的人的数量，较大的管理幅度会形成扁平组织，即许多人向一个人汇报；较小的管理幅度会形成纵深组织，一小部分人向一个人汇报，还需要大量的监督人员。组织结构扁平化的特征就是减少组织结构的中间层次。

思考

1. 酒店的组织结构有哪些类型？

2. 为什么酒店组织结构扁平化是组织结构发展的趋势？联系实际，谈谈你的认识。

3. 考察当地的高星级酒店是否进行了扁平化改造或是否可以进行再造。如果可以，请结合酒店实际提出再造方案；如果不行，请说明理由。

任务描述

天下不存在两片相同的树叶，也不存在两个完全相同的企业组织结构，更找不到一个现存的适合某个企业的完善的组织结构。一家酒店组织结构的设置是该企业经营管理理念的体现。当今酒店为了应对激烈的市场竞争，降低企业的经营成本，首先应从组织机构着手进行改革，根据自己生存的需求，独立设计具有特色的组织机构。因此，组织机构的设置应随着市场的变化、企业的定位、产品的调整等而变化，组织的再造成为酒店企业的追求。酒店的组织结构应根据自己酒店的规模大小、市场定位、星级等级、服务产品等因素来设置。组织结构的设置没有永恒不变的，没有放之四海而皆准的标准和模式。酒店企业无论规模大小，是一星级酒店还是五星级酒店，都应随着科学的发展、社会的进步、市场的变化而不断地自我变革。各家酒店只有根据自己的实际情况设计符合自己个性需要的机构设置，才能应对今天行业的激烈竞争，才能培育与市场抗衡的能力。

任务实施

一、设计酒店的组织结构

本着“市场—战略—结构”的原则，可以按下列步骤进行酒店组织结构设计。

1. 业务流程的总体设计

业务流程设计是组织结构设计的开始，只有总体业务流程达到最优化，才能实现企业组织高效化。围绕酒店的战略目标、市场定位和产品定位进行业务流程的总体设计，并使流程达到最优化，这是酒店组织结构设计的出发点与归宿点，也是检验酒店组织结构设计成功与否的根本标准。

业务流程是指企业生产经营活动在正常情况下不断循环流动的程序或过程。企业的活动主要有物流、资金流和信息流，它们都是按照一定流程流动的。企业实现同一目标，可以有不同的流程，这就存在一个采用哪种流程的优选问题。因此，在企业组织结构设计时，首先要对流程进行分析对比、择优确定，即优化业务流程。优化的标准是:流程时间短，岗位少，人员少，流程费用少。

2. 按照优化原则设计岗位

岗位是业务流程的结点，又是组织结构的基本单位。岗位的划分要适度，不能太大也不能太小，既要考虑流程的需要，也要考虑管理的方便。岗位设计要遵循“因事设岗”的原则，并根据服务岗位数量和专业化分工的原则来确定管理岗位和部门机构，形成酒店组织图。酒店一般选择以层级管理为基础的业务区域制——直线职能制作为主要的组织架构方式。部门和管理岗位是为酒店的经营管理目标服务的，它不是永恒不变的。经营管理目标变了，部门和管理岗位也应做出相应的变化。

3. 对各岗位定责、定员、定编

在对每个岗位进行工作目标与工作任务分析的基础上，规定每个岗位的工作标准、职责、内容、作业程序，并用“职务说明书”等形式把这些内容固定下来。然后按照岗位工作的需要确定相应的人员编制，尤其要确定岗位所需要的人员的素质要求，因为它直接影响着工作效率与事业发展，此谓“因岗设人”。一旦某一岗位上管理者的素质和能力不再适应岗位要求，就应该让其他有更高素质和能力的人来承担其职责。

4. 制定相应的管理制度

管理制度是对管理工作中的基本事项、要素关系、运作规程及其相应的联系方式进行原则性的规定。如果说前面三个步骤制造了组织结构中单独的“标准件”，那么，各项管理制度则是作为一个整体的酒店所不可缺少的“连接件”。

二、编制工作说明书

工作分析（Job Analysis），又称职务分析，是指通过观察和研究，确定关于某种特定职务的基本工作情况及完成工作所应具备的资格的一种程序。换句话说，工作分析是把员工工作的性质、任务、知识、能力与责任等方面的每个工作内容进行周密调查和研究分析，并有系统有组织地描写或记录，以便进行科学的管理。

工作分析的流程可分为准备阶段、调查阶段、分析阶段和完成阶段等四个阶段，各阶段间关系紧密，相互制约。

1. 准备阶段

准备阶段的主要任务是明确工作分析的目的，界定工作分析的范围，成立工作分析小组，为后续工作做好准备。

① 明确工作分析的意义、目的、方法、步骤。

② 界定工作分析的范围。

③ 成立工作分析小组，确定分工和协作关系，制定工作进度表。

④ 确定调查和分析样本对象，同时考虑样本的代表性和工作的难易复杂程度。

⑤ 选择信息来源。工作分析的信息来源主要包括工作执行者、管理监督者及顾客等。

2. 调查阶段

调查阶段的主要任务是通过对工作过程、工作环境、工作内容、工作人员等方面的全面调查，收集工作分析的背景资料。

① 编制工作分析调查问卷和提纲，设计相关的调查表格。

② 运用各种调查方法实施调查，如观察法、面谈法、工作日记法、关键事件法等。

③ 收集工作分析所需要的各种信息资料，包括工作特征、工作人员特征、工作环境、工作人员对工作的态度等。

3. 分析阶段

分析阶段的主要任务是在全面调查、收集信息的基础上，运用各种工作分析的方法，对研究对象进行深入全面的分析。

① 整理、汇总、归类、审核所获得的各种信息，对失真、无效的信息加以剔除。

② 寻找并发现工作本质规律，总结工作承担者应具有的素质，为工作描述、职务规范提供最基本的信息资料。

③ 对工作性质、工作人员素质的重要性做出等级评定。

4. 完成阶段

在最后一个阶段，要将工作分析的结果形成标准文件，编制工作描述和职务规范，最后根据酒店实际编制出工作说明书。

① 在前面三个阶段的基础上，草拟工作描述和职务规范。

② 将草拟的工作描述和职务规范与实际工作进行对比。

③ 根据对比结果决定是否需要再次调查研究。

④ 修改、完善工作描述和职务规范。

⑤ 形成最终的工作描述和职务规范，并编制综合性的工作说明书（见表 2-3）。

⑥ 将工作说明书应用于实际工作中，并注意收集反馈信息，不断对其进行完善。

⑦ 对工作分析本身进行总结评价，归档保存有关文件，为今后的工作分析提供经验和信息基础。

表 2-3　前厅部经理的工作说明书

职务名称	前厅部经理
部门	前厅部
岗位等级	部门经理
职务代码	FO0001
任职基本要求	（1）自然条件：男 25 ～ 40 岁，身高 1.7 m 以上；女 25 ～ 40 岁，身高 1.6 m 以上；精力充沛，仪表端正 （2）受教育程度：大学本科毕业或者同等学历以上，具有经济师职称及同等业务水平 （3）工作经历：曾在同档星级宾馆酒店前厅任经理职务，熟悉前厅运作及管理规范 （4）语言能力：流利的、较标准的普通话、所在地方言，较强的英语口语表达能力
工作活动和工作程序	（1）制定并实施前厅业务计划 （2）根据酒店市场环境、部门的历史数据和现实情况，编制部门预算，在预算获得批准后，组织实施和控制，保证预算的完成 （3）巡视属下各个部门，抽查服务质量，保证日常工作的顺利进行 （4）负责对直接下级的工作评估及部门的奖金分配工作 （5）协助检查当天抵达贵宾的房间质量，并于大门外恭候迎接当天抵达的贵宾 （6）指导主管训练属下员工，并负责督导各主管的管理工作，接受客人的投诉，及时进行处理解决并做好记录 （7）检查消防器具，做好防盗等安全工作及协查通缉的工作 （8）组织、主持每周的主管例会，听取汇报、布置工作，解决工作难题 （9）监督检查各主管的工作进度并纠正偏差 （10）掌握客房预订情况和当天客情；审阅大堂经理周报，呈报总经理批示 （11）负责部门的文化建设工作，对部门的人员素质建设负有直接责任

续表

社会环境	(1) 有一名副手，前厅部工作人员有 30 ~ 35 人 (2) 下设前台接待处、问讯处、订房部、商务中心、礼宾部、总机、大堂经理等七个二级部门 (3) 直接上级是房务部总监；需要经常联系的部门是公关销售部、客房部、餐饮部、财务部等
聘用条件	(1) 每周工作 48 小时，每周休一天，国家法定假日放假 (2) 基本工资每月 3000 元，岗位津贴 1500 元，年终双薪 (3) 本岗位是酒店中层管理岗位，可批签最高房费 5 折的优惠，餐饮 9 折（不含酒水在内） (4) 每两年有一至二次培训进修机会，可报销培训费用 3000 元 (5) 酒店免费提供洗衣服务

知识拓展

酒店的组织机构

1. 酒店组织机构的选择

酒店组织机构是酒店管理体制的核心，酒店管理体制中的领导管理体制是以组织机构的存在为前提条件的。现代酒店组织机构就是为实现酒店经营管理目标，由许多相互联系、彼此合作的部门和人员，共同形成的一个有机的整体。它是一个集体力量，是在人员分工、职能分化的基础上的一种组织形式。要设计一个符合新形势的有效率的组织结构，必须首先明确酒店的战略目标，因为酒店组织是为战略目标服务的。酒店实施战略目标中的一系列决策和行动都要通过酒店内部各级、各部门的目标分解，通力合作和授权才能进行。所以，酒店组织机构的设计应以酒店战略为基本依据，使二者相互适应、相互匹配。另外，在设计酒店组织机构时还应参考以下几方面的依据：

（1）投资结构

投资结构是酒店经济性质和产权关系的本质体现，它常常决定酒店组织管理模式和组织机构的形式。投资结构不同，反映投资主体意识和要求的酒店高层管理的人员结构也必然不同，他们必然决定和影响酒店组织机构设置及其管理工作。所以，投资结构是酒店管理组织机构设置的主要依据之一。

（2）酒店规模

酒店规模是由客房数量、餐厅类型和座位多少、商场分割面积和经营种类、康乐服务项目的多少和同一时段的接待能力等多种因素决定的。酒店规模直接决定酒店组织管理的层次多少、管理幅度、机构大小和部门设置、用人多少等各个方面，是酒店组织机构设置的又一重要依据。

（3）星级高低

酒店星级越高，设备越豪华，经营管理和服务质量的要求越高、越细致，用人也就相对越多，必然加大酒店组织机构规模。所以，规模相同的酒店，星级高低、豪华程度不同，其组织机构的形式、岗位设置和组织管理也有较大区别。

（4）服务项目的多少

酒店服务项目的多少直接影响其综合性程度的高低。两家建筑面积相同的酒店，服务项目越多的酒店，其综合性越强，其所设置的领班或主管人员必然增加，从而扩大组织规模，增加员工数量和经营管理的难度。

2. 酒店组织的部门划分

酒店组织是一个由多层次、多部门组合而成的复杂系统，酒店组织结构的设置必须有利于提高酒店组织的工作效率，保证酒店各项工作协调有序地运行。组织结构设计涉及酒店组织的部门划分、组织结构形式等问题。酒店的组织结构反映了管理者的经营思想、管理体制，直接影响经营的效率和效益。酒店部门的划分主要根据业务内容及业务运行的需要，同时要达到高效精简的目的。

（1）酒店的上级机构

所谓的酒店上级机构是指酒店的投资者，它对产权有最终决策权，并以所有者的身份监督并约束经营者的经营管理行为。上级机构在一些酒店可能不存在，如独资自行管理的酒店，但酒店有上级机构的体制在我国是大量存在的。

（2）酒店内部各部门的划分

酒店有多种业务内容，根据业务内容的不同，把酒店业务分成几个部门，一般酒店的部门有前台部门和后台部门。前台部门是指处于一线为宾客提供面对面服务的部门，主要有销售部、公关部、前厅部、客房部、餐饮部、康乐部、商品部等。后台部门是指处于二线不直接和宾客接触、间接向宾客提供服务的部门，主要有人事部、财务部、工程部、保安部、采供部、办公室等。部门的划分也不是绝对的，它是根据组织原则，综合各种因素而确定的。酒店各部门划分及组织结构示例如图 2-6 所示。

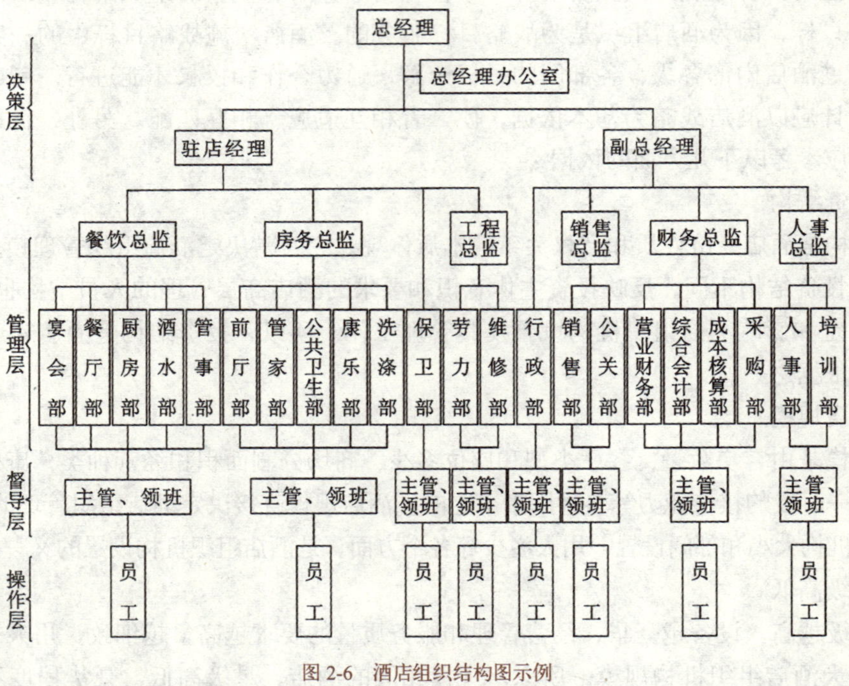

图 2-6　酒店组织结构图示例

（3）其他机构的设置

酒店除业务的前后台部门设置外，根据我国的国情、法律、政治经济体制等，酒店还要设置其他机构。一是党组织的领导机构，它要对酒店的正常运行、经营决策、实现组织目标起监督保证作用。二是工会、共青团、妇女组织机构。工会是职工代表大会的常设机构，工会通过职工代表大会的形式使职工行使民主管理的权利，监督酒店的活动，维护广大职工的利益。共青团、妇女组织是酒店的群众组织，根据该组织的章程在酒店中发挥积极的作用。

3. 酒店组织结构形式

酒店组织结构就是为实现酒店经营管理目标，由许多相互联系、彼此合作的部门和人员共同形成的一个有机的整体。它是一个在人员分工、职能分化的基础上的一种组织形式。酒店组织结构形式主要有直线制、直线职能制、事业部制和矩阵型几种基本类型。各种形式的特点如表 2-4 所示。

表 2-4 酒店组织结构的形式及特点

组织结构形式	优 点	缺 点
直线制	(1) 机构简单，决策迅速 (2) 职责清楚，权限明确，责任心强 (3) 权力集中，上下联系简捷，有利于统一指挥，提高组织效率	(1) 要求酒店经营管理人员具有全面的经营管理知识和业务能力，并具有较强的综合协调能力和指挥能力 (2) 由于集权过多，缺乏横向的协调和配合，一旦酒店经营规模扩大或产生复杂问题，就会出现不适应状况
直线职能制	(1) 既有利于整个酒店的统一指挥，又能充分发挥职能部门专业化管理的作用，从而提高经营管理水平 (2) 有利于加强直线行政领导的权威，提高酒店经营活动的有效性和高效性 (3) 有利于突出酒店经营管理的主次，发挥专业管理人员的作用，提高酒店专业管理水平 (4) 有利于培养有较强行政指挥能力的综合管理人员，特别是酒店总经理、部门经理层的管理人员	(1) 行政领导容易包揽一切事务，而职能管理部门的作用发挥不够，各职能部门之间横向沟通和协调性差 (2) 在业务指导上直线领导与职能部门会出现一定的矛盾冲突
事业部制	(1) 有利于酒店高层管理人员摆脱日常行政事务，集中精力抓好酒店的经营发展战略和重大经营决策 (2) 有利于面向市场、分散经营，提高酒店经营管理效率，增强酒店的应变能力，提高服务质量和水平 (3) 有利于考核各事业部的经营业绩，促进各事业部之间进行比较和竞争，调动各方面的积极性和主动性 (4) 有利于培养独立的、全面的主持酒店经营管理工作的高级经营管理人才	(1) 表现在各事业部之间容易形成部门狭隘观念，而忽略酒店整体利益 (2) 部门之间横向协调差，不利于人才的流动 (3) 机构重叠而导致管理费用增加、利益协调困难等
矩阵型	(1) 既能保证完成任务，又能充分发挥各职能部门的作用 (2) 能集中各部门专业人员的智慧，互相学习，协调促进，加强组织的整体性 (3) 加快工作进度 (4) 避免各部门的重复劳动，因而可以缩减成本开支 (5) 管理方法和管理技术更专业化 (6) 打破酒店内部的部门界限，便于内部不同部门之间的协调	(1) 任务负责人的责任大于权力。因为参加任务的每个人都来自不同的部门，隶属关系仍在原部门，由于临时参加该任务，故没有打破等级制，这种双重领导的状况容易延误决策时机 (2) 矩阵结构需要酒店内部一种合作的文化来支持，这是矩阵结构比较难于有效实施的原因

(1) 直线制

直线制就是按直线垂直领导的组织形式，其特点是组织中各个层次按垂直系统排列，酒店的命令和信息是从酒店的最高层到最低层垂直下达和传递，各级管理人员对所属下级拥有直接的一切职权，统一指挥兼顾各种业务。直线制组织结构或无职能部门，或设一两个职能部门，一个职能部门兼有多种管理职能。如办公室是一个职能部门，但它兼有行政、人事、保安、财务等几项职能。直线制组织结构比较适合规模小、业务较单纯的那些酒店。酒店直线制组织结构如图 2-7 所示。

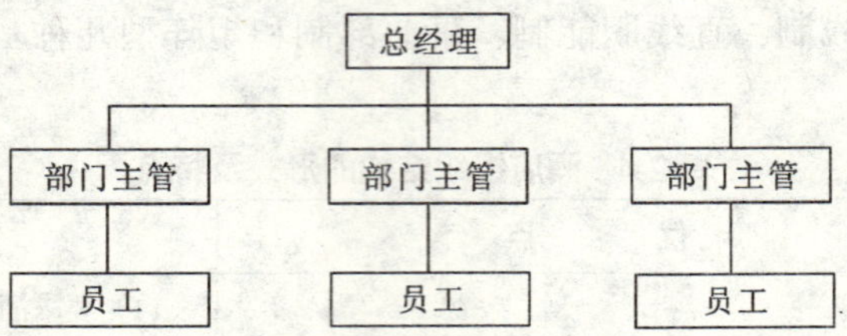

图 2-7　酒店直线制组织结构

（2）直线职能制

直线制和职能制的结合形成了直线职能制的组织结构，其特点是把酒店所有的部门分为两大类：一类是业务部门 (又称直线部门)，业务部门按直线的原则进行组织，实行垂直指挥。如酒店的前厅部、客房部、餐饮部、康乐部、工程部等均属于业务部门。另一类是职能部门，职能部门按分工和专业化的原则执行某一类管理职能。酒店的办公室、人事部、财务部、保安部均属职能部门。直线部门管理者在自己的职责范围内有对业务的决定权，能对其所属下级实行指挥和命令而负全部责任。职能部门的管理者，只能对业务部门提供建议和对相关管理职能进行业务指导，不能指挥和命令业务部门。目前，我国酒店大多采用直线职能制的组织结构。直线职能制较适合有较齐全的旅居功能而无其他多种经营的酒店。酒店直线职能制组织结构如图 2-8 所示。

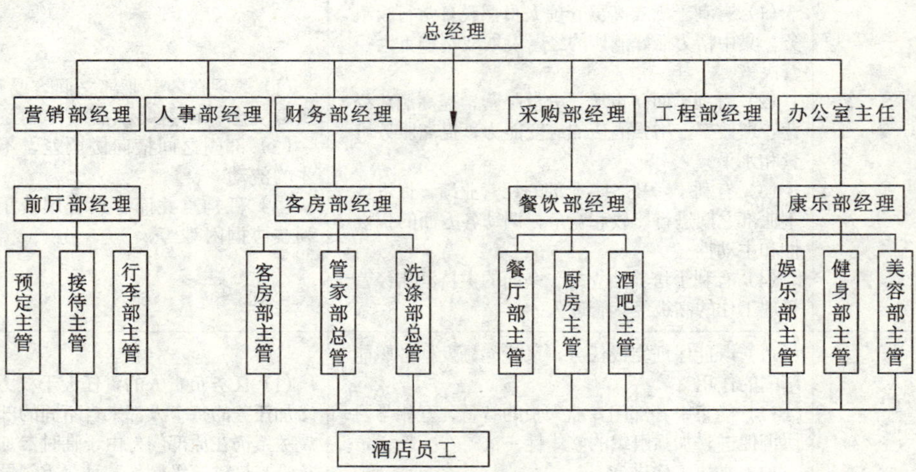

图 2-8　酒店直线职能制组织结构

（3）事业部制

事业部制组织结构是工业企业发展到有多个主产品时的一种组织形式。为了生产不同的主产品，在总公司领导下以产品为中心设立几个事业部，每个事业部生产特定的产品。根据总公司的决策，事业部分散经营，各事业部在经营管理上拥有自主权和独立性，实行独立核算。酒店事业部制组织结构如图 2-9 所示。

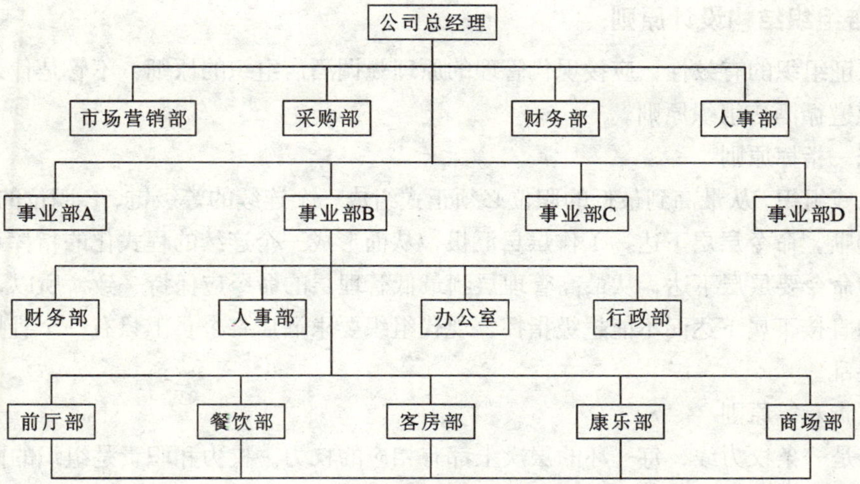

图 2-9　酒店事业部制组织结构

我国酒店实行事业部制的情况有：第一，有的酒店以主体酒店为核心，同时设立与主体酒店有资本联系的若干个企业从而组成集团公司，集团公司往往采用事业部制。第二，有的酒店通过资本运作管理了若干家酒店，从而形成连锁，这种形式的酒店往往采用事业部制。第三，有的酒店除了主体酒店外还附属有旅行社、大型餐馆、快餐公司等企业，这类酒店也多采用事业部制。第四，有的酒店有独立的公寓楼、写字楼等，这类酒店也多实行事业部制。

（4）矩阵型

矩阵型组织结构主要是把管理部门分为传统的职能部门和为完成某项专门任务而由各职能部门派人参加联合组成并指派组长负责领导的任务小组。任务小组的任务完成后，小组成员各自回到原来部门。这样，若干职能部门所形成的垂直领导系统和为完成专门任务而形成的若干任务小组的临时系统，就组成了矩阵式的组织结构（见图 2-10）。

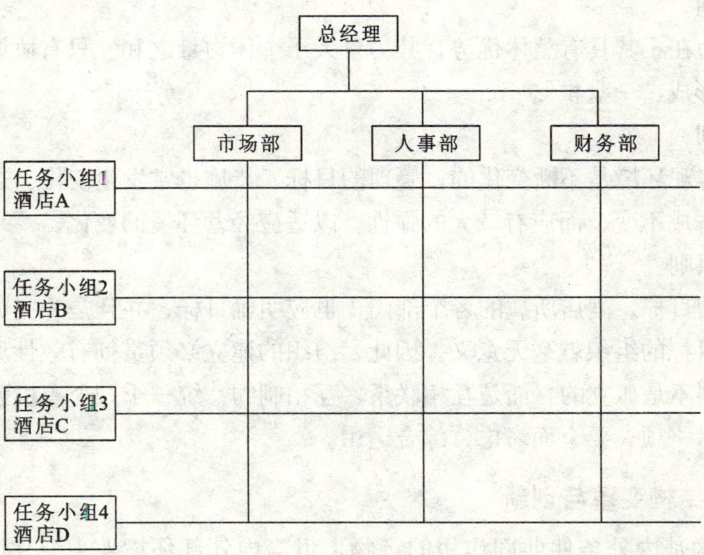

图 2-10　矩阵型组织结构

4. 酒店组织结构设计原则

为了保证组织的有效性，应按现代管理的原理强调酒店组织的原则，不管是什么样的组织形式都应该遵循酒店组织原则。

（1）统一指挥原则

一个权威组织，从最高到最低的职位必须正式组成一个连续的等级链，各职位的权责明确、沟通渠道明晰，命令层层下达，工作层层汇报，从而形成一个连续的程式化的指挥系统。

酒店的命令要层层下达，从最高管理层到最低管理层的命令应保持一致，所以，指令应该是指挥者向直接下属下达而不能越级指挥。现代组织要求酒店每个员工只有一个直接上级，以避免指挥混乱。

（2）权责对等原则

等级链是一条权力线，每一环的层次上都有相应的权力。权力和职责是组织的两个基本要素。在组织管理中，行使权力者必须承担相应的责任，职权与职责相符是必然的。管理者的权力应由组织给予明确规定，酒店组织的要求是把责任明确地落实到人，什么责任该谁负，谁该负什么责任都应该很清楚。

（3）管理幅度原则

管理幅度是指一个管理者能够直接有效地管理下属的人数。管理者的管理幅度是有限度的，取决于管理人员的能力、员工的素质、酒店的规模、各部门的业务情况等多种因素。

（4）部门化原则

随着组织规模的扩大，管理者为了保证有效的工作协调和对工作活动的有效控制，就必须将一组特定的工作合并起来，从而形成一系列的部门，这个过程称为部门化（Departmentalization）。部门是指组织中主管人员为完成规定的任务有权管辖的一个特定的领域。部门化或部门划分的目的，在于确定组织中各项任务的分配与责任的归属，以求分工合理、职责分明，从而有效地达到组织的目标。

（5）协调原则

组织的生命力在于其具有整体优势，其力量大于个体力量之和。只有协调一致的组织才是有效组织，才能形成"一盘棋"。

（6）弹性原则

酒店组织的客观环境是不断变化的，管理的目标、措施也常发生变化。这就要求组织机构不能僵化，不能一成不变，而应有较大的弹性，以适应经营环境的变化。

（7）有效性原则

组织有明确的目标。酒店所属的各个部门，也应明确目标，并且是为完成总目标所必需的具体目标，离开目标的组织就毫无意义。因此，组织的建立必须贯彻有效性原则。

上述各项原则不是孤立的，而是互相联系，互相制约、统一于一个有机整体内，不能只强调某一项而否定另一项，要全面考虑，综合运用。

5. 酒店组织结构变革与创新

酒店组织结构是内外条件共同作用的产物，但当内外部环境发生变化时，如体制变动、竞争加剧、市场份额减少、顾客个性化服务需求增强时，酒店组织结构就会进行变革和创新。

（1）组织结构扁平化

现代酒店管理是一种关于企业组织结构和制度组合的理论，其着眼点是人而不是物。目前大部分酒店企业组织形态尚处于一种传统型的状况，呈纵向结构的垂直领导。这种结构中，酒店以总经理为中心，权力相对集中，管理的传递方式是一层层向上汇报，逐级向下传达，需要大批的中低层管理人员进行管理和现场督导，第一线的员工则要求按规定的标准和程序操作。管理强调对人的行为的控制，这样容易形成官僚机构和部门之间的条块分割，已难以适应市场发展的需要。

扁平化的趋势要求改变传统的管理模式并进行结构性的变革，压缩一级管一级的管理层次。信息传递的计算机化将取代中下层管理层次的大部分作用，权力将被简化，企业内的沟通容易且畅通无阻，减少部门分割摩擦，提高管理效率，降低管理成本，最大限度地发挥一线员工的作用，体现参与式的民主管理。扁平式组织机构将会在市场环境变幻莫测的情况下发挥其强大的优越性，它将使管理中层内部进行重新组合分工，并与其他管理层融合，而这恰恰是企业从僵化、割裂、局部、内向的机械化管理阶段向灵活、关联、整体、外向的有机管理阶段迈进过程中的跃变。

（2）倒金字塔结构

大部分酒店的管理体系是以总经理为顶端，一级管一级，层层对上级负责，处于最低层的员工（服务人员）直接面对宾客，呈正金字塔结构，如图 2-11 所示。在这种体制下，管理者忙于层层控制，容易形成人人只对上级负责的状况。倒金字塔（见图 2-12）的管理理念则以顾客为最高层，依次为员工（服务人员）、下中层管理者（领班、主管、部门经理）、决策层（总经理），各层次均依次以前者作为服务对象和后盾。这种管理理念有利于强化顾客导向和各层次的服务意识，逆转了各层次主要只对上级负责的趋向，有利于形成以人为本的管理意识。没有员工的向心力和投入就不会有优质的服务。日本松下公司成功的诀窍在于一句格言："先制造人，再制造产品"。有的酒店提出"宾客至上，员工第一"的口号，提出"员工是酒店的内部顾客"的理念，都体现了以人为本的管理理念。全面质量管理的理论本质上是以层层控制为核心，并未改变人们所处的结构环境。新的管理理念是以人为中心，把员工作为服务的主体，注重人力资源的开发、员工素质的培养、工作环境的改善。

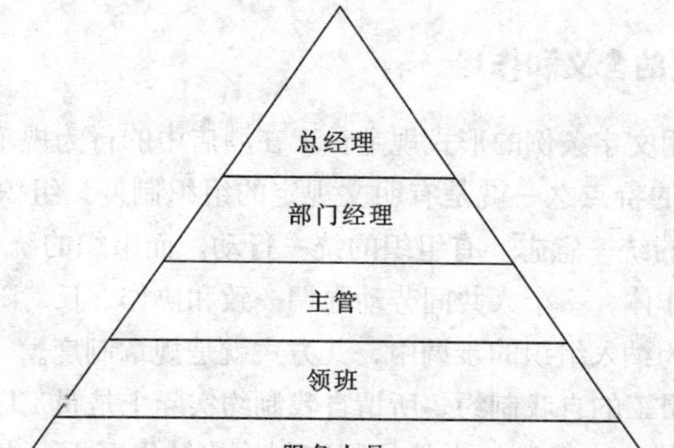

图 2-11　金字塔结构

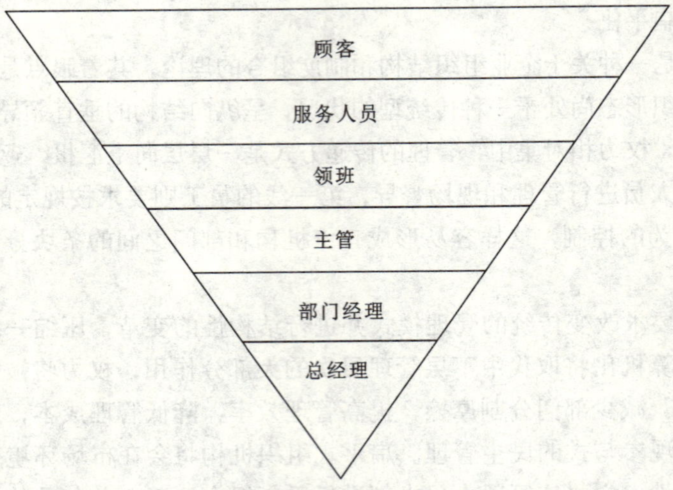

图 2-12　倒金字塔结构

（3）传统的功能性组织结构再造

我国许多酒店没有根据自身产品的特点、经营运转规律来设置本酒店的组织机构，大多数模仿大型酒店的组织机构，基本沿用着职能式或功能式的组织架构，多年来一直如此运转，没有太多的突破和变化。从表面上看，组织结构设置似乎与酒店的经营没有太多关联，但近几年从一些酒店的运转中可以看到，传统的组织结构受到了新技术、新概念、新材料等的冲击，许多原来的工作流程、工作岗位因新技术等的引进和使用已成为没有价值、不起作用的环节。如酒店的锅炉工，因为环保的原因，大多数燃煤锅炉被永久性地撤除，酒店锅炉工这一岗位就没有其存在的价值了；再如许多酒店大量引用了自动旋转门，原来一天三班至少要有 4 或 5 人的门童岗位须重新调整、安排，这些都是酒店再造传统功能性、职能性组织结构的必然选择。因此，面对今天激烈的市场竞争，酒店为了生存和发展，为了降低运营成本，应根据自身的特点，从工作程序、流程着手调整岗位、机构、隶属关系、员工配置，使自己的组织结构更适应于企业的发展。

酒店的组织制度

一、酒店组织制度的含义和作用

酒店的组织制度是用文字条例的形式规定员工在酒店中的行为规范和行为准则。酒店是一个正式组织，正式组织的特点之一就是有明文规定的组织制度。组织有组织的目标，为了达到组织目标就要有组织的统一意志，有组织的统一行动，而组织的统一由规章制度予以制约。组织是多个人劳动的协作体，多个人共同劳动强调一致和协作，反对随心所欲及各行其是，组织管理把每个成员的行为纳入组织的步调中，其方式就是规章制度。

酒店服务要靠全体员工的自我制约。所谓自我制约实际上是员工以制度为准则自我规范在酒店的行为。从客观上讲，自我制约也就是制度制约的转化形式。由此可见，制度对酒店而言有着重要的作用。

① 制度是正式组织的标志，可以维护酒店各方的共同利益。制度是反映酒店投资方、管理方、员工方等各方面的共同要求和目标。因而，通过制度将三者利益结合起来，可以形成

一个共同目标，并让目标成为三者的共同要求。

② 制度有很强的目标性，是实现酒店目标的基本保证。酒店为了组织目标而制定制度，所有的制度都应与酒店的目标相一致。反过来，制度的实施也有利于组织目标的实现。

③ 制度具有强制性，统一正式组织意志。制度是由正式组织明文规定的，作为组织成员都应该遵守。它以强制的力量要求每一个成员执行，违反制度就要受到惩罚。

④ 制度是自我约束的依据，是规范的保证。制度是根据酒店的每项业务、每个部门的运行规律，用文字条例的形式来反映规律而提出的，因此，制度可以规范员工的行为。

二、酒店组织制度的类型

酒店是一个综合性的企业，内部业务和部门较多，对外又有着广泛的社会联系，因此，酒店的制度有很多种，酒店无论在开业准备阶段还是运行阶段都要进行制度建设。进行制度建设首先要知道需要建设哪些制度。酒店制度大致可分为六类:第一类是有关所有制关系的制度。它要规定酒店的投资形式、产权关系、企业组织、权益关系等。如酒店的资产管理制度、酒店公司章程、酒店公司制度等均属此类。第二类是有关体制和组织结构的制度，它要规定酒店的体制和组织结构形式。如公司组织制度、总经理负责制、党委工作制、职工代表大会制、工青妇组织制度等均属此类。第三类是酒店内部的基本制度，主要有管理方案、员工手册、服务规程、岗位责任制、经济责任制等。第四类是部门制度，是由各部门根据自身需要而制定的一些制度。这类制度往往专业性较强，如设备设施管理制度、物品管理制度等。第五类是专业制度，如酒店的人事制度、财务制度等均属此类。第六类是酒店工作制度，如会议制度、有关决策程序等制度。

酒店的现代化管理强调以制度管理、规范化管理为基础。由于酒店行业的特殊性，酒店在实行现代化管理中制定的制度比较多，执行制度较为严格，制度在酒店管理中起着重要的作用。酒店管理者要对酒店制度有一个全面而正确的认识，在正确思想的指导下制定组织制度，在工作中严格执行制度。

三、几种主要的制度

1. 总经理负责制

总经理负责制是酒店组织管理中实行的领导制度，是酒店内部实行的最高管理组织形式。总经理负责制是指总经理是酒店的法人代表，酒店建立以总经理为首的经营管理系统，总经理在酒店中处于中心地位，根据董事会或投资者的决策，全面负责酒店的经营和业务，并对酒店的发展负有全面责任的一种管理制度。总经理负责制是适应酒店现代化管理，适应酒店市场经营，适应按酒店规律管理酒店和以法治店的一种管理制度。总经理负责制是酒店管理体制的最基本方面。

2. 酒店经济责任制

酒店经济责任制是酒店组织管理中的又一项重要的基本制度，是酒店各部门以酒店经济效益为目标，对自身的经营业务活动负责，实行责、权、利相结合，把酒店的经济责任以合同的形式固定下来的一种经营管理制度。酒店经济责任制是社会化大生产和社会主义客观经济规律的体现，是调动酒店、部门、员工积极性，实现酒店自我激励的重要手段。酒店的经济责任制包括酒店对国家(主要表现为酒店对上级主管部门)的经济责任制和酒店内部的经济责任制两个方面。

3. 酒店岗位责任制

酒店岗位责任制是以岗位为单位，具体规定了每个岗位及该岗位人员的职责、工作内容、工作范围、作业标准、工作权限、工作量等责任制度。岗位责任制使每个员工都明白自己所在的岗位要完成哪些工作，其表现形式是“岗位责任说明书”或“工作说明书”。岗位责任制的内容主要有：明确岗位和岗位名称，明确该岗位的直接上级（即对谁负责），明确该岗位的直接下级（即领导谁），明确岗位的职责和工作内容、工作量、工作质量标准、岗位权限。对有些岗位还要确定人员上岗的标准。

4. 员工手册

员工手册是酒店的又一个基本制度，是规定全酒店员工共同拥有的权利和义务及共同遵守的行为规范的条文文件。员工手册对每个酒店来说都是必备文件，人手一册，是酒店发放面最广的文件。员工手册与每个员工都休戚相关，因而它是酒店带有普遍意义、运用最广泛的制度条文。一般来说，员工手册的制定有三方面的依据：第一是依据国家有关的人事劳动法规；第二是依据酒店工作的特点；第三是依据国际酒店业的惯例。员工手册的内容非常丰富，包罗万象。条文规定应简单明确，便于操作。

四、制度的执行

制度制定的目的是为了酒店的规范，要达到规范的目的必须使组织成员人人遵守制度。在酒店制定制度并不难，困难的是执行制度，且要求各岗位员工时时处处都能执行制度。制度制定后一旦在某一方面有所放松，一则可能自然成习惯演变成一种顽疾，二则可能会向四周蔓延，所以酒店管理对制度很重视，并且始终把制度抓得很紧，执行制度很严格。酒店管理特别要避免使制度“订在纸上，贴在墙上，不落实在行动上”的形式主义。酒店在制定每一项制度时都要慎重，一旦成为制度就要坚决贯彻执行，以求实效。酒店为了有效地执行制度，要做的工作主要有：

1．经常坚持不懈地进行制度意识和纪律观念教育，强化全体员工的规范意识

酒店的制度多于其他企业，酒店执行制度严于其他企业，酒店落实制度难于其他企业，因为酒店员工的劳动是分散性的手工劳动。酒店执行制度全靠员工的自觉性，而自觉性来源于员工的意识观念。因此，酒店应通过各种形式(并非开会或批评一种形式)，坚持不懈地向员工灌输和培植规范意识和制度观念，使员工对纪律制度，特别是酒店制度有一个深刻的全面的认识，牢固树立纪律和制度意识。只有思想意识上的高度认识，才有行动上的自觉性。

2．不断提高员工的综合素质

真正执行酒店制度，还有赖于全体员工高水准的综合素质。员工具备了执行制度的意识，使员工具有了执行制度的主观愿望，但是否能真正执行制度，还需要其他素质的配合。如有了良好的业务素质，才能按制度进行业务操作和业务处理；有了较好的外语水平，才能向宾客提供优质服务；有了良好的身体素质，才能坚持站立服务和礼貌待客。酒店要实行制度管理，不仅要抓好表面上的制度执行监督检查工作，而且要从根本上抓培训工作，不断提高员工的综合素质。

3. 制度要有合理性

执行制度，从制度本身来说，要有合理性。酒店制定制度要抱着实事求是的态度，即制定制度是必须的，这些制度也是可行的。例如，有的酒店规定女员工一律剪短发，这是可行的但没这个必要。又如，有的酒店规定前台各部门员工都有优惠打折权。给宾客适当的优惠折扣是必要的，但每位员工都有打折权，这是不可行的。制度制定时条文要简洁，文字要既严密又简单，使人们容易理解和执行。酒店的制度切忌烦琐，制度多而烦琐，人们无法记住，也就难以执行。

4. 实行严格的检查考核奖惩制度

酒店在执行制度过程中要有检查监督，以保证制度的实施；酒店执行制度的结果，要有检查、考核、奖惩，这是正式组织在组织管理中的一种必要方法，也是正式组织在管理中的一个重要环节。但仅此是不够的，酒店还应重视非正式组织的力量和影响力，努力营造良好的企业文化，使组织成员不断得到优化和激励，使酒店形成一种浓厚的自觉遵守制度、执行制度的氛围，使执行制度蔚然成风。制度对酒店来说是绝对必要的。制度是时代和社会的产物，随着社会和时代的发展，酒店也在发展，制度也在发展和变化。因此，制度要有它的稳定性、严肃性、延续性，同一类制度不要经常改动，所谓的朝令夕改是企业混乱的一大因素。同时，如果发现制度有不合理的地方，一经发现就要尽快修改，保证制度的有效性和先进性。酒店要通过对制度的管理，使制度在酒店创建两个效益中发挥积极的作用。

综合实训

1. 制定酒店开业前的准备工作计划

实训内容	
训练目的	训练制定酒店短期活动计划的能力
训练程序	（1）教师给出计划的种类或名称材料，并介绍制定计划的背景材料 （2）以小组形式，根据该计划制定酒店开业前三天的工作活动计划 （3）各小组派代表介绍各自的计划方案 （4）教师总结点评
训练提示	要求按照活动先后顺序编写，可以自己选择某一个具体部门或具体任务来编写，细致到每天按小时的工作活动计划
思考	你还能制定其他的短期计划吗（如酒店服务技能大赛活动计划）

案例资料：

酒店开业前工作计划

（1）酒店开业前的工作计划（前六个月）

第一个月（运营部门）：①人力资源与营销部运营准备；②餐饮部运营准备；③房务部经理进场工作；④制定宾馆招聘计划；⑤制定酒店组织结构图；⑥岗位设计；⑦人员配备；⑧薪资计划。

第二个月（工程部门）：①土建完成；②精装修开工；③宿舍装修；④后勤工程动工；⑤消防、空调、水、电、气管道完成；⑥安装窗；⑦客房、餐饮大堂装修；⑧通信系统布线。

第三个月（运营部门）：①员工报到、办入店手续；②新员工酒店入职培训；③开始市场调研，并制定营销方案；④印制各种报表、单据；⑤订做员工制服；⑥定制餐饮用具、客房物品、康乐设施。

第四个月（工程部门）：①完成员工宿舍基本装修；②订购架床、被子；③弱电系统安装、锅炉安装；④室外场地清理，做绿化计划；⑤定制厨房设备设施。

第五个月（运营部门）：①安排员工到伙伴店实习；②制定宴请名单与计划；③定制营销用品，开始前期介入性营销；④制定开业典礼方案；⑤制定店内店外装饰采购方案；⑥餐厅、会议的家具进场；⑦检查酒店各部工程与设备安装完成情况。

第六个月（工程部门）：①空调系统安装与调试；②电器、通信系统安装与调试；③厨房设备设施安装与调试；④装修工程竣工清理。

（2）开业前三个月

与工程承包商联系，这是工程协调者或驻店经理的职责，但客房部经理必须建立这种沟通渠道，以便日后的联络。

（3）开业前两个月

① 参与选择制服的用料和式样。

② 了解客房的数量、类别与床的规格等，确认各类客房方位等。

③ 了解酒店康乐等其他配套设施的配置。

④ 明确客房部是否使用计算机。

⑤ 熟悉所有区域的设计蓝图并实地察看。

⑥ 了解有关的订单与现有财产的清单（布草、表格、客用品、清洁用品等）。

⑦ 了解所有已经落实的订单，补充尚未落实的订单。

⑧ 确保所有订购物品都能在开业一个月前到位，并与总经理及相关部门商定开业前主要物品的贮存与控制方法，建立订货的验收、入库与查询的工作程序。

⑨ 检查是否有必需的家具、设备被遗漏，在补全的同时，要确保开支不超出预算。

⑩ 如果酒店不设洗衣房，则要考察当地的洗衣场，草签店外洗涤合同。

⑪ 决定有哪些工作项目要采用外包的形式，如虫害控制、外墙及窗户清洗，对这些项目进行相应的投标及谈判。

⑫ 设计部门组织机构。

⑬ 写出部门各岗位的职责说明，制定开业前的培训计划。

⑭ 落实员工招聘事宜。

（4）开业前一个月

① 按照酒店的设计要求，确定客房的布置标准。

② 制定部门的物品库存等一系列的标准和制度。

③ 制定客房部工作钥匙的使用和管理计划。

④ 制定客房部的安全管理制度。

⑤ 制定清洁剂等化学药品的领发和使用程序。

⑥ 制定客房设施、设备的检查、报修程序。

⑦ 制定制服管理制度。

⑧ 建立客房质量检查制度。

⑨ 制定遗失物品处理程序。

⑩ 制定待修房的有关规定。

⑪ 建立VIP房的服务标准。

⑫ 制定客房的清扫程序。

⑬ 确定客衣洗涤的价格并设计好相应的表格。

⑭ 确定客衣洗涤的有关服务规程。

⑮ 设计部门运转表格。

⑯ 制定开业前员工培训计划。

（5）开业前二十天

① 审查洗衣房的设计方案。

② 与清洁用品供应商联系，使其至少能在开业前一个月将所有必需品供应到位，以确保酒店“开荒”工作的正常进行。

③ 准备一份客房检查验收单，以供客房验收时使用。

④ 核定本部门员工的工资报酬及福利待遇。

⑤ 核定所有布件及物品的配备标准。

⑥ 实施开业前员工培训计划。

（6）开业前第十五天

① 对大理石和其他特殊面层材料的清洁保养计划和程序进行复审。

② 制定客用物品和清洁用品的供应程序。

③ 制定其他地面清洗方法和保养计划。

④ 建立卡拉OK房的检查与报告程序。

⑤ 确定前厅部与客房部的联系渠道。

⑥ 制定员工激励方案（奖惩条例）。

⑦ 制定有关客房计划卫生等工作的周期和工作程序（如翻床垫）。

⑧ 制定所有前后台的清洁保养计划，明确各相关部门的清洁保养责任。

⑨ 建立客房部和洗衣房的文档管理程序。

⑩ 继续实施员工培训计划。

（7）开业前第十天

① 与财务部合作，根据预计的需求量，建立一套布件、器皿、客用品的总库存标准。

② 核定所有客房的交付、接收日期。

③ 准备足够的清洁用品，供开业前清洁使用。

④ 确定各库房物品存放标准。

⑤ 确保所有客房物品按规范和标准上架存放。

⑥ 与总经理及相关部门一起重新审定有关家具、设备的数量和质量，做出确认和修改。

⑦ 与财务总监一起准备一份详细的货物贮存与控制程序，以确保开业前各项开支的准确、可靠、合理。

⑧ 如酒店自设洗衣房，则要与社会商业洗衣场取得一定的联系，以便在必要时可以得到必要的援助。

⑨ 继续实施员工培训计划。

（8）开业前第七天

① 与工程部经理一起核实洗衣设备的零配件是否已到。

② 正式确定客房部的组织机构。

③ 根据工作和其他规格要求，制定出人员分配方案。

④ 取得客房的设计标准说明书。

⑤ 按清单与工程负责人一起验收客房，确保每一间房都符合标准。

⑥ 建立布件和制服的报废程序。

⑦ 根据店内缝纫工作的任务和要求，确定需要何种缝纫工，确立外联选择对象，以备不时之需。

⑧ 拟订享受洗衣优惠的店内人员名单及有关规定。

⑨ 着手准备客房的第一次清洁工作。

（9）开业前第五天

① 开始逐个打扫客房、配备客用品，以备使用。

② 对所有布件进行使用前的洗涤。全面洗涤前必须进行抽样洗涤试验，以确定各种布件在今后营业中的最佳洗涤方法。

③ 按照工程交付计划，会同工程负责人逐个验收和催交有关区域和项目。

④ 开始清扫后台区域和其他公共区域。

2. 酒店组织结构调查

实 训 内 容	
训练目的	熟悉不同规模酒店的组织结构，掌握不同组织结构类型的特点，以及组织结构在酒店管理中的重要性
训练程序	（1）教师讲解实训内容及注意事项 （2）将实训学生分成四至五个小组，分别选择各组的目标酒店，包括家庭旅馆、国内外品牌酒店、经济型酒店、低星级酒店、高星级酒店等不同类型、规模的酒店 （3）实训学生以小组为单位到各组选定的目标酒店调查了解其组织结构 （4）将调查结果以组织结构图的形式表现出来，并配以文字说明，制作成幻灯片，在课堂上演示讲解 （5）学生就调查结果相互交流、相互评价，并写出实训总结
训练提示	到不同星级、不同规模、不同类型酒店，了解其组织机构，绘制组织结构图，制成 PPT，在班级进行展示交流
思考	通过前面的活动，你学到了什么

3. 设置酒店组织结构，制定酒店相应管理制度

实 训 内 容	
训练目的	能够根据酒店的实际情况设置组织结构，培养学生设计组织结构的能力以及制定制度的基本能力
训练程序	1. 选择制定酒店企业管理的基本制度 具体制定哪些制度，根据所掌握的材料情况自行决定 2. 选择制定各管理人员的岗位权责制度 要选择各个具体的岗位权责制度，内容包括两大方面：管理者在该岗位上应负的责任和拥有的权利及奖励方法 3. 确定本酒店的管理方针和经营战略 4. 管理制度编写要求的说明和提示 （1）内容结构 ①标题（应反映出内容与性质）。②目的。③适用范围。④正文。⑤实施日期及有关问题 （2）说明和提示 ①所规范的领域范围必须明确，标题与内容必须相符。 ②有可操作性的规范。 ③结构合理，调理清楚，要点突出。 ④用语要严肃、规范、准确、简练 5. 设计酒店组织结构 运用所学知识，根据案例中的酒店目标与业务需要，研究设计酒店的组织结构，并画出组织结构图。同时建立酒店的制度规范，包括酒店的企业专项管理制度、部门（岗位）责任制等 6. 成果检测 （1）检查拟定的酒店文件 ①酒店企业领导制度。②组织结构图。③各岗位权责制度。④其他制度等 （2）交流与评估 小组之间进行交流，相互评价，教师总结
训练提示	（1）五或六人为一组，根据所给资料为酒店设置合理的组织结构 （2）最终以组织结构图的形式展现，要具体到酒店的每一个岗位及人数
思考	通过前面的活动，你学到了什么

案例资料：

某酒店占地100余亩，共投资3亿多元，按照国际五星级酒店标准设计建造，拥有260间客房（5间豪华套房、10间普通套房、225间标准间），1000个餐位（其中西餐自助可容纳300人，中餐大厅可容纳500人，日韩料理总共可容纳100人，餐厅包房10个），5个会议室（分别可容纳15人、20人、50人、200人、800人）。同时建有标准室内游泳池和室外游泳池、SPA、酒吧、健身房等休闲娱乐设施，是集商务会议、休闲娱乐、特色美食于一体的花园式酒店。

4. 撰写酒店某一岗位的工作（职务）说明书

实 训 内 容	
训练目的	培养学生工作分析的能力，学会编制工作说明书
训练程序	（1）分小组选择酒店的二或三个一线岗位的工作流程，写出流程标准、工作职责及分析报告，交与教师审阅 （2）教师审阅完所有团队的报告后，规定每个团队重点探讨一个岗位的工作流程及规范 （3）团队成员重新就教师制定的岗位展开进一步调研和分析 （4）团队讲述。各小组派一位代表讲述观察到的酒店某一岗位的工作流程（要求准备PPT或展示板），然后对此流程进行评估，并提出自己团队的改进意见 （5）其他小组针对讲述团队的内容提出不同意见。意见正确者给予团队奖励加分 （6）教师总结点评 （7）根据确定的流程和标准编制工作说明书，之后再进行交流
训练提示	（1）可以根据学生在酒店实习的岗位编制 （2）部门不限于客房部，可以选择实习过的岗位，但仅限于员工岗位
思考	通过前面的活动，你学到了什么

案例资料：

现在你是上一案例中的酒店客房部主管，在工作过程中，你发现员工平时的工作内容与酒店原有的岗位职责发生了很大的变化，有许多新的职责内容工作说明书中都没有，所以你建议酒店重新修订工作说明书。酒店非常支持你的想法。现在请你编制客房部员工的工作说明书。

5. 酒店部门组织结构与岗位管理职能设计

实　训　内　容	
训练目的	能够设计酒店内部各主要部门的组织结构及岗位的主要管理职能
训练程序	（1）教师介绍案例背景资料 （2）根据案例要求，研究设置酒店的组织结构及部门岗位主要管理职能 （3）画出酒店组织结构图 （4）进一步细化设计每个部门岗位的主要管理职能 （5）小组汇报，相互评价 （6）教师总结点评
训练提示	（1）要求画出部门组织结构图 （2）每个部门岗位说明书要经过调查和查阅资料后去完成
思考	你还能设计其他部门和岗位的组织结构和岗位职能吗

案例资料：

（1）餐饮部的组织结构设计要求

① 本部门人员较多。

② 工作时间不固定，但要保证24小时都有人员在岗。

③ 工作区域主要在大厅。

（2）各岗位主要管理职能

① 餐厅经理：全面负责餐厅接待服务组织工作，对整个餐厅的服务人员、服务质量进行管理，包括制定各项管理制度、工作规范、程序和标准，制定营销计划和培训计划，并在审批后负责组织实施。

② 大堂经理：负责订餐并积极开展预订工作，接待重要客人，处理客人投诉，协助餐厅经理管理前厅。在餐厅经理不在时，负责餐厅全面工作。

③ 主管：介于餐厅经理与领班之间，一般分工负责楼面的日常管理工作及培训工作。其管理职能主要有以下方面：督导、沟通、协调、控制，配合餐厅经理拟定各项计划，并组织具体实施。

④ 迎宾：负责迎接客人，为客人引坐、登记订餐，收集并建立客户档案。

⑤ 值台：负责一个区域的现场服务并带领和组织服务人员做好服务工作。

⑥ 传菜部：负责组织传菜、划单，准备开胃菜、开胃酒、调味料等工作。

⑦ 吧台：负责组织和操作调酒、果盘的制作，茶水的准备，酒水的销售等工作。

⑧ 管事部：负责组织公共区域的保洁工作，餐具的保管、清洗和准备等工作。有的餐厅还要兼管设备设施的维护保养工作。

单元三

酒店业务管理

学习目标

知识目标

1. 了解酒店的主要业务构成
2. 了解酒店主要业务部门的任务

能力目标

1. 熟悉酒店主要业务部门的工作内容与程序
2. 能够根据情况制定酒店主要业务部门的工作要求

任务 1 聚焦酒店前厅

前厅部（Front Office）是酒店组织客源、销售客房商品、组织接待和协调对客服务，并为客人提供各种综合服务的部门，是酒店经营管理中的一个重要部门，是整个酒店服务工作的核心。前厅部又名客务部，是酒店对外的“窗口”，是酒店的“大脑”、“神经中枢”，是联系宾客关系的“桥梁和纽带”。前厅部是酒店管理的关键部位，其运行的好坏，将直接影响到酒店的整体服务质量、管理水平、经济效益和市场形象。由此可见，前厅部及其员工对树立酒店的形象和声誉，起着重要的作用。前厅部的管理体系、工作程序，前厅部每个员工的服务意识、职业道德、服务质量、知识结构、操作技能和应变能力及言谈举止等，无一不对酒店的形象和声誉产生重大影响。

任务导入

客人想在大堂用餐

一位客人办理完入住登记手续后，坐在酒店大堂的沙发上，仔细地观察着周围的环境，并不时拿起桌子上的雕塑摆设玩赏。然后，他招呼过在门口迎宾的行李员，说道：“我非常喜欢你们酒店大堂的环境，我想中午就在这里用午餐，麻烦你帮我拿一份菜单。”行李员听完客人的叙述，说：“对不起，先生，这不属于我的工作范围，您找餐饮部可以吗？”客人听后，脸上呈现出一丝不悦，说：“那找你们领导来。”这时，正好前台的主管看到这一幕，她上前向客人又询问了一遍情况，得知客人想在大堂用餐，为难地对客人说：“先生，我们酒店的餐厅在六楼，您若用餐，应该到六楼去，大堂这里是不允许宾客就餐的。”客人听后生气地说：“你们酒店不是说把宾客当成上帝吗？不是说要让我们宾客把酒店当成自己的家吗？我想在我家里的客厅用餐，难道不行吗？找你们总经理出来！你们这是什么五星级的服务！”客人的声音越来越大，引得在大堂的其他客人纷纷侧目。这时，大堂副理走过来，先对客人说：“您好先生。”然后对前厅主管说：“请给客人端杯茶。”她将客人让到大堂较为隐蔽的一处座位，向行李员询问了大致情况，然后微笑地对客人说：“先生，非常荣幸您喜欢我们大堂的装饰和环境，您在这里用餐完全没有问题。只是您刚才可能已经知道了，我们酒店的餐厅和厨房都设在六楼，饭菜在运输的过程中，由于路线的延长，可能会带来一些不必要的细菌入侵，另外，现在临近中午，大堂这边来来往往的宾客比较多，虽然我们看不到，但是大堂有很多被带进带出的灰尘，就餐的环境不是很理想，可能对您的身体不好。我们酒店的六层餐厅最近刚刚经过重新设计，风格跟大堂十分搭调，难得先生喜欢，我们很希望您能去看一看，也对我们的设计提出更好的建议。”这时，客人脸上的怒气渐渐散去，大堂副理将茶让至客人面前，说：“刚才我们的服务人员也是出于对您身体健康的考虑，有些话说得不恰当，我代表酒店向您道歉。您远道而来，选择我们的酒店，我们感到十分荣幸。”然后，大堂副理看到宾客已经平静下来，拿起桌边的电话，拨打了六层餐厅，说：“请找一下餐厅的主管……一楼有位 VIP，大概五分钟后会到达餐厅用餐，听说餐厅有刚刚空运来的台湾水果，请为客人免费准备一份，照顾好客人，谢谢。”客人看到大堂副理所做的一切，十分感激，主动提起行李，并一再致谢。大堂副理边和客人交谈，边将客人送到了六层餐厅……

思考

1. 前厅部是酒店的服务窗口，主要提供哪些服务？

2. 宾客在前厅部的区域活动，可能会提出一些与本部门的业务没有直接关系的要求，你应怎样处理？

3. 遇到不满的宾客投诉时，你应如何处理？

4. 前厅部应如何做好与其他部门的沟通协调工作？

任务描述

“如果把酒店看成是一个巨大的轮胎，那么这轮胎中间的中心轴就是前厅。”不仅如此，那轮胎的中心轴不是静止不动的，而是作为能动的中枢神经来完成其职能。总台是最早迎接客人和最后送走客人的地方，也是树立酒店良好形象的所在。从总台接待员向客人表示由衷欢迎的那一刻起，入住登记的接待工作就开始了。行李装载着客人出行的用品和旅途的收获，它不分贵重与否，对客人具有同等重要的作用。为客人提供周到的行李服务，妥善保管客人的行李，是每个行李员必须做到的事情。他们的服务虽然简单，但却极其重要，因为他们是最初迎接客人，也是最后送别客人的人。日复一日圆满地接收和处理这样的琐事就是酒店活力的根基，是酒店魅力的触发剂。

任务实施

一、受理客房预订

客房预订是一项专业技术性较强的工作，为了确保客房预订工作高效、有序地进行，必须建立完整而详细的工作程序。客房预订程序如图 3-1 所示。

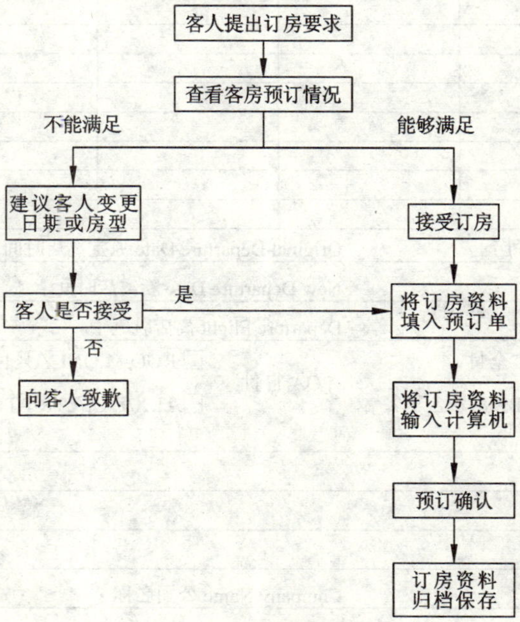

图 3-1　预订作业流程图

预订服务过程是酒店与未来或潜在客人接触和交易的过程。因此，订房员要循序渐进，把握机会，尽量销售客房商品。当客人提出订房要求时，订房员要立即查看房间状况是否允许，其结果只有两种选择：接受或回拒。受理预订结果如图 3-2 所示。

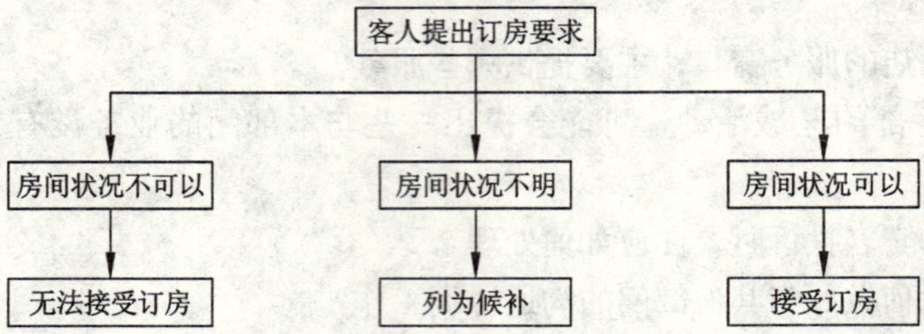

图 3-2　受理预订结果

1. 接受预订 (Accepting)

在受理预订前应充分做好各项准备工作，才能为客人提供满意的服务，提高预订工作的效率和质量。预订员首先要准确掌握本酒店客房产品特点、价格及当前预订状况和相关促销政策，在接到客人的订房申请后，要明确客源类型（即散客还是团队），听取客人预订要求，迅速查看有无符合客人要求的房间，从而决定是否接受客人的申请。如果能够接受客人的订房就要填写客房预订单（见表 3-1），预订单一般包括客人姓名、抵离店日期、房间类型、付款方式及特殊要求等内容。接受预订的基本流程如图 3-3 所示。

表 3-1　客房预订单

RESERVATION FORM

预 订 单

Sales& Marketing Dept.

Fax NO.

□ New Booking 新预订 □ Amendments 更改 □ On Waiting List □等候 □ Cancellation 取消

Guest Name 客人姓名	No. of Rooms 房间数量	Room Type 房间种类	No. of Guests 客人数量	Rate 房价	Company Name 公司名称

Original Arrival Date 预订到店时间：　　Original Departure Date 原定离店时间：

New Arrival Date 新到店时间：　　New Departure Date 新离店时间：

Arrival Flight 到店航班：　　Departure Flight 离店航班：

Billings 付款方式：　□ ALLC 全付　□ RMABF 房费含早餐　　POA 自付　□ ROO M ONLY 只付房费　□ TLX/FAX/LTR/ATIT 已到电传 / 传真 / 信件

Remarks 备注：

Contact Name 联系人姓名：　　Company Name 公司名称：

Telephone Number 电话号码：　　Fax/Telex Number 传真号码：

Taken By 预订人：

Date Taken 预订日期：

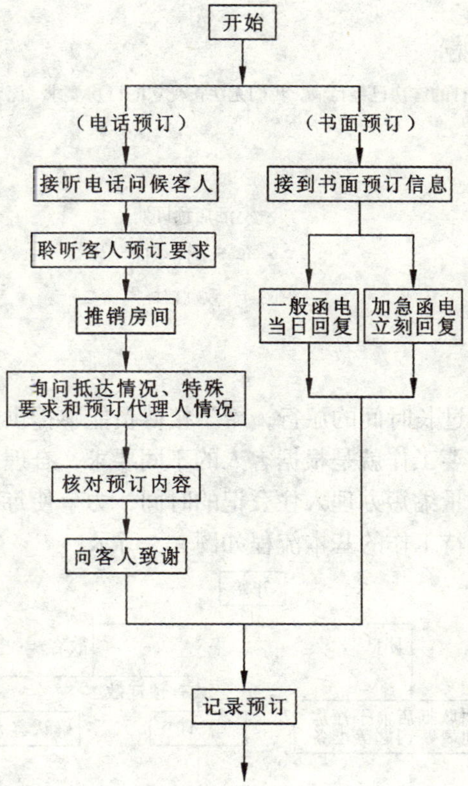

图 3-3 接受预订基本流程

接受预订时的要点通常可归纳如下：

① 客人姓名及性别。

② 客人国籍或地区、住址、联系电话。

③ 客人预抵、离店日期、时间、交通工具（航班号或车次等）。

④ 客人所需要的房间种类及数量。

⑤ 同行人员情况（人数、关系等）。

⑥ 预订人及单位地址、联系电话。

⑦ 房价与付款方式。

⑧ 特殊要求或说明（如接站、摆放鲜花及水果等）。

⑨ 受理预订的日期、订房员姓名等。

2. 婉拒预订 (Turning down)

如果在客人预计抵达的日期内，酒店因客满等原因而无法满足客人的订房要求时，不能就此终止服务，而应主动提出可供客人参考或选择的建议，如建议客人改变抵达日期、房间类型等。也可以征得客人同意，将其列入“等候名单（Waiting list）”中，一旦有了空房，立即通知客人，最后要向客人表示感谢。这样做不但可以促进客房销售，同时可以在客人心目中树立酒店良好的形象和信誉。婉拒预订时，要为客人签发一封致歉信（见图 3-4）。

致歉信

尊敬的______小姐 / 女士 / 先生 ：

由于本酒店___年___月___日的客房已经订满，我们无法接受您的订房要求，深表歉意。感谢您对本酒店的关照与支持，衷心希望今后能有机会为您服务。

顺颂商祺！

× × 酒店预订处

× 年 × 月 × 日

图 3-4　致歉信样本

二、入住登记

客人抵店时，可能经过长时间的旅行，希望接待员能够提供热情周到、高效率的入住接待服务。因此，接待处的主要工作就是根据客人的不同要求，合理地分配房间，有条不紊地为客人办理入住登记手续，尽量缩短办理入住登记的时间，力争使每一位客人满意，使客人对酒店形成良好的第一印象。接待工作的基本流程如图 3-5 所示。

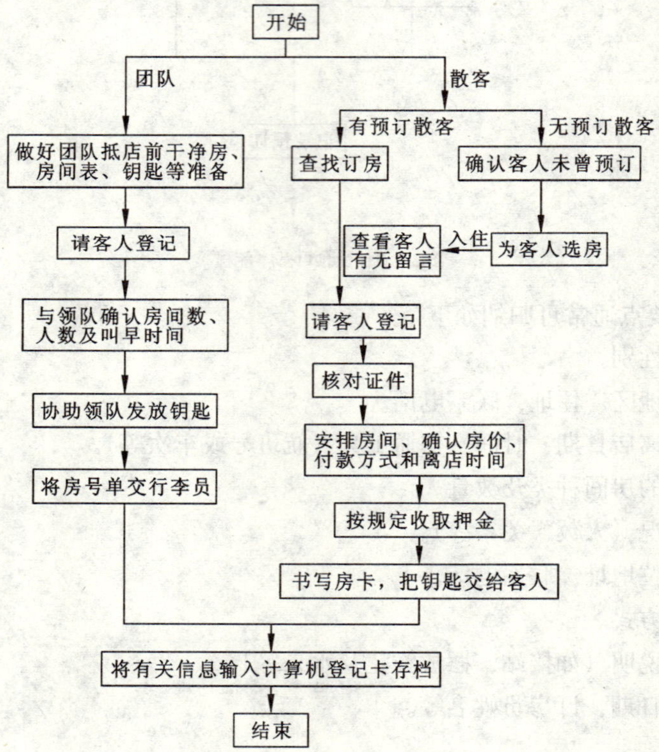

图 3-5　接待工作基本流程

1. 主动问候，表示欢迎

客人到达总台时，接待员应面带微笑向客人问好致意，以示真诚，并表示乐于为客人提供服务。如果已经知道客人的姓名，应用礼貌称呼客人姓氏。

2. 确认客人有无预订

为客人办理住宿登记时，接待员应首先弄清客人是否订房。

① 对于已经订房的客人，接待员应核对当日抵店客人名单，从计算机中迅速查到客人姓名，

调出订房资料，复述订房要求。

② 若客人持有订房凭证（Voucher），接待员应将副本留下，作为向代理机构结算的凭据，向客人复述凭证所列各项内容，如订房凭证发放单位的印章、客人姓名、酒店名称、居住天数、房间类型、抵离店日期等，并回答客人的询问。

③ 对于已付定金的客人，应向客人确认已收到的定金数额。

④ 对于未预订而直接抵店的客人，问清其用房要求，确定有无满足客人要求的房间可供出租。并根据酒店客房使用情况，用建议的方式向客人推销客房。如果不能满足客人的要求，也应设法为客人联系其他酒店，主动帮助客人，以塑造酒店在客人心目中的美好形象。

3. 填写住宿登记表并查验证件

对于已办理预订手续的贵宾或常客，由于酒店已掌握较完整的资料，因此，准备工作可以做得更充分、更具体，提前准备登记表、欢迎卡、钥匙卡，并装入信封，经查验身份证件后，只需在登记表上签名确认即可。通常酒店接待贵宾时均提供专人引领，先进房间，享受在房内办理登记手续的特殊礼遇。而对未办理预订而直接抵店的客人，接待员要热情、耐心地提供帮助，尽可能缩短办理登记手续的时间。

在查验证件时，要注意证件有无涂改、伪造；核对照片是否与持证人相符；证件的有效期、入境日期和入境口岸等。另外应注意的是，在递接证件时应用双手，查验完毕归还证件时应礼貌称呼客人的姓氏，并向客人表示感谢。

4. 排房与定价

（1）分配房间

针对预订客人，为了减少客人等候时间，同时方便客房的分配与管理，接待员应在客人抵店之前，根据其订房要求提前预留适当的房间。但酒店内同类型客房也存在差异，如位置、景观、内部装饰等方面，因此，具体的房号一般应在征得客人意见之后再确定下来。同时，接待员在为客人办理入住登记时，应进一步核实客人的订房要求有无变化，并了解客人对客房的具体要求，根据现时客房状况及其他相关因素为客人安排房间。

接待员为没有预订的客人安排房间时，要主动、耐心地询问客人的具体住房要求，在充分了解客人用房需求的基础上，根据酒店的现时房态向客人推荐两种以上不同类型、价格的房间供其选择，并对不同类型房间的状况、特点加以详细介绍，尽量满足客人的各种要求。

（2）确定房价

对已办理预订并提前由接待处预留房间的客人，在征求客人意见后确定房号及价格。注意必须遵守预订确认书中已标明的价格，不能随意变更。对事先没有预订而直接抵店，尤其是初次到店的客人，根据当时的可租房状况和酒店未来用房需要，热情地向客人推荐、介绍客房并报价和定价。在定价时要依据酒店有关房价的相关政策及规定，可以将价格在一定范围内浮动，但要经过有关管理人员的同意与批准。房价确定后，注意向客人重复，得到客人的确认。

5. 确定付款方式

接待员在为客人办理入住登记手续时，应了解客人的付款方式。确定付款方式的目的主要是为了确定客人和酒店的信用关系，确保酒店的利益不受损害。另外，不同的付款方式所享受的信用限额也是不同的。客人常用的付款方式一般有现金、信用卡、转账、支票、有价订房凭证、他人代付等。

6. 完成入住登记手续

① 填写房卡。接待员在完成以上工作后，一般还要填写房卡，请客人签名并交给客人。房卡（Hotel Passport），又称欢迎卡，它起着证实客人身份的作用，同时也有促销、向导和说明的作用。欢迎卡一般在客人抵店前或在客人入住填写登记表时由接待员填写。房卡的设计也因酒店不同而有所不同。折页式的房卡除了有总经理欢迎辞、客人姓名、房号、有效期等内容外，通常还印制有酒店服务设施、位置、服务时间、会客须知等相关内容，起到服务指南和推销的作用。

② 将客房钥匙交给客人，介绍客房楼层位置、房号、电梯、餐厅等。

③ 安排行李员引领客人到房间及运送行李。

④ 向客人道别，并致祝愿语。

7. 传递、储存信息，建立相关表格资料

① 客人办理完入住登记手续离开总台后，接待员要把客人的入住信息及时通知客房部，以便客房部服务员做好接待准备工作。

② 将住宿登记表中的有关内容输入计算机，并将填写好的表格、资料分类存档，以便建立客史档案。

③ 在“预期抵店客人名单”(Expected Arrive List，EA list) 中注明该订房单的客人已经入住。

④ 制作客人账单。

在印制好的账单（Folio）上打印客人姓名、抵店日期、结账（离店）日期、房号、房间类型及价格等，然后将账单（一式两联）与住宿登记表（账务联）交收银处保存。

对于转账客人，一般需制作两份账单：一份（A 单）记录应由签约单位支付的款项（已在合同及预订单、登记表中标明范围)，是向签约单位收款的证明。另一份（B 单）则是记录客人自付的款项。

三、礼宾服务

1. 迎宾服务

迎宾服务程序与标准如表 3-2 所示。

表 3-2 迎宾服务程序与标准

程 序	标 准
1. 站立等候	(1) 门童通常要穿着高级华丽、有醒目标志的制服。上岗时要精神饱满、热情有礼、动作迅速 (2) 工作时通常站于大门一侧或台阶下、车道边，站立时应挺胸、手自然下垂或下握，两脚与肩同宽
2. 引导停车	在客人乘车抵达酒店时，使用规范手势示意（切忌大喊大叫），指挥车辆停到方便客人进酒店的位置，同时不影响交通
3. 开关车门	(1) 要用左手拉开车门成 70° 左右，右手挡在车门上沿，为客人护顶，防止客人碰伤头部 (2) 欢迎客人光临（对重要客人和常客要努力记住客人的姓名，以示尊重）
4. 站回原位	(1) 若客人行李较少，在进入大厅前将行李交给行李员，由行李员引领客人到总台 (2) 客人如乘坐出租车，应迅速记下车牌号，站回原位，继续迎候新客人

① 客人到达酒店时，门童应主动、热情、面带微笑向客人点头致意，并致问候或欢迎语，同时用手势示意方向，为客人拉开大门。若行李员距离较远，应使用手势示意，切忌大声喊叫，以免扰乱前厅安静的气氛。若客人乘车，门童应使用规范手势，示意司机停在指定地点或客

人容易下车的地点。车停稳后，为客人拉开车门，主动向客人热情问候，对常客和贵宾应能礼貌、准确地称呼客人姓氏。拉门时要站在前、后门中间，用左手拉开车门，右手则挡在车门框上沿，防止客人碰伤头部，此为“护顶”（见图 3-6）。

图 3-6 为客人开车门并护顶

② 开门时要原则上先女宾后男宾、先外宾后内宾、先老人后小孩。若无法判断，则先开靠近台阶的后门。

③ 客人行动不便或遇到残疾客人时立即上前搀扶，并提示行李员为残疾客人准备轮椅。

④ 及时为客人拉开酒店的正门，如果客人行李物品较多，应主动帮助提拿，并提醒客人清点件数，带好个人物品，进入大厅时立即交给行李员。

⑤ 团体客人到店时，待客车停稳后，门童站立在车门一侧，迎接客人下车，主动点头致意、问候，接过行李物品，搀扶行动不便的客人、老人或儿童下车，最后示意司机将车开走或停放在指定地点。

⑥ 如果遇到下雨天，应主动打伞接应客人下车进店，并提醒客人可以将雨伞锁在门口的伞架上。

⑦ 住店客人进出酒店时，应同样热情地招呼致意。

2. 行李服务

行李服务由前厅部的行李处负责提供，酒店将行李处设在客人很容易发现的位置，所处的位置能够使行李员便于观察到客人抵店、离店的进出情况，便于与总台协调联系。由于散客与团队客人有许多不同的特点和要求，因此，行李服务规程也有不同的要求。图 3-7 所示为行李到店时的服务流程。

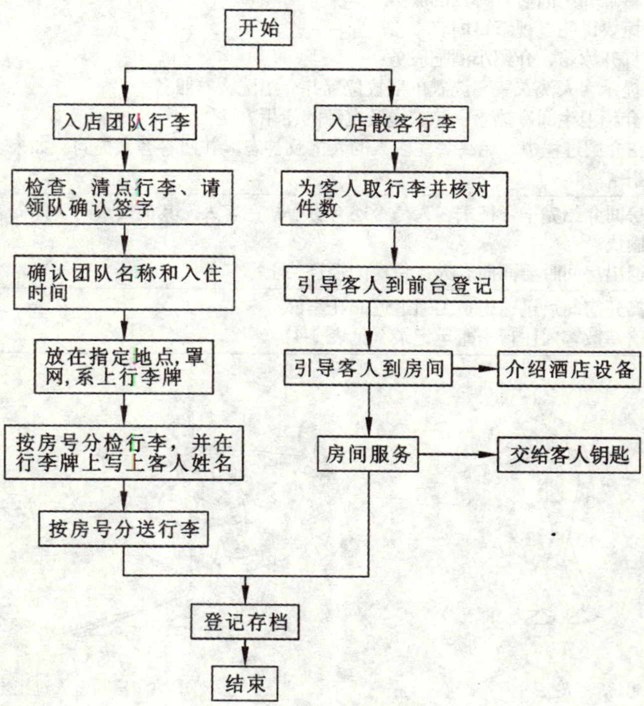

图 3-7 行李到店时的服务流程

（1）散客到店时的行李服务

散客行李服务程序与标准如表 3-3 所示。

表 3-3 散客行李服务程序与标准

程　序	标　　准
1．迎接客人	客人抵店时，行李员主动上前迎接，向客人表示欢迎
2．卸放行李	（1）客人下车后，迅速卸下行李，请客人清点行李件数并检查行李有无破损 （2）根据行李的多少，决定是否需要使用行李车。装行李车时，注意把大件行李和重的行李放在下面，小的轻的行李放在上面。对于客人的贵重物品和易碎物品，行李员不必主动提拿，如果客人要求帮助，行李员应该特别小心，防止丢失和破损
3．引导客人到总台接待处	（1）引领客人时，要走在客人的左前方，距离二三步，步伐节奏要与客人保持一致（见图 3-8），在拐弯处或人多时，要回头招呼客人 （2）途中可视情况询问客人姓名、有无预订、是否初次到达本店
4．等候客人	（1）引领客人到接待处后，行李员放下行李，行李放在行李员前面 （2）站在总台边侧客人身后 1.5m 处，等候客人办理住宿登记手续
5．引领客人至客房	（1）客人办完入住登记手续后，主动上前从接待员手中领取房间钥匙，帮助客人提行李，并引领客人到房间 （2）在去客房途中，利用合适的机会，主动向首次抵店客人介绍酒店服务设施
6．乘电梯	（1）引领客人到达电梯口时，放下行李，按电梯按钮 （2）当电梯门打开时，用一只手扶住电梯门，请客人先进入电梯，然后进梯靠边侧站立并按楼层键 （3）电梯到达楼层停稳后，请客人先行，并用正确的手势示意方向及转弯处（见图 3-9）
7．敲门进房	（1）到达客房门口时，先按门铃或敲门，然后再打开房门 （2）客房设有节电钥匙控制开关，迅速将钥匙牌（卡）插入槽内（晚间进房间应开灯），退到房门一侧，示意客人先进入房间 （3）将行李物品放在行李架上或按客人吩咐放好
8．介绍房间设施及使用方法	（1）放好行李后，简要介绍房内的主要设施及使用方法 ① 介绍该房间楼层紧急疏散图示 ② 介绍床头柜上控制板的电器、照明、温度控制等开关的使用方法 ③ 重点介绍酒店有特色的服务 ④ 扼要说明电视节目内容 ⑤ 打开冰箱，介绍小酒吧服务 ⑥ 提示客人洗衣袋、洗衣单摆放位置并介绍洗烫衣服务 ⑦ 介绍卫生间冷热水、晾衣绳及电源的使用方法 （2）在介绍过程中，始终关注客人的表情及神态，并回答客人提问。如果客人以前曾住过本店，则不必介绍
9．退出房间	（1）房间介绍完毕，征求客人是否还有吩咐，在客人无其他要求时，即向客人道别，并祝客人在本店住得愉快 （2）退出房间时要面向客人，将房门轻轻关上
10．返回礼宾部	（1）离开房间后迅速走员工通道返回礼宾部 （2）填写散客入住行李搬运记录（见表 3-4）

图 3-8 引领客人

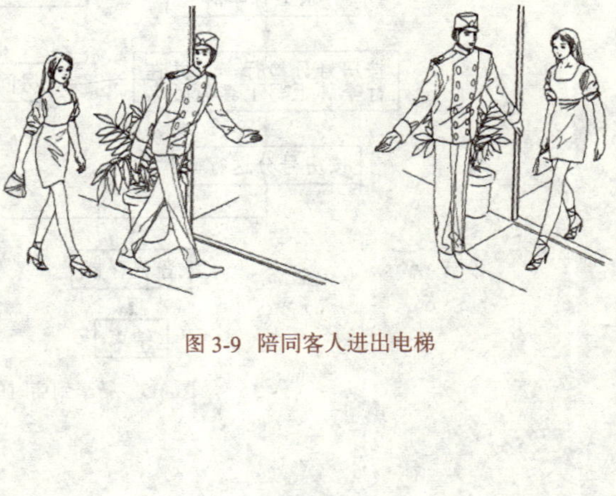

图 3-9 陪同客人进出电梯

表 3-4 散客行李进店搬运记录

日期：

房　号	进店时间	行李件数	预计离店时间	行李员姓名	备　注

（2）散客离店时的行李服务

散客离店时的行李服务流程如图 3-10 所示，服务程序与标准如表 3-5 所示。

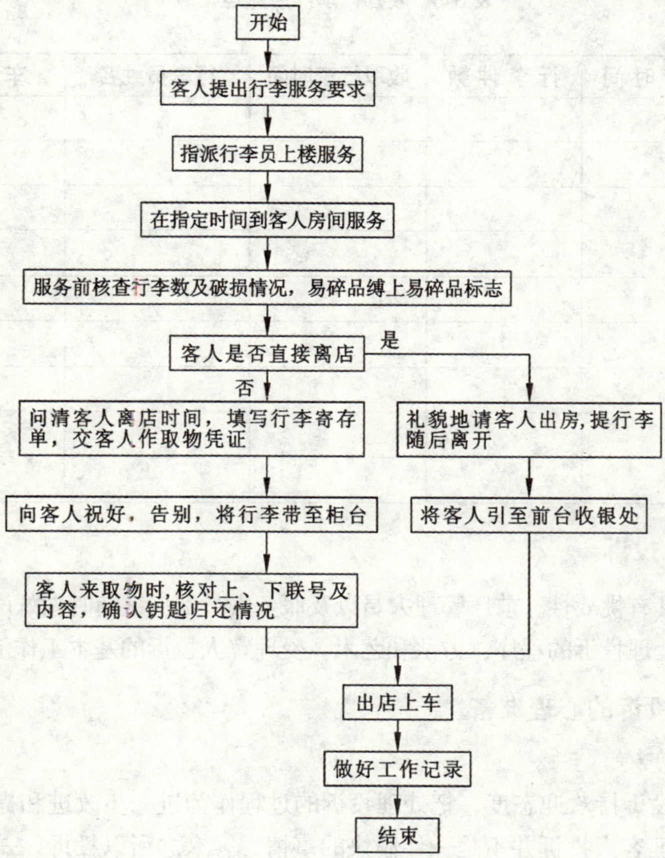

图 3-10 散客离店行李服务标准流程

表 3-5 散客离店行李服务标准

程　序	标　准
1. 接到通知	（1）当客人用电话通知礼宾部要求派人运送行李时，应有礼貌地问清房号、姓名、行李件数及搬运时间等，并详细记录 （2）按时到达客人所在的楼层
2. 进房	（1）进入房间前要先按门铃，再敲门，通报："Bell boy" （2）征得客人同意后才能进入房间
3. 问候客人	（1）进行自我介绍 （2）与客人共同清点行李件数，检查行李有无破损 （3）确认客人离店时间，以及是否需要寄存行李，是否需要叫车服务 （4）与客人道别，迅速提着行李（或用行李车）离开房间 （5）如果客人要求和行李一起离开，要提醒客人不要遗留物品在房间，离开时要轻轻关门
4. 等待结账	（1）来到大厅后，要先到收银处确认客人是否已结账，如客人还未结账，应有礼貌地告知客人收银处的位置 （2）客人结账时，要站在离客人身后 1.5m 处等候，待客人结账完毕，将行李送到大门口
5. 送客	（1）送客人离开酒店时，再次请客人清点行李件数后再装上汽车，提醒客人交回房间钥匙 （2）向客人道谢，祝客人旅途愉快
6. 回行李处	（1）完成行李运送工作后，将行李车放回原处 （2）填写散客离店行李搬运记录（见表 3-6）

表 3-6 散客行李离店搬运记录

日期：

房　号	离店时间	行李件数	收取行李时间	行李员姓名	车　号	备　注

四、受理客人投诉

接待投诉客人具有挑战性，前厅管理人员以及服务人员都应该随时做好准备，接受客人的投诉。这就需要掌握处理投诉的程序、方法和艺术。受理客人投诉的基本工作流程如图 3-11 所示。

1．做好接受投诉的心理准备

（1）持欢迎态度

首先要对客人投诉持欢迎态度，把处理投诉的过程作为进一步改进和提高服务、管理水平的机会。实际上受理客人投诉并不是一件愉快的事情，客人之所以投诉，一般是客人在接待服务中受到不公正的待遇。因此，如果忽视客人的投诉意见，就是忽视了维护客人的利益，也就失去了推动、改进和提高服务及管理水平的良机。

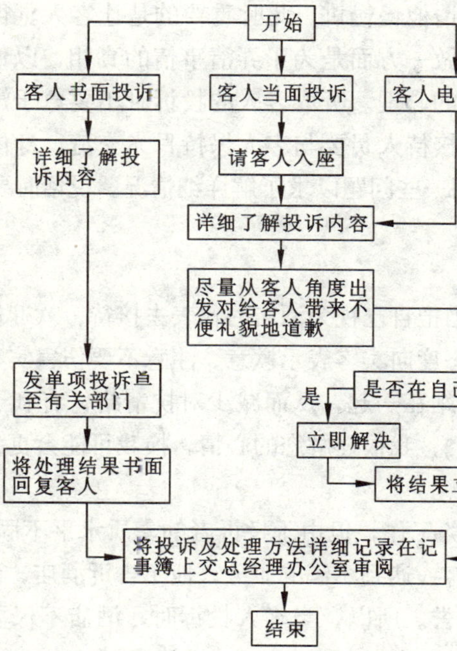

图 3-11 受理客人投诉的基本工作流程

（2）树立“客人总是正确的”信念

一般来说，客人投诉正说明酒店的服务和管理上存在问题。因此，在很多情况下，客人的言行举止有些过分，酒店也应提倡即使客人错了，也要把“对”让给客人，尽量减少酒店与客人之间的对抗情绪，这样有利于缓解双方的矛盾，达到解决问题的目的。

（3）掌握客人投诉的一般心态

大多数客人到了酒店，“尊重需要”上升为他们的最主要的需求。因为客人外出旅游的目的除了陶冶身心、丰富见闻、增添乐趣之外，还需要在受到别人的尊重上得到极大满足。往往住店客人认为自己花了钱，酒店就应该提供完美的服务，得到各种需要的满足和享受是理所当然的。但现实中酒店确实存在着服务不周的地方，这样就会使客人产生尊重需要难以满足的心理反应，也由此产生不满而投诉。

客人的投诉是由于不满意或一时的气愤所采取的行动，此时的心理反应常常表现出“求尊重、求补偿、求发泄”的心态。因此，前厅服务员在受理客人投诉时，要给客人适当发泄的机会，以示对客人的尊重和理解。客人投诉时的一般心理包括：求尊重的心理、求发泄的心理、求补偿的心理。掌握客人投诉时的心理需求，目的在于使对客人投诉工作的处理更具有针对性和可行性。满足客人投诉心理需求要始终贯穿于处理投诉的全过程，由此可见掌握投诉客人的心理需求的重要性。

2. 真心诚意听取客人投诉意见

倾听是一种有效的沟通方式，对待任何一个客人的投诉，作为接待人员都要保持镇定、冷静，认真倾听客人的意见，要表现出对对方高度的礼貌与尊重。接到客人投诉时，要用真诚、友好、谦和的态度，全神贯注地聆听，保持平静，虚心接受，不要打断客人，更不能反驳与辩解。

（1）保持冷静的态度，设法使客人消气

只有在“心平气和”的状态下才能有利于解决问题，因此，在接待投诉客人时要冷静、理智，礼貌地请客人坐下，再倒一杯水请他慢慢讲。此时重要的是让客人觉得接待人员很在乎他的投诉，耐心地听客人投诉，这样做一方面是为了弄清事情的真相，以便恰当处理；另一方面让客人把话说完以满足其求发泄的心理。听取客人的投诉时不要急于辩解，否则会被认为是对他们的指责和不尊重。另外，接待人员要与客人保持目光交流，身体正面朝向客人以示尊重。先请客人把话说完，再适当问一些问题以求了解详细情况。说话时要注意语音、语调、语气及音量的大小。

（2）同情和理解客人

当客人前来投诉时，工作人员应当把自己视为酒店的代表去接待，欢迎他们的投诉，尊重他们的意见，并同情客人，以诚恳的态度向宾客表示歉意，注意不要伤害宾客的自尊。对客人表示同情会使客人感到接待人员和他站在一起，从而减少对抗情绪，有利于问题的解决。例如接待人员可以说："这位先生（女士），我很理解您的心情，换我可能会更气愤。"

（3）对客人的投诉真诚致谢

尽管客人投诉有利于改进酒店服务工作，但由于投诉者的素质水平不同、投诉方式不同，难免使接待者有些不愉快。不过假设客人遇到不满的服务，他不告诉酒店，而是告诉给其他客人或朋友，这样就会影响到酒店的声誉。所以，当客人投诉时，酒店不仅要真诚地欢迎，而且还要感谢客人。

3. 做好投诉记录

在认真听取客人投诉的同时要认真做好记录（见表 3-7）。一方面表示酒店对他们投诉的重视，另一方面也是酒店处理问题的原始依据。记录包括客人投诉的内容、时间、客人的姓名等。尤其是客人投诉的要点，讲到的一些细节，要记录清楚，并适时复述，以缓和客人情绪。这不仅是快速处理投诉的依据，也为以后服务工作的改进作铺垫。

表 3-7 宾客投诉记录

宾客姓名		房　号	
单　位		投诉部门	
投诉具体内容：			
处理结果：			
总经理批示：			

当值大堂副理：　　　　　　　　日期：

4. 迅速处理投诉

迅速处理客人投诉，及时采取补救或补偿措施，并征得客人同意。客人投诉最终是为了解决问题，因此对于客人提出的投诉，不要推卸责任，应区别不同情况，积极想办法解决，在征得客人同意后做出恰当处理。为了避免处理投诉时自己陷入被动局面，一定要给自己留有余地，也不要随便答应客人自己权限之外的某种承诺。

① 对一些明显属于酒店方面的过错，应马上道歉，在征得客人同意后做出补偿性处理。

② 对一些较复杂的问题，不应急于表态或处理。而应礼貌、清楚地列出充分的理由说服客人，并在征得客人同意的基础上做出恰如其分的处理。例如，一位客人离店结账时发现有国际长话费，可客人并没有打国际长途。客人非常恼怒，找到大堂副理好一顿发火，拒不付费。大堂副理耐心倾听客人讲话，又将该客人应付的国际长话费的单子详查一番。之后他礼貌地请客人回忆有没有朋友进过房间，是不是他们打的。经过回忆核实确属客人朋友所为，最终客人按要求付费，并致以歉意。

③ 对一时不能处理好的事情，要注意告诉客人将采取的措施和解决问题的时间。如客人夜间投诉空调坏了，恰巧赶上维修工正忙于另一项维修任务，得需要半小时才能过来修理。这时服务员就应让客人知道事情的进展，使客人明白他所提的意见已经被酒店重视，并已经安排解决。

5. 追踪检查处理结果

主动与客人联系，反馈解决问题的进程及结果。首先要与负责解决问题的人共同检查问题是否已得到解决。当确实知道问题已得到解决时，还要询问客人是否满意。如果不满意，还要采取额外措施去解决问题。

① 宾客尚未离开酒店，而且发生的问题比较明了，确实属于店方责任，服务员及主管或经理要当面向宾客道歉，并给予一定的补偿，达到让宾客满意的目的。

② 宾客虽然还未离开酒后，但发生的问题暂时不能立刻做出处理决定。遇到这种情况时，一定要让宾客了解问题解决的进展程度，赢得宾客的谅解，这样可以避免宾客产生其他误会。

③ 宾客已经离开酒店，店方要想方设法同宾客取得联系，采取补救方法以挽回影响。如果无法与宾客进行联系，服务员要将宾客的投诉报告上级并记录在案，制定有效措施防止再发生类似问题。

6. 及时上报，记录存档

把投诉中发现的问题、做出的决定或是难以处理的问题，及时上报主管领导，征求意见。不要遗漏、隐瞒材料，尤其涉及个人自身利益时，更不应该知情不报。这样便于酒店采取改进措施，吸取客人的建议性意见，改善酒店管理与服务工作。并将整个处理投诉的过程加以汇总，归类存档，为今后的投诉处理方法提供借鉴，也可据此改进酒店的服务与管理。同时，可以把案例作为培训内容，以改进员工的服务质量。

7. 投诉统计分析

处理完投诉后，前厅服务员，尤其是管理人员应对投诉产生的原因及后果进行反思和总结，并进行深入的、有针对性的分析，定期进行统计，从中发现典型问题产生的原因，以便尽快采取相应措施，不断改进、提高服务质量和管理水平。

知识拓展

前厅部的主要任务

前厅部的基本任务就是最大限度地推销客房商品及其他酒店产品，并协调酒店各部门，向客人提供满意的服务，使酒店获得理想的经济效益和社会效益。具体来说，前厅部的任务包括以下内容：

1. 销售客房

销售客房商品是前厅部的首要任务。客房是酒店的主要产品，其销售收入在整个酒店收入结构中占主要部分。同时，客房商品具有不可储存的特点，因此，能否有效地推销客房，将直接影响酒店的经济效益。预订销售是酒店客房销售的重要组成部分，积极开展预订业务是酒店销售客房商品的重要手段，也是前厅部的中心任务。另外，前厅部还要对那些未经预订而直接抵店的客人销售客房。通过强烈的服务意识和良好的推销能力，适时向客人推销客房或其他服务产品。尤其在办理入住手续过程中，对于预订了客房的客人来说，主动介绍店内其他服务项目等，都会对客人的消费产生刺激和导向，这就是二次推销。也就是说，前厅服务员在销售客房的同时，也要不失时机地进行酒店其他服务产品的推销。实践证明，这种促销行为及结果会提高酒店的综合效益。

2. 提供各种综合服务

作为直接向客人提供各类相关服务的前台部门，前厅服务范围涉及机场和车站接送服务、行李服务、留言问讯服务、票务代办服务、邮件服务、电话总机服务、商务中心服务、贵重物品保管服务、结账收银服务等。在完成前厅各项服务的过程中，促使前厅服务与酒店其他服务，诸如客房服务、餐饮服务、安全服务等方面共同构成酒店的整体服务，表现为“服务链条”的紧密衔接，避免推诿、扯皮等现象，强调“服务到位”，使客人对酒店留下满意和深刻的印象。前厅部所提供的各项服务内容如图 3-12 所示。

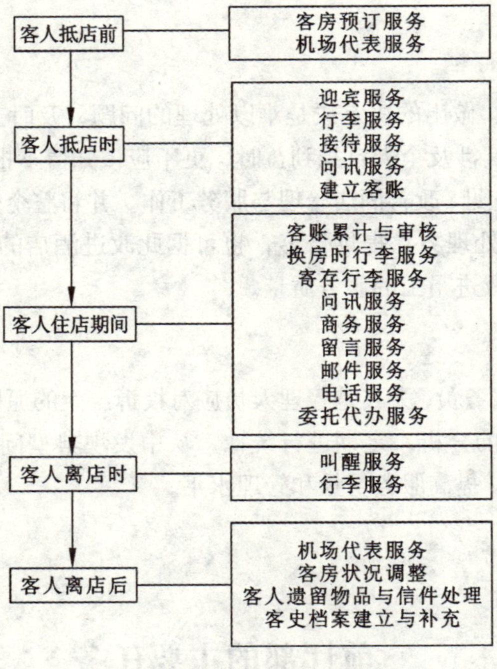

图 3-12 前厅部所提供的各项服务

3. 提供信息服务

前厅是客人汇集活动的场所，前厅服务人员与客人保持着最多的接触。因此，前厅服务员应随时准备向客人提供其所需要和感兴趣的信息资料。例如，酒店近期推出的美食周、艺术品展览等活动，这可以使住店客人的生活更加丰富多彩。前厅服务人员还应充分掌握并及时更新有关商务、交通、购物、游览等详细和准确的信息，使客人“身在酒店内便知天下事”，处处让客人感到温馨、方便。同时，前厅部作为酒店的信息传递中心，还要及时准确地将各种经营信息加以处理，传递给酒店管理机构，作为酒店经营决策的参考依据。

4. 协调对客服务

现代酒店是既有分工，又有协作，相互联系、互为条件的有机整体，酒店服务质量好坏取决于宾客的满意程度。而宾客的满意程度是对酒店每一次具体服务所形成的一系列感受和印象的总和，在对客服务的全过程中，任何一个环节出现差错都会影响到服务质量，影响到酒店的整体声誉。所以，现代酒店要强调统一协调的对客服务，要使分工的各个方面都能有效地运转，都能充分地发挥作用。前厅部作为酒店的神经中枢，承担着对酒店业务安排的调度工作和对客服务的协调工作。主要表现在：第一，将通过销售客房商品活动所掌握的客源市场、客房预订及到客情况及时通报其他有关部门，使各有关部门有计划地安排好各自的工作，互相配合，保证各部门的业务均衡衔接。第二，将客人的需求及接待要求等信息传递给各有关部门，并检查、监督落实情况。第三，将客人的投诉意见及处理意见及时反馈给有关部门，以保证酒店的服务质量。

前厅部根据客人需求和酒店营销部门的销售计划，衔接前后台业务及与客人之间的联络与沟通工作，达到使客人满意及内部业务运作顺畅的目的。例如，客人向前厅服务人员反映房间设施问题，前厅服务人员就应立即通过管理渠道向工程部反映客人意见，并检查监督落实情况，给予客人圆满的答复。

5. 控制客房状况

前厅部一方面要协调客房销售与客房管理工作，另一方面还要能够在任何时候正确地反映客房状况。在协调客房销售与客房管理方面，前厅部应向销售部提供准确的客房信息，防止过度超额预订，避免工作被动。另外，前厅部还应及时向客房部通报实时及未来的预订情况，便于其安排卫生计划或调整劳动组织工作。正确反映并掌握客房状况是做好客房销售工作的先决条件，也是前厅部管理的重要目标之一。要做好这项工作，除了实现控制系统计算机化和配置先进的通信联络设备设施外，还必须建立健全、完善、行之有效的管理规章制度，以保障前厅与相关部门之间的有效沟通及合作。

6. 负责管理客账

前厅部向客人承诺并提供最终一次性结账服务。客人经过必要的信用证明，即可在酒店内各营业点签单。建立客账是为了实时记录并监督客人与酒店之间的财务关系，达到方便客人、保障酒店声誉并获取经济效益的目的。总台可以在客人预订客房时商定并建立客账（收取定金或预付款），也可以在客人办理入住手续时建立客账。在提供了客人累计消费额和信用资料的基础上，总台收银处按服务程序和酒店财务政策规定，与相关部门或各营业点协调沟通，及时登账，迅速、快捷地为客人办理离店结账手续，主动征求客人意见，使客人满意而去。

7. 建立客史档案

前厅部为更好地发挥信息集散和协调服务的作用，一般都要为住店客人建立客史档案，记录客人在酒店住宿期间的主要情况和有关针对性的信息，掌握客人动态，取得第一手资料。无论采用计算机自动记载、统计，还是采用手工整理统计等方法，建立客史档案时，一般都要将客人的姓名、身份、公司、抵离店日期、消费记录及特殊要求作为主要内容予以记载，并定期进行统计分析，作为酒店提供周到、细致、有针对性服务的依据，以不断改进酒店的服务工作，提高酒店的科学管理水平。这也是寻求和分析客源市场、研究市场走势、调整营销策略及产品策略的重要信息来源。

任务 2 体验温馨客房

客房是酒店的基本设施，是酒店商品不可缺少的组成部分。客房部肩负着组织生产和提供客房产品的任务。客房部（Housekeeping department）又称房务部或管家部，是酒店向客人提供住宿服务的部门，为住店客人提供各种客房服务项目，负责客房设施设备的维修保养，并承担着客房和酒店公共区域的清洁卫生工作。客房服务质量直接影响客人对酒店产品的满意度，也对酒店的声誉和经济效益产生重大影响。

任务导入

一根头发丝

晚上 10 点左右，1105 房间入住了一位李先生。李先生很快洗了一个澡，然后掀开已经开好的夜床准备休息，却突然发现床单上有一根长长的头发丝，接着又发现床单有些皱。于是，李先生打电话到大堂副理处投诉说："我房间的床单皱巴巴的，而且上面还有一根头发丝，肯定没有换过，我要求宾馆立即更换床单。还有，你们酒店给我提供的是一间'次品房'，因此我要求房价打折。"大堂副理迅速赶到 1105 房，果然发现李先生的陈述属实，便对他说："先生，真对不起，我马上让服务员更换床单，并给您的房价打八折，您看可以吗？"李先生表示接受大堂副理的处理。

客人自己的床单被撤掉了

吴女士入住酒店后在床上铺上了自己的床单，并再三叮嘱服务员不要撤掉。但是，由于服务员交接班时未注明，导致第二天另一名服务员将客人自己的床单撤下送洗衣厂，导致客人投诉。

思考

1．服务员在清洁房间卫生时都应该注意哪些方面？
2．客人对客房服务不满时，应如何补救？
3．服务员应如何尊重客人的生活习惯？客人交代的事情应如何保证不出差错？
4．服务员在清理房间时对客人的自备用品应如何处理？

任务描述

一个人离开了自己熟悉的环境，来到了一个人地两生、举目无亲的地方，孤独感就会油然而生。此时，最能令客人满意的，莫过于热情周到的服务。尤其是在客人身体不适或不顺心的时候，更是如此。所以，客房的服务项目必须齐全配套，各种服务必须迅速及时，服务人员必须主动热情、亲切礼貌，从而给客人一种温馨的氛围。对于酒店而言，客房是最重要的商品，既然收了顾客的高价房费，就必须使商品物有所值，决不能让顾客感觉到买了“很贵的东西”，要使客房舒适、清洁、安全、温馨。每天完成这一重要商品的就是客房部。

任务实施

一、走客房清扫

对当天结账离店客人的客房进行清扫，称为走客房清扫。走客房清扫是客房服务员的一项重要而又经常的工作，主要包括三个方面的内容：清洁整理客房、更换补充物品、检查保养设备。为了达到酒店规定的清洁质量标准，提高工作效率，同时避免过多的体力消耗和意外事故的发生，客房服务员应根据不同的房态，严格执行客房部制定的客房清洁保养服务规范。走客房清扫程序如图 3-13 所示。

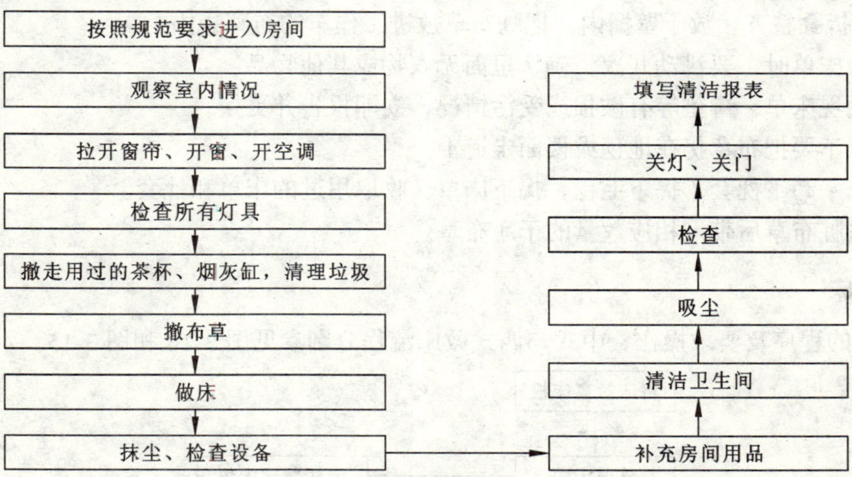

图 3-13 走客房清扫程序

1. 按照规范要求进入房间

将房门完全打开（可用门吸把门固定好），直到该客房清扫完毕。开门打扫卫生的意义有以下三点：

① 表示该客房正在清洁。

② 防止意外事故的发生。

③ 有利于客房的通风换气。

2. 观察室内情况

主要检查客人是否有遗留物品和房内设备用品有无丢失和损坏，以便及时报告客房服务中心或主管。

3. 拉开窗帘、开窗、开空调

拉开窗帘、打开窗户，其目的是使房间光线充足，调节室内空气。拉开窗帘时应检查有无脱钩和损坏情况。若高层客房窗户不能打开，应打开空调的新风系统，加大通风量，保证室内空气的清新，同时检查空调开关是否正常。

4. 检查所有灯具

将客房里的灯具开关打开，检查灯具是否有问题。检查后随手将灯关上，一旦发现灯泡损坏，立即通知维修人员前来更换。

5. 撤走用过的茶杯、烟灰缸，清理垃圾

① 将烟灰缸里的烟灰倒入垃圾桶内，在浴室内将烟灰缸洗净，用布擦干、擦净（注意不要有未熄灭的烟头），不能将烟头等脏物倒入马桶内，避免将马桶堵塞。

② 收拾桌面和地面的垃圾，将垃圾放进垃圾桶或纸篓中。

③ 清理纸篓（垃圾桶）。清理套有塑料垃圾袋的纸篓时，应直接把垃圾取出倒入清洁车的垃圾袋中。旧的垃圾袋扔掉后，应再放一个新的套好，但不能图省事一次往纸篓里放几个垃圾袋。在清理纸篓时，如发现有刮胡刀片或玻璃等锐利弃物，应及时单独处理。

6. 撤布草

将棉被折叠整齐，放于壁橱内。把脏布草放进工作车的布草袋内。

① 在撤床单时，要抖动几次，确认里面无衣物或其他物品。

② 若发现床单、褥垫等有破损或受污情况，立即报告并更换。

③ 注意不要把布草扔在地毯或楼面走道上。

④ 撤床：卸下枕套、揭下毛毯，揭下床单、收取用过的床单和枕套。

⑤ 收去脏布草后带入相应数量的干净布草。

7. 做床

按做床的程序及要求操作。中式与西式做床流程分别参见图 3-14 和图 3-15。

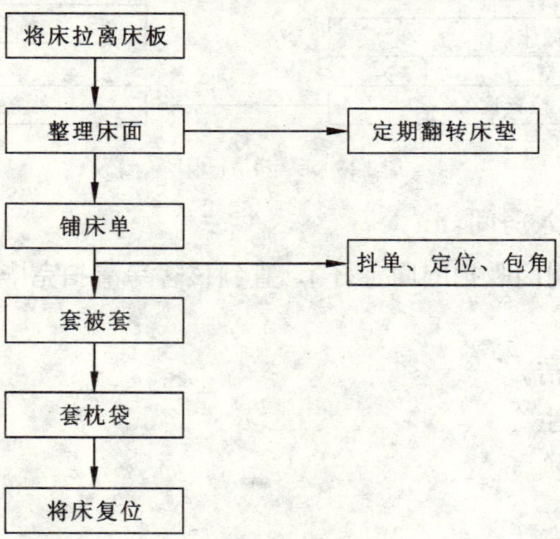

图 3-14 中式做床流程

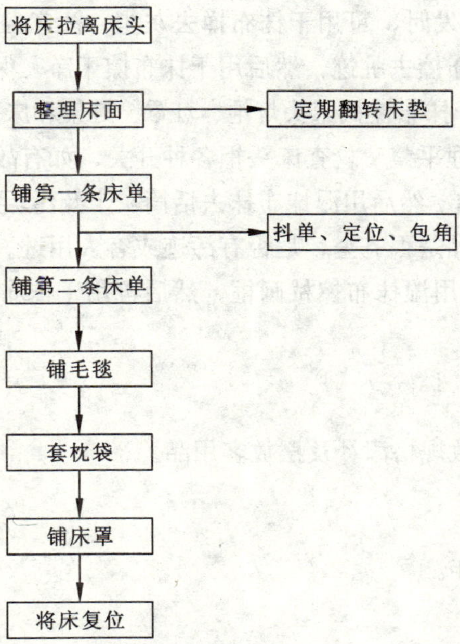

图 3-15 西式做床流程

8. 抹尘、检查设备

从房门开始，按环形路线依次把客房的家具、用品擦拭干净，不漏擦。在除尘中注意需要补充的客用品数量，检查设备是否正常，注意擦拭墙脚线。

① 房门：房门应从上到下，里外面抹净；把门镜、防火通道图擦干净；查看门吸是否灵活；“请勿打扰牌”、早餐牌有无污迹。

② 通风口与走廊：通风口和走廊灯一般是定期擦拭，擦走廊灯时应使用干抹布。

③ 壁橱与冰箱：擦拭壁橱要仔细，要把整个壁橱擦净；抹净衣架、挂衣杆；检查衣架、衣刷和鞋拔子是否齐全；同时检查洗衣袋、洗衣单有无短缺；擦净小酒吧内外，检查冰箱运转是否正常、接水盒是否已满、温度是否适宜，并记住需要补充的物品。

④ 行李架与写字台（化妆台）：擦净行李架内外，包括台面和挡板。擦拭写字台（化妆台）抽屉，逐个拉开擦，如果抽屉仅有浮尘，则可用干抹布“干擦”；擦净镜框、台面、琴凳，从上到下，注意对桌脚和凳腿的擦拭，可用半湿抹布除尘；擦拭梳妆镜面要用一块湿的和一块干的抹布擦拭，操作时要小心并注意安全。擦拭完毕，站在镜子侧面检查，镜面不要留有纤维、手印和灰尘等；擦拭台灯和镜灯时，应用干布擦去灰尘，切勿用湿布抹尘。如果台灯电线露在写字台（梳妆台）外围，要将其收好尽量隐蔽起来，灯罩接缝朝墙；写字台（梳妆台）上如有台历，则需每天翻页；检查写字台（梳妆台）物品及服务夹内短缺物品，为添补物品做准备。

⑤ 电视机：用干抹布擦净电视机外壳和底座的灰尘，然后打开开关，检查电视机有否图像，频道选用是否准确，颜色是否适度。如有电视机柜则应从上到下、从里到外擦净。

⑥ 地灯：用干抹布抹净灯泡和灯架。

⑦ 窗台：窗台先用湿抹布，然后再用干抹布擦拭干净。推拉式玻璃的滑槽如有沙粒，可用刷子加以清除。将玻璃窗和窗帘左右拉动一遍，检查其滑动性能。

⑧ 沙发、茶几：擦拭沙发时，可用干抹布掸去灰尘，注意经常清理沙发背与沙发垫缝隙之间的脏物。茶几先用湿抹布擦去脏迹，然后用干抹布擦干净，保持茶几的光洁度。

⑨ 床头板与床头柜：用干抹布擦拭床头灯泡、灯罩、灯架和床头挡板，切忌用湿抹布擦拭。擦完床头后，再次将床罩整理平整；检查床头柜各种开关，如有故障，立即通知维修；擦拭电话时，首先用耳朵听有无蜂音，然后用湿抹布抹去话筒灰尘及污垢，用酒精棉球擦拭话机外壳；检查放在床头柜上的服务用品是否齐全，是否有污迹或客人用过。

⑩ 装饰画与空调开关：用湿抹布擦拭画框，然后再用干抹布擦拭画面，摆正挂画；用干抹布擦去空调开关上的灰尘。

9．补充房间用品

按酒店规定的数量和摆放规格添补及摆放客用品。

10．清洁卫生间

按卫生间的清扫程序操作。

11．吸尘

吸尘时按地毯表层的倾倒方向进行，由内向外，注意琴凳、沙发下、窗帘后、门后等部位均要吸到，同时拉好纱帘，关好玻璃窗，调整好家具摆件。

12．检查

离开客房之前再检查一遍，查看是否有漏项，家具摆放是否正确，床是否美观，窗帘是否拉到位等。如发现有遗漏应及时补漏或纠正。

13．关灯、关门

关掉空调和总电开关，然后将房门锁好。

14．填写清洁日报表

每间客房清洁完成后，要认真填写清扫的进出时间，布草、服务用品、文具用品的使用和补充情况以及需要维修的项目等，如表 3-8 所示。

表 3-8 客房清扫日报表

楼层：　区域：　服务员：　领班：　月　日

清扫客房				撤换布件数量						补充日耗品数量													
房号	房态	时间		床单	枕套	浴巾	面巾	地巾	方巾	购物袋	信封	信笺	茶叶	针线包	擦鞋纸	洗衣袋	沐浴液	洗发液	牙具	香皂	梳子	卫生纸	面巾纸
		进	出																				
计划卫生：								维修要求：								备注：							

二、卫生间清扫

客房清洁卫生是住店客人最敏感的问题。客房的许多设施与用品都是直接与客人身体接触的，必须保证清洁卫生，才能保障客人的身体健康。所有客人在住店期间都希望有一个清洁卫生、美观舒适的环境。卫生间是客人最容易挑剔的地方，卫生要求很高。卫生间是否清洁美观、是否达到卫生标准，直接关系到客人的身体健康。所以，卫生间的清洁应格外重视，须从细节处着手。卫生间清扫程序如图 3-16 所示。

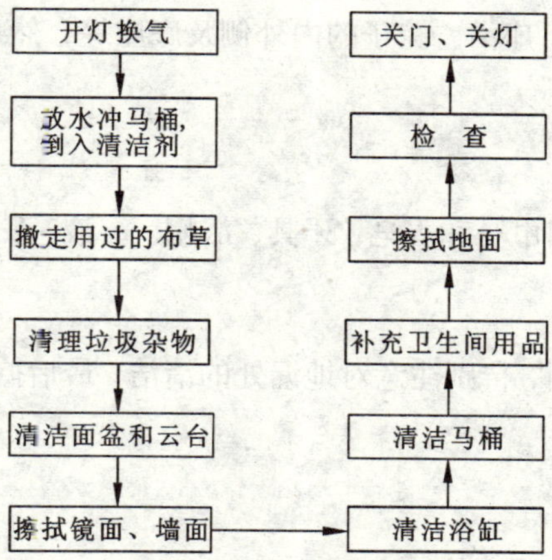

图 3-16 卫生间清扫程序

1．开灯换气

打开卫生间的灯，打开换气扇，将清洁工具放进卫生间。

2．放水冲马桶，倒入清洁剂

注意不要将清洁剂直接倒在釉面上，否则会损伤抽水马桶的釉面。

3．撤走用过的布草

将“四巾”撤走，放入清洁车上的布草袋中。

4．清理垃圾杂物

用垃圾桶收走垃圾杂物并到入工作车的垃圾袋中。

5．清洁面盆和云台

① 用海绵蘸上清洁剂将台面、面盆清洁干净，然后用清水冲净，用布擦干。

② 用海绵蘸少许中性清洁剂擦除面盆不锈钢器件的表面，将电话副机、毛巾架等擦净。

③ 如果是住客房，应将客人的物品移到一边，待清洁后复位。

6．擦拭镜面、墙面

可在镜面上喷少许玻璃清洁剂，然后用干抹布擦亮。

7．清洁浴缸

① 将浴缸旋塞关闭，放少量热水和清洁剂，用海绵从墙面到浴缸里外彻底清洁，开启浴

缸活塞，放走污水，然后打开水龙头，放水冲净。此时可将浴帘放入浴缸加以清洁，最后把墙面、浴缸、浴帘用干布擦干。

② 用海绵蘸少许中性清洁剂擦拭金属器件，包括水龙头、浴帘杆、晾衣绳等上的污垢、水渍，并随即用干抹布擦亮、擦干。

③ 清洁浴缸的方法为由上至下。

8. 清洁马桶

① 用马桶刷清洁马桶内部并用清水冲净。

② 用专用抹布清洁水箱、座沿、盖子的内外侧及底座等，然后加上“已消毒”封条。

③ 擦拭卫生纸架。

9. 补充卫生间用品

按规定的位置摆放好“四巾”和香皂、牙具、浴帽、浴液、发液、梳子和卫生卷纸等用品。

10. 擦拭地面

从里到外边退边抹净地面，特别注意对地漏处的清洁，最后擦干地面。保证无污迹、毛发、水迹。

11. 检查

检查是否有漏项和不符合规范的地方。

12. 关门、关灯

带走所有的清洁工具，将卫生间门半掩，关灯。

三、夜床服务

夜床服务又称客房晚间整理，是酒店为客人提供的一种寝前整理，在三星级及以上的酒店都会向宾客提供这项服务，以保持酒店豪华的等级标准。夜床服务的主要内容有房间整理、做夜床、卫生间整理三项任务。通常在晚上 18 点以后开始，也可在客人用晚餐时进行，或者按服务台的要求进行。夜床服务程序如图 3-17 所示。

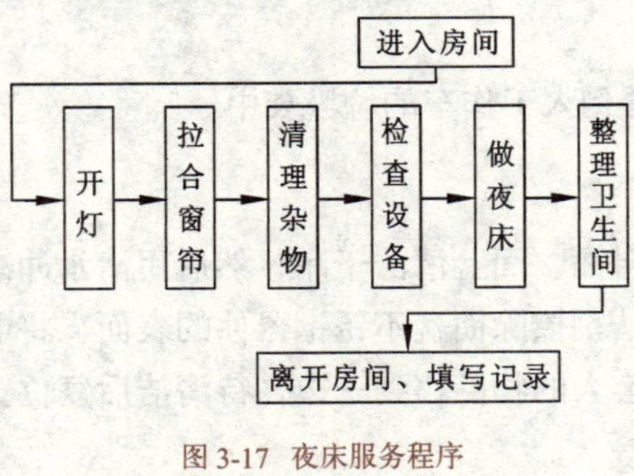

图 3-17 夜床服务程序

1. 进入及整理房间

① 按规范要求进房，通报自己的身份和进房的目的，若客人在房间，应礼貌地询问客人是否要做夜床。如果客人不需要开夜床，服务员应做好记录。如果挂有“请勿打扰”牌或门反锁，

可从门下塞入“夜床服务卡”(见表 3-9)。

表 3-9 夜床服务卡

尊敬的宾客 Dear Guest □鉴于您要求请勿打扰。 □ The “Do not Disturb” sign was hung. □鉴于您反锁了房门。 □ Your door was latched from inside. 如果您希望我们做夜床服务或者需要如何额外的供应品，请拨 8. 谢谢。 If you like us to return for night service,or if you need any extra supplies,please dial 8.Thank you. 客房部 Housekeeping 房号：________ 服务员：________ Room No：________ Attendant：________ 时间：________ 日期：________ Time：________ Date：________

② 将报纸拿进房间，开灯，调好空调，轻轻拉上窗帘。

③ 更换用过的茶具。

④ 清理垃圾和烟缸。

⑤ 将家具、物品清洁干净。

2．做夜床

① 将床罩撤下，叠好置于壁橱。

② 把靠近床头柜一侧的第二条床单连同毛毯反起向外折成 30° 或 45°，以方便客人就寝。

③ 拍松枕头并将其摆正，如有睡衣应叠好置于枕头上，把拖鞋放置在床的一侧。

④ 按酒店规定在床头或枕头上摆放鲜花、晚安卡、早餐牌或小礼品等。

⑤ 标准房住一人时，开墙边靠近卫生间的一张床，方向应朝向床头柜；二人同住标准房，则各自开靠床头柜的一侧，也可根据客人习惯开床。

⑥ 如果有浴衣，则叠好放在床尾一角。

⑦ 如果有加床，则在此时打开整理好。

3．整理卫生间

① 清洗使用过的面盆、浴缸、马桶。

② 将地巾放在浴缸外侧的地面。

③ 将浴帘放入浴缸并拉出 1/3，以示意客人淋浴时应将浴帘拉上并放入浴缸内，避免淋浴时水溅到地面。

④ 整理或更换用过的毛巾，其他用品稍做整理。

⑤ 将卫生间门半掩，关灯。

4．离开房间，填写记录

检查是否有漏项，除夜灯和走廊灯外，关掉所有的灯并关上房门。如果客人在房内，不用关灯，向客人道别后退出客房，轻轻将房门关上，并在开夜床报表上记录。

四、洗衣服务

洗衣服务是一项容易引起客人投诉的服务项目，其原因主要有两个：一是服务环节多，涉及楼层服务、房务中心、洗衣房的业务，由于工作衔接出错造成服务质量问题；二是客衣种类复杂，而客人对洗涤质量的要求又很高，服务中由于检查不仔细，洗涤方法不正确易造成对洗涤衣物的损坏。因此，在洗衣服务过程只有每一个环节、每一个岗位的员工都做到规范服务，严格执行操作程序和标准才能有效地避免差错，向客人提供满意的服务。另外，这里的操作步骤只针对楼层客房服务员，不涉及洗衣房员工的业务。洗衣服务程序如图 3-18 所示。

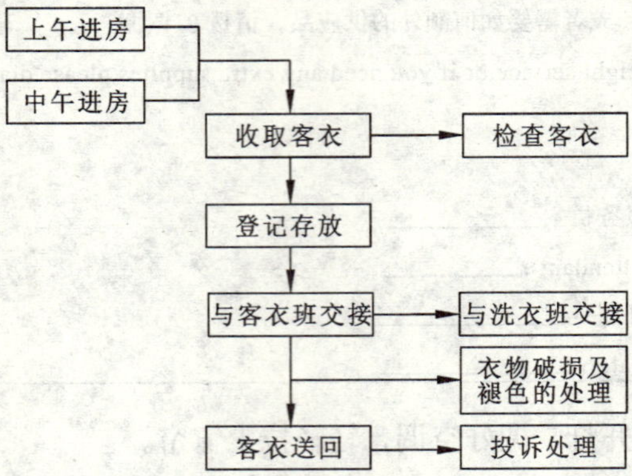

图 3-18　洗衣服务程序

1. 进房并收取客衣

① 客房服务员每天早上清洁客房时，收取客人需要洗涤的衣物。若发现客房门口挂有“请收客衣卡”的房间，可按照进房程序进入客房收取客衣。

② 收取客衣时应认真检查衣物的数量、种类是否与洗衣单上填写的内容一致。

③ 所有装在洗衣袋内的客衣，并有洗衣单的，要检查房号是否填写正确，然后将洗衣袋系好。

④ 客人提出要快洗或有特殊洗涤要求的客衣，房务中心应通知楼层服务员及时进房收取。了解清楚客人的洗涤要求，并在洗衣单上注明。然后立即通知洗衣房人员前去收取，收取后在“客衣收取登记表”上登记。

2. 检查客衣

① 服务员在收取客衣时，若客人在房间，需要提醒客人将衣物中的物品取出；若客人不在房间，服务员应仔细检查每个口袋，发现有存留物品，应妥善处理。

② 认真检查客衣有无破损，纽扣有无脱落，有无严重污渍、褪色等。

3. 登记存放

① 收取客衣后应在“楼层客衣登记本”上记录，并将衣物送到工作间，同时通知洗衣房收取。

② 登记客衣时，要把房号、件数、洗衣服务要求等填写准确。

4. 送回客衣

① 客衣洗好后，由洗衣房员工将洗好的客衣送至客房。

② 洗衣房员工根据洗衣登记单核对房号后逐件送入客房，并在洗衣登记单上做好登记，然后将账单交房务中心人员入账。

③ 如遇“请勿打扰”客房，客衣服务员不可打扰，要把客衣交给客房服务员，并从门下放入“衣服已洗好”的说明卡，注意记下客人房号。

④ 房务中心员工根据客人要求通知服务员将客衣送入房间，进房时必须按照进房程序入房。

⑤ 洗衣房将当日洗衣汇总及账单交房务中心以供入账。

5. 处理投诉

交洗的客衣如有破损或客人投诉，应及时查明情况，向领班或主管报告后妥善处理。

五、火灾事故的处理

无数次酒店火灾已经证明，酒店火灾事故绝大多数都是因为管理不当，员工培训不到位，安全意识淡薄，没有及时发现各类安全隐患，在发生火情时不能及时采取正确的处理措施所导致。酒店消防安全管理一直贯穿“预防为主，防消结合”的方针，一旦发生火灾事故，保证客人的生命财产安全是酒店方义不容辞的责任。因此，酒店必须制定火灾事故处理的紧急预案，动员全员进行认真学习和严格执行。火灾事故处理程序如图 3-19 所示。

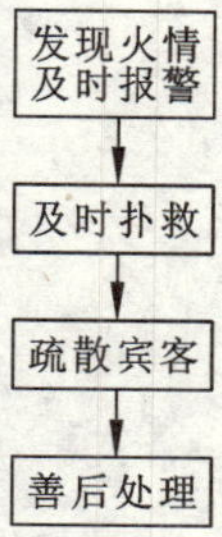

图 3-19 火灾事故处理程序

1. 发现火情及时报警

① 客房楼层发生火灾时，客房服务人员应充分表现平时良好的专业服务能力和紧急应变能力，沉着冷静地按平时防火训练的规定要求迅速行动，确保宾客的人身财产和酒店财产的安全，努力使损失降低到最低程度。

② 利用最近的电话机，打电话到总机或消控中心报警。报警的内容包括起火具体地点、燃烧物、火势程度等。

③ 如火情紧急，应立即打碎最近的报警装置进行报警，发出警报。

2. 及时扑救

如果火势较小，可以利用水、灭火器、消防栓等器材控制火势，并尽力将其扑灭。

3. 疏散宾客

① 如无法控制火情，应迅速有步骤地组织疏散，以免遭受重大伤亡。

② 听到疏散信号时，应立即到楼道上协助宾客从最近的消防通道撤离。

③ 在疏散时要通知客人走最近的通道，千万不能使用电梯。一般应将事先准备好的“请勿乘电梯”的牌子放在电梯前，并将电梯锁住。

④ 各层楼梯口、通道口都要有人把守指挥，以便为客人引路及避免大量客人涌向一个出口，造成挤伤事故。

⑤ 帮助老弱病残、行动不便的客人离房。楼层主管要逐间查房，确认房内无人，并在房门上做好记号。

⑥ 人员撤离至指定地点后，应与前厅服务员一起查点客人。如有下落不明或还未撤离人员，应立即通知消防队员。

4. 善后处理

① 扑灭火灾后，应注意保护火灾现场。

② 查明或协助查明火灾原因，核实或清查火灾损失情况。

③ 安排清洁人员清理地面水渍、走廊地毯等。

六、查房

领班查房是服务员自查后的第一道检查关口，也可能是最后一道关口。当客房清扫员对客房进行清洁卫生后，楼层领班要对所负责区域内的每间客房进行全面检查以确保质量。这也是楼层领班最主要的工作任务，它是客房清洁卫生质量控制的关键，是提供优质客房商品的保障。查房程序如图 3-20 所示。

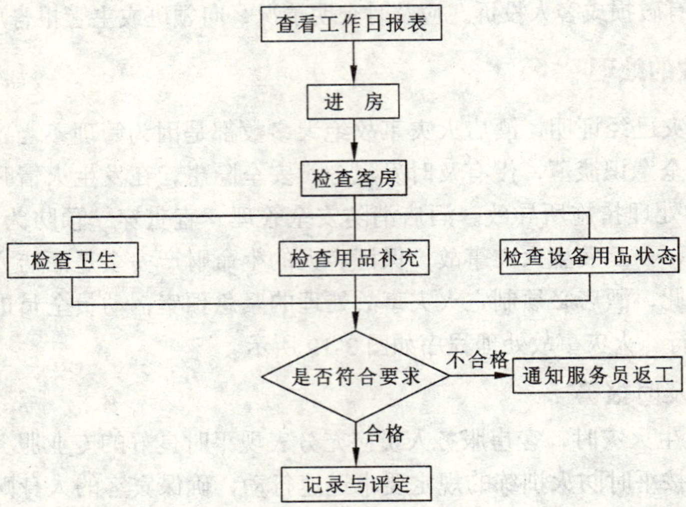

图 3-20　查房程序

1．查看工作日报表

楼层领班巡视查看客房清扫员的工作日报表，检查已清洁过的客房。

2．进房

① 按规范要求进房。

② 检查住客房一般在客人不在房间时进行。

3．检查客房

① 检查时应注意按照顺时针或逆时针的方向进行，以免遗漏。

② 检查客房的清洁卫生质量是否达标。

③ 检查客用品补充数量与摆放规格是否符合标准。

④ 检查各种设施设备是否运转正常。

4．情况处理

① 如果在检查时客人回房间了，领班除了与客人打招呼问好外，还应尽可能与客人交谈，获取客人对服务质量和清洁质量的意见与建议的相关信息，以便进一步改进员工的服务质量和清洁质量。

② 发现问题应及时让员工返工整改。

③ 检查中发现有工程问题应立即报请紧急修理，以便客人回房前完成修理工作。

④ 领班把检查合格后的房间报告客房服务中心，由服务中心人员报总台出租。

5. 记录与评定

① 领班在检查完毕后必须在领班的工作单上填写实际检查时间和检查情况。

② 根据员工清扫客房的质量进行评定，作为员工日常工作的考核内容。

知识拓展

客房部的主要任务

客房部是酒店的主要业务部门之一，其主要任务是：负责酒店所有客房的清洁和保养工作，供应和配置各种用品，并且为住客提供各种服务项目，以创造一个清洁、美观、舒适、安全的理想住宿环境。客房部负责整个酒店公共区域的清洁保养与环境管理工作，以使整个酒店在任何时候都处于舒适宜人、幽雅常新的状态。客房部还负责许多对内的服务工作，以保障酒店各部门工作的顺利开展。客房部的二作不仅直接影响到住店客人与其他来店客人对酒店的印象，而且对于酒店内部工作环境与气氛的营造同样至关重要。因此，客房管理是酒店管理的重要组成部分。

1. 做好清洁卫生工作，为客人提供舒适的环境

客房部是为客人提供服务的主要部门之一，其主要任务就是“生产”清洁、卫生、舒适的客房商品，为客人提供热情周到的服务。同时，客房部还要负责酒店公共区域的卫生及设施设备的维护保养工作。清洁卫生在酒店的经营管理中具有特殊的意义，它是酒店商品使用价值和服务质量的重要标志。酒店还必须给客人创造一个安静的环境，使客人得以很好地休息。如果酒店噪声很大，客人休息不好，就会导致客人的不良心态，影响客人的情绪。一般来说，客房的噪声或对客人的干扰主要有以下四个方面：一是存在环境噪声而酒店客房的隔音措施不佳所引起的干扰。二是服务工作不当所引起的干扰，如服务员进房时机不当等。三是客房设备不良所产生的噪声等。四是客人之间的互相干扰，如深夜电视机音量过大，在房间内大声说笑等。所以，客房部必须制定科学合理的服务规程，加强控制，尽可能减少噪声和各种干扰，为客人提供安宁的环境。

现在人们外出旅行不仅需要休息的场所，更希望得到精神上的享受。酒店的良好气氛，舒适、美观和整洁的环境，都要靠客房部员工的辛勤劳动来实现。因此，加强房务管理，切实组织员工做好每间客房的装饰布置、环境美化、清洁卫生、用品管理，保证客房清洁、美观、舒适、静雅、安全，提供优良的住宿服务，是客房管理的重要任务之一。

2. 做好客房接待服务，提供安全保障

客人在酒店里生活的主要场所和停留时间最长的地方是客房。除了安静地在客房休息外，客人还有着其他多样的活动内容。例如，有的客人利用客房接待来访亲朋，有的客人利用客房商谈业务等。切实做好客房接待服务，以使客人的各种需求得到满足，是客房部工作的重要内容。同时，客房的接待不仅限于客人在酒店入住期间，还应包括客人到来之前和客人离去之后为客人提供的服务。

另外，安全需要是客人最基本的需求之一。客房是为客人提供休息的地方，不论何时都要保持楼层的安全，防止不法分子进入客房，保证客人生命财产安全，为客人提供一个安宁的环境，才能使客人有安全感。

3. 降低劳动消耗，获得良好经济效益

客房中的物品不但种类较多，而且需要量也比较大。物资用品及其他费用开支是否合理，直接影响客房部和酒店的经济效益。为此，在客房管理过程中，要认真研究投入和产出的关系。要加强设备维护保养，合理制定消耗定额，加强用品管理，努力降低管理费用和能源消耗，定期做好消耗核算，分析经营效果，从而获得良好的经济效益。

4. 搞好协调配合，保证客房服务需要

客房服务的质量，不仅与客房部内部管理有关，而且受其他有关部门的影响。例如，总台和为客房部服务的物品供应、设备维修等部门。这些部门的工作能否跟得上，质量是不是过硬，对客房服务质量会产生很大的影响。所以，在服务过程中还必须加强客房部与前厅、餐饮、工程、财务、保安等各部门的协调配合，才能保证客房管理各项工作的协调发展，为保证和提高客房部服务质量创造良好的条件。

任务 3 品味酒店餐饮

餐厅是为客人提供用餐服务的公共场所，各酒店通常根据自身规模、经营特点等设置不同类型的餐厅，以满足顾客的不同需求。酒店餐饮部作为酒店唯一生产实物产品的部门，集生产加工、销售服务于一身。餐饮部管辖范围广，员工人数较多，营业点比较分散。要搞好餐饮部的管理工作，必须建立科学、合理、有效的组织网络，并进行科学分工，使所属各部门、各岗位各司其职，保证餐饮经营正常运转。

任务导入

无形的力量

上海某酒店住进了几位外国客人，他们是一家人：丈夫罗伯特、全身瘫痪的妻子劳拉和两个三四岁大的孩子。安顿好之后，一家人来到中餐厅，也许由于旅途疲劳，加上疾病缠身，心情不好，瘫痪的妻子劳拉不肯吃饭。罗伯特一筹莫展，孩子们也在旁边哭。这时，餐厅的一位年轻的服务员小刘走上前去，从罗伯特先生手中接过饭碗，一遍遍地耐心用英语鼓励、安慰劳拉，一遍又一遍地用勺子把饭送到她固执的、紧闭的嘴边。许久，劳拉终于张开了嘴，愿意接受递到嘴边的食物。吃了一口，又一口，再一口……服务员小刘代替她的亲人喂她吃完了饭。这情景使罗伯特十分感动，他感慨地说："在中国，我真正感到了社会的温暖和人与人之间的真挚感情，你们简直比亲人还要亲！谢谢你们！"事后，餐厅主管和同事们问小刘怎么会走上前去帮助他们？小刘回答："看到这不幸的一家，我从心里感受到他们的痛苦，忍不住流下同情的泪水，一股无形的力量推我上前去帮助他们。我觉得我只是做了我应该做的，这是人之常情嘛。"

思考

1. 要完成一次令顾客满意的服务，应注意服务过程中的哪些具体环节？
2. 为外宾提供餐饮服务时，应注意哪些事项？
3. 应该如何提供优质的餐饮服务？

任务描述

一颗柳树犹如一个酒店，垂柳轻拂，婀娜多姿，显示了柳树特有的妩媚。体现柳树美感的是倒垂的柳枝，酒店的具体业务就像这柳枝，正是这些业务才使酒店存在。柳枝生长在树杈上，树杈正像是部门，部门集合了同类业务。如提供食品和饮料的业务集合组成餐饮部。

“民以食为天，食以味为先。”我国的星级酒店几乎都设置几个不同风格的餐厅，向宾客提供不同菜系、不同规格档次的零点和宴会服务。酒店餐厅各具特色，建筑装潢上乘，就餐环境舒适，卫生状况优良，菜单内容丰富，服务注重标准化和规范化。与此同时，服务人员只有具备丰富的服务知识和娴熟的服务技能，才能将精美可口的佳肴和尽善尽美的服务有机结合起来，让客人在物质和精神上获得满足，以达到餐饮服务的最佳效果。因此，餐饮服务人员必须熟练掌握餐饮服务操作技能。

任务实施

一、中餐零点服务

中餐零点服务是指在中餐厅接待散客，即为临时来用餐的宾客提供的就餐服务。中餐零点服务是酒店最常见的服务方式，其特点是客人多而杂，人数不固定，口味需求不一，用餐时间交错，致使餐厅接待量不均衡，服务工作量较大，营业时间较长。所以，餐厅服务员服务时，在突出热情、周到、细致、体贴的同时，还要做到迅速、快捷而不紊乱。

1．迎宾服务

迎宾服务是餐厅每天对客服务的第一步，直接影响酒店形象，因此要求迎宾员和当班服务员都要掌握餐前礼宾接待工作流程及标准，能礼貌地引领客人入座，能合理地安排客人位次，会为客人拉椅、上茶、上香巾，能为客人铺餐巾、撤筷套，会为老人及小孩提供个性化服务，能通过观察了解客人及其宴请的主宾的身份，能通过沟通分析客人的需求，保证餐厅工作顺利开展，让客人真正体会到宾至如归。

2．就餐服务

就餐服务主要是指接受客人点菜并按服务规范将客人所点菜点、饮料送上餐桌，同时根据客人就餐过程中的具体情况提供餐中服务和处理特殊情况等。

（1）点菜服务

点菜服务是零点餐服务的中心环节，直接影响酒店效益，是餐厅营销工作的重要组成部分，是服务语言、专业知识和服务技巧的集中体现，体现了餐厅员工的综合业务素质。因此，要求基层管理者和服务员都要掌握点菜及推销技巧，能熟悉餐厅菜式特点，能通过交流了解客人的口味、忌讳、用餐目的及需求，能为客人合理搭配菜式和营养，能推销符合客人需求的菜品和酒水饮料，在保证餐厅效益的同时，为客人提供满意的服务。

（2）席间服务

席间服务是餐厅每天对客服务的重要一环，直接影响酒店服务质量。因此，要求基层管理者和服务员都要掌握席间服务的工作程序、工作标准及注意事项，掌握无干扰服务技巧，会为客人更换餐碟、菜盘，会为客人更换烟灰缸，会清理用餐中餐桌卫生，会为客人服务酒水，能为客人提供席间加菜、加酒水服务，能处理客人在用餐中出现的问题，让客人吃得高兴、吃出满意。

3．结账与收银服务

结账与收银工作是餐厅对客服务的重要一环，直接影响酒店服务质量和效益。因此，要求基层管理者和服务员都要掌握结账的方法和注意事项，能处理客人对账单提出的异议，掌握账单错漏的原因及处理方法，不断提高服务质量。

二、中餐宴会服务

中餐宴会是在我国筵席基础上发展起来的具有中国传统民族形式的宴会。中餐宴会按照中国的饮食习惯，用中国酒、中国菜点、中餐餐具，行中国的传统礼节。形式典雅，气氛隆重，以热菜为主，所有菜点均按一定程序和礼节陆续上席。中餐宴会服务可分为四个基本环节，即宴会前的组织准备工作，宴会前的迎宾工作，宴会中的就餐服务和宴会结束工作。很多时候，还有一个宴会预订环节。

1．宴会预订

宴会预订是一项具有较强专业性而又有较大灵活性的工作。宴会预订过程既是产品推销过程，又是客源组织过程。所以，餐厅应根据宴会举办者要求，积极推销，受理预订，并组织为完成宴会而需要的各项服务工作。宴会预订业务都要遵循一定的程序，这对于接受预订、计划、安排好一个宴会是十分必要的。严格按照这些程序将确保有效的最佳控制，使宴会按计划有步骤地顺利办好，对大规模的宴会尤其如此。宴会预订的程序与要求如表 3-10 所示。

表 3-10　宴会预订的程序和要求

程　序	工 作 标 准 及 要 求
准备工作	（1）按照酒店规定着装，准时到岗 （2）参加班前例会 （3）查看交接班记录，处理未尽事宜 （4）查看宴会、团队用餐更改通知单，并准确迅速发至各营业点 （5）核对宴会记录，送宴会通知单至各个餐厅、厨房、酒吧、总经理室、大堂处、前台问讯处、客房及总吧台
问候客人	（1）以规范的礼貌用语问候客人，并自报部门 （2）如是电话预订，要求在电话铃响三声之内拿起电话 （3）无论客人来店当面订餐，还是电话预订，都应面带微笑、亲切地给客人介绍情况，回答客人提出的问题
接待介绍	（1）向客人介绍酒店特色，如菜系、价格、服务设施、环境、等级标准及收费项目等 （2）耐心倾听客人提出的问题，根据客人提问进行介绍，当好客人的参谋。不能说："不知道"、"不行"等。如当面回答确有困难，应马上向客人道歉，并设法在 10min 内弄清楚并告知客人 （3）对当面预订的客人，除了口头介绍外，还应提供菜单和陪同客人实地考察等服务
受理预订	（1）详细了解客户的单位名称、宴会目的、用餐时间、出席人数、宴会性质、宴会标准、联系电话、结账方式等客户要求和有关信息 （2）订餐洽谈和签约时，要明确宴会承办的各个细节，包括约定客人观看宴会厅、餐厅布置要求，了解客户的特殊要求 （3）客人订餐时应避免催促，给订餐者充足的考虑时间 （4）向客人提供宴会活动布置的平面图、菜单、预算单等
确认预订	（1）客人无其他要求后，应礼貌地将预订情况向客人复述一遍，以便核对 （2）详细填制宴会预订单（见表 3-11），请客人签字。不论是中文还是外文的订单，书写都必须要规范、清楚 （3）客户预订大型宴会后，应送交营销部经理或餐饮部经理签发宴会确认书，再交客户签字确认 （4）向预订客人收取 10% 的预订金，并开出收据
致谢送客	礼貌地向客人致谢，并将客人送至电梯口或门口

续表

程　序	工 作 标 准 及 要 求
发出通知	（1）预订确认后应开出预订单，并发至相关部门做好餐前准备 （2）将客人的特殊要求通知餐厅主管和厨师长 （3）对当日未确认的预订，要求再次主动与客人联系、确认
更改预订	处理临时更改通知单，及时通知有关部门
交接班	与下一班员工交接．交待好未尽事宜与注意事项，填写交班日记

表 3-11　宴会预订单

<table>
<tr><td colspan="2">宴会名称</td></tr>
<tr><td>预订日期：
落实日期：
预订人姓名：
电传、电话：
联系地址：
工作单位：</td><td>宴会形式：
宴会地点：
宴会日期：
开始时间：
结束时间：
保证人数：
预计人数：</td></tr>
<tr><td>宴会费用标准
食品价格　每位：
每席：
酒水价格　每位：
每席：
其他收费：
房租：
服务费：
总计：</td><td>具体要求
宴会菜单：　　　　酒水单：
场地布置：
主桌型
场地图
音响设备
鲜花
衣帽间
休息室</td></tr>
<tr><td>确认签字：　　　结账方式：</td><td>预收订金：</td></tr>
</table>

2．宴会前的组织准备工作

（1）掌握情况，明确分工

接到宴会接待通知单（见表 3-12）后，餐厅管理人员和服务员应做到“八知”、“三了解”。八知是知台数、知人数、知宴会标准、知开餐时间、知菜式品种及出菜顺序、知主办单位或房号、知收费办法、知邀请对象。三了解是了解宾客风俗习惯、了解宾客生活忌讳、了解宾客特殊需要。如果是外宾，还应了解国籍、宗教、信仰、禁忌和口味特点。在人员分工方面，要根据宴会要求，对迎宾、值台、传菜、供酒及衣帽间、贵宾室等岗位，都要有明确分工，有具体任务，将责任落实到人。做好人力、物力的充分准备，要求所有服务人员思想重视，措施落实，保证宴会善始善终。

表 3-12　宴会接待通知单

<table>
<tr><td>主办单位</td><td colspan="5"></td></tr>
<tr><td>举办时间</td><td colspan="3"></td><td>地　点</td><td></td></tr>
<tr><td>形　式</td><td></td><td>人数 / 席数</td><td></td><td>出席领导</td><td></td></tr>
<tr><td>项　目</td><td colspan="4">内　　容</td><td>负责部门</td></tr>
<tr><td></td><td colspan="4"></td><td></td></tr>
<tr><td>发　送</td><td colspan="2"></td><td>签 收</td><td colspan="2"></td></tr>
</table>

餐饮部经手人：
填发日期：年 月 日

（2）宴会布置

宴会布置分场景布置和台面布置（见图 3-21 和图 3-22 所示）。中餐讲究进餐环境的气氛和情调，因而在场景布置方面，应根据宴会的性质和规格的高低来进行，要体现出既隆重、热烈、美观大方，又具有我国传统特色。

图 3-21　婚宴场景布置

图 3-22　婚宴台面布置

举行隆重大型的正式宴会时，一般在宴会厅周围摆放盆景花草，或在主台后面用花坛、画屏、大型青枝翠树盆景装饰（见图 3-23），用以增加宴会的隆重盛大、热烈欢迎的气氛。中餐宴会通常要求灯光明亮以示辉煌（见图 3-24）。但国宴和正式宴会则不要作过多的装饰，而要突出严肃、庄重、大方的气氛。宴会厅的照明要有专人负责，宴会前必须认真检查一切照明设备及线路，保证不发生事故。宴会期间要有人值班，一旦发生故障即刻组织抢修。正式宴会设有致辞台 (Podium)，致辞台一般放在主台附近的后面或右侧，装有两个麦克风，台前用鲜花围住。扩音器应有专人负责，事前要检查并试用，防止发生故障或产生噪声。临时拉设的线路要用地毯盖好，以防发生意外。国宴活动要在宴会厅的正面并列悬挂两国国旗，正式宴会应根据外交部规定决定是否悬挂国旗。国旗的悬挂按国际惯例，以右为上左为下。由我国政府宴请来宾时，我国的国旗挂在左方，外国的国旗挂在右方。来访国举行答谢宴会时则相互调换位置。

图 3-23　大型青枝翠树盆景

图 3-24　灯光明亮的宴会厅

台面布置涉及社交礼仪等问题，因此，要根据宴会厅的形状、实用面积和宴会要求，按宴会台面布置的原则，即“以右为上、以远为上、居中为上”来设计。在布置中做到既要突出主台，又要排列整齐、间隔适当；既要方便宾客就餐，又要便于服务员席间操作。通常宴会每桌占地面积标准为 10 ～ 12 m^2，桌与桌之间距离为 2 m 以上（见图 3-25）。重大宴会的主通道要适当宽敞一些，同时铺上红地毯，突出主通道（见图 3-26）。

图 3-25　餐桌之间保持较大的距离

图 3-26　宽敞的通道

（3）熟悉菜单

服务员应熟悉宴会菜单和主要菜点的风味特色，以做好上菜、派菜和回答宾客对菜点提出询问的思想准备。同时，应了解每道菜点的服务程序，保证准确无误地进行上菜服务。对于菜单应做到：能准确说出每道菜的名称，能准确描述每道菜的风味特色，能准确讲出每道菜肴的配菜和配食佐料，能准确知道每道菜肴的制作方法，能准确服务每道菜肴。

（4）物品准备

席上菜单每桌一至二份置于台面，重要宴会则人手一份。要求封面精美，字体规范，可留作纪念。根据菜单的服务要求，准备好各种银器、瓷器、玻璃器皿等餐酒具。要求每一道菜准备一套餐碟或小汤碗。根据菜肴的特色，准备好菜式跟配的佐料。根据宴会通知单要求，备好鲜花、酒水、香烟、水果等物品。

（5）铺好餐台

宴会开始前 1 h，根据宴会餐别，按规格摆好餐具和台上用品。菜单放在正副主位餐碟的右上侧，同时，备好茶、饮料、香巾，上好调味品，将各类开餐用具摆放在规定的位置，保持厅内的雅洁整齐。

（6）摆设冷盘

大型宴会开始前 15 min 左右摆上冷盘，摆设冷盘时，根据菜点的品种和数量，注意菜点色调的分布，荤素的搭配，菜型的正反，菜盘间的距离等。使摆台不仅是为宾客提供一个舒适的就餐地点和一套必需的进餐用具，而且能给宾客以赏心悦目的艺术享受，为宴会增添隆重而又欢快的气氛。

准备工作全部就绪后，管理人员要作一次全面的检查。从台面服务、传菜人员等分派是否合理，到餐具、饮料、酒水、水果是否备齐；从摆台是否符合规格，到各种用具及调料是否备齐并略有盈余；从宴会厅的清洁卫生是否搞好，到餐酒具的消毒是否符合卫生标准；从服务人员的个人卫生，仪表装束是否整洁，到照明、空调、音响等系统能否正常工作，都要一一进行仔细的检查，做到有备无患，保证宴会按时举行。

3．宴会的迎宾工作

（1）热情迎宾

根据宴会的入场时间，主管人员和迎宾员提前在宴会厅门口迎候宾客，值台服务员站在各自负责的餐桌旁准备。宾客到达时，要热情迎接，微笑问好。待宾客脱去衣帽后，将宾客引入休息间就座休息。回答宾客问题和引领宾客时注意用敬语，做到态度和蔼，语言亲切。

（2）接挂衣帽

如宴会规模较小，可不设专门的衣帽间，只在宴会厅房门前放衣帽架，安排服务员照顾宾客宽衣并接挂衣帽。如宴会规模较大，则需设衣帽间存放衣帽。接挂衣服时，应握衣领，切勿倒提，以防衣袋内的物品倒出。贵重的衣服要用衣架，以防衣服走样。重要宾客的衣物，要凭记忆进行准确的服务。贵重物品请宾客自己保管。

（3）端茶递巾

宾客进入休息厅后，服务员应招呼入座并根据接待要求，递上香巾、热茶或酒水饮料。递巾送茶服务均按先宾后主、先女后男的次序进行。

4．宴会中的就餐服务

（1）入席服务

值台服务员在开宴前 5 min 斟好预备酒，然后站在各自服务的餐桌旁等候宾客入席。当宾客来到餐桌前时，要面带笑容，引领入座。在照顾宾客入座时，用双手和右脚尖将椅子稍撤后，然后徐徐向前轻推，让宾客坐稳坐好。引领入座时，同样按先宾后主、先女后男的次序进行。待宾客坐定后，即把台号、席位卡、花瓶拿走。菜单放在主人面前，然后为宾客取餐巾，将餐巾摊开后为宾客围上，脱去筷子套，斟倒酒水。

（2）斟酒服务

为宾客斟倒酒水时，要征求宾客意见，根据宾客的要求斟倒各自喜欢的酒水饮料，一般酒水斟八分满即可。斟白酒时，如宾客提出不要，应将宾客位前的空杯撤走。酒水要勤斟倒，宾客杯中酒水只剩 1/3 时应及时添酒，斟时注意不要弄错酒水。宾客干杯和互相敬酒时，应迅速拿酒瓶到台前准备添酒。主人和主宾讲话前，要注意观察每位宾客杯中的酒水是否已满上。当主人或主宾到各台敬酒时，服务员要准备酒瓶跟着准备添酒，宾客要求斟满酒杯时，应予满足。

（3）上菜服务

菜要一道道趁热上。多台宴会的上菜要看主台或听指挥，做到行动统一，以免造成早上或迟上，多上或少上现象。要正确选择上菜位置，操作时站在陪同人员之间进行。每上一道新菜要介绍菜名和风味特点，并将菜盘放在转盘中央位置，凡是鸡鸭鱼等整体菜或椭圆形的大菜盘，在摆放时头的一边朝向正主位。

凡宴会都要主动、均匀地为宾客分汤分菜。分派时要胆大心细，掌握好菜的分量、件数，分派准确均匀。凡配有佐料的菜，在分派时要先沾上佐料再分到餐碟里，分菜的次序也是先宾后主，先女后男。也可采用“旁桌分菜”，即在席上示菜后，到餐桌旁工作台上分菜，待分好后再给客人送上。

（4）撤换餐具

为显示宴会服务的优良和菜肴的名贵，突出菜肴的风味特点，保持桌面卫生雅致，在宴会进行的过程中，需要多次撤换餐具或小汤碗。重要宴会要求每道菜换一次餐碟，一般宴会的换碟次数不得少于三次。撤换餐碟时，要待宾客将碟中食物吃完方可进行，若宾客放下筷子而菜未吃完的，应征得宾客同意后才能撤换（见图 3-27）。撤换时要边撤边换，撤与换交替进行。按先主宾后其他宾客的顺序先撤后换，站在宾客右侧操作。

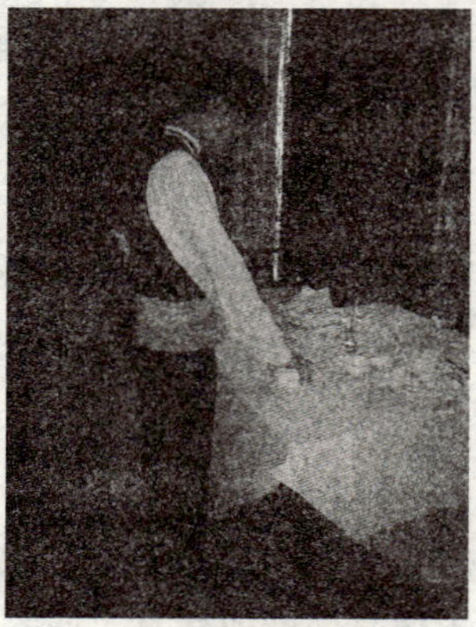

图 3-27　撤换餐具

(5) 席间服务

① 宴会进行中，要勤巡视、勤斟酒、勤换烟灰缸（见图 3-28）。细心观察宾客的表情及示意动作，主动服务。服务时态度要和蔼，语言要亲切，动作要敏捷。

② 在撤换菜盘时，若转盘脏了，要及时抹干净。抹时用抹布和一只餐碟进行操作，以免脏物掉到台布上。转盘清理干净后才能重新上菜。

③ 若宾客在席上弄翻了酒水杯具，要迅速用餐巾或香巾帮助宾客清洁，并用干净餐巾盖上弄脏部位，为宾客换上新的杯具，然后重新斟上酒水。

④ 宾客吃完主食后，送上热茶和香巾，随即收去台上除酒杯、茶杯以外的全部餐具，抹净转盘，换上点心碟、小汤碗和汤匙，然后上甜品、水果，并按分菜顺序分送给宾客。

⑤ 宾客吃完水果后，撤走水果盘，递给宾客香巾（见图 3-29），然后撤走点心碟，摆上鲜花，以示宴会结束。

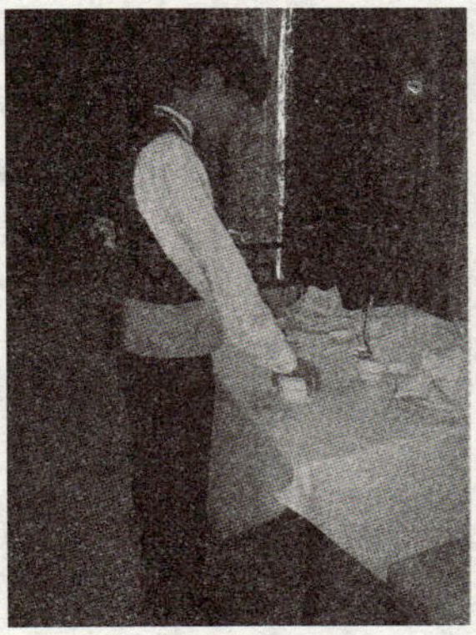

图 3-28 撤换烟缸

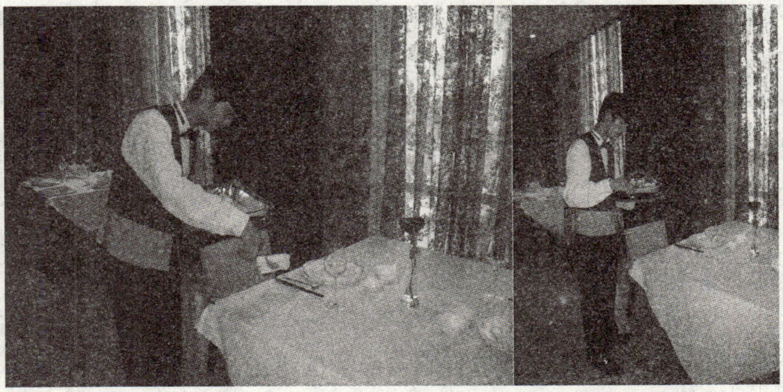

图 3-29 香巾服务

5. 宴会结束工作

(1) 结账准备

上菜完毕后即可做结账准备。清点所有酒水、香烟、加菜等宴会菜单以外的费用并累计总数，送收款处准备账单。结账时若是签单或转账结算，应将账单交宾客或宴会经办人签字后送收款处核实，及时送财务部入账结算。

(2) 拉椅送客

主人宣布宴会结束，服务员要提醒宾客带齐随身物品。当宾客起身离座时，要主动为其拉开座椅，以方便离席行走。视具体情况目送或随送宾客至餐厅门口。若宴会后安排休息，要根据接待要求进行餐后服务。

(3) 取递衣帽

宾客出餐厅时，衣帽间的服务员根据取衣牌号码，及时、准确地将衣帽取递给宾客。

(4) 收台检查

在宾客离席的同时，服务员要检查台面上是否有未熄灭的烟头，是否有宾客遗留的物品。在宾客全部离去后立即清理台面。

(5) 清理现场

各类开餐用具要按规定位置复位，重新摆放整齐。开餐现场重新布置恢复原样，以备下次使用。收尾工作做完后，领班要进行检查。

三、餐饮产品定价

根据不同的情况，餐饮产品定价的方法也各有区别。餐饮企业通常会采用许多方式来处理定价问题。小型餐饮企业的产品价格常由高层管理者决定；大中型餐饮企业的产品定价则由决策者会同财务、餐厅、厨房等部门的管理者共同制定。但不论由谁来定价，都应依据一定的步骤来确定餐饮产品的价格。餐饮价格确定的步骤一般有以下六个阶段：

1. 判断市场需求

酒店所能够收取的每一种价格都将导致一个不同水平的需求，并由此对其营销目标产生不同的影响。不同的价格会产生不同的需求水平，在正常情况下，市场需求与产品价格成反比，即价格越高，需求量就越低；而价格越低，需求量就越高。这是因为大部分消费者的可支配收入有限，餐饮产品的价格过高，消费者只能减少光临餐饮企业的次数。在一些特定的情况下，市场需求与产品价格之间也可能存在正比例关系，即提高价格的同时需求不降反升。例如，在许多城市里的节假日，尤其是一年一度的春节，宴席价格比平时高出许多，但订餐情况却比平日更旺。但是，应当注意的是，需求对应于价格总是有限度的，一旦价格定得过高，超出了市场的平均承受能力，需求就会明显下降，需求水平将会变低。

餐饮企业在制定餐饮产品的价格时，必须根据以下因素来确定价格的高低：

① 竞争对手的多少。餐饮企业的竞争对手越多，餐饮产品的价格就应稍低；如果餐饮企业的竞争对手较少，餐饮产品的价格可制定得高一些。

② 消费者对价格高低的反应。消费者对价格的敏感程度较高，产品的价格应稍低；若消费者对价格的敏感程度较低，则产品的价格不妨制定得高一些。

③ 消费者的习惯。如果本地居民有经常外出就餐的习惯，餐饮企业可将价格制定得高一些；但若本地居民没有外出就餐的习惯，则只能采取低价策略以吸引更多的消费者。

④ 经济形势。当经济形势好转时，消费者的可自由支配收入较多，光顾餐饮企业消费的次数及数量都会有一定的增加，此时，产品的价格可适当提高；反之，就只能采取低价政策。

2. 确定定价目标

餐饮企业首先必须确定餐饮产品的定价目标，定价目标越清楚，定价也就越容易。如果酒店已经仔细地进行了市场细分，并选定了其目标市场，同时对酒店及其产品进行了市场定位，那么对于这个酒店而言，制定最终价格已不成问题。例如一些高档酒店，它们拥有出众的硬件产品与优秀的服务及管理人员，这些酒店服务于那些追求豪华、舒适和体面生活的，并且具备较强支付能力的顾客群体，这就意味着酒店制定的是一种比较昂贵的价格。

一个酒店对其所要达到的经营目标越清楚，就越容易制定出准确、合理的餐饮产品价格。从理论上讲，任何一个餐饮企业都希望能够通过定价达到以下目标：生存目标、最大化利润目标、最高销售成长目标、创新产品目标等。如果餐饮企业面临激烈竞争或消费者的需求改变等因素，通常会将企业生存视为主要目标。在这种情况下，餐饮企业就应制定较低的价格以求增加产品的销量，此时生存比赢利更为重要。大多数餐饮企业定价的目标为追求本期利润最大化，这些企业根据市场需求和产品的成本选择使本期利润最大的产品价格。有些企业则以争取最高的市场占有率为首要目标，这些企业认为，自己若拥有最大的市场占有率，将可使经营费用降低，长期的利润将会提高。为了拥有较高的市场占有率，企业会尽可能制定较低的价格，以此扩大自己的销售量，并实现最高销售成长的目标。有些企业以创新产品为定价目标，这些创新产品的价格通常比较高，以补偿创新产品的高成本和开发费用。这类企业必须不断地开发、创造新的产品，以确保自己在市场上的地位。

3. 预测产品成本

如果说需求在很大程度上成为酒店制定其产品价格最高限度，那么酒店的成本则是产品价格的最低限度。酒店所制定的产品价格应包括其所有生产、销售成本，以及对酒店所做的努力和承担的经营风险的一个合理的报酬。也就是说，餐饮产品的定价必须抵偿所有的原料成本与费用，并获得一定的利润。因此，正确计算餐饮企业的成本与费用是餐饮企业进行餐饮产品定价的前提与基础。在计算成本与费用时一定要注意以下两点：一是成本的计算应该是酒店所有的成本和费用，决不能有任何遗漏。二是必须做出详细的统计、计算和对成本与费用分析的明细表。

4. 分析同行竞争对手价格

竞争对手是指那些地理位置相近，提供的产品和服务在内容和档次上相似或相同，其面对的客源市场也相同的餐饮企业。市场竞争对手的餐饮产品与价格会对本企业产品的价格和销量有很大的影响，可作为本企业产品定价的参考。如果竞争对手的产品与本企业类似，且企业的档次也相似，则产品的定价必须接近竞争对手的价格。

酒店的竞争分析可采用以下四个步骤来完成：

（1）将本企业与竞争对手进行比较

比较的内容主要有：餐饮企业的地理位置、餐厅及其他方面的服务质量和特色、餐饮企业的市场营销活动等。

（2）分析竞争对手的独特销售点

在将各竞争对手同本企业进行逐项对比之后，应重点分析竞争对手的独特销售点（Unique Sales Points）。独特销售点是指促使该餐饮企业区别于其他企业的要素和特点，是本企业所不具备的特点。

（3）寻找和分析经营机会

竞争分析还包括对竞争对手成功因素的分析，从中可以发现本酒店可能成功的领域。此外，还必须寻找竞争对手所忽略的经营机会，从中找到突破口。进行竞争分析需要详尽的有关竞争对手的资料，这些资料的收集可以通过实地观察和到该酒店消费以获得第一手的资料（如菜单等）和印象，也可以从该酒店手册、服务指南和其他促销品中获得。

（4）做好数据统计、分析工作

对竞争对手的以上情况，特别是竞争对手的产品成本与价格，要在收集整理的基础上，进行图、表等形式的分析，为下一步选择准确、合理的定价方法做好准备工作。

5. 制定毛利率标准

在以上工作的基础上确定毛利率标准。餐饮产品的毛利率是指产品毛利与产品销售价格或者产品毛利与产品成本之间的比率。毛利与售价之间的比率，称为销售毛利率（又称内扣毛利率），其计算公式为

$$销售毛利率 = \frac{毛利}{售价} \times 100\%$$

毛利与产品成本之间的比率称为成本毛利率（又称外加毛利率），其计算公式为

$$成本毛利率 = \frac{毛利}{成本} \times 100\%$$

毛利率不仅反映着餐饮产品的毛利水平，还直接决定着企业的盈亏，关系着消费者的利益。在餐饮产品原料成本和相关费用不变的情况下，毛利率越高，销售价格就越高，利润也越高；反之，毛利率越低，销售价格越低，利润也越低。

6. 选择定价方法

通过前面几个工作步骤，酒店的经营决策者手里已经有了至少三份统计资料的分析图表，即市场需求分析表、产品成本费用分析表、竞争对手包括成本和价格在内的有关资料统计分析图表。在这三份统计图表的基础上，就可以开始考虑制定本酒店的产品价格了。但是，尽管有相当多的分析资料，酒店的经营决策者往往还是处于对价格难以定夺的困境之中。价格定得过低，可能有利于对抗竞争对手的压力，但是却不能产生利润；一旦价格定得比较高，又将使需求萎缩，销售阻力将会增加。决策者常常在这两难中摇摆不定。一般说来，酒店产品的成本与费用规定了其价格的最低限度，即下限或底限。竞争对手同类产品的价格是酒店产品价格政策的参照坐标，而酒店产品相对于竞争对手同类产品所体现出来的独特性质，则是其价格的最高限度，即上限。也就是说，成本与费用、竞争对手同类产品的价格政策、产品的独特性，是制定酒店产品价格时应予以重点考虑的主要因素。酒店可以考虑上述三个主要因素的一个或几个来选择定价方法，制定出可行的最终价格方案。

知识拓展

餐饮部的主要任务

餐饮经营与管理的目的是实施餐饮部制定的经营方针和计划，满足宾客对于餐饮服务的各种需求，从而为酒店创造更多的营业收入。餐饮部的任务是以市场开发和客源组织为基础，以经营计划为指导，利用餐饮设施、场所和食品原料，科学合理地组织餐饮产品的生产和销售，满足国内外客人日益增长的、多层次的物质和文化生活需要。

1. 掌握市场需求，合理制定菜单

要满足宾客对于餐饮服务的各种需求，必须首先了解酒店目标市场的消费特点和餐饮需求，掌握不同年龄、不同性别、不同职业、不同民族和宗教信仰的宾客的餐饮习惯和需求，并在此基础上制定出能够迎合广大宾客的菜单，作为确定餐厅种类和规格、餐饮内容和特色、选购设备、配备人员的依据和指南。

2. 开发餐饮新品种，创造经营特色

餐饮部的餐饮产品要具有吸引宾客并与其他酒店餐厅、餐馆竞争的能力，最重要的是具有自己的特色。如果自己的餐饮产品毫无独特之处，那么其附近甚至较远的酒店、餐馆便能轻而易举地吸引走它的宾客。在实际经营中，人们常常可以看到，酒店的风味餐厅或主题餐厅

之所以比一般餐厅更受宾客欢迎，是因为风味餐厅或主题餐厅的独特风味或独特情调。所以，餐饮部应该努力挖掘潜力，积极继承传统，研究开发新品种、新项目，独树一帜，从而形成自己的经营特色。

3. 加强餐饮推销，增加营业收入

餐饮推销是餐饮部营销活动的重要组成部分。餐饮部经理应在营销计划的指导下，研究宾客的需求，选择推销目标，制定外部和内部推销计划，开展促销活动，积极招徕各种宴会，抓好节假日和特种餐饮的宣传推销，以争取更多的宾客和提高宾客平均消费额。

4. 合理组织人力，提高劳动生产率

餐饮部应做好营销量预测，并据此做出厨房生产计划和餐厅接待计划。根据劳动定额指标合理组织人力和安排员工工作时间，在保证食品质量和服务质量的前提下，最经济地使用资源，以降低人工费用，提高盈利水平。

5. 保持并不断提高食品质量和服务质量

能否保持并不断提高食品质量是餐饮部经营管理成败的关键之一。因此，餐饮部管理者可以考虑以岗位责任制为中心，建立相应的规章制度，制定各岗位的操作规程和质量标准，严格检查制度。仓库应抓好采购、验收、储藏、发放过程中的原料质量检查，以保证原料符合食品加工烹调的要求；厨房应抓好原料粗加工、细加工和烹调的质量技术，督促厨师严格按照菜谱要求操作，并努力改进加工烹调技术，做好生产过程的组织工作，不断提高食品质量；餐厅服务应坚持按照服务规程进行，不断改善服务细节，提高餐饮产品的内在质量。

6. 控制餐饮成本，增加盈利

餐饮成本控制是降低食品成本，增加酒店盈利的必要措施，也是餐饮管理的重要内容。成本控制涉及一系列的业务环节，因此，餐饮部应根据制定的标准成本率，确定合理的食品销售价格；控制食品原料采购价格；加强原料验收、储藏、发放管理，以避免和降低原料损耗浪费；抓好原料粗加工环节，控制原料加工损耗率；厨房要严格按照标准菜谱要求操作，并作好成本核算和成本分析，以在保证食品质量、数量符合标准的前提下，尽量减少损耗，降低成本，使酒店增加盈利。

综合实训

1. 认知酒店前厅部

实训内容	
训练目的	培养学生的观察和认知能力，使学生对酒店前厅部有一个初步而形象的印象
训练程序	（1）参观前厅部主要区域，包括大堂、商务中心、总台、行李处等 （2）在参观过程中，任课教师带队，安排前厅部管理人员或培训员对酒店前厅部的机构设置情况、各区域职能及主要岗位职责进行讲解 （3）设计一份酒店前厅部的组织结构图 （4）小组汇报，互相点评，教师总结
训练提示	（1）事先联系高星级酒店前厅部，确定时间，明确详细安排 （2）学生统一着制服
思考	你能对酒店前厅部区域的功能布局进行描述吗

2. 客房预订

实 训 内 容	
训练目的	培养学生的实操能力，使学生能够受理不同方式的客房预订业务
训练程序	(1) 接听电话。铃响三声之内接听，不能让客人久等 (2) 问候客人。热情礼貌，使用适当的问候语，并报出酒店及部门名称 (3) 聆听客人订房要求。确认客人抵达日期，查看客房预订情况 (4) 询问客人姓名。询问客人姓名，并复述确认 (5) 推销客房。询问细节，主动介绍房间类型及设施，采用适当报价方式 (6) 询问付款方式。确认客人的付款方式，在预订单上注明 (7) 询问客人抵达情况。询问客人抵达时间、航班及车次等，并说明客房保留时间 (8) 询问特殊要求。询问客人有无接机、客房布置等特殊要求，做好详细记录 (9) 复述订房内容。抵离店时间、房间类型、数量、特殊要求等 (10) 完成预订。向客人致谢，记录存档
训练提示	这里只以较为常见的散客电话订房为例，你也可以选择团队客人及其他方式。
思考	你还能受理其他方式的预订吗（如传真预订、网络预订）

3. 认知酒店客房部

实 训 内 容	
训练目的	培养学生的观察和认知能力，使学生对酒店客房部有一个初步而形象的印象
训练程序	(1) 参观客房部前台和后台主要区域，包括主要房型、房务中心、楼层客房工作间、布草房等 (2) 在参观过程中，任课教师带队，安排客房部管理人员或培训员对酒店客房部的机构设置情况、各区域职能及主要岗位职责进行讲解 (3) 设计一份酒店客房部的组织结构图 (4) 小组汇报，互相点评，教师总结
训练提示	(1) 事先联系高星级酒店客房部，确定时间，明确详细安排 (2) 学生统一着制服
思考	你能对酒店客房部区域的功能布局进行描述吗

4. 设计一份婚宴菜单

实 训 内 容	
训练目的	掌握菜单设计的程序与方法
训练程序	(1) 提前一周进行分组，每组六人，分别在酒店或餐饮企业收集有关婚宴菜单的参考资料 (2) 对收集到的菜单信息进行分析，整理出本次婚宴的备选菜肴 (3) 运用标准菜谱，确定备选菜肴原料的各种成分及数量、计划菜肴成本、计算价格，从而保证经营效益 (4) 初步构思。刚开始构思时，要设计一份空白表格，把可能提供给顾客的食品先填入表格，然后依次填入其他菜肴 (5) 确定婚宴菜式内容。在考虑了婚宴主题、原料供应情况、季节、价格等各项影响因素后，再决定取舍并适量补充，最后确定各菜式内容
训练提示	菜单设计需要具备全面整合餐饮资源和创新思维的能力
思考	你还能设计其他主题的菜单吗

5．评选出制作最精美的菜单

实 训 内 容	
训练目的	了解精美菜单制作的要求
训练程序	（1）提前一周进行分组，每组六人，分别在酒店或餐饮企业收集本组认为最精美的菜单 （2）每组选派代表介绍本组推选出来的菜单，并接受其他小组的提问 （3）经过大家共同讨论，评选出最精美的菜单
训练提示	菜单是餐饮经营管理所有活动中的指挥棒，一份结构合理的菜单直接关系到餐饮企业的经济效益。一份精美菜单的制作需要多方面的知识和技术
思考	你认为最精美的菜单应符合哪些标准

6．制作一份菜单

实 训 内 容	
训练目的	训练制作菜单的能力
训练程序	（1）列出菜肴清单。围绕一个主题，例如婚宴、寿宴或庆功宴等，将拟提供的菜品列出一份清单，分类列出每一份菜品所选原料、烹调方法、价格、盛器及营养等方面的基本情况并分析是否搭配得当。菜单上菜品的命名要力求名副其实，反映菜肴的全貌和特色，以便于顾客选用；菜名的音韵要和谐，文字要简练，以便于记忆和传诵；菜名既要朴实明朗，又要工巧含蓄 （2）选择制作菜单的纸张。选择菜单纸张主要考虑菜单的使用期限，可以选取较厚的纸张。通常封面采用重磅涂膜纸，内页采用价格较为低廉的轻磅纸。另外，采用色纸能够增加菜单的色彩，点缀和美化菜单而不增加印刷成本 （3）确定菜单的尺寸大小。一般单页菜单以 30 cm × 40 cm 为宜；对折式的双页菜单合上时，其尺寸以 25 cm × 35 cm 为最佳；三折式的菜单合上时，以 20 cm × 35 cm 为宜。同时，要注意菜单的式样与餐厅风格相协调，菜单的大小要与餐厅的面积、餐桌的大小和座位空间相互协调、呼应 （4）通过计算机设计菜单文字。菜单的文字部分主要包括三类：食品名称、描述性介绍、餐厅声誉宣传。菜单上各类品种一般用中英文对照，以阿拉伯数字排列编号和标明价格。菜单的字体应方便客人阅读，并给客人留下深刻印象。字体要印刷端正，使客人在餐厅的光线下容易看清。各类品种的标题字体应与其他字体有所区别，一般为小写体，标题可用大写字体，而且采用较深色或彩色字体，既美观又突出。字体的选择也要与餐厅的整体风格协调。菜单字体的选择综合起来要注意以下的几个原则：①忌用小字体；②英文菜单应该多采用小写，以增加可读性，标题和分标题可用大写字体；③菜单字体之间的行距应该大些，以增加清晰度；④字体的风格要与餐厅的风格相吻合；⑤忌用古怪的字体和过于花哨的字体；⑥中英文搭配使用时要互相匹配 （5）配上菜肴彩色图片。将特色菜肴或品牌菜肴的彩色图片通过计算机添加到菜单中。注意图片与文字、菜单的大小是否协调 （6）设计菜单封面。菜单的封面是菜单的门面，一份设计精美的菜单封面，一般都醒目地标志有本企业店标。封面的设计体现了本餐厅的经营特色，要与餐厅的主体风格相配合。例如，一家经营中餐、装修古朴典雅的中餐厅，那么该餐厅的菜单封面设计就必须体现出古韵风采，与餐厅的整体风格相映成趣。菜单封面要在适当的位置列出餐厅的名称、经营时间、订餐电话等 （7）打印菜单。将设计好的菜单打印出来，并在全班进行讨论，评选出制作最好的菜单
训练提示	菜单对餐厅有点缀作用、推销作用，并且还是餐厅的重要标记，它会反映餐厅的形象和情调。因此，菜单的设计可以聘请专业的艺术设计师，也可以从广告代理公司聘用设计师等。还可以聘请善于文字写作的人员配合，这样，菜名、菜品介绍等描述性的措辞可运用适当
思考	你认为一份精美菜单的制作需要哪些方面的知识和技术

单元四

酒店资源管理

学习目标

知识目标

1．了解酒店人力资源规划的制定过程

2．掌握员工招聘及培训计划的制定流程和方法

3．了解员工职业生涯规划的具体步骤

4．了解物资采购与存储管理的流程

能力目标

1．能够根据酒店要求制定合理的招聘计划

2．学会制定培训计划，并能组织员工培训活动

3．能够进行酒店CI设计

任务1 开发酒店人力资源

酒店的经营管理活动能否正常进行，酒店能否为宾客提供高质量的服务，取决于酒店员工的素质。而酒店员工素质的高低，又与酒店员工的招收、培训等方面息息相关。人力资源管理就是科学地运用现代管理学中的计划、组织、协调、控制等职能，对酒店的人力资源进行有效的开发和管理，合理的使用，使其得到最优化的组合，并最大限度地挖掘人的潜在能力，充分调动人的积极性，使有限的人力资源发挥出尽可能大的作用的一种全面管理。

随着酒店业的竞争愈演愈烈，人们同时认识到酒店业的竞争从根本上而言，就是人才的竞争。因此，人力资源开发在酒店管理中至关重要。人力资源是酒店最为宝贵的资源，合理地开发人力资源，充分发挥人的最大潜能，可以为酒店的经营目标提供巨大的增值效应。酒店的人力资源开发与管理，就是要求酒店的各级管理者，学会和运用现代管理学、心理学、人才学的相关原理，对酒店人力资源进行科学的管理、合理的使用，从而最大限度地挖掘酒店员工的潜在能力，充分调动他们的积极因素，激发其主动性、积极性和创造性，使酒店有限的人力资源发挥出尽可能大的作用。

任务导入

马里奥特酒店成功的关键

马里奥特国际酒店集团是世界酒店业的领导者，在全球拥有和管理着2600多家酒店，雇佣了将近13万名员工，被美国《财富》杂志评为酒店业“最值得敬佩的酒店”之一和“最佳工作地点”之一。马里奥特的人力资源管理的精髓具体体现在以下几方面：

① 关心员工。关心员工就像关心自己，为他们铺平成功的道路，使他们自信并懂得自重，喜欢本职工作并对其产生兴趣。

② 与员工沟通。马里奥特认为倾听员工的心声，征询他们的意见，发现他们的问题，对他们说“早上好”，询问他们的家庭生活，了解他们的人生理想和目标、工作动机，都是非常重要的。

③ 满足员工需求。员工忠诚是非常重要的，经理们对待员工要向对待自己一样。员工忠诚、自豪感、团队精神和士气的培养和提高皆始于员工的需求，如干净的制服和合适的工具。马里奥特说的好：“照顾好你的员工，他们将照顾好你的客人。”

④ 发展和赏识员工。“如果不雇用合适的人，你将不会从他们那里得到任何东西。”合适的人是指友善、勤奋的人，真诚希望帮助别人的人。因为我们的事业需要高水平的接待和服务，具备以上品质的人们将更容易管理，他们的反应更敏捷，其学习更迅速，能前进的更远。

马里奥特的管理者一直奉行：“好的员工将成为能干的经理。酒店要寻找、雇用和培训好的员工，并且像对待家人一样对待他们。”

思考

1. 酒店人力资源开发包括哪些内容？

2. 你认为马里奥特实行的人力资源管理是什么样的管理方式？其优点是什么？有没有不足之处？

任务描述

“不能吸引顾客的酒店必将死亡，而不能吸引并留住人才的酒店实际已经死亡。”高素质的员工是酒店有效运转的前提。说到底，一切的管理都由人而起。因此，对人的管理是管理的根本。人不同于物，人有思想，而且各不相同。但是人也有灵性和感情。凡是把人当作物来管理的，都不会得人心。凡事把人当作精灵来欣赏和促进的，就会体验奇迹诞生的过程。酒店管理的执行者是人，管理对象中有人，酒店的要素中有人，人在酒店管理中有着重要的地位。但人才不是天上掉下来的，也不是自然生成的，而是后天培养得来的。所以，酒店应注重对员工的开发，并为员工提供施展才华的平台。酒店人力资源部门在进行人力资源管理过程中，主要工作内容包括：人力资源规划、招聘与配置、员工培训、绩效考评和薪酬管理等。

任务实施

一、制定酒店人力资源规划

酒店人力资源规划的制定可分为四个步骤：收集信息、预测供求、制定规划和执行规划，如图 4-1 所示。

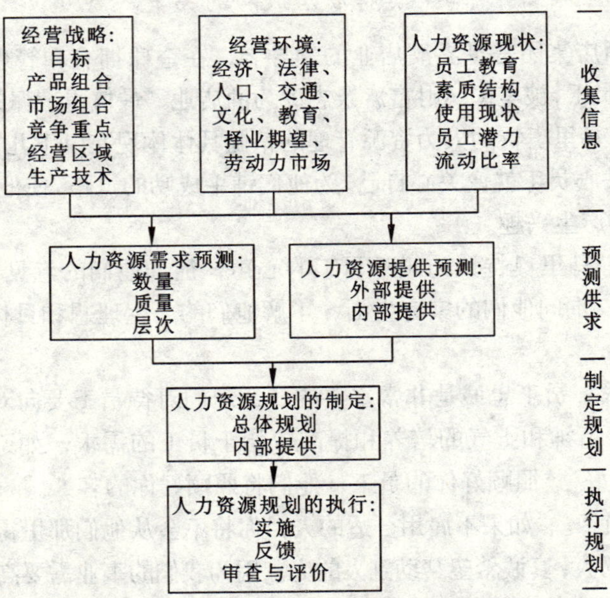

图 4-1 酒店人力资源规划的步骤

1. 收集信息

信息资料是制定酒店人力资源规划的依据。收集信息属于调查分析准备阶段，其主要任务是广泛收集酒店组织内部和外部的各种有关信息，并进行分析整理，为后续阶段做准备。酒店组织内部信息包括：酒店的人员素质要求及现状；配合新经营项目人员的综合要求；人员流动情况及预测；酒店的人力资源储备情况；酒店外部人力资源的供需现状；综合文化教育状况；职业技能培训情况等。酒店组织外部信息包括：目标人才市场的供需状况；目标人才的择业心理；潜在人才市场的状况；宏观经济发展趋势；酒店行业的发展前景；主要竞争对手的动向；政府的政策法规等。在项目内容的调查中，不但要了解现在的状况，也要了解其变化的趋势。

2. 预测供求

预测供求阶段是酒店人力资源规划的关键性部分。根据调查所得的信息与数据，采用定量与定性相结合，以定量为基础的各种统计方法和预测模型，对酒店未来的人力资源供需现状进行预测。预测的目的是得出计划期各类人力资源的余缺情况，即得到“净需求”的数据。

酒店人力资源的预测主要从供给和需求两个方面进行。酒店组织在进行人力资源预测时，应把重点放在内部人员拥有量的预测上，其预测的准确度相对比较高。外部拥有量的预测着重于关键人员，如高级管理人员、专业技术人员等。

3. 制定规划

根据酒店内、外人力资源供需状况的分析结果，制定人力资源规划的各项目标和具体的实施计划。例如，制定人力资源费用预算、员工培训计划、员工补充计划、员工评估与激励计划、员工合同管理计划、临时用工计划、人才储备计划等。

4. 规划执行

把人力资源规划中的各项计划付诸实施，并及时进行评估。在计划的实施过程中，需要不断地进行对比。例如，实际的人力资源成本费用与预算对比；实际招聘人数及人员素质要求与预设的情况对比；实际的人员流动情况与预设情况对比；实际的劳动生产率与预算对比等。

因为酒店的内部环境和外部环境都是不断地在改变的，所以人力资源规划也必须不断地随之更新。通过各项目计划的实施与评估，及时地根据新的人力资源状况及经营情况作短期计划的调整，以便有效地完成人力资源各项目目标，配合酒店的整体经营与发展。

二、为酒店选聘优秀人才

招聘的目的是把酒店需要的优秀人才招收到酒店来，并将不同类型的人才配置在合适的岗位上，发挥他们最大的优势和潜能，从而使酒店和员工获得共同的成长与进步。员工招聘主要是由招募、选拔、录用、评估等一系列程序构成（见图 4-2）。

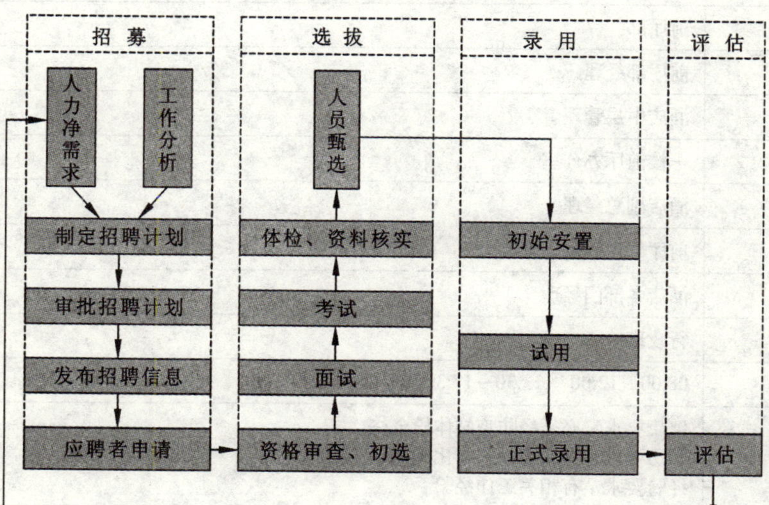

图 4-2　酒店员工招聘流程

1. 招募

招募是酒店为了吸引更多更好的候选人来应聘而进行的若干活动，它主要包括：制定招聘计划、审批招聘计划、发布招聘信息、应聘者申请等。

(1) 制定招聘计划

人员招聘计划是酒店人力资源规划的重要组成部分，其主要功能是通过定期或不定期地招聘酒店所需要的各类优秀人才，为酒店人力资源系统充实新生力量，实现酒店内部人力资源的合理配置，为酒店发展提供人力资源上的可靠保证，同时弥补人力资源的不足。更重要的是，人员招聘计划作为酒店人力资源规划的重要组成部分，为酒店人力资源管理提供了一个基本的框架，为人员招聘工作提供了客观的依据、科学的规范和实用的方法，能够避免人员招聘过程中的盲目性和随意性。员工招聘是一项较为复杂的工作，因此，管理者应高度重视，必须有远见卓识。在招聘工作正式开始之前，要考虑人力需求的程度，预测人员的流动情况，了解前厅部酒店各岗位人员的要求等，并在此基础上制定一整套招聘计划。包括招聘的岗位、人员数量、质量标准、招聘工作的具体安排等。在制定招聘计划时，要考虑以下几方面问题：

① 确定招聘岗位和人员数量。人力资源部门应对各部门提出的需要招聘员工的工种和数量要求进行审核。各部门应根据本部门的实际工作需要，确定招聘的具体工种、员工的缺额人数及所需配备员工的工作层次，作为招聘计划的重要内容。

② 制定招聘标准。招聘标准的制定直接关系到招收来的员工素质的高低。标准太高，可能会使招聘计划无法完成；标准太低，则招收来的员工素质得不到保证，所以招聘标准必须恰当。另外，制定招聘标准时还必须考虑社会环境的因素，如当地的人力资源供求状况，相关院校所能提供的毕业生数量和层次等。为了便于标准的把握，使招聘标准具体、明确，最好能够制定工作说明书（见表 4-1）。除个人基本情况外（年龄、性别等），录用人才的标准可以归结为以下五个方面：与工作相关的知识背景、工作技能、工作经验、个性品质、身体素质。这里要明确一点：要分清哪些素质是职位要求所必需（Essential）的，哪些是希望 (Desirable) 应聘者具有的。

表 4-1 前厅部经理工作说明书

部　门	前厅部
岗位名称	前厅部经理
工作性质	酒店中层管理者
工作地点	一楼前厅办公室
直接上级	酒店副总经理
直接下级	前厅部主管及班组领班
平行关系	酒店各部门经理
班　次	行政班
工作时间	08:00—12:00　13:30—17:30
您应具备的条件	健康要求：必须经防疫站体检合格 学历要求：大专或以上文化程度 经验要求：有相关工作经验

续表

酒店为您提供	薪酬：×××元 / 月 福利：提供 1 正 1 副 2 个工作餐、提供制服并帮助洗涤，×××元 / 月通信费用 休息：每日工作 8 小时，每周工作 40 小时
晋升方向	房务总监
您应接受的培训	职前培训、岗前培训、在职培训、发展培训
您应配发的工具	计算机一台、钢笔一支、文件夹五个、文件架一个、计算器一部、笔记本一本
主要任务	监督管理前厅部的推销客房，为客人提供各种综合服务，收集、处理和传递有关经营信息，接待客人，控制客房状况等工作的正常进行
工作原则	思维敏捷，工作严谨，知识丰富，处事灵活，掌握政策、具有较强的组织决策能力，各方面业务熟练，坚持体现合情合理的原则，保证部门工作顺利进行与完成
工作职责	直接对副总经理负责，贯彻执行酒店下达的营业及管理指令 根据酒后计划，制定前厅部各项业务指标和规划 负责组织前厅的酒店产品销售和接待服务工作 协调平衡本部门各工种之间所出现的工作矛盾，保证各项工作的衔接 组织主持每周部门管理人员工作例会，传达酒店例会工作要点，听取汇报，布置工作、解决问题 确保员二做好前厅部各项统计工作，掌握和预测房间出租情况、订房情况，客人到店和离店情况，密切注意客情，保证前厅各部位提供高效、优质的服务，使客房销售到最佳状态 负责将客房营业日报表报送客房部、主管副总和总经理 检查、指导前厅部员工及其工作表现，保证酒店及部门规章制度和服务质量标准得到执行，确保前厅部各项工作正常运转 每月审阅各班组提供的员工出勤情况 对前厅部员工进行定期评估，并按照奖惩条例进行奖惩 做好本部门与其他部门的沟通与协调工作 与销售部的协调。每天与进、离店的团队会议协调配合，在团队会议到达前四天及时了解该团队会议的具体要求，并通过销售部做好团队会议的善后工作 与客房部及工程部协调。确保大厅及公共区域的卫生状况良好，设备设施运转正常 与计算机房协调，确保计算机的安全使用 密切保持与客人的联系，经常向客人征求意见，了解情况，及时反馈，并定期提出有关接待服务工作的改进意见，供酒店参考决策 检查 VIP 接待工作，包括亲自迎送 做好前厅员工的思想工作，关心员工 如酒店或其他部门要求，应履行其他义务
工作内容	(1) 制定本部门工作计划 ① 制定本部门年度工作、每月工作计划和总结、审核各班组工作计划 ② 根据酒店安排，制定本部门全年和阶段培训计划 ③ 根据酒店安排，分析部门人员配备及各班组工作状况，做出全年人员配置计划 (2) 组织与实施 岗位特点、业务需要、人员素质及所需达到的目标，对各班组领班及员工进行分工 给领班传达上级指示，布置工作任务 完成酒店分派的各种事务 明确各班组岗位职责、职责范围、工作程序、管理细则及各项规章制度 直接参与和指导各项培训计划的落实和完成 (3) 检查各项工作 每日直接参与部分日常接待工作，检查、督导员工的服务态度、操作程序和标准是否规范 每日检查各班组人员到岗状况、仪容仪表是否符合规定要求 检查各班组和各班次工作记录 检查领班在岗情况、考核状况及完成任务情况 制定本部门的物资设备供应计划

续表

工作内容	加强部门内部费用开支的管理和控制，减少费用支出，降低成本 督促检查安全防火工作，根据设备设施管理制度和前厅安全防火制度内容，确保客人及各岗位设施、设备的安全 每月定期对部门领班进行业务知识和管理知识的培训与考核 每周定期与部门员工进行沟通两次，了解员工的思想状况 参加部门值班 (4) 组织并参加各项会议 参加酒店每日办公晨会 参加每月酒店月总结会议，汇报工作，听取酒店决策层指示 组织部门每周一领班例会，研讨上周工作问题，布置本周工作 组织部门每周二员工例会，总结上周工作，布置本周工作 组织必要时的部门人员专题研讨会 (5) 指导或直接参与对客人意见的处理 完全满足客人合理的要求 引导违纪员工，并适当处罚，以此告诫其他员工 (6) 总结、评估与调整 每月、每季、年度总结本部门的工作和营业收入情况，向酒店做出书面汇报 每日听取前台接待、问询、行李、商务中心、总机的工作汇报，掌握部门工作情况和客房销售情况，并布置当日工作 根据收到的客人反馈，及时调整、改善服务 负责与其他部门进行协调、沟通 签署、审核部门文件、报表 根据工作需要和人员状况，调整部分岗位人员 尽可能掌握客户信息，完善内部管理，提高服务质量 部门人员进行日、周、月的工作业绩评估

③ 确定招聘途径。酒店员工的来源在总体上可分为酒店外部和酒店内部，因此，招收途径通常有内部招聘和外部招聘两种。内部招聘是通过对酒店在职员工进行考评，采用调职和提升的方式，将已具备了一定技术能力或管理能力，符合缺员岗位要求且乐于从事此项工作的员工，安排在该职位上，以达到人尽其才、激励员工的目的；酒店外部招聘是管理者通过对酒店人事资料的检索，查明和确认在职员工中确实无人能胜任和填补职位空缺时，而从社会中招聘和选择员工。

人力资源部应根据需要招聘的职位的具体情况去选择和确定招聘的渠道和方法。在内部招聘和外部招聘的选择上，各个酒店都有自己不同的做法。内部招聘与外部招聘各自的优缺点如表 4-2 所示。

表 4-2 内部招聘与外部招聘比较

优缺点	内部招聘	外部招聘
优点	(1) 了解全面，准确性高 (2) 可鼓舞士气，激励员工进取 (3) 应聘者可更快适应工作 (4) 使组织培训投资得到回报 (5) 选择费用低	(1) 人员来源广，选择余地大，有利于招到一流人才 (2) 新员工能带来新技术、新思想、新方法 (3) 当内部有多人竞争而难做出决策时，向外部招聘可在一定程度上平息或缓和内部竞争者之间的矛盾 (4) 人才现成，节省培训投资费
缺点	(1) 来源局限于企业内，水平有限 (2) 容易造成“近亲繁殖”，出现思维和行为定势 (3) 可能会因操作不公或员工心理原因造成内部矛盾	(1) 不了解企业情况，进入角色慢，较难融入企业文化 (2) 对应聘者了解少，可能招错人 (3) 内部员工得不到机会，积极性可能受到影响

（2）制作并发布招聘广告

招聘广告是员工招聘的重要工具之一，设计的好坏直接关系到应聘者的素质和招聘效果。招聘广告要内容详细、条件清楚、吸引人，内容包括酒店的基本情况、是否经过有关方面批准、对应聘者的基本要求、岗位职责、工资福利待遇、报名方式、时间、地点，以及需要携带的证件、资料等。

在招聘过程中，发布信息是重要而关键的一个环节。只有在适当的时机，运用适当的渠道刊登广告，才能吸引酒店所需要的人才前来应聘。

（3）接受应聘者的申请材料

应聘者在获得招聘信息后，可向发布招聘信息的酒店提出应聘申请。酒店应该要求应聘者提供以下个人资料：求职人员登记表（见表 4-3），且必须说明应聘的职位；个人简历，包括姓名、年龄等基本信息，重点说明职业培训经历、工作经验、技能水平等信息；各种学历、职业培训、技能水平等证明。

表 4-3　求职人员登记表

姓　名		性别		出生年月		文化程度	
政治面貌		婚否		民　　族		健康状况	
家庭地址				联系电话			
户口所在地				档案所在地			
毕业学校				学制		年	
第一外语语种		程度		第二外语语种		程度	
现任职务（工种）		现有工龄		身高			
本人简历							
家庭主要成员							
本人求职意向							
用人部门意见		人力资源部意见		总经理批示			

2. 选拔

选拔是酒店从“人”和“事”两个方面出发，挑选出最合适的人来担当某一职位，它包括：资格审查、初选、面试、考试、体检、人员甄选等环节。

(1) 资格审查、初选

招聘人员通过简单的交流与观察，对求职者的情况有一个大致了解，然后人力资源部对应聘者的资料进行整理和筛选，初步确定符合条件的人选，之后通知面试。

(2) 面试

酒店人力资源部通过正式面试，可以考察应聘者的性格、应变能力及综合素质等。

① 面试的准备工作。

a. 设计评价量表和面试问话提纲。面试过程是对每位参加面试的应聘者的评价，因此，应根据岗位要求和每位应聘者的实际情况设计评价量表和有针对性的面试问话提纲。

b. 面试场所的布置与环境控制。要选择适宜的场所供面试时使用，许多情况下，不适宜的面试场所及环境会直接影响面试的效果。图 4-3 是几种安排座位的方式。

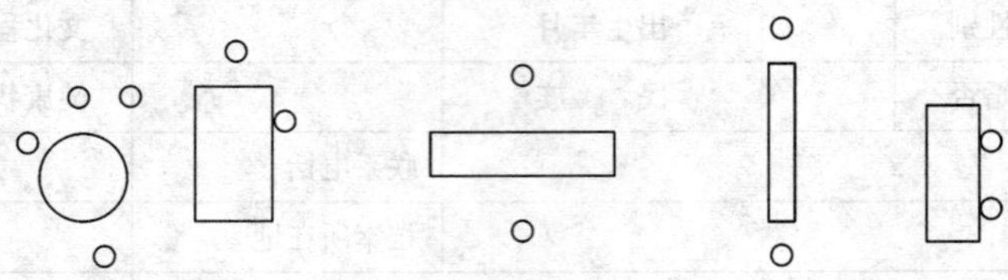

图 4-3 面试中的位置排列

图 4-3 中，A 为一种圆桌会议的形式，多个面试者面对一个被面试者；B 是一对一的形式，面试者与被面试者成一定的角度而坐；C 是一对一的形式，面试者与被面试者相对而坐，距离较近；D 是一对一的形式，面试者与被面试者相对而坐，距离较远；E 是一对一的形式，面试者与被面试者坐在桌子的同一侧。

究竟采用哪一种位置最好呢？在面试中，如果采用 C 这样的形式，面试者与被面试者面对面而坐，双方距离较近，目光直视，容易给对方造成心理压力，使得被面试者紧张不安，以致无法发挥出其正常的水平，当然在想特意考察被面试者的压力承受能力时可以采用此形式。如果采用 D 这样的形式，双方距离太远，不利于进行交流，同时，空间距离过远也增大了人的心理距离，不利于双方更好地进行合作。如果采用 E 这样的形式，面试者与被面试者坐在桌子的同一侧，心理距离较近，心不易造成压力，但这样面试者的位置显得有些卑微，也显得不够庄重，而且也不利于面试者对被面试者的表情、姿势进行观察。如果采用 A 这样的形式，排列成圆桌形，使被面试者不会觉得心理压力太大，同时气氛也较为严肃。如果采用 B 这样的形式，面试者与被面试者成一定的角度而坐，避免目光过于直视，可以缓和心理紧张，避免心理冲突，同时也有利于对被面试者进行观察。因此，在通常情况下最好采用 A、B 这两种位置排列来进行面试。

② 面试过程的实施。这一阶段是面试工作程序中最主要的环节，它依靠面试考官的面试技巧有效地控制面试的实际操作。实际上，面试过程的操作质量直接影响着人员招聘与录用工作的质量。

③ 分析和评价面试结果。 这部分工作主要是针对应聘者在面试过程中的实际表现做出结论性评价，为录用人员的取舍提供建议性依据。

(3) 面试结果的处理与体检

面试结束后，应将各种记录及时整理，进行总结分析，做出录用决策。在经过面试后，招聘录用工作进入了决定性阶段。这一阶段的主要任务是通过对甄选评价过程中产生的信息进行综合评价与分析，确定每一位应试者的素质和能力特点，根据预先确定的人员录用标准与录用计划进行录用决策。最后，将所有面试资料存档备案，以备查询。对于初步确定的录用人员，还要安排体检。因为酒店是服务性行业，从业人员要有健康的身体，没有任何传染性疾病，持“健康证”才能上岗工作。

3. 录用

录用主要涉及员工的初始安置、试用、正式录用。对于体检合格的应聘者，尽快发出录用通知，并签订劳动合同。劳动合同内容一般包括：

① 被聘任者的职责、权限、任务。

② 被聘任者的经济收入、保险、福利待遇等。

③ 试用期、聘用期限。

④ 聘用合同变更的条件及违反合同时双方应承担的责任。

⑤ 双方认为需要规定的其他事项。

4. 评估

评估是对招聘活动的效益与录用人员质量的评估。招聘评估是招聘过程必不可少的一个环节，一般包括以下内容：招聘结果的成效评估，如成本与效益评估，录用员工数量与质量的评估；招聘方法的成效评估，如信度与效度评估。

(1) 招聘成本评估

招聘成本评估是指对招聘中的费用进行调查、核实，并对照预算进行评价的过程。招聘成本评估是评定招聘效率的一个重要指标。如果成本低，录用人员质量高，录用人数较多，就意味着招聘效率高；反之，则意味着招聘效率低。招聘预算费用包括招聘广告费或中介机构费用、招聘测试费、体格检查费和其他费用，一般来说按 4:3:2:1 比例分配预算较为合理。在招聘工作结束之后，要对实际的招聘费用进行度量、审核和计算，并与预算经费进行对比，了解是否符合预算及主要差异出现在哪些环节上。

(2) 录用人员评估

录用人员评估是指根据招聘计划，对录用人员的质量和数量进行评价的过程。可以用以下几个数据来表示

$$\text{录用比}=\frac{\text{录用人数}}{\text{应聘人数}}\times 100\%$$

$$\text{招聘完成比}=\frac{\text{录用人数}}{\text{计划招聘人数}}\times 100\%$$

$$\text{应聘比}=\frac{\text{录用人数}}{\text{计划招聘人数}}\times 100\%$$

相对而言，录用比越小，被录用者的素质越高；反之，则可能被录用者的素质较低。如果招聘完成比等于或大于 100%，则说明在数量上全部或超额完成招聘计划。如果应聘比较大，说明招聘信息发布效果较好，被录用者的素质可能较高。

录用人数不可太多也不可太少，在实际工作中常用“招募收益金字塔”（见图 4-4）来确定招募人数。所谓“收益”是指经过招聘过程中的各个环节筛选后留下的应征者的数量，留下的数量大，就说明招聘的收益大，反之则小。

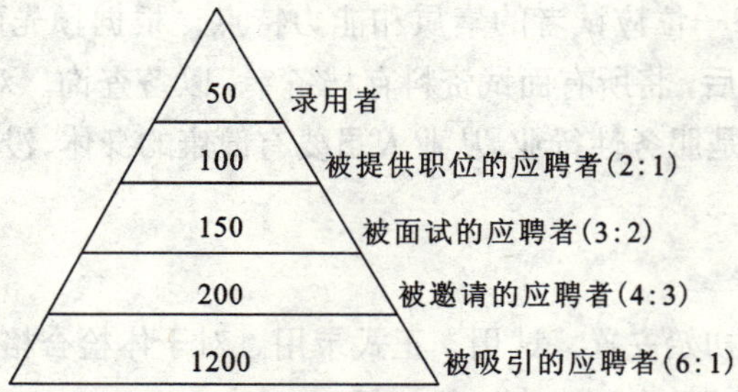

图 4-4　招募收益金字塔

（3）招聘方法的成效评估

效率评估主要看人员筛选工作的进度和每个阶段的产出率。人员筛选工作的进度越快，时间越短，新员工走上工作岗位就越及时，发挥作用也就越快。而正确率的评估主要是看测验方法的效度和信度，这是加强和改进人员筛选工作的重要依据。如果某种测验方法的信度和效度不高，在筛选过程中就容易将优秀人才淘汰，而将不合格的人招进来。因此，酒店不仅在筛选前要进行测验方法的效度和信度检验，选择效度和信度较高的测验方法，在筛选结束后还要对之进行评估，以便在以后的工作中改进或淘汰。

在做完所有工作之后，就要撰写招聘总结。招聘总结由招聘主要负责人撰写，并要真实地反映招聘的全过程，明确指出招聘成功之处和失败之处。主要包括招聘计划、进程、结果、经费、评定等内容。

三、为酒店最佳绩效而培训

培训是酒店人力资源管理与开发的重要内容，也是一种最有价值的双赢投资。培训是酒店和个人双重受益的行为，可用表 4-4 表示。培训不仅可以提高员工的积极性和创造性，增加酒店产出的效益和价值，而且能够提高员工的素质和能力，增强员工对酒店的归属感和责任感。有效的培训可以减少事故的发生、降低成本、提高工作效率和经济效益，从而增强酒店的市场竞争力，最终形成一个良性循环（见图 4-5）。

表 4-4　培训对酒店与员工的益处

酒　店	员　工	酒　店	员　工
竞争力增强	获得知识，提高技能	提升服务质量	提高工作自信心
从容应对变化	更强的工作动机	留住人才	有助于职业生涯发展
提高士气和效率	深刻认识工作与酒店	节省成本	开发潜能

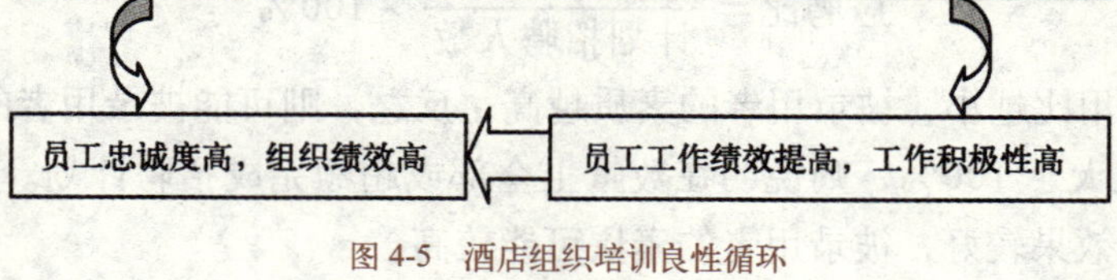

图 4-5　酒店组织培训良性循环

培训工作是一项长期、系统的工作，其过程与步骤如图 4-6 所示。

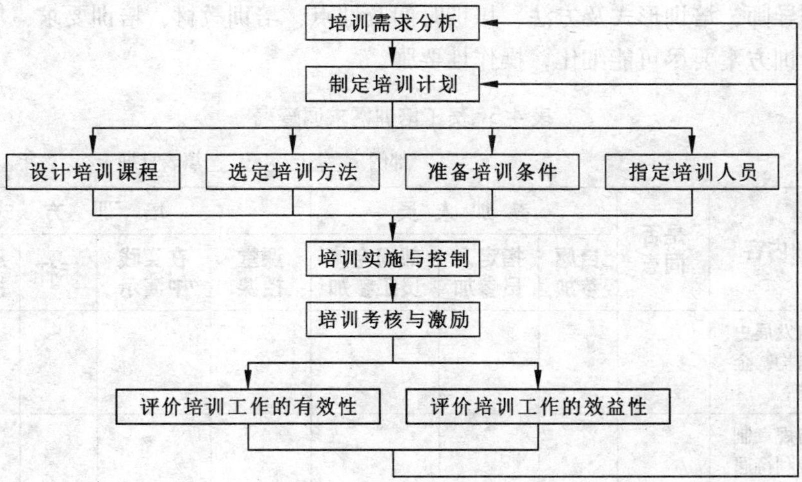

图 4-6　培训流程图

1. 培训需求分析

培训需求分析是培训活动的第一步，它由培训管理人员采用各种方法和技术，对酒店员工的目标、知识、技能等方面进行鉴别和分析，从而确定是否需要培训及培训的内容。它是确定培训目标、设计培训计划的前提，也是培训评估的基础。另一方面，培训评估的结果又是培训需求分析的一个来源，可以为培训需求分析提供非常有价值的反馈信息，以便对培训的相关环节作进一步改进。

完整、科学的培训需求分析是确保工作、绩效、培训高度契合的基础。进行培训需求分析的方法主要有座谈、问卷调查、观察、测试、检查、客人投诉、暗访、会议、工作活动分析等，这些方法最好同时并用，将有助于全面、正确把握问题，为下一步培训方案的制定打下良好基础。表 4-5 为员工培训需求调查表。

酒店一般在下列情况下需要培训：

① 酒店筹备开业前。

② 新技术、新设备投入使用前。

③ 服务流程、工作程序调整变更之前。

④ 服务质量下降，客人投诉率上升。

⑤ 工作差错多，效率下降。

⑥ 部门或岗位之间协作渠道不畅。

⑦ 工作岗位变动。

2. 制定培训计划

在进行完备和详尽的培训需求分析之后，要有效地实施培训，就必须制定详细的、切实可行的培训计划。培训计划是按照一定的逻辑顺序排列的记录，它是从酒店的战略出发，在全面、客观的培训需求分析基础上做出的对培训时间（When）、培训地点（Where）、培训者（Who）、培训对象（Whom）、培训方式（How）和培训内容（What）等的预先系统设定。培训计划必须满足酒店及员工两方面的需求，兼顾酒店资源条件及员工素质基础，并充分考虑人才培养的超前性及培训结果的不确定性。一个完整的培训方案包括培训目标、指导思想、培训对象、培训内容、训导师、培训形式及方法、培训时间及地点、培训教材、培训要求、培训考核、费用等内容。培训方案要尽可能细化，操作性要强。

表 4-5 员工培训需求调查表

部门：________ 填表日期：____ 年 ____ 月 ____ 日

培训类别	培训内容	是否同意	参加人员			培训方式				
			自愿参加	指定人员参加	部门全体员工参加	课堂授课	在实践中演示	标杆	座谈提问	其他
公共教育	1. 酒店发展史、组织结构、企业精神									
	2. 酒店规章制度及福利待遇									
	3. 其他	请说明：								
业务知识	1. 沟通技巧									
	2. 计算机方面									
	3. 顾客心理学									
	4. 外语									
	5. 管理能力									
	6. 安全									
	7. 专业知识									
	8. 应变能力									
	9. 其他	请说明：								
其他知识	请说明：									

填表说明：
1. 所列内容仅供参考，在同意的项目栏打✓，还可列出自己需要的内容。
2. 请根据所在部门员工的需求填写此表。
3. 如篇幅有限，必要时可另附纸说明。

（1）长期计划

① 确立培训目标。通过对培训需求的调查分析，将培训的一般需求转变为酒店培训的总体目标，如通过培训来达到的各项经营目标和提高酒店的管理水平。通过对上年度培训计划的总结及分析培训的特殊需要，可以确立需要通过培训而改善现状的特别目标，成为本年度培训的重点项目。

② 研究酒店发展动态。培训部会同有关的主要管理人员研究酒店的营销计划，以确定如何通过培训来完成酒店的年度生产经营指标。一项经营目标的达成往往取决于员工是否正确地完成任务；而要正确地完成任务，又取决于员工是否具备完成任务所需的知识、技能和态度。通过检查每一项业务目标，确定要在哪些方面进行培训。培训部还要与有关人员共同研究酒店和各部门的经营状况，找到需要改进的不足之处，寻求通过何种培训可以改善现状、实现

培训的特别目标。

③ 根据培训的目标分类。围绕酒店经营目标的培训应列入业务培训方案；围绕提高订房管理水平的培训活动则应列入管理培训方案。因此，培训方案的制定是针对培训目标具体设计各项培训活动的安排过程。酒店的业务培训活动可分为素质训练、语言训练及专门业务训练。管理培训活动主要是领班以上管理人员的培训，内容包括系统的督导管理训练及培训专门训练等。

④ 决定培训课程。课程是培训的主题，要求参加培训的员工经过对某些主题的研究讨论后，达到对该训练项目的内容的掌握与运用。年度培训计划中，要对各类培训活动的课程进行安排，主要是列出训练活动的详细项目，通常包括培训内容、培训时间、培训地点、培训方法等。注意培训课程的范围不宜过大，以免在各项目的训练课程之间发生过多的重叠现象；但范围也不宜过小，以免无法真正了解该项目的学识技能，应主要以熟悉该训练项目所必需的课程为限。培训课程决定后，需选编各课程教材，教材应包括以下部分：培训教材目的的简要说明；列出有关教材的图表；说明表达教材内容的方法；依照下列顺序编写教材：教材题目、教材大纲、时间计划、主要内容、实施方式和方法、讨论题及复习方法和使用资料。

⑤ 培训预算规划。培训预算是培训部在制定年度培训计划时，对各项培训方案和管理培训方案的总费用的估算。预算是根据方案中各项培训活动所需的经费、器材和设备的成本及教材、教具、外出活动和专业活动的费用等估算出来的。

(2) 短期计划

短期计划指针对每项不同科目、内容的培训活动或课程的具体计划（表 4-6 为如何进入客房的培训计划）。制定培训活动详细计划的步骤如下：

表 4-6 “如何进入客房”培训方案

培训项目	如何进入客房	时间
培训目标	训练结束时，学员应知道如何进入客房的步骤	40min
培训标准	要等客人从房内回答，如果没有回答，要等 5s 才能打开客房房门	
培训工具	房间钥匙、客房门	
培训方法	讲解与示范相结合	
讲课	教员清楚地解释如何敲门以及应等待多久让客人做出反应	10min
示范	教员示范如何敲门（用指关节敲），以及用卡片钥匙开门。如果房门上挂着“请勿打扰”牌或上了双保险，就不要敲门	10min
练习	学员按照教员所示范动作重复作一次，即如何敲门、开门	10min
测试	① 为什么要等待客人反应 ② 为什么需要用指关节敲 ③ 为什么不能敲挂有“请勿打扰”牌及上了双保险的门	8min
总结	在进入客房前得先敲门，并等候客人的反映（每敲一次门需等候 5s）	2min

① 确立培训目标。培训目标可以因岗设定，也可因项目或专题而定，但都要具体、明确。

② 设计培训计划的大纲及期限。为培训计划提供基本结构和时间阶段的安排。

③ 拟定培训课程表。为受训人提供具体的日程安排，落实到详细的时间安排。

a. 培训时间。尽量安排在经营淡季时组织进行，并明确起始日期及每日培训的具体课程及时间安排。

b．培训地点。可以利用酒店自身条件设置培训场地或在酒店外部进行。

c．培训内容。这是培训计划的核心部分，要以培训应达到的目的为依据制定相关内容。

d．培训对象。培训对象即培训接受者，可以按培训对象的岗位、工种、职务、年龄、能力等不同情况予以组织安排。

e．培训者。选择合适、称职的培训者是保证培训效果的关键。可以由培训部专职训导员授课演示，或外请专家及有声望的管理人士等。

f. 培训设备。主要是指为加强培训效果，在培训中为培训者配置如录像机、幻灯机、投影仪、电视、录音机、计算机等电教设备，以及必要的专业教学用的教具和工具等。

④ 设计学习形式。酒店应根据培训计划安排和要求，采用多种方式进行培训。从培训时间安排上，培训可分为脱产、半脱产、不脱产培训等。从培训的组织形式上，培训可分为内部培训、委托培训、远程教学等。具体培训方法包括讲授法、演示法、研讨法、视听法、角色扮演法和案例研究法、模拟与游戏法等。各种培训的方法具有各自的优缺点，为了提高培训质量，往往需要将各种方法配合运用。培训的常见方法及主要特点如表 4-7 所示。

表 4-7 培训的主要方法与特点

方 法	特 点	方 法	特 点
课堂讲授	一人演讲 众人听讲 讲座形式	模拟训练	模拟现实 反复操练 解决知行
分组讨论	确定主题 集思广益 代表发言	参观考察	学习借鉴 取长补短 比较提高
案例分析	个人分析 集体研讨 导师点评	现场培训	导师指导 实际学习 掌握运用
操作示范	现场讲解 现场示范 现场演练	工作轮换	轮换岗位 考察优弱 多维培养
角色扮演	模拟情景 扮演角色 动态感悟	集体参与	共同努力 协作完成 解决问题
管理游戏	选好主题 控制过程 讨论归纳	经营演习	计算机仿真 模拟对手 经营竞争
问卷方法	据题设卷 自照镜子 调整自我	拓展训练	调整心态 培养进取 增强自信
视听教学	运用媒体 电化教学 直观形象		

⑤ 制定控制措施。在培训中安排专职人员负责培训活动的日常管理，使整个培训活动有序地进行。如执行考勤制度或签到制度等控制手段，监督培训计划的进展。

⑥ 决定评估方法。根据对受训人员的工作表现评估以及命题作业、笔试、口试、受训人员的培训报告等各方面来综合评价受训人员的培训效果。

3. 培训实施与控制

（1）培训实施

培训部根据培训计划安排和要求采用多种方式进行培训。在正式开始前，应使员工明确培训的必要性，以及对员工发展的益处，提高员工参加培训的积极性和主动性。在培训的具体实施过程中，最重要的是如何提高培训效果。培训效果取决于管理人员是否做好组织工作，培训师是否能运用培训的艺术，员工是否积极合作等。

如果各个计划和设计阶段都完成得令人满意，真正实施培训方案常常被认为是“最不用担心的事情”。其实，为确保培训的有效实施，除了根据培训内容选择恰当的培训方法和培训师资以外，还有很多因素会对培训效果产生影响，需要加以认真考虑。例如，培训教室和培训场地的环境、组织中人员对于培训的态度即组织氛围等。

培训场地的布置应以有助于培训项目和内容讲解为原则。培训方式决定了桌椅的摆放，进行小组讨论时可以把椅子摆成圆圈形状；如果是以培训师讲解为主，则可以把椅子按行、列排放好。最重要的原则是确保座位上的每个人都能看得见、听得清。图 4-7 至图 4-10 为几种座位的排列方式。

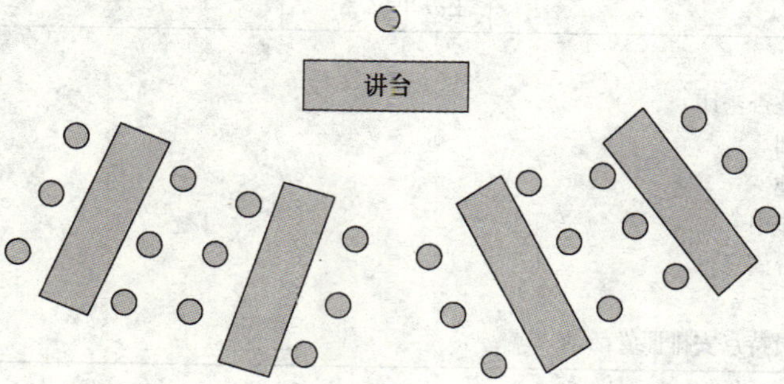

图 4-7　扇形座位

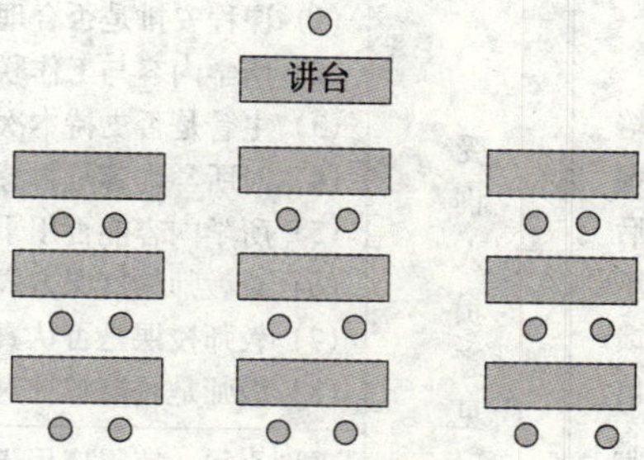

图 4-8　教室形座位

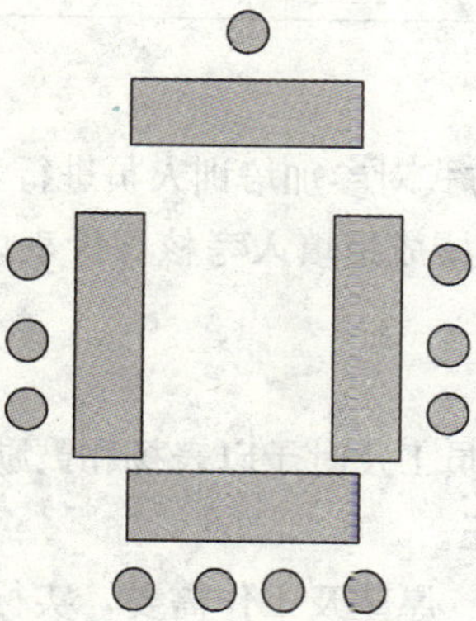

图 4-9　马蹄形座位

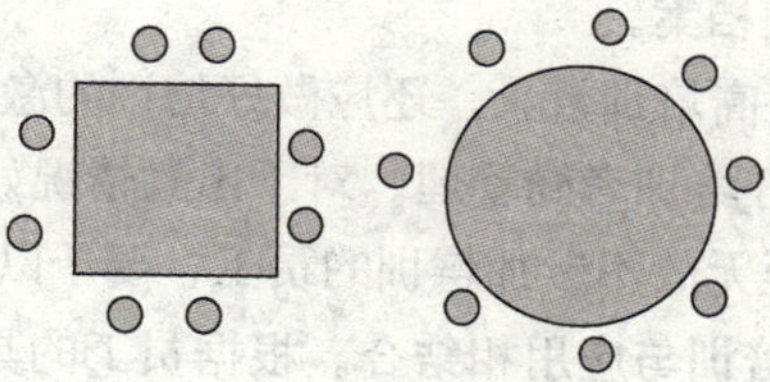

图 4-10　会议形座位

（2）培训控制

对培训工作进行有效控制，是指在培训计划中要规定培训课程或活动的结果必须达到什么标准。所定的标准既要切合实际，又要便于检查控制；在确定达标人数、成绩、出勤率等数量要求时，要尽量量化。检查与反馈是质量控制必须抓住的另一个关键环节。要检查培训方案、培训大纲、场地、教材、经费、训导师的准备、落实情况；检查学员的学习态度、表现、出勤情况；将学员对教学方面的意见及时反馈给训导师，对需要调查的问题及时做出调整，让教学活动紧紧围绕培训目标进行。在实施培训工作中，培训部要制定规章制度与控制措施，以监督培训方案的贯彻落实。培训部主管人员还必须通过旁听或参加有关培训活动、课程，监督检查培训工作的正常进行。

对培训工作的控制还包括：将受训人员的参与态度及成绩同奖罚措施挂钩，以鼓励员工积极自觉地参加培训；培训部定期举行例会，与部门主管或培训师讨论有关部门的培训事宜，听取有关人员对培训工作的建议、设想等反馈意见；切实做好培训评估。表 4-8 为员工培训反馈信息调查表。

表 4-8 员工培训反馈信息调查表

年　月　日

<table>
<tr><td colspan="2">培训名称</td><td></td><td>参加人员姓名</td><td></td></tr>
<tr><td colspan="2">培训时间</td><td></td><td>培训地点</td><td></td></tr>
<tr><td colspan="2">培训方式</td><td></td><td>使用资料</td><td></td></tr>
<tr><td colspan="2">培训者姓名</td><td></td><td>主办单位</td><td></td></tr>
<tr><td rowspan="3">培训后反馈信息</td><td rowspan="3">受训人员意见</td><td colspan="3">(1) 课程安排是否合理
(2) 所学内容与工作联系是否密切
(3) 主管是否支持本次培训
(4) 对所学内容是否感兴趣
(5) 所学内容能否用于工作中
(6) 对教师的授课方式是否满意
(7) 教师授课是否认真
(8) 教师是否能够针对学员特点安排课堂活动</td></tr>
<tr><td colspan="3">受训心得，值得应用于本酒店的建议：</td></tr>
<tr><td colspan="3">对酒店下次派员参加本培训课程的建议事项：</td></tr>
</table>

4. 培训考核与激励

培训结束后，通过安排笔试、口试或实际操作测试等方式对参加培训人员进行考核，以便确定培训是否按计划达到预期目标。最后，将培训人员考核成绩填入考核评价表中，存入员工个人培训档案。

为了提高培训效果，还应做好培训的激励工作：

① 做好培训考勤管理。对于出勤情况好、认真听课的员工及时予以表扬和鼓励；对迟到、早退，甚至无故不参加培训的员工，要予以批评，令其改正。

② 将培训与应用相结合。根据员工的具体条件、特长、愿望及工作需要，实行定向聘用、定向培训。培训表现和考核成绩作为岗位聘用的依据之一。

③ 将培训同晋升相结合。对于积极参加培训而且培训考核成绩优秀的人员，在机构调整或有提拔机遇时，可优先予以考虑。

5. 培训效果评估

培训效果评估就是对培训效果的确定，这一环节常在酒店培训中被忽略或者做得不好。培训效果评估是依据组织目标和需求，运用科学的理论、方法和程序从培训项目中收集数据，以确定培训的价值和质量的过程。培训者征求参加培训的员工意见及建议，并从培训内容、培训方式、组织管理及培训效果等方面进行评估和总结，以便今后改进和提高培训管理和技能水平。对培训效果进行评估应该设立多项指标，并将这些指标按受训者、教师、管理者三类分类，最后构成评估的指标体系。对受训者的一般评价指标体系如图 4-11 所示。

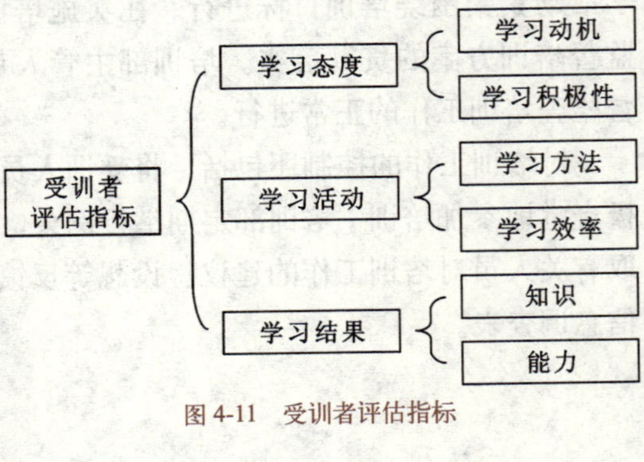

图 4-11 受训者评估指标

培训的效果要通过对培训师和受训者的评估得出。对培训师评估有利于提高教学质量；而对受训者的成绩评估则是为了对其有相对制约，以保证学习效果。因为酒店培训多是免费和不正规的，易流于形式，所以培训最终要有完善的考试制度和定期对教师教学质量的评估调查。酒店管理者都试图对其所采取的措施进行预测和控制，但由于对结果造成影响的因素不都是可以被考虑到和易于控制的，对结果的分析可以帮助管理者了解失败的原因，寻找解决、改正或弥补的方法。

四、员工职业生涯规划

员工职业生涯规划是酒店人力资源管理的重要内容之一，同时也是酒店员工实现社会价值的体现，企业的发展应该建立在个人发展的基础上。职业生涯规划又称职业生涯设计，是指个人发展和组织发展相结合，对决定员工职业生涯的主客观因素进行分析、总结和测定，确定一个人的奋斗目标，并为实现这一职业目标而预先进行生涯系统安排的过程。职业生涯规划与管理包括两个方面：一方面是员工的职业生涯发展自我规划管理，员工是自己的主人，自我规划管理是职业发展成功的关键；另一方面是组织协助员工规划其生涯发展，并为员工提供必要的教育、培训、轮岗等发展机会，促进员工职业生涯目标的实现。

酒店员工制定职业规划的逻辑如图 4-12 所示，具体规划步骤如图 4-13 所示。

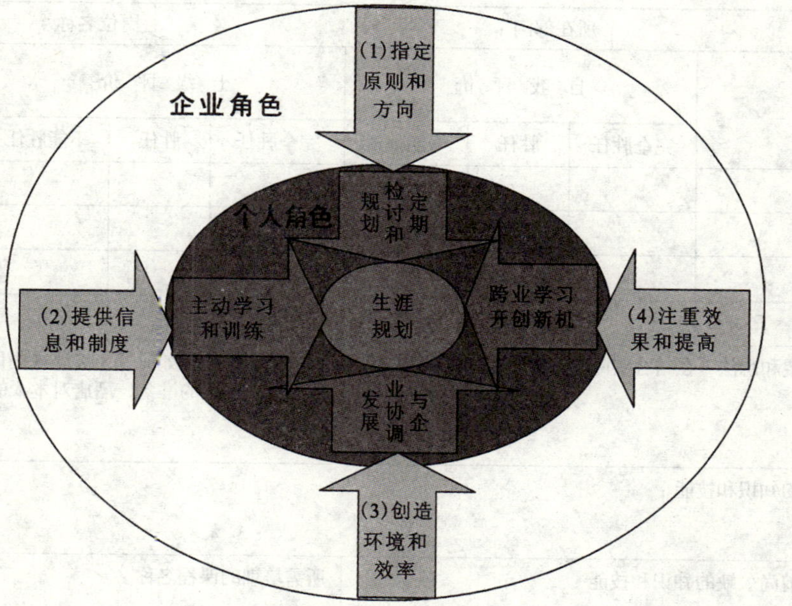

图 4-12　生涯规划逻辑图

1. 自我评估

自我评估是对自己做出全面的分析，主要包括对个人的需求、能力、兴趣、性格、气质等的分析，以确定什么样的职业比较适合自己和自己具备哪些能力。能力开发需求表（见表 4-9）是帮助员工认知自身现有知识、技能及未来所需学习方向的工具，是酒店为员工提供培训和发展机会的依据，是帮助员工实现职业生涯规划的重要手段。表 4-10 用于帮助员工通过自我评价了解自己人生发展中的需要和目标，表 4-11 为职业发展各阶段员工的需求。

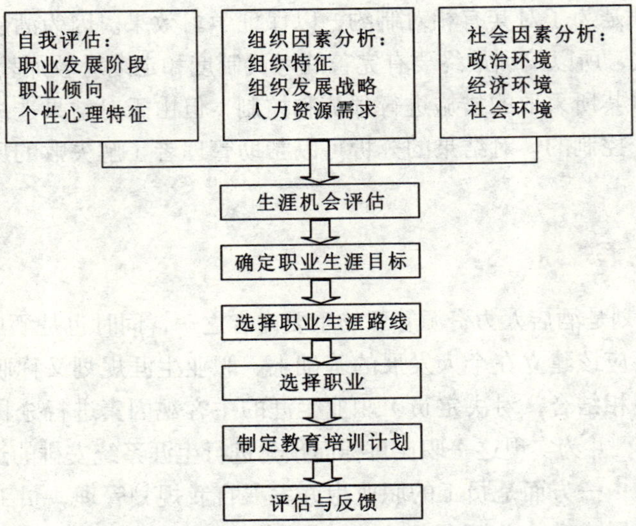

图 4-13　职业生涯规划步骤

表 4-9　能力开发需求表

填表日期：　　年　　月　　日　　　　　　　　　　　　　　　　填表人：

姓名：			所在部门：			岗位名称：	
所承担的工作	自我评价			上级评价			上级评价的事实依据
	完全胜任	胜任	不能胜任	完全胜任	胜任	不能胜任	
我对工作的希望和想法（在结合实际的基础上提出挑战性的工作目标）：				目前实施的结果如何（为实现这些目标员工已具备的能力，已做的准备，酒店对本人的支持情况）：			
达到目标所需的知识和技能：							
需要掌握但目前尚欠缺的知识和技能：				所需培训的课程名称：			
通过培训已掌握的知识和技能：				已培训的课程名称：			
对培训实施效果的意见：							
需要酒店提供的非培训方面的支持（填写为实现个人职业生涯计划，需要酒店、上级提供除了培训以外的支持和机会，如在岗辅导、工作轮换、经费上的支持等）：				上级意见及依据：			

表 4-10　员工通过自我评价了解自己人生发展中的需要和目标

1. 从下述第三条所列项目中选出你近期最感兴趣的项目。
2. 从下述第三条所列项目中选出你近期最不感兴趣的项目。
3. 填写出下列项目中未列出，而你又最感兴趣或最想干的工作：
(1) 有自由支配时间的工作；(2) 具有权力性的工作；
(3) 工资福利待遇高的工作；(4) 具有独立自主性的工作；
(5) 有趣味性的工作；(6) 具有安全性的工作；
(7) 有专业性地位的工作；(8) 具有挑战性的工作；
(9) 无忧无虑的工作；(10) 具有广泛接触、能广交朋友性的工作；
(11) 具有声誉性的工作；(12) 能表现自己、且能让别人看得见的工作；
(13) 具有地区选择性的工作；(14) 有娱乐活动性的工作；
(15) 环境气氛和谐的工作；(16) 有教育设施和机会性的工作；
(17) 领导性的工作；(18) 具有专家性的工作；
(19) 带有旅行性的工作；(20) 可与家人有更多时间在一起的工作。
4. 你目前从事着哪一类性质的工作？它能满足你下一步的要求吗？说说能或不能的理由。
5. 你希望你接着从事的工作能满足你的要求吗？如果希望，请说明如何进行或计划；如果不希望，请说明理由。
6. 请具体描述你下一步最希望从事的工作。
7. 根据你的实际爱好和能力，说明你最希望从事的工作的各种具体活动或内容（不要描述其工作的头衔，而要说明其具体的工作活动和内容）。说明你将如何去实现自己的愿望。例如，具体列出你目前可以干的五种工作。如：我可以分析财务报表；我可以做国际导游；我可以编写广告……
8. 为了从事你下一步从事的工作，你是否需要以培训或自学等形式学习和掌握新的知识或技能？如果需要，请详细说明，并说明学习或获得这方面知识和技能的途径和方法。
9. 你的这些要求是否可在目前从事的工作以外的方面得到满足？如果可能，你是否希望发展或晋升到更高一级的岗位上？
10. 概述你自己的希望和你能干什么工作，以便满足你的需要。

表 4-11　职业发展各阶段员工的需求

职业发展阶段	对工作方面的要求	情感方面的要求
职业探索性阶段（25 岁以前）	(1) 希望从事多种不同的工作 (2) 希望自己探索	(1) 进行试探性的职业选择 (2) 在比较中逐渐选定自己的职业
立业与发展阶段（25 ~ 44 岁）	(1) 希望从事具有挑战性的工作 (2) 希望在某一领域发展自己的特长 (3) 希望在工作中有创新 (4) 希望在经历 3 ~ 5 年内转向其他领域	(1) 希望面对各种竞争；敢于面对成败 (2) 能处理工作和人际关系的矛盾 (3) 希望互相支持 (4) 希望独立自主
职业中期阶段（45 ~ 58 岁）	(1) 希望更新技能 (2) 希望在培训和辅导青年员工中发挥自己的技能 (3) 希望全面了解组织的工作情况和发挥自己在组织中的重要作用 (4) 为准备转向其他工作而学习新的知识和技能	(1) 具有中年人较稳健的思想感情 (2) 对工作、家庭和周围的看法有所改变 (3) 自我陶醉、竞争倾向减弱
职业后期阶段（58 岁以后）	(1) 计划好退休 (2) 转向咨询和指导性工作 (3) 寻找自己的接班人 (4) 寻找组织外的其他活动	(1) 希望把咨询看做是对他人的帮助 (2) 希望能接受和欣赏组织外的其他活动

2. 组织与社会环境分析

组织与社会环境分析是对自己所处的环境的分析，以确定自己是否适应组织环境或者社会环境的变化，以及怎样来调整自己以适应组织和社会的需要。短期的规划比较注重组织环境的分析，长期的规划要更多地注重社会环境的分析。

3. 生涯机会的评估

生涯机会的评估包括对长期的机会和短期的机会的评估。通过对社会环境的分析，结合本人的具体情况，评估有哪些长期的发展机会；通过对组织环境的分析，评估组织内有哪些短期的发展机会。通过职业生涯机会的评估可以确定职业和职业发展目标。

4. 职业生涯目标的确定

职业生涯目标的确定包括人生目标、长期目标、中期目标和短期目标的确定，它们分别与人生规划、长期规划、中期规划和短期规划相对应。一般首先要根据个人的专业、性格、气质和价值观及社会的发展趋势确定自己的人生目标和长期目标，然后把人生目标和长期目标进行分化，根据个人的经历和所处的组织环境制定相应的中期目标和短期目标。

5. 制定行动方案

在确定了各种类型的职业生涯目标后，就要制定相应的行动方案来实现它们，把目标转化成具体的方案和措施。这一过程中比较重要的行动方案有职业生涯发展路线的选择、职业的选择、相应的教育和培训计划的制定。

6. 评估与反馈

在人生的发展阶段，由于社会环境的巨大变化和一些不确定因素的存在，会使原来制定的职业生涯目标与规划有所偏差，这时需要对职业生涯目标与规划进行评估并做出适当的调整，以更好地符合自身发展和社会发展的需要。职业生涯规划的评估与反馈过程是个人对自己的不断认识过程，也是对社会的不断认识过程，是使职业生涯规划更加有效的有力手段。

表 4-12 为酒店员工职业生涯规划调查问卷。

表 4-12　酒店员工职业生涯规划调查问卷

基本个人信息（略） (一) 职业现状调查 1. 你现在对现有岗位满意吗？ A. 很满意　　B. 比较满意　　C. 不太满意　　D. 很不满意 请简述原因： 2. 你个人在本酒店两年内的短期职业目标是什么？你的 2 ～ 5 年内的中期职业目标是什么？你的五年以上的长期职业目标是什么？ 3. 你是否找到了与实现目标所需能力的差距？如果是请说明理由。 A. 已经找到，并且知道了差距在哪里　　B. 正在探寻，苦于不知差距在哪里 C. 不想探寻，没有必要　　D. 没有差距 4. 对你来说，实现自己的目标最主要依靠的是什么？ A. 给我证明自己的工作机会　　B. 领导的赏识 C. 更丰富的专业知识和技能　　D. 平和的心态 5. 为了达成你的职业目标，你有什么期待和计划？ A. 寻找信息，积极准备，寻找能证明自己的工作岗位 B. 暂时未做考虑，把本职工作做好，提高自己的业务水平，有机会争取职位晋升 C. 暂时不换工作，参加继续教育，提高自己的竞争力，保住自己的这份工作 D. 暂时没有计划，视情况而定 E. 其他

续表

6. 如果因客观原因需要更换工作，你想以何种方式更换工作？（注明理由）	
A. 换行业，不换职业	B. 换职业，不换行业
C. 既换职业，又换行业	D. 从没有考虑过改变，以稳定求发展
7. 如果有本行业的职业精英给予指点，你需要哪些有益的经验和教诲？（多选）	
A. 本行业的最新动态及本行业发展趋势	B. 在这个行业里发展应具备何种素质和技能
C. 本职业的发展空间和社会需求度	D. 如何在这个职业中提升自己的能力
E. 其他	
8. 请对自己的性格做一个简单的描述。	
（二）对职业规划需求的调查	
1. 你认为参加学习和培训的主要目的是什么？	
A. 稳定自己现有的工作，真正能学有所用	B. 提升自己的工作职位，能有进一步的拓展
C. 改变自己的职业，重新选择一种职业	D. 学到有用的知识，自己创业
E. 其他	
2. 在对你的职业规划上，希望酒店提供哪种形式的辅导和帮助？	
A. 及时的咨询解惑	B. 合适的工作岗位
C. 各行业和职业背景分析	D. 现有的岗位情况介绍和岗位培训机会
E. 酒店内部人际关系间的沟通与交流	F. 其他形式（若选择其他形式，请在下面写明）

酒店员工职业生涯规划与管理作为对员工职业发展的全方位管理，既涉及企业战略目标，又涉及员工的绩效考核、培训与发展、薪酬管理等方面，而且与酒店企业各项管理活动息息相关，贯穿于企业人力资源管理的全过程。它不仅关系到酒店人力资源的配置与定位，以及充分开发员工潜能和赢得员工积极贡献精神，而且关系到员工个体发展及酒店企业未来的可持续性发展。因此，酒店企业应该加强员工职业生涯管理，建立起一套完整的体系，使职业生涯管理与组织架构设置、岗位设置和员工晋升、考核等各项管理工作有效结合起来，使员工职业生涯管理真正纳入人力资源管理的轨道。

知识拓展

酒店人力资源管理的任务

1. 科学地了解和评价人

酒店为了正常开展业务，必须拥有一批具有各种特长和才能的人员；要不断培养和造就各种人才，其基础是了解和评价人。对人的了解和评价既要从整体出发，确立正确的人生观和科学的评价尺度，也需从每个个体的特殊性出发，了解和评价各个个体的基本素质、思想意识、才智能力、业务水平，造就的可能性和缺陷。只有当每个个体的状态和发展趋势得到客观全面的反映和分析评价，造就人才、开发人力资源才能有一个坚实的基础。

2. 积极造就并合理使用人

造就人是在了解和评价人的基础上，根据每个人的长处和短处，给予外在的条件和培养，产生内在的动力，充实强化从业人员的长处，克服消除从业人员短处，从而促使其成才的过程。

造就人的目的是为了使用人。使用人就是根据每个人的特长和才能，将其放到合适的岗位，使其才智得到尽可能充分的发挥。使用人是在评价人和造就人的基础上，对人量才录用，是人力资源开发的中心任务。

3. 优化组合人才群体结构

必须经过科学合理的配置，一支优秀的员工队伍才能形成最佳的员工组合。酒店员工为了一个共同的目标，通过一定的社会关系，在酒店内组成一个相对独立的人才群体，又通过某种联系形成酒店人才群体结构。这种结构形式决定了各个酒店员工（如总经理、部门经理、服务人员）在群体中所应处的地位和作用，所应承担的相对独立的职责和任务，将他们联系在一起，相互发生作用，形成一个有机的整体。

4. 处理好人才流动问题

在市场经济条件下，人才稳定是相对的，流动是绝对的。但对一家酒店而言，员工流动过快无疑不利于企业的发展。根据有关调查资料，近年来酒店员工流动比较频繁，不少酒店流动率都在 25% 以上。星级越高，流动率越高；学历越高，流动越快；能力强且比较年轻的中低层管理人才及专业技术人才流动大。影响员工流动的五个基本要素是：个人发展、学习、工资福利、成就感和人际关系。面对这种状况，酒店如何留住人才特别是优秀人才，如何建立酒店与员工的相互忠诚关系，就成为人力资源的一个重要课题。

酒店要正确对待、认真处理人才流动，懂得人才流动的客观必然性和人才流动的规律，在保证本酒店人才基本稳定的前提下，允许人才正常流动。酒店对外要进行人才交流，对内则要注意人才的调适。所谓人才调适是指在酒店内部允许各人根据自己的特长和对岗位的适应性，在各岗位之间进行适当的调整。

5. 建立酒店人力资源开发利用体系

要真正达到酒店人力资源开发和利用的目的，必须有一套科学合理的人才开发和利用体系，形成人才辈出的优化机制。首先，要建立一套招聘员工的科学的程序和方法，为酒店挑选一批事业心强、有培养前途的员工。其次，要建立一套科学的培训制度和方法，有效地提高酒店员工的素质和能力。再次，要进行科学的定岗定员，优化结构，发挥最佳的群体效应。最后，要通过科学的管理和激励方法，创造一个良好的人事环境，使员工安心工作，努力工作，进取向上，最大限度地发挥员工的积极性和创造性。

任务 2 控制酒店财力资源

从狭义的角度来看，酒店财力资源管理就是酒店的财务管理，是指酒店利用货币形式，根据国家政策法规和资金运动规律，组织财务活动和处理财务关系所进行的一种全面管理活动。内容涉及对资金筹集与运用的管理、对资金耗费的管理、对资金回收及分配的管理、财务预算与分析等方面。财务管理是酒店经营管理工作的核心，任何一个部门、任何一个人都与财务管理发生着关系。酒店经营从采购到加工、销售、资金回笼，再到采购，都渗透着财务管理。大部分酒店的财务部都由会计核算、审计、收银、采购和库房等部分组成。

任务导入

三种不同观点

某酒店总经理、财务部经理和采购部经理之间因为存货问题发生了如下的争论：

财务部吴经理："邓总，我认为这个问题应立即解决。"吴经理指着总经理办公桌上季度财务报表中"存货"一栏说道。

邓总："这是怎么搞的？"邓总发现存货实际库存已经超过预算30万元。他知道酒店目前短期借款已达500万元，而库存30万元，意味着酒店需要多支付30万元的银行借款利息。而近年来物价都呈现下降趋势，库存增加，显然令他吃惊。于是，他问财务部吴经理："为什么不早报告？"吴经理回答说："财务报表每月都向你汇报啊！"吴经理并不认为自己失职。

邓总："采购部没有执行压缩库存的决定。"于是打电话让采购部刘经理来他的办公室。刘经理很快来到邓总办公室。邓总问道："你是怎么搞的？为什么存货这么多？"

刘经理说："有些原材料，例如×××、×××等，都有涨价的趋势，市场供应量在减少，现在多买一些，一是划算，二是保险。若库存少，以后进货难，影响经营，我可负不了责。"作为采购部的经理，这番话不是没有道理。可是财务部经理不这样认为，总经理也另有想法。

邓总："可是我们现在的效益不好，负债很高，酒店破产了谁来负责？"邓总显然是希望财务部经理支持他的观点。

吴经理："我们库存物资占用资金太多，利息支出的压力很大。"

财务部经理支持邓总的观点，又想减少自己的财务费用。

思考

1. 他们三人谁的观点是正确的？本案例对经营者有何启示？
2. 酒店财务管理包括哪些方面？
3. 怎样才能降低成本？应如何做好财务分析？

任务描述

每个善于经营的企业家都会认识到，经营创收和降低成本是企业腾飞的两个翅膀，缺了哪一个都飞不起来。酒店财务管理通过"筹资管理，投资管理，收入、成本和利润管理，财务分析"等管理任务的完成，实现"价值最大化"的经营管理目标。企业管理者每天都在重复思考一件事：提高竞争力、满足客户、花最少的钱办最多的事！这就涉及企业最敏感的问题，即成本的有效管理。成本管理是企业竞争力的表现，是增加利润的根本途径之一。营业收入是酒店经营成果的货币表现，是酒店的一项重要财务指标。利润是酒店经营活动的财务成果，是酒店经营目的之一。

任务实施

一、编制酒店预算

酒店预算是以统一的货币形态编制的、反映酒店在一定时期的经营活动及经济效益要求的综合性计划。预算管理是针对酒店计划期内各种经济资源的来源和使用情况，以财务数据的形式提出的计划指标。内容涉及酒店经营的各个方面，在整个酒店经营活动中起着重要作用。它从事前预测分析、事中控制到事后监督评价管理酒店经营全过程。预算不仅仅是限制费用开支的手段，更是提高酒店经济效益的有效措施。预算管理不仅决定着财务管理水平，更关系到整个酒店管理的科学化程度。

预算编制是一项专业性和技术性比较强的工作，必须树立全局观、发展观、平衡观、应变观和群众观，既要考虑酒店本身的内在条件，又要考虑酒店所处的环境位置；既要依据酒店历史的、现实的情况，又要预计未来的发展；既要全面安排，又要统筹兼顾；既要先进稳妥，又要灵活留有余地；既要贯彻领导意图，又要有比较广泛的群众基础。

预算编制按照"上下结合、分级编制、财务汇总、审议下达"的程序进行，使预算具有科学性、先进性、适用性。

1. 下达目标阶段

按照国际惯例，每年 10 月，酒店总经理向财务部和各部门下达编制年度预算的任务通知书或工作指令。总经理将责成销售部门根据酒店本年经营情况和下一年度经济形势的初步预测，提出下一年度经营分析报告和销售预算目标，并以此作为酒店制定下一年预算的最重要基础性文件和支持依据，同时分解有关经营任务、成本控制指标等下发各部门。同时，财务部也会向有关部门提供必要的背景材料，包括 1 ~ 3 年各部门各项预算指标的完成情况、当年有关资料等。

2. 编制上报阶段

各预算执行部门按酒店预算管理机构下达的预算目标和编制要求，参照往年和本年度前三个季度的实际发生数，在平均数基础上提出详细的（收入分解到月，费用项目分解到明细科目和物品单价）本部门预算方案上报财务部。

3. 汇总平衡阶段

财务部对各预算执行部门报来的部门分项预算方案进行审查、汇总，提出综合平衡的建议，并报酒店预算管理机构进行审查。对不符合酒店总体经营管理目标的预算提出初步调整意见后，反馈给有关预算执行部门予以修正。在此阶段，财务部应同各部门反复协商、反复平衡，并就修改原因及必要性做出充分解释，以说服各部门经理愉快地接受新的预算，使各部门彼此理解，协商一致，避免发生互相冲突、互不衔接的现象。

4. 审议批准阶段

财务部在相关预算修正、调整的基础上，编制出酒店总体预算方案，报酒店预算管理机构审议。对不符合酒店经营发展战略或者总体目标的内容，酒店预算管理机构责成有关部门进一步修正、调整，在此基础上，由财务部正式编制出酒店总体预算草案，提交总经理办公会审议批准后报上级单位审批。

5. 下达执行阶段

预算经上级单位批准后，财务部将根据审议批准后的预算指标进行分解成一系列预算指标体系，并会同酒店办公室制定具体的考核管理办法，经酒店领导班子会议批准通过后由酒店正式下达至各部门执行。

二、降低酒店成本

随着市场经济竞争的日趋激烈，酒店企业要在竞争中立于不败之地，必须要强化成本管理。因为，在饭菜质量、服务质量相同的情况下，竞争最终体现的是价格的竞争，谁的成本低，就意味着谁可以在同行业价格上显出优势，去争取更多的顾客和市场，从而获得更多的利润。酒店成本发生在经营管理的各个环节,涉及各个部门和每位员工。在激烈的市场竞争中，酒店成本控制始终处于核心和关键的位置，是各家酒店关注的焦点，是争夺客源的重要手段。酒店业要积极实施战略成本管理，以建立和保持企业长期的竞争优势。

1. 客房成本费用的控制

客房作为酒店经营的主要项目，其租金收入占整个酒店的 50% 左右，因此，加强客房营业费用的控制，对降低整个酒店的费用支出具有重要的意义。客房经营过程中发生的各项支出是通过营业费用进行核算的，客房营业费用的高低与客房出租率的高低有直接的关系。客房费用可以分为固定费用和变动费用两部分。固定费用总额不会随出租率的高低而变化，但从每间客房分担的固定费用来讲，则会随着出租率的提高而减少。变动费用却与此相反，变动费用总额会随着出租率的提高而增加，但每间客房的变动费用在一定条件下和一定时期内却是个常数。因此，控制客房费用的支出，降低消耗，需从两方面入手。

（1）降低单位固定费用

客房费用中绝大部分支出属于固定费用支出，且该项支出的绝大部分都是在投资时决定的。所以，有效地控制固定费用需从投资时开始，要进行详细的市场调研、准确的市场定位和酒店的档次定位，控制好投资总额。在酒店建成后，要通过出租数量的增加来降低每间客房分摊的固定费用。另外，要做好对固定设施的日常维护和保养，延长设施使用寿命，减小提前报损的比例。

（2）控制单位变动费用

变动费用虽然相对于固定费用来说占用的比例较小，但其控制的难度较大，若重视不够就会积少成多，造成客房费用的上升和浪费，应做好以下几点：

① 制定并很好地执行客房消耗品支出定额。消耗品定额是对可变费用进行控制的依据，必须按酒店的不同档次，制定消耗品配备数量和等级规格。对一次性消耗品的配备数量，要按照客房出租情况落实到每个岗位和个人，做好登记，以便对每个人所管辖的客房消耗品数量进行对比和考核,并根据具体情况和有关规定进行相应的奖励和处罚。对于非一次性用品的消耗，要按酒店的档次和正常磨损的要求确定耗用量，尽量减少使用不当造成的损耗，加强布草房的领发料控制和安全保卫工作，减少损失。

② 对水电消耗进行有效控制。有的酒店采用划分水表、电表的方式，并通过给部门下达控制指标的方法进行部门控制；还有一些有条件的酒店，通过再投资进行更新改造，实行电子磁卡门锁等装备，有效地降低了电费的消耗。

③ 酒店要适应时代发展的需要，开发建设绿色酒店，注重环保意识的培养和符合环保要求的酒店产品的开发，降低洗涤费的支出，减少对环境的污染程度。

2. 餐饮成本费用控制

酒店餐饮经营特点是现做现卖，品种繁多，风味不同，各具特色，兼有生产、销售、服务三种职能。目前，酒店大多数管理人员把大部分精力都用于餐饮经营上，对于餐饮成本的管理关注很少，一些酒店尽管顾客盈门，但由于餐饮成本高，企业收益却很低，有的甚至亏损。因此，强化酒店餐饮成本管理是当前酒店紧迫的一项主要工作。餐饮的成本包括直接成本和费用两部分，直接成本包括主料、配料和调料；费用包括工资、折旧、燃料、水电等各项费用。餐饮的经营比较灵活，同时难度也是比较大的，因此制定有效的餐饮成本管理制度，实行严格的成本控制，对于减少浪费、提高酒店经济效益具有重要作用。酒店的餐饮成本管理，一方面是精确地计算原材料的消耗和成本的形成，并做好生产过程中的成本控制工作；另一方面是要检查饮食制品的销售毛利及物价政策的贯彻执行情况，努力使酒店成本水平达到规定要求。

（1）餐饮标准成本和毛利率的控制

餐饮直接成本的高低取决于食品成本率的高低，而食品成本率的高低又取决于毛利率的高低。毛利率是毛利与营业收入之比，用公式表示则为

毛利率 = 毛利 / 营业收入 ×100%

毛利是餐饮的收入与直接成本之差，它等于收入减直接成本，等于利润加费用加税金。毛利是利润的基础，毛利率表明毛利在营业收入中所占比重的大小。假如某餐厅一天的营业收入是 25 万元，直接成本是 12 万元，则该餐厅的毛利率为

(25 万 -12 万)/25 万 ×100%=52%

它表明在 100 元的营业收入中有 52 元是毛利，直接成本则是 48 元。这种将毛利包含在营业收入之中的毛利率称为内扣毛利率。然而在现实经营中常常不是先有售价，而是先有成本，然后在此基础上再计算售价，即在直接成本之上加上毛利来计算售价。毛利与直接成本之比称为外加毛利率，或称加成率，其公式为

外加毛利率 (加成率)= 毛利 / 直接成本 ×100%

仍以前例为例，该餐厅的加成率为

(25 万 -12 万)/12 万 ×100%=108.3%

毛利率和加成率在计算使用上各有优缺点。从财务分析上看，毛利率法优于加成率法。因为财务分析计算中常用的各项指标，如费用率、利用率等都是以营业收入 (即售价) 为基数计算的，与毛利率的计算口径是一致的。从计算食品售价上看，根据配料成本求售价，采用加成率就较为方便。实际工作中，往往已知的毛利率都是内扣毛利率。如果用加成率计算售价，要进行换算，即

加成率 = 内扣毛利率 /(1- 内扣毛利率)

内扣毛利率 = 加成率 /(1+ 加成率)

从上面所述来看，直接成本与毛利率的关系极为密切。毛利率越高，成本率越低，成本就越低；反之，毛利率越低，成本越高。如果酒店一味提高毛利率，就会降低消费者应享有的食品量，使消费者的利益受到侵害。因此，国家对餐饮的毛利率都规定有一个上限，酒店在不突破上限的情况下可以自由选择。从酒店本身来讲，为了控制餐饮成本的支出，可以实行标准成本控制法，对食品菜肴的成本支出实行定额管理，即通过“标准分量”、“标准菜谱”、“标准成本”来控制成本。其中，标准菜谱是控制成本的依据，它的制定有助于确定标准食品成本，有助于合理确定售价，有助于保证制作高质量的食品。将标准成本与实际成本进行比较，发现差异后，要进一步分析形成差异的原因，提出改进措施，从而提高成本控制水平。

例如：某餐厅生产凤尾虾仁菜，按照标准需投主料活虾 500g，采购价为 28 元 /500g，生产 20 份共需 10 000g，计 560 元。而实际采购价是 25 元 /500g，实际投入了原料虾 12 000g，计 600 元。按标准成本计应为 560 元，而实际成本为 600 元，实际成本比标准成本多支出 40 元。进一步采用差异分析法进行分析，发现形成该差异的原因是实际耗用量及采购价与标准不一致造成的。由于耗用量而形成的差异为：(12 000-10 000) × 28/500=112（元），由于采购价而形成的差异为：(25-28) × 12 000/500=-72（元）。

（2）食品原料采购控制

由于食品原料种类繁多，季节性强，品质差异大，所以采购的质量和价格对食品的成本有很大影响。采购控制的关键是明确采购标准，建立健全采购制度，严格控制采购数量，在充分比较各供应商的报价及其食品原料的出品率基础上，选择合适的供应商。

（3）食品原料验收、发放和存货控制

食品原料验收是为了确保购进的原料质量符合采购所规定的要求，验收程序主要是核对价格、盘点数量和检查质量。原料发放控制的目的是保证厨房生产供应，控制厨房用料数量，以正确计算厨房成本。发放控制可通过领料单进行。存货控制的目的是为采购和成本核算提供依据，防止损失和偷盗。常见的存货控制有永续盘存制和实地盘存制。永续盘存制要求逐笔记录由于食品原料的验收和领料而发生的存货数量和金额增减变化。这种方法通常为手工操作，需要大量的时间，所以，采用永续盘存制的酒店不多，只有大型酒店才采用这种方法。实地盘存制又称定期盘存制，它是通过点数、称重或计量的方法来确定存货数量，一般情况下是每月一次。为有效控制，盘存应由非保管人员参加。从会计核算来看，永续盘存工作量大，但可以真实反映当期餐饮原料实际成本，有利于成本管理和核算；实地盘存制核算简单，但易使餐饮原料盈亏和耗用混淆不清，不利于成本管理和核算，酒店应视其具体情况选择使用。

3. 商品成本的控制

从理论上讲，商品成本应以是否增加销售商品的价值为界限。也就是说，凡是支付给生产供应单位的购进价格及购进和储存过程中支付的费用支出都应属于商品成本。但在实际工作中，为了简化核算手续，一般企业的商品销售成本只限于计算商品进价，酒店的商品成本也不例外。因此，狭义的商品成本管理主要是检查商品部门一定时期销售商品进价成本总额是否合理、真实，计算是否正确。它对于商品资金的计量和经济效益的考核有着直接的、重要的影响，需要切实加强管理。

同一商品的销售数量以售价计算为销售额（营业收入），以进价计算为进价成本。这种“同量殊价”的特点决定了：第一，进价成本属于变动成本，适用于采用定率控制，即要求进价成本保持与销售额的合理比率——合理的进价成本率，这是对进价成本管理的基本要求。第二，“同量殊价”的差额为毛利额，差率为毛利率。在实际工作中，可以利用毛利率既控制销售额与毛利额的数量界限，争取基本商品收入的实现，又控制进价成本，争取保持在合理的水平上。因为

$$进价成本额 = 销售额 - 毛利额$$

$$进价成本率 =1- 毛利率$$

所以，毛利率具有双重控制作用。利用毛利率反馈控制进价成本率，考核进价成本是否合理，是实践中常用的控制进价成本的有效方法。为了加强对毛利的控制，需要计算和考核毛利额

和毛利率指标。毛利额是商品部门在一定时期内从事商品购销业务活动所取得的毛利的数额。毛利率是毛利额占商品销售额的比率，表示每百元商品销售额平均实现的毛利额。其计算公式如下

$$毛利率 = 毛利额 / 商品销售额 \times 100\%$$

毛利率可按整个部门计算，或按营业柜、组（结合商品大类）分别计算，也可按每种商品计算。前两种是全部商品或柜、组商品的综合毛利率，后一种是每种商品的个别毛利率。商品部门每种商品的毛利是由该种商品的销售量和进销价格构成的，其计算公式为

$$\begin{aligned}某种商品毛利额 &= 该种商品销售收入 - 该种商品销售进价\\ &= 该种商品销售量 \times (售价 - 进价)\end{aligned}$$

商品部门全部商品的总毛利额由各种商品的销售量和进销价格构成，或者是由商品销售总额、各种商品的销售比重及各种商品的毛利率构成。其构成公式为

$$\begin{aligned}总毛利额 &= 商品总销售额 - 总销售成本\\ &= \sum[每种商品销售量 \times (售价 - 进价)]\\ &= \sum(商品销售总额 \times 每种商品销售比重 \times 该种商品毛利率)\end{aligned}$$

在商品总销售额和每种商品的毛利率都不变的条件下，毛利高的商品销售比重上升，综合毛利率会提高；反之，综合毛利率就会下降。总毛利额变动的因素有三个：一是商品销售总额；二是每种商品的进销价格；三是每种商品的销售比重。为了保持合理的毛利率，控制进价成本水平，应做好各方面的工作。从财务管理角度来讲，一般应抓好如下工作：

① 要经常了解经营商品的价格状况，知道哪些商品的价格较为合理或不够合理，掌握主要商品进价的最低经济界限和政策依据。从保证合理盈利出发，考察商品进销差价率是否合理，为进货提供参考依据。

② 加强进货环节的验质、审价工作，使购进的商品质价相符，进价合理。

③ 建立健全定期核实商品库存价值的制度，以适应新陈代谢、商品更新换代的需要。这样，可以保持商品库存质价相符，价值能顺利得到实现，实物能顺利得到更新，使收入、成本保持平衡，合理体现各个时期的毛利水平。为此，酒店还需积极、慎重地做好有问题商品的削价处理工作。

④ 监督有关部门和人员，认真执行国家价格政策。

⑤ 定期核定进价成本的计算和结转是否正确。

三、增加营业收入

酒店的营业收入是指酒店在某一时期内，通过提供劳务、出售商品或从事其他经营活动所取得的货币收入。它包括出租客房、提供餐饮、出售商品、代办手续及其他服务项目所得的全部收入。对于酒店企业而言，客房和餐饮是其主营业务收入，而其他则属于附属业务收入。加强对酒店营业收入的控制，使其及时得到收回，对于保证酒店资金的正常循环与周转，促进经营水平的提高，具有极其重要的意义。

1. 酒店营业收入的确认

作为一项重要的财务指标，营业收入是酒店企业经营成果的重要表现之一。及时、合理、准确地确认营业收入的实现，是营业收入管理的首要任务。其直接决定着酒店营业收入指标

的大小及合理与否，并进而影响着酒店的利润。

(1) 营业收入的时间确认

营业收入是酒店企业的主要追求目标，它在很大程度上反映了一家酒店在某一时期内经营成果的好坏，影响着投资者、管理者和全体员工的利益。营业收入也是确定当期收益的依据，当期费用的大小只有在营业收入确定的基础上才能予以确定。因此，营业收入确认的时间是否合理，直接关系到盈利的准确性。按照规定，酒店应采用权责发生制来核算营业收入：凡是在本期取得的收入，不论其款项是否已收回，都视为本期收入；凡是不属于本期形成的收入，即使款项在本期收到，也不能作为本期收入。所以，酒店应当在劳务已提供、商品已发出，同时价款已收讫或已取得收取价款权利的凭证时，才能确认营业收入的实现。当期发生的销售折扣及销售退回，应冲减当期的营业收入。

(2) 营业收入的数额确认

构成和影响酒店营业收入的因素较多，因而确认营业收入的正确数额显得较为复杂。一般来说，影响营业收入的相关因素有：

① 价格。在营业量一定的条件下，酒店营业收入的高低取决于价格的高低。在定价时，既要坚持按质论价的原则，又要符合市场供求规律。除了为提供服务而支出的成本费用及应得的利润外，酒店产品的价格还可以包括某些税金。

② 折扣。折扣属于销售调整的项目，它对营业收入数额的准确性影响最大。销售的入账金额是发票价格减除商业折扣后的净额。为了鼓励顾客及时付款，酒店通常会给予一定的现金折扣。一种处理方法是以现金净收入额作为营业收入，如果将来没有发生折扣，则将现金折扣作为追加收入记入营业收入。另一种处理方法是以发票价格作为营业收入，当将来现金折扣实际发生时，再冲销营业收入。

③ 退赔。在经营过程中，由于酒店自身的过错，未达到国家或行业规定的服务质量标准，而造成顾客权益的损失，消费者有权要求退赔。当退赔或折让实际发生时，原来记入的营业收入就应全部或部分地冲销。

④ 坏账。当顾客无力支付其所欠的应付账款时，就会产生坏账。它是酒店企业在营业收入环节中发生的损失费。坏账实际发生时，应对收益进行调整。这种调整往往不是直接减少销售收入，而是以费用的形式来冲销当期收益。

(3) 应计收入和实际收入的确认

随着市场经济体制的建立，酒店企业的销售方法亦趋向于多样化。尤其在采用事后结算的赊销方式时，实际收入往往会受到顾客是否真正享受折扣、是否具有支付能力、是否符合双方的合同要求等多种因素的影响。所以，应计收入和实际收入很难完全一致，对营业收入和应收账款的调整工作常会发生。酒店必须加强管理，及时办理结算，对结算期过长的款项，要设专人催收，以减少资金占用。

(4) 销售折扣和过失退赔的确认

酒店高固定成本的特点决定了增加销售量的重要性，如果没有顾客前来消费，营业收入就无法实现，失去的损失也不能弥补。增加销售量的有效手段就是针对不同的情况给予销售折扣。需要指出的是，销售折扣必须根据客源结构而定，不能将其变为恶性竞争的工具。另一方面，由于种种原因，酒店所提供的服务可能达不到顾客的要求，从而产生了部分折让或全额退赔的发生。虽然折让的原因各不相同，折让的要求也因人而异，但其产生的原因都是酒店硬件或软件上的不足。所以，从财务处理的角度来看，折扣和退赔有某些共同之处，但本质和产生的动因是完全不同的。前者是一种积极的经营策略，后者是一种消极的弥补措施，不能一概而论。

2. 酒店营业收入的控制

（1）客房部营业收入的控制

酒店应建立健全客房收入的内部控制制度。通过客房收入的发生、确认、计算、取得、汇总等一系列活动，对酒店客房收入进行有效的控制。

① 内部控制的原则。

a．合法性。客房收入的内部控制必须在合法的前提下进行，无论是客人入住手续，还是房费的计价、增减，都应符合相关法律法规、有关部门及酒店企业管理的程序。

b．完整性。酒店企业的所有客房收入都必须无一例外、一分不漏地全部统计在内。

c．准确性。酒店企业的客房收入应用科学的方法准确地计量，并在相当长的一段时间内，保持计量方法的一致性。

d．及时性。酒店企业的客房收入应按规定及时入账，暂时收不回来的，应该有相应的措施加以催收。

② 客房收入的内部控制体系。客人办理完毕入住手续，住进客房，开始享用客房住宿使用权后，则标志着销售实现；向客人提供和保持整洁、舒适的客房环境，并且为满足其各种合理需求而进行相关工作，就意味着提供服务；在客人离店时，结算收取其享用客房及服务的相应款项，即为收款。这一系列的工作涉及销售部（或前厅部）、客房部、财务部三个主要部门。三个主要部门相对独立，又相互制约，构成一个控制体系。该体系以前台结账为中心构成一个收入信息系统，如图 4-14 所示。

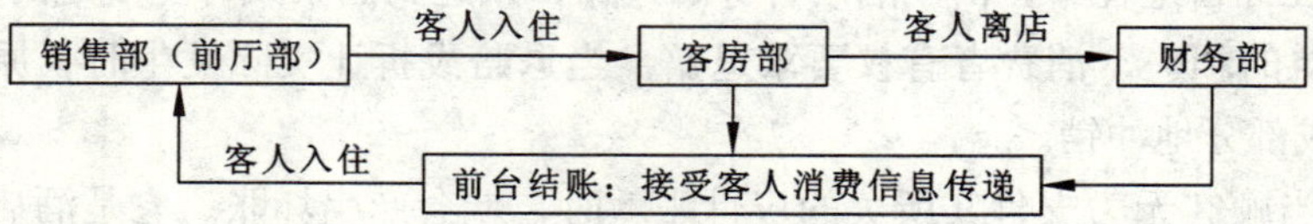

图 4-14 酒店客房收入内部控制体系图

（2）餐饮部营业收入的控制

① 餐饮收入控制的手段。酒店企业餐饮收入控制的主要手段是单据控制。为此，酒店应设计和运用诸如取菜单、餐饮账单、内部交款单、收银日报单等单据，以及时反映酒店餐饮收入的发生、取得与入账。必须做到单单相连、环环相接，以免出现错误或舞弊现象。

② 餐饮收入的日常控制。餐饮收入的日常控制主要采取“三单两线”的方法，如图 4-15 所示。其三单是指：取菜单、订菜单、收款单。两线是指：菜单传递线与现金传递线。传递过程互不交叉，特别是线、单不能由同一个人掌管，从而形成钱、单、物经手人之间的互相核查、互相监督。

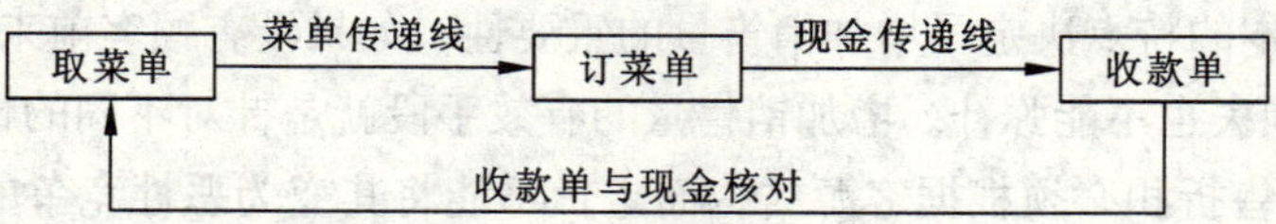

图 4-15 餐饮收入的“三单两线”控制法

四、做好财务分析

酒店财务分析是酒店财务管理的一个重要方法，每到经营期末，酒店通过编制一系列财务报表对当期的财务状况、经营成果进行分析，对成果的有关问题进行总结。酒店除定期编制资产负债表、利润及利润分配表、现金流量表（年报）报送外，还要编制一系列内部指标分析表。

1. 酒店财务分析的步骤

一般来说，酒店财务分析可按准备材料、对比分析、研究改进三个步骤进行。

（1）准备材料

财务分析是在对各项数据材料进行分析、计算的基础上进行的。酒店应建立起企业内部完整的统计、会计核算体系，以收集酒店经营的各项数据材料。同时，酒店也要广泛收集其他有关资料，将它们与酒店的财会、统计资料相结合，为财务分析提供准确、可靠的依据。

（2）对比分析

科学地运用正确的方法，对所收集的数据材料进行具体的技术处理，以求预算和指标的差异及差异的原因，并从众多的因素中找出主要矛盾，便于改进。

（3）研究改进

通过分析，酒店应对经营中存在的问题提出合理、有效的改进措施和解决办法，改善经营管理，提高经济效益。

2. 酒店财务分析的方法

（1）比较分析

比较分析是将同一财务指标在不同时期的执行结果进行比较，从而分析差异的一种方法。一般有绝对数比较及相对数比较两种方法。

（2）因素分析

一项财务指标往往受多种因素影响，可将其分解成各个构成因素，然后从数量上分析每个因素的影响程度。具体应用有不同的形式，其中，差额计算是常见的一种，它利用各个因素实际数与标准数之间的差异计算各因素变动所产生的影响。

设某财务指标 E 受 a、b、c 三个因素影响，且 E 为三因素的乘积。则 E 的实际数与计划数及有关因素的关系如下：

计划指标：$E_0=a_0 \cdot b_0 \cdot c_0$

实际指标：$E_n=a_n \cdot b_n \cdot c_n$

分析实际指标与计划指标所产生的差异，其计算公式如下：

a 因素变动的影响：$(a_n - a_0)\ b_0 \cdot c_0=A$

b 因素变动的影响：$a_n\ (b_n - b_0)\ c_0=B$

c 因素变动的影响：$a_n \cdot b_n\ (c_n - c_0)=C$

三因素影响合计：$E_n - E_0=A+B+C$

例如：某酒店餐厅本月耗用原材料计划总额为 4250 元，实际为 5184 元，超支 934 元。计划加工饮料 1000 瓶，实际加工数量为 1200 瓶。资料如表 4-13 所示。

表 4-13 餐厅原料耗用资料

项 目	计 划 数	实 际 数	差 异
产量 / 瓶	1000	1200	+200
单耗 / kg	5	4.8	-0.2
原料单价 / 元	0.85	0.9	+0.05
成本总额 / 元	4250	5184	934

产量变动对成本总额的影响：(1200-1000) ×5×0.85=850（元）

单耗变动对成本总额的影响：1200×（4.8-5）×0.85=-204（元）

原料单价变动对成本总额的影响：1200×4.8×（0.9-0.85）=288（元）

三因素对成本总额的共同影响：850+（-204）+288=934（元）

(3) 平衡分析

平衡分析是利用指标间的平衡关系，分析指标间的差异，测定指标变动的影响因素的一种方法。在酒店财务分析中主要用来衡量资金来源和资金占用的平衡关系。

(4) 比率分析

比率分析是计算有内在联系的两项或多项指标之间的比例关系，据以分析酒店经营活动的质量、结构和水平的方法。在酒店财务分析中主要运用两类：一是以营业收入为计算基数的经营效益指标，如利润率、资金占用率、费用率等。二是以利润额为对比对象的综合经济效益指标，如资金利润率、人均创利额等。

(5) 动态分析

动态分析是将某项财务指标历年的数据按时间顺序排列成动态数列，据以分析其发展趋势、发展速度、发展规律的分析方法。在酒店财务分析中主要有定基和环基对比两种形式。

知识拓展

酒店财力资源管理的方法

1. 财务预测

财务预测是根据财务活动的历史资料，考虑现实的要求和条件，对酒店未来财务活动和财务成果做出科学的预计和测算。其工作程序为：明确预测对象和目的；搜集整理资料；确定预测方法；确定最佳方案。

2. 制定财务决策

酒店财务决策的主要内容包括筹资决策、投资决策、成本费用控制决策及收益分配决策等。首先选择决策目标，科学的决策目标要符合四个要求：针对性、具体明确性、全面系统性、可行性。其次是选择措施方案，科学的方案决策要符合以下几个要求：一是方案执行结果应能实现所制定的决策目标；二是实现目标所付出的代价最小，而且方案实施后所产生的副作用要尽可能地小。

3. 编制财务预算

在财务预测的基础上编制财务预算是财务管理的重要方法之一。财务预算一般包括销售预算、成本费用预算、利润预算、现金预算、预计资产负债表等。

编制财务预算一般包括四个步骤：一是进行财务预测；二是编制部门预算草案；三是在各部门的预算指标基础上编制酒店财务预算，财务部门对各部门的各项指标进行核对和研究，本着综合平衡的原则编制出酒店财务预算草案；四是由总经理召开预算会议，由总会计师（财务总监）宣布财务预算草案的各项指标，经过充分讨论修订后，可制定出正式预算并下达给各部门。

4. 组织财务控制

财务控制是以财务预算指标和各项定额为依据，对资金的收入、支出、占用、耗费等进行计算和审核，找出差异，采取措施，以保证预算指标实现的一系列活动。

5. 开展财务分析

财务分析是以会计核算资料为主要依据，对酒店财务活动的过程和结果进行分析对比，对预算完成情况及财务状况做出评价，提出改进措施。通过财务分析，一方面可以掌握财务预算的完成情况，发现影响财务成果实现的因素及影响程度；另一方面可以总结经验，发现问题，为下一轮财务预算工作的改善提供依据。

6. 实行财务审计

财务审计以核算资料为主要依据，对酒店经济活动和财务收支的合理性、合法性、有效性进行审计，这是实现财务监督的主要手段之一。

任务 3 保障酒店物力资源

物资用品保障管理是指为确保业务需要，提供优质服务，围绕酒店物质资料的使用价值和费用消耗所进行的物品计划、采购、储存、使用等各项管理工作的总称。它是反映酒店等级规格、满足客人消费需求的依据，又是酒店和各部门保证供应、加快周转、降低消耗、节省费用的重要工作任务之一。

任务导入

冰冻海鲜产品的仓储

初夏是江南某地区冰冻海鲜价格最低的时候，酒店采购部在这个时候利用低价采购相当数量的冰冻海鲜产品。这些海鲜产品需要有相当大的冷库储存，可是现在的酒店没有这么大的冷库。采购部采购了这些海鲜产品以后，就把这些海鲜产品存放在供应商的冷库里，由酒店支付一定的仓储费。采购部把一份寄存海鲜产品的清单同时交给财务部。在完善手续后，餐饮部每天需要多少海鲜产品及时向采购部报领，采购部在前一天向供应商提出送货。在同一天，供应商把海鲜产品送到餐饮部的冷库。采购部在部门的物资账上、供应商的库存账上同时做好物资的进出记录。采购部认为，在物资低价时采购海鲜产品节约了成本，把海鲜产品存放在供应商的冷库中，虽然支付了一些仓储费用，但比酒店自己拥有冷库的维护费和仓储费要低。海鲜产品随叫随到，能够保证物资的供应和海鲜产品的新鲜度。

思考

1. 酒店的物资保障管理包括哪些主要内容？
2. 案例中采购部这样的采购和仓储方法是否合理？为什么？
3. 怎样做好物资的采购、仓储与发放工作？

任务描述

“巧妇难为无米之炊”。酒店的经营活动必须有一定数量的物资供应做基础。物资采购与供应是酒店中最容易引起争议的工作。阳光化的操作也许是最简便的方法，既可杜绝错误，也可避免相互猜忌和抱怨，更有利于防止相关人员犯错误。酒店的物资保障管理是一个综合性的管理过程，这个过程既要管理物资的进，也要管理物资的出；既要管理物资的消耗，也要管理物资的储备；既要管理物资的合理投入，也要管理物资的成本费用；既要管理物资静态的存在，也要管理物资的运动过程。

任务实施

一、合理确定物资定额

酒店物资定额分为消耗定额和储备定额两种。消耗定额是指在一定时期内，为完成接待任务所需要的单位产品或单位接待能力的物资用品耗用数量。储备定额则是指在一定时期内，为保证接待服务活动不间断进行所需要的物资用品的储存数量。

1. 酒店物资消耗定额的确定

（1）确定酒店物资消耗定额的工作程序

① 酒店将物资消耗定额的任务下达到各个部门，并详细说明物资消耗定额的意义及各部门进行物资消耗定额的工作要求和确定物资消耗定额的标准。

② 各部门根据自己的特点详细制定单位产品或单位接待能力所需的物资配备表，注意区别一次性消耗物品和多次性消耗物品。

③ 确定客用一次性消耗物品单位时间或单位产品的消耗定额。

④ 确定客用多次性消耗物品在寿命期内的损耗率或一段时间的更新率。

⑤ 综合汇总。

（2）掌握确定酒店物资消耗定额的方法

由于酒店物资用品的消耗方式不同，其定额制定方法也不完全相同。主要有以下三种：

① 一次耗用定额法。即根据单位物资用品每天平均耗用量和计划业务量的大小，核定一

定时间内的物资用品消耗定额。这种方法主要适用于酒店客房、餐厅的客用一次性消耗物品的定额制定。其计算公式为

$$Q=B\times X\times f\times t$$

式中：Q 为某种物品定额；B 为单位接待能力配备量；X 为客房或餐位数量；f 为设施利用率；t 为定额天数。

在上式中，单位接待能力配备量在客房是指单间客房每天一次性物品配备数量，如茶叶、卫生纸、洗发液、浴液等的每间房每天平均配备量；在餐厅则是指平均每个餐位每餐的配备数量，如牙签、餐巾纸等一次性物品的餐位平均配备量。设施利用率在客房表现为出租率，在餐厅表现为座位利用率。

例如：某酒店有客房 320 间，中餐厅座位 180 个（含小单间）。按四星级标准，客房、餐厅客用一次性物品配备标准如表 4-14 所示。旺季 210 天，客房计划出租率 86.5%，餐厅座位利用率 98.4%。请核定部分物品消耗定额。

表 4-14　物品配备标准

客 房 物 品			餐 厅 物 品		
牙刷牙膏	2 套 / 间	1.5 元 / 套	餐巾纸	1 份 / 座	0.02 元 / 份
小香皂	2 块 / 间	0.5 元 / 块	牙　签	1 份 / 座	0.01 元 / 份
茶　叶	6 包 / 间	0.08 元 / 包	茶　叶	1 份 / 座	0.05 元 / 份
拖　鞋	2 双 / 间	1.6 元 / 双	垫盘纸	1 份 / 座	0.06 元 / 份

分析：根据题目已知条件，按公式直接计算，如表 4-15 所示。

表 4-15　物品消耗定额

客房物品消耗定额			餐厅物品消耗定额		
品 名	数 量	金 额	品 名	数 量	金 额
牙刷牙膏	116 256	174 384	餐巾纸	37 195	743.90
小香皂	116 256	58 128	牙　签	37 195	371.95
茶　叶	348 768	27 901.44	茶　叶	37 195	1 859.75
拖　鞋	116 256	186 009.6	垫盘纸	37 195	2 231.70
合计　446 423.04 元			合计　5 207.3 元		

② 更新耗用定额法。即根据单位物品配备数量，分析计划期内的物品使用损耗程度，确定更新率而制定消耗定额。这种方法主要适用于客房、餐厅、康乐等部门的客用多次性物品的定额制定。如客房的床单、毛巾、杯具，餐厅的台布、口布、餐具等。其定额是指计划期内更新补充的数量，即为消耗定额。计算公式为

$$Q=B\times X\times r$$

式中：Q 为某种物品定额；B 为单位接待能力配备量；X 为床位或餐位数量；r 为物品更新率。

例如：仍以上题为例，该酒店有客房 320 间，床位数 530 张。客房棉织品每床配备 4 套，配备标准如表 4-16 所示。酒店中餐厅有餐台 28 张，餐位 180 个，台布、口布每台配 5 套，餐具用品配备如表 4-16 所示。请核定客房、餐厅部分客用多次性物品年度消耗定额（表中最后一栏为年度更新率）。

表 4-16　物品配备标准

客房物品				餐厅物品			
床单	2 条 / 床	58 元 / 条	20%	台布	1 条 / 台	65 元 / 条	25%
毛巾	2 条 / 床	18 元 / 条	22%	口布	1 块 / 座	8 元 / 块	28%
枕套	2 条 / 床	6 元 / 条	20%	菜盘	2 个 / 座	4.8 元 / 个	18%
杯具	2 个 / 床	1.2 元 / 个	20%	汤碗	1 个 / 座	2.5 元 / 个	18%
茶壶	2 个 / 房	16 元 / 个	5%	筷子	1 双 / 座	0.3 元 / 双	10%
烟缸	2 个 / 床	3.5 元 / 个	20%	酒杯	2 个 / 座	0.5 元 / 个	20%

根据题目已知条件，按公式计算定额，如表 4-17 所示。

表 4-17　物品消耗定额

客房消耗定额				餐厅消耗定额			
品　名	配备定额	消耗定额	耗用金额	品　名	配备定额	消耗定额	耗用金额
床单	4 240	848	49 184	台布	140	35	2275
毛巾	4 240	933	16 794	口布	900	252	2016
枕套	4 240	848	5 088	菜盘	360	65	312
杯具	1 060	212	254.4	汤碗	180	33	82.5
茶壶	640	32	512	筷子	180	18	5.4
烟缸	1 060	212	742	酒杯	360	72	36
合计金额			72574.4 元	合计金额			4726.9 元

③ 日均用量定额法。即根据物资日均用量和计划期天数来核定消耗定额。这种方法主要适用于酒店及各部门办公用品、清洁用品、服务操作用品等消耗量的定额制定。为减少资金占用，计划期天数一般以月、季数为基础。其计算方法为

$$Q=D\times t$$

式中：Q 为物品定额；D 为日均计划用量；t 为计划期天数。

2. 酒店物资仓储定额的确定

在酒店业务经营过程中，为保证各项业务活动不间断地进行，减少采购事务成本，赢得合理价格，需要适当库存一些物资用品。仓储定额制定方法主要有三种：

(1) 经常仓储定额法

经常仓储定额法即根据物资用品日均消耗量和前后两批物品进货间隔期的长短来核定库存物品数量。日均用量一般应根据淡旺季不同，以实际统计数字为基础。进货间隔期根据物品种类不同，从十几天到二三个月不等，其计算公式为

$$Q=D\times(t_1+t_2)$$

式中：Q 为物品库存定额；D 为物品日均用量；t_1 为间隔周期；t_2 为提前天数。

(2) 经济仓储定额法

经济仓储定额法即根据物品每次订货费用、库存维持费用高低，在保证不出现缺货损失（因缺货而影响业务造成的经济损失）的前提下来制定库存定额的一种方法。这种方法主要适用于单位成本较高、采购供应容易缺货，而酒店又需要经常使用的物品制定其储备定额。其基本思路是：当一种物品在计划期内的需求总量确定后，其一次采购量与订货费用成反比关系。即批量越大，采购次数越少，其订货费用就越少。但一次采购量和库存维持费用则成正比关系，即批量越大，

花费在库存管理中的费用也越大。经济批量就是指花费在物品管理中的订货费用和储存费用都最少，而又不出现缺货损失的物品一次采购量，即经济库存量。其定额制定方法是

$$Q=\sqrt{\frac{2C\times D}{P\times r}}$$

式中：Q 为经济库存（采购）量；C 为计划期需要总量；D 为每次订货费用；P 为物品进价；r 为库存维持费用率。

（3）零库存定额法

零库存是指酒店基本不安排库存，而由供应商根据采购订货协议或合同，随时为酒店及有关部门提供物资用品并送货上门的一种管理方法。说是零库存，一般也不是绝对无库存，而是根据物品种类和使用情况不同，只保留 2 ～ 3 天应急需要量。其余物品则每天请供应商按合同要求的品种、规格、型号、质量要求等按时送货。采用这种管理方法的好处是可以大量减少库存量和资金占用，节省费用开支。但不足之处是价格会相对较高，遇到特殊情况或供应商出现问题，可能出现物品短缺，影响业务的正常开展。

二、及时采购酒店物资

酒店物资采购管理是建立在酒店物资定额的基础上的，它是酒店物资管理工作的第二个环节。酒店物资的消耗定额中详细规定了保证酒店经营活动正常开展所需的物资的品种、数量，酒店物资的仓储定额详细规定了酒店必须储存多少物资才能保证经营的连续性，并使酒店的成本和开支降低。物资采购工作就是参照既定的物资定额（包括消耗定额和仓储定额），在不同的时间段内采购不同品种、不同数量的物资，以维持酒店的正常运转。物资采购管理的任务就是管好、理顺酒店的一切采购行为及采购环节。物资采购管理要求酒店制定合理的采购计划，挑选合适的采购人员，督促他们认真比较采购价格，选择合适的供货商和支付方式，本着“质量至上、节约为本”的原则进行采购。也就是说，酒店必须对采购的全过程进行管理和控制，杜绝采购过程中种种额外的开支，达到“节支保本”之目的。

1. 制订采购计划阶段

在这个阶段，采购部门大量收集各种信息，进行市场调查，研究酒店内各业务部门提出的物资采购申请，确定确需采购的物资种类和采购数量以及采购渠道、采购日期，制定采购工作计划。

2. 采购执行阶段

在这个阶段，采购部门广泛征集所需各类物资的供货商信息，并谨慎审查，认真比较各供货商的优劣，结合酒店经营的实际情况选择合适的供货商，实施订货与采购。

（1）确定物资用品采购价格

酒店物资用品花色品种很多，价格各不相同，特别是开业前的配备采购，批量很大。为此，采购价格必须采用多方寻价、公开招标、集体定价方式，坚持价比三家、货比三家的原则，才能合理制定价格，降低进价成本。其价格制定方法是：将物资用品分为不同的定价期，每批物品每次采购前，事先掌握市场行情，制定货源报价表，然后由酒店采购人员、财务主管人员、库管人员和业务主管人员共同确定采购价格或招标价格，供应商轮流与上述人员（集体定价人员）协商价格。在此基础上，采购计划报总经理审批，然后打印出价格单，分发采购、库管、财务和业务主管签字人员，共同监督采购价格的执行。

(2) 按计划组织物资用品采购进货

在采购计划和采购价格确定的基础上，开业物资用品配备采购一般是由酒店组织专门人员，按计划数量和价格，与供应商签订采购合同，批量一次或分批组织进货。日常物品采购按月季采购计划表和价格标准，由采购人员按时组织进货。每次采购过程中要坚持做到品种对路、质量优良、价格合理、数量适当、到货准时，既要保证酒店和各部门业务经营活动需要，又要严格制度、廉洁奉公、不牟私利。

3. 采购控制阶段

采购控制阶段的工作是要将采购活动的资金流动和实物流动严格控制在计划之内，包括采购成本控制和采购程序控制。采购成本控制是指采购全过程的总成本的控制，包括所有物资的采购成本、订货成本、仓储成本及缺货的机会成本等，这些成本都必须通过严格的核算程序控制在计划之内。程序控制主要是指对物资的实物交接环节进行严格的控制，包括监察每批订货与到货的数量、价格、日期、质量、供货商是否相符等。

三、正确储存酒店物资

仓储管理是指物资从入库到出库之间的完整的管理和控制过程，它从验收物资开始，将各类物资合理储藏，保障库存物资的数量安全与质量安全，并进行物资出库控制。其程序如图4-16所示。

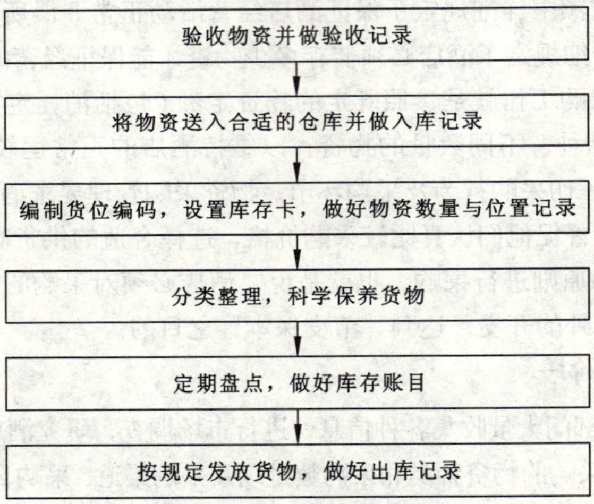

图4-16　物资仓储管理工作程序

1. 入库验收

入库验收是库房管理的首要环节。一是要坚持所有物品购入都必须经过入库验收，就是直接投入使用的物品和食品原材料也不例外；二是每次验收都要以发票为基础，逐项验收物品数量、质量、价格，凡发现在这三个方面存在问题的，均不许入库，按制度处理；三是把验收结果认真填写入库验收单，采购员必须将入库验收单副本作为发票副联，才能报账。

2. 科学储存保管

物资用品入库后，科学储存保管重点是做好两个方面的工作：一是账务管理工作。每个库房要有“库存物品明细账”、分类摆放的物品在其货位上的“库存货卡账”、每月底库存物品的“进销存月报表”三个账目，才能保证各种物品的来龙去脉清楚。二是库房日常管理工作。包括库房卫生、温度与湿度掌握和调整、物品每次入库的分类码放，以及保管过程中各种物资用品在必要时的核实、调拨、报损、退货、报失、回库、调价、申补等。这些工作都必须采用科学的方法，才能保证库存物品安全，符合酒店要求，保证业务需要。

3. 做好库房盘点

酒店所有库房每月底必须盘点一次，以便为酒店和各部门的消耗核算提供数量根据。其盘点方法：一是正式盘点前必须根据库存货卡和明细账算出各种物品的库存账面余额，以此作为盘点结果的比较依据。二是逐项盘点、逐项记录库存实际余额，做到盘点记录准确。三是盘盈盘亏，都要找出问题，查明原因。特别是需要报损、处理的物品，均要报领导批准。四是每次盘点和账面处理报领导和财务批准后，要做好库存物品的账面调整，以保证下月记账的基础数据准确。

4. 加强出库管理

一是坚持所有物品出库，均凭有使用部门主管签字的领料单办理，不得打白条。二是每次出库，当面办好交接货物与手续，认真填好出库单，遵守库房管理制度。三是出库单据及时送财务部门核算记账，并认真做好库房明细账、库存货卡的账面调整。

知识拓展

酒店物资管理的任务

1. 做好开业标准配备，保证酒店等级规格

酒店物资用品配备是根据酒店等级规格和接待能力，事先运用开办费用在正式开业前逐项完成的。它既是酒店物资月品管理的起点和重要任务，又是保证酒店等级规格和开业后的业务活动需要及顾客消费需求的重要条件。

2. 合理制定消耗定额，为物资管理提供依据

酒店物资用品配备完成后，随着业务活动的开展，各种物资用品都处于消耗过程中，消耗方式有一次性消耗和多次性消耗两种。前者是指被顾客一次使用就已消耗掉而需要补充的用品，如一次性拖鞋、茶叶、食品原材料等。后者是指在一定时期内可供顾客反复使用的物品。为此，酒店物资用品保障管理就要针对物品消耗的方式不同，分别制定消耗定额和储备定额。

3. 编制物品采购计划，保证业务开展需要

酒店物资用品在开业初期大多是成套配备的，其他物品则按一定时期的需要量配备。在业务管理过程中，物资用品计划都是根据业务发展需要编制月、季物品补充采购计划为主。为此，做好物资用品保障管理，必须分类做好物品采购计划，掌握资金使用，在保障业务需要的前提下降低资金占用，加强资金周转。

4. 加强物品使用管理，节省酒店费用开支

即每天都应根据酒店各部门业务发展需要，按消耗定额发放、使用物资用品，做好原始记录和统计分析，考核物资用品使用效果和成本费用消耗。

5. 做好物品库房管理，加快酒店资金周转

即要制定不同物品的库房储备定额，加强出入库管理，定期盘点，在保证业务需要的前提下管好库存物品，加快酒店资金周转。

任务 4 利用酒店信息资源

酒店管理与酒店信息密不可分，管理者往往在运用计划、组织、指挥、监督与协调的各项管理职能进行管理决策时，信息始终渗透在其中，起着神经与纽带的作用。实践证明，酒店经营管理过程实际也是酒店信息的循环过程，对管理过程中信息的分析有助于提高管理过程的组织水平。另外，酒店信息将酒店管理体系内管理系统与被管理系统、各管理层次、经营环节之间沟通联络起来。没有信息在其中发挥作用，组织管理就无法存在下去。

酒店经营管理人员不但要掌握科学的管理思想和管理方法来综合地运用酒店资源，而且还应该采用先进的计算机管理手段处理日益复杂的信息资源，正确、及时地对客源市场信息做出反应和正确地制定经营决策，保证酒店企业的生存和发展。成功地应用先进的计算机管理手段辅助酒店企业的经营管理，不但要求酒店的日常操作模式要符合计算机信息处理的要求，而且需要有相应的管理体系和人员配合。作为酒店的经营管理人员，只有充分地掌握酒店各职能岗位的信息流程和计算机信息处理的要求，并善于结合两者的要求和长处，才能使先进的计算机信息处理技术有效地服务于酒店的经营管理。

任务导入

国宾酒店的信息化建设

随着商务活动的日渐频繁，作为商务活动的重要场所，实现整个经营管理计算机化、自由上网、综合信息服务、VOD 点播，已成为高档酒店客房必不可少的功能。

北京国宾酒店作为一家新成立的酒店，开业伊始就以智能化作为高端服务发展的方向，在国内酒店智能化上后来居上。作为酒店业的新面孔，如何用自己的特色给客户提供个性化的服务，成为国宾酒店开业之前考虑最多的问题。

酒店管理层注意到，以计算机智能化信息处理、宽带交互式多媒体网络技术为核心的信息技术，不但会给酒店业带来经营管理理念的巨大变革，同时，更可以吸引高端客源，通过为其提供现代化商务服务，为酒店创造高附加值效益。一方面，酒店作为一个服务性行业，满足客人的需求是第一位的。既然酒店把客户定位为商务客人，那么，在互联网飞速发展的今天，为客人在商旅过程中提供上网和信息化设备是必需的。有调查显示，酒店客户中 85% 有上网需求，其中 42% 的客人提出了高速上网的要求。同时，还要为客户提供无线多媒体网络服务，比如 VOD 视频点播、酒店资源查询、视频会议、IP 电话等。另一方面，在满足客户需求的同时，酒店也应该通过智能化来提升自己的经营管理水平。酒店需要建立自己的网站，既能成为酒店对外宣传的工具，又能结合酒店内部的管理系统和客房预订系统，使客人在世界上的任何地方通过互联网都能实时预订国宾酒店的房间。进入国宾酒店，客人就处在一个智能管理服务的环境当中，酒店的信息系统会识别客人的身份、对客人的消费进行记账管理、记录客人消费情况并进行打折优惠管理，对客人进行个性化服务管理，以及酒店安全保卫、门锁控制等方面的管理。

酒店把客人的各类信息通过处理储存在计算机信息库中，制定针对性的措施来满足客人的不同需求。酒店的每一个房间里都装上了机顶盒，客人可以根据自己的喜好点播 VOD，通过机顶盒查看自己在酒店内的消费情况，也可以通过机顶盒上网、查询航班时刻、北京地理信息等；客人离开客房的时候也不用担心丢失物品。电子门锁采用了电子磁卡，编有编号。有谁进入过客房，系统都有记录，可以很快查出来，有效地保证客房的安全。

如果在酒店的大堂咖啡厅、茶座或者餐厅，客人能够一边喝茶一边谈生意，对业务繁忙的商务人士来说，是最轻松不过了。但是这样会有一个问题，就是谈判过程中的资料不好处理。如果用有线上网的话，布线难度大又影响美观。为了解决这个问题，国宾酒店正在筹备实现在酒店的公共区无线上网。这样，客人在谈生意的时候，就可以用笔记本式计算机轻松地调用资料，更加放心地谈判。

随着我国金融业的发展成熟，国宾酒店还将着手解决异地客人预付金的难题。与银行设立接口，客人就可以通过网络预订方式，进行在网上预订、网上预付。国宾酒店还计划使用收入智能化软件以使酒店达到最高的效益。国宾酒店的智能化系统已经走在了同行业前列，但它的管理层认为这并不够，酒店要想保持智能化的特色，就必须时刻走在信息化的前沿。

思考

1. 酒店信息包括哪些？
2. 酒店信息管理包括哪些内容？
3. 酒店管理信息系统主要有哪些功能？

任务描述

酒店信息是整个酒店系统的基本要素和神经。酒店的一切经营活动都是建立在大量的信息或数据的基础上，每一个部门的经营管理都需要信息的支持，部门与部门之间的协调更离不开信息，特别是与经营有关的信息。在酒店管理中应用计算机，大大提高了工作效率，有利于各部门之间的信息沟通与协调。酒店系统是一个由前厅子系统、财务子系统、餐饮子系统、客房子系统、康乐子系统、工程子系统、人事子系统等组成的有机整体，为了使各子系统的活动协调于系统整体之中，必须借助于酒店信息这一“神经系统”，把客房信息、宾客信息、账务信息、设备信息和员工信息等送到每一个员工（管理者）手中，并把每一个下属单位重要的经营活动和问题及时反映到有关部门，实现上下纵向的和左右横向的多方面联系，沟通系统内部与外部各方面的情况。这个建立在管理、服务、技术和知识基础上的经济管理服务系统，正是依赖于信息资源的开发和利用而充满了活力。如果没有组成这个系统的信息这一基本要素发挥“神经”作用来沟通，整个酒店系统的运作就会停滞。

任务实施

一、酒店信息处理

酒店信息是指那些用来沟通酒店各部门之间的联系和反映酒店经营管理活动情况的酒店内部的各项指令、报表、数据，以及描述酒店外部环境变化的数据等，如客源信息、供方信息、竞争者信息等。酒店信息管理是对酒店经营活动过程中各种信息进行系统的处理和管理，包括信息的收集、加工、传递、反馈、储存、维护和使用等。

1. 酒店信息的收集

酒店信息的收集是酒店信息动态运行中的第一个环节，是酒店信息组织管理工作的重要开端，是信息加工、存储、检索、传输、利用等工作的基础，也是酒店管理信息系统最重要的功能之一。信息采集工作的好坏直接关系到信息的质量，是酒店业务运行和管理的关键。

（1）确定酒店信息收集的范围

酒店信息可分为客房信息、宾客信息、账务信息、员工信息和设备信息，就酒店管理信息系统的现状来看，多为前三种信息，其信息收集范围如图 4-17 所示。

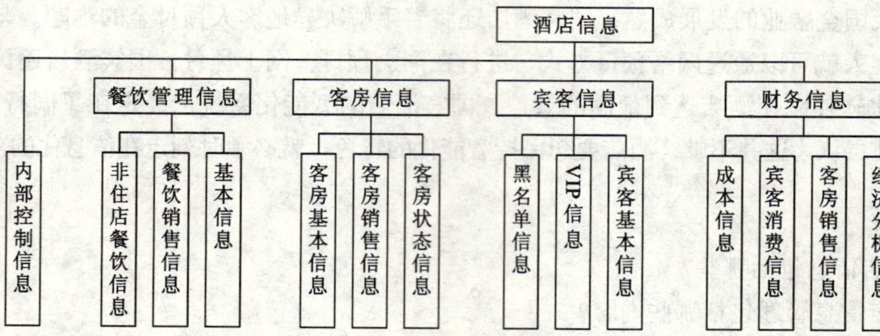

图 4-17 酒店管理中收集的主要信息

（2）酒店信息收集的基本步骤

酒店信息收集的基本步骤如图 4-18 所示。

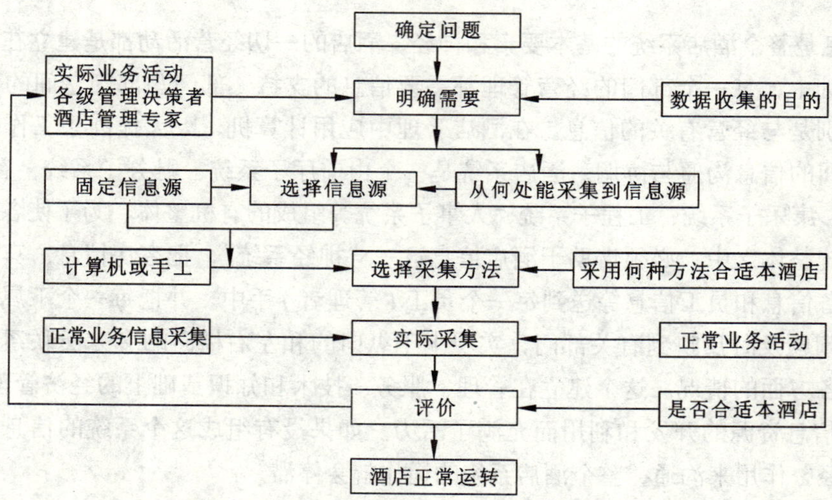

图 4-18 酒店信息收集初期工作的基本过程

2. 酒店信息的加工

信息的加工是信息处理程序的核心环节，是指运用科学的方法，对收集到的原始信息资料进行识别、分析、筛选、分类和汇总，从而使之条理化、系统化的过程。信息的加工有两重含义：一是整理加工，就是根据信息使用目的的要求，对收集到的数据信息资料进行科学的筛选、分类和汇总，从而使之条理化、系统化的过程。二是分析加工，就是在整理加工的基础上，运用各种分析方法，进行提炼和重新组合而产生新信息的过程。整理加工是分析加工的基础和前提，分析加工是对经过整理加工的信息资料的深化。整理加工旨在得到一种条理化的信息结构，它本身并不带来信息的增值，而分析加工则要带来信息的增值，这是两者的根本区别所在。酒店信息加工过程及层次如图 4-19 所示。

3. 酒店信息的传递

加工整理后的有价值的信息应及时传递到相关部门或人员。在传递信息时要注意：第一，传递信息要选择适当的时机，信息的时效性是通过及时而适时传递来显现的；第二，传递信息要适度；第三，传递信息时要保持信息内容的完整性和连续性。广义的信息传递包括信息的反馈过程，对酒店信息管理工作来说，这种信息反馈十分重要，它使信息真正在微观层面上循环流动。图 4-20 为酒店业务流程三个环节的信息循环传递过程。

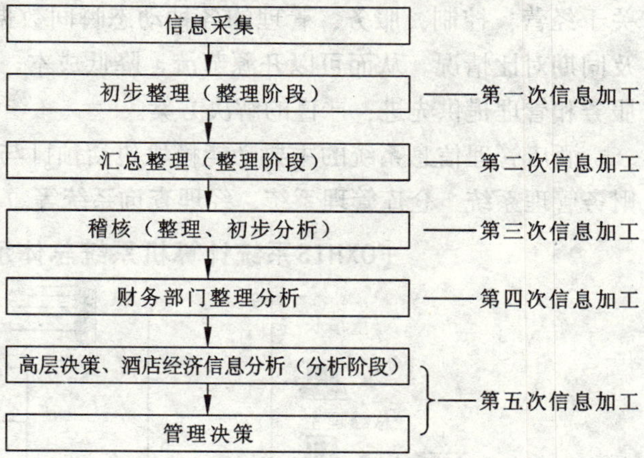

图 4-19　酒店信息加工整理过程及层次

酒店业务流程的三个主要环节分别是：各部门业务处理过程、账务处理过程和决策管理过程。

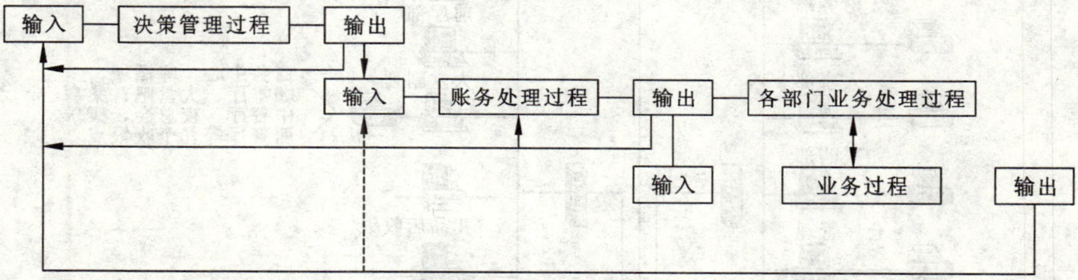

图 4-20　酒店信息循环传递过程

4. 酒店信息的存储

信息的收集、整理、加工、传递、存储、检索构成了酒店信息管理的全过程，信息的存储是通过建立信息库，对具有保存价值的信息进行严格的登记、科学的编码及有序的排列而进行储存备用的过程。存储是酒店信息的保管工作，没有这一过程，酒店信息就不可能被多次利用。就目前来看，酒店信息主要有两种基本表现形式：文件资料与数据。对于这二者的存储，前者主要指如何做好档案工作，后者指如何进行计算机数据库的管理。

二、使用酒店管理信息系统

运用管理信息系统，酒店的经营管理发生了根本的变化。第一，管理系统迅速、高效的特点使员工的工作效率大大提高。管理系统可以处理大量的烦琐、重复性的工作，可以使员工有更多时间来实现高效的个性化服务。第二，管理系统多功能的特点可以让一个员工在工作期间处理各种相关的工作内容。一职多能，可以实现岗位的职能综合化。这既是对人力资源的优化使用，也是提高酒店服务质量的必然要求。第三，管理系统的运用使酒店的前后台实现了信息的共享。服务工作流程的简洁、科学都进一步地提高了酒店的核心能力，加上酒店独有的专业服务能力，这就形成酒店的竞争优势，并最终提高顾客的消费价值。

酒店管理信息系统适应现代化酒店管理的需求，充分利用先进技术，以增收节支、加强销售、加强财务控制和成本控制为主要思路，以计划、预测、目标管理、动态数据分析为管理目标，通过前后台联网，覆盖了酒店前后台管理的全部业务，在酒店内形成了一个信息高速通道。

这样，作为酒店的领导和各部门的管理层，可以方便、准确、及时地了解整个酒店及各部门关于经营、控制、服务、管理的各种动态瞬间数据及动态趋向，掌握日、月、季的统计数据及同期对比情况，从而可以开源节流，降低成本，堵住浪费的漏洞，并为领导层预测、决策、服务和管理提供先进、严谨的解决方案。

酒店管理信息系统的主要功能模块包括预订与接待系统、客房管理系统、餐饮管理系统、财务管理系统、仓库管理系统、经理查询系统等。图 4-21 为酒店管理信息系统示意图。

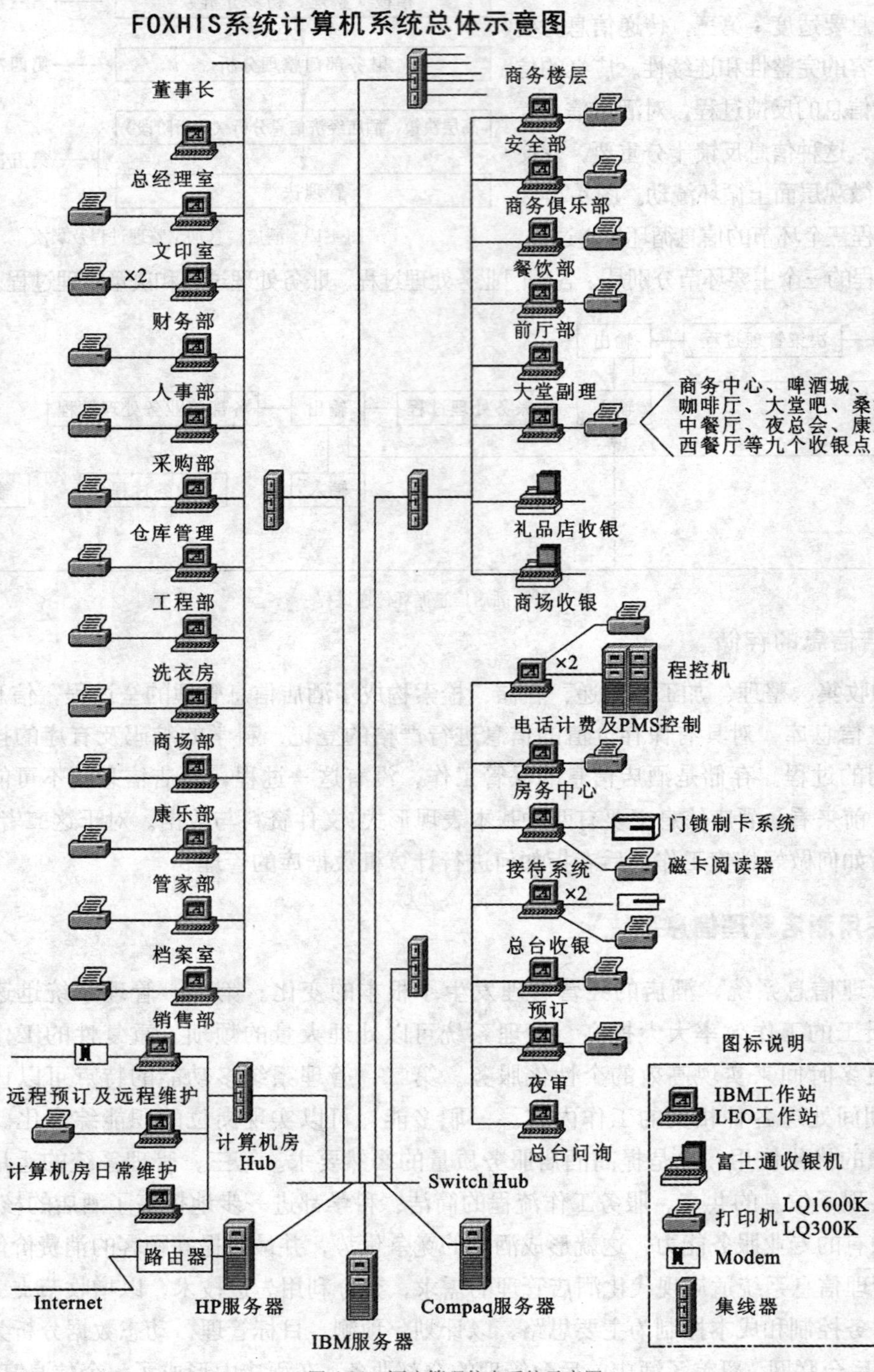

图 4-21　酒店管理信息系统示意图

知识拓展

酒店信息的分类

信息分类是信息管理的基础性工作，信息经过分类整理后，形成条理化、系统化的结构，为信息的采集、加工、储存和传递工作提供必要的前提。

酒店信息的大量性、复杂性和多变性决定了酒店信息管理工作的艰巨性。为实现有效的管理，首先要对信息进行合理、细致的分类。可以根据不同的目的，采用不同的分类标准，对酒店信息进行分类。

1. 按照酒店业务组织机构划分

按照这一标准，酒店信息可分为：前厅部业务信息、客房部业务信息、餐饮部业务信息、销售部业务信息、财务信息、工程部业务信息、人事与员工培训信息和其他部门业务信息等。通过这种分类，可以比较明确、细致地反映出酒店经营管理过程中各业务部门的活动、特点及其规律性，并在此基础上进行各种对比分析。

2. 按照信息产生者和发出者的来源划分

酒店信息是在经营管理过程中产生和发出的，信息源相对比较复杂，但排除干扰因素，可以将酒店信息划分为客房信息（如房价、客房出租率、客房状况……）、宾客信息（如宾客姓名、职业、习惯、消费状况……）和财务信息。财务信息是一种动态的连续的复杂信号，如账号、消费、各种财务报表、汇总、经济分析。另外，还有员工信息、工程设备信息等。

3. 按照信息动态变化时间划分

按照这一标准，酒店信息可分为近期动态信息、远期动态信息和基本静态信息，或者是分为动态更新很快的信息、动态更新较慢的信息和动态更新更慢的信息。这里的快、慢均是在狭义酒店信息范围内比较，是一个相对概念。

4. 按照数据信息共享程度划分

按照这一标准，酒店信息可分为共享信息、部分共享信息和非共享信息。一般说来，基本的业务信息都属于共享信息，某些管理信息属于部分共享信息，涉及酒店商业机密的信息属于非共享信息。

任务 5 塑造酒店形象

形象是现代酒店无形的财富和资源，是酒店在经营管理的活动中不断积累、塑造而成的。酒店形象的建立，绝非一朝一夕之功，需要经过长期的努力。酒店形象塑造要以建立完善的企业形象、争取酒店的长远利益为着眼点，首先要依靠酒店自身良好的行为，但仅此是不够的，“酒香也怕巷子深”，所以还必须重视宣传自己、传播自己，绝不可自我封闭。通过信息的沟通，使酒店的良好形象为公众所知晓，这是酒店企业形象塑造中极为重要的内容。

任务导入

美食传承，经典传奇——盛世桃源酒店品牌塑造实录

盛世桃源酒店地处江苏省宜兴市，在当地具有非常大的影响力，目前在当地中高档餐饮市场占有绝对的优势。2005年，公司决定向外扩展，向餐饮连锁及管理集团的方向发展。新的市场，新的环境，新的变革，公司需要对形象、管理、推广等各方面进行系统的规划和规范，由产品经营向品牌化经营方向发展，在这种背景下，该酒店寻找到了国内享有盛誉的专业品牌营销咨询服务公司——高度品牌营销咨询机构开展合作，提供酒店集团的品牌规划和VI系统的设计。

1. 策略一：提升产品力

梳理产品线。对菜品进行组合和定位（见表4-18），以菜品品质及不断创新作为产品的基石，挖掘盛世桃源酒店在当地市场所独有的、象征高价值的形象菜品，并根据饮食消费的需求和变化推出本地风味菜和比较时尚现代的菜品。

表4-18 盛世桃源酒店菜品的定位与组合

项目	淮扬菜	粤菜	海派菜
产品定位	地道菜	形象菜	创新菜
产品卖点	地域风味	身份体验	时尚现代
产品形象	清雅精致	气派体面	中西结合

打造厨师形象。策划、组织或参与厨师技艺大赛，鼓励公司厨师积极参与，展示才能，赢得荣誉。实施“名厨出名菜，名菜造名厨”的菜品品牌策略，相互支撑，共同推动形象力的提升。

2. 策略二：提升服务力

将原有服务体系进行细化、梳理、提升，形成规范，整合“尊贵100”服务概念，让“尊贵”价值在服务中落地，通过“尊贵100”服务工程的推出提升品牌价值。

星级服务。制定星级员工选拔标准，每月选拔“五星级”服务员、“四星级”服务员、“三星级”服务员各一名，在展示区推出，结合“点牌服务”，提升服务价值。

星级心语。给顾客反映心声的渠道，接收顾客的留言，随时把握顾客意见，改进服务工作。

星级工程。将亲情化服务、点牌服务、交流服务、顾客问候服务、节日送礼服务、档案管理服务等各项服务内容细节化、规范化，成为服务人员的标准化行为，以便于在集团各店面中复制和管理。

3. 策略三：提升形象力

全新打造VI形象系统。形象识别体系是企业品牌建设的主要部分，尤其是对于酒店餐饮业，由于是以服务为主要消费模式，形象识别体系的建设和规范至关重要。在品牌总战略的指导下，围绕尊贵的核心理念与价值，为盛世桃源酒店提供了全套的近200页的VI系统设计手册，涵盖了品牌标志到酒店应用系统的方方面面，如图4-22所示。

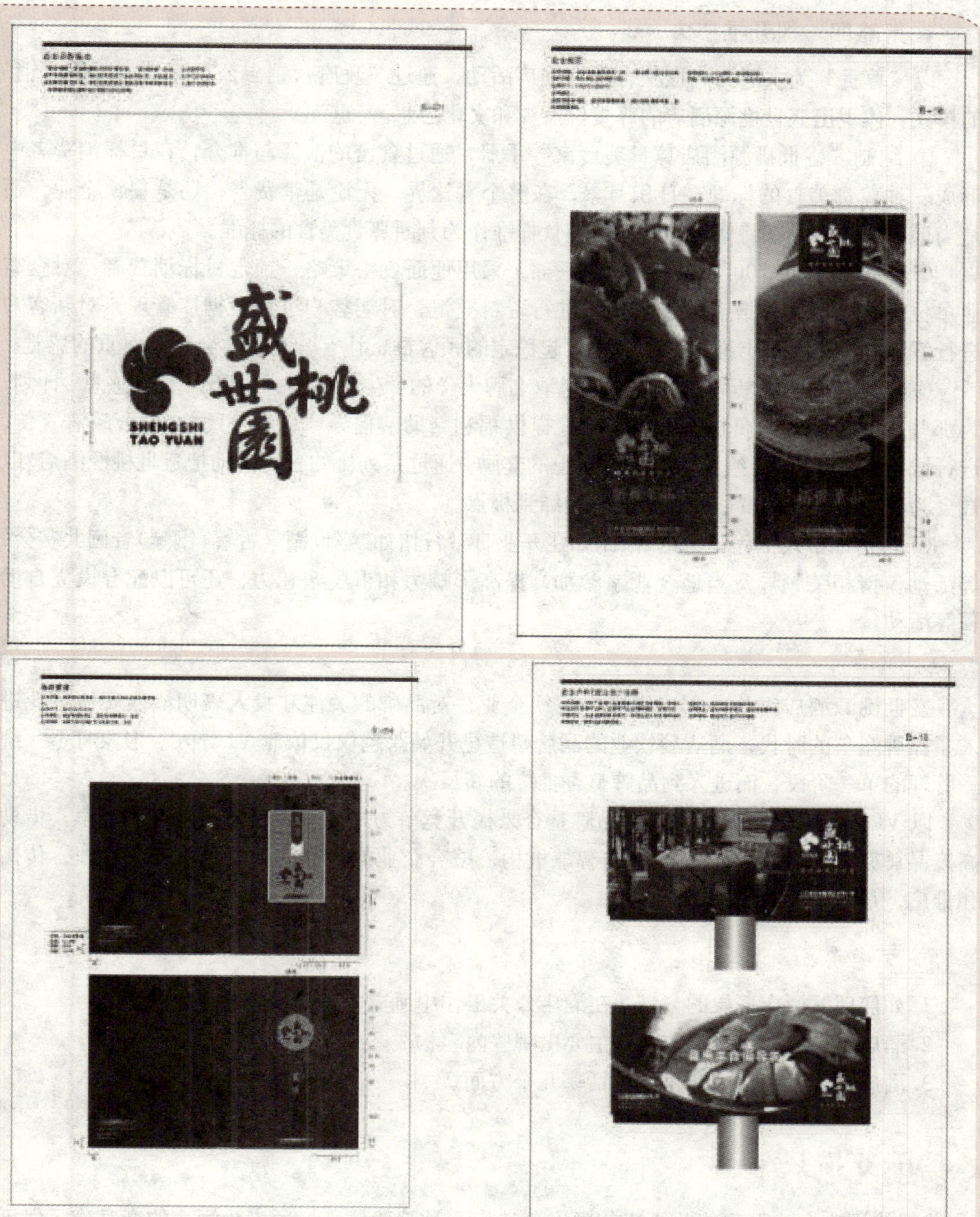

图 4-22　VI 系统设计

推出有亲和力的产品形象。产品形象有利于增强品牌识别力、亲和力和感染力，盛世桃源酒店作为一个刚诞生的新品牌，鲜明的产品形象有利于迅速拉近与消费者的距离。

鲍鱼是盛世桃源酒店的形象菜和招牌菜，将菜以拟人化的秀丽公主形象展现出来，活泼可爱，于是推出了非常具有亲近感和尊贵感的鲍鱼公主形象。并由此延伸出系列化的形象传播方式，比如公主小礼品、宣传物上的公主心声、形象促销牌等。

4．策略四：提升推广力

以“尊贵”为主题和内核整合所有推广活动，通过“政府营销＋公益营销＋价值营销”的模式，体现出盛世桃源酒店的尊贵价值观和文化思想。

① 编制“盛世桃源酒店尊贵美食家”手册，通过食谱的演绎与推介，在目标消费者中形成一种尊贵美食的标准。日积月累，在整个餐饮界，无论是消费者，还是餐饮企业，还是当地餐饮协会，都将盛世桃源酒店美食标准作为判断尊贵美食的标准。

② 建立“尊贵 100”星级美食俱乐部。采用地面攻击策略，锁定目标消费者，对企事业单位进行登门拜访或者发邀请函，进行资料登记，对老客户进行数据库管理，对新客户进行签单协议或者金卡推广活动，建立起稳定的顾客群，让客户真正体会到被尊重的感觉。

③ 设立“尊贵梦想”基金，为当地考取名牌大学的学生提供奖金；推出“尊贵感恩”计划，为那些家庭贫困的、负担重的养老家庭提供福利帮助；倡导“尊贵公民”，配合政府宣传，进行城市好公民评选，给予精神和物质上的奖励。通过系列化的各种活动把盛世桃源酒店“以社会为尊，以民生为贵”的诚信文化演绎到极点。

④ 与当地市政工程紧紧结合，比如在开业日举行诸如“盛世湖景古筝（钢琴）音画共赏会”等活动，请相关领导及当地企业家参加，提高影响力和市民亲和力，还可以配合设立自助餐等活动。

5．结语

盛世桃源酒店作为一家二级城市餐饮企业，对品牌的关注和投入表明酒店餐饮行业进入了品牌竞争的时代，酒店餐饮业的品牌塑造已开始跨越仅仅依靠 VI 导入、形象打造、统一管理的单一阶段，而进入到品牌整合推广的新层次。

以 VI 导入来提升形象力，以品牌整合来提升竞争力，以精细管理来提升满意率，借助高度品牌营销咨询机构这样的外脑智慧机构，整合企业的产品、形象、服务、管理、传播和推广，是餐饮酒店业的必由之路。

思考

1. 如何理解酒店形象的含义？在酒店公关工作中确立完美形象的意义是什么？
2. 酒店形象的要素有哪些？它主要由哪些内容构成？
3. 酒店形象设计的内容可以包括哪几个方面？

任务描述

美好的酒店企业形象能为酒店的顾客创造出一种消费信心，预先为酒店的产品作了保证，为吸引社会上的资金提供了保证，为保留和吸引人才创造了优越的条件，有助于增进与社区的沟通和了解，从而创造一种良好的酒店经营空间环境。CIS 作为一种形象战略，包括三个子系统：理念识别系统、行为识别系统、形象识别系统。CIS 是以一种职业化的手段，通过建立一整套能够广泛而迅速传播的识别符号，将企业文化和理论融合其中，传达给公众，树立起良好的企业形象。CIS 在酒店的导入，犹如给酒店增添了“心”（理念）、“手”（行为）、“脸”（视觉），同时注入了识别标志，凸现了酒店的形象，既提高了酒店的竞争力，又使内部的管理走上了正规道路。

任务实施

一、酒店 CIS 的操作过程

酒店形象的塑造是以顾客需求为导向，从理念识别、行为识别和视觉识别三个方面来研究和塑造能为顾客接受和理解的酒店形象。其过程如图 4-23 所示。

CIS（corporate identity system）是塑造和传播企业形象的得力工具，一般翻译为“企业形象识别系统”或是“企业身份战略”。具体而言，它是指一个企业运用独特、新颖、鲜明、引人入胜的标识，将酒店企业的内在气质和外显特征，通过传播向企业的公众进行宣传，借以树立企业良好的社会形象，达到促销的最终目的。CIS 所倡导的一个基本核心概念是“形象”。它认为，对现代企业而言，形象是继人、财、物之后的“第四资源”。CIS 以形象作为突破口，以提升形象力为目标，其实质是一种差异化、风格化、个性化的企业形象战略体系。CIS 由 MIS、BIS、VIS 三大块要素组成，这三大要素有机结合，相互作用，共同塑造酒店企业的形象。

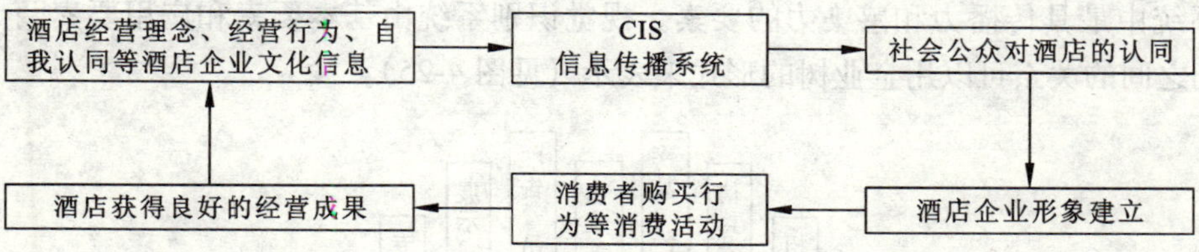

图 4-23　酒店企业形象塑造

1. 明确理念识别系统（mind identity system，MIS）

理念识别系统是酒店形象识别系统中最重要的因素，它是整个 CIS 的核心，是源泉，是灵魂。简单地说，理念识别系统就是企业构建的一种价值体系，这种价值体系能得到社会普遍认同，能体现酒店企业自身个性特征，能促进并保持企业正常运作及长足发展，能反映出酒店企业明确的经营意识。因此，它必须具备能被浓缩、被简化、被迅速传播、被普遍识别、被广泛认同的特点。理念识别主要包括酒店使命、经营观念、行为规程、活动领域等方面的内容，它们之间的关系如图 4-24 所示。

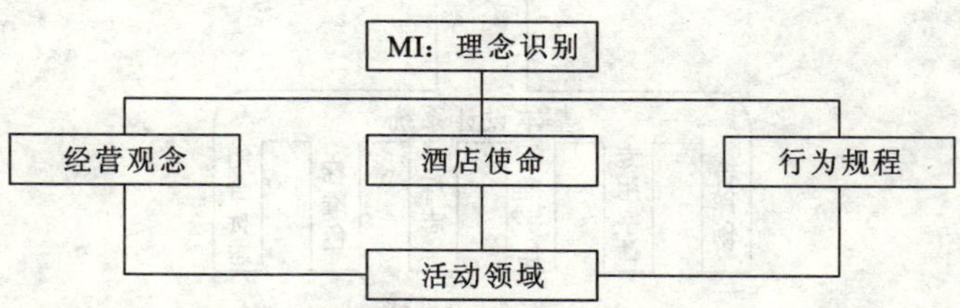

图 4-24　理念识别各部分之间的关系图

2. 规范行为识别系统（behavior identity system，BIS）

行为识别系统是酒店在经营过程中采取的种种活动的总称，它是理念识别系统的具体体现。行为识别系统通过开展形形色色的活动，把酒店抽象的理念外化、动化，让公众真切地体会到“内在思想和外在行动”的有机统一。酒店行为识别系统主要由内部行为识别和外部行为识别两方面内容构成。

(1) 酒店内部行为识别

内部行为识别的活动重心是酒店企业内部，其活动的主体对象是酒店内所有的员工。酒店开展内部行为识别，旨在理顺酒店内部各种关系，加强员工的整体素质，减少内部摩擦，促进酒店整体的有机、高效运转。因此，它多表现为酒店的管理活动，包括：设计组织机构、设置岗位职责、规范服务过程、安排人事管理、严格质量管理等。

(2) 酒店外部行为识别

外部行为识别的活动重心是酒店企业外部，其活动的主体对象是酒店外部广大的公众。酒店开展外部行为识别活动，旨在改善酒店与各类外部公众的关系，为酒店的发展创造一个和谐的外部环境。外部行为识别活动主要包括：开展周密的市场调查活动；做好产品的促销工作，如广告活动、公共关系活动、营业推广活动等；各类公益活动，包括各类环境保护活动、赞助活动、健康的社区交往活动等。

3. 突出视觉识别系统 (visual identity system，VIS)

视觉识别系统是酒店静态的识别系统，它通过各种符号传递酒店的理念和活动，是酒店形象识别系统中最具传播力和感染力的要素。视觉识别系统由基本要素和应用要素两大部分组成，它们之间的关系可以用企业树的形式来表示（见图 4-25）。

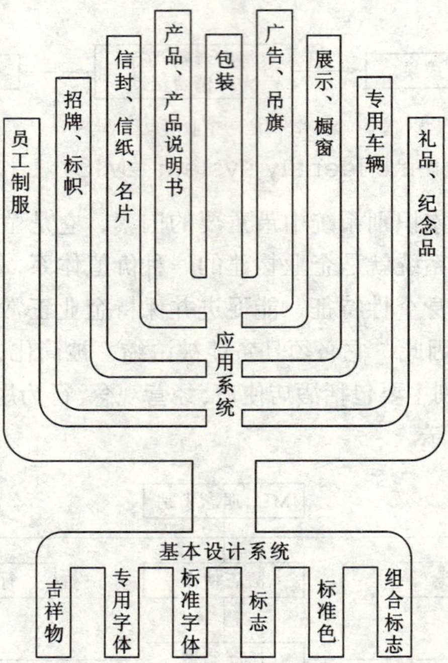

图 4-25 企业树

(1) 基本要素

根据信息传递的实际情况，一般把那些相对稳定的信息称为基本要素。基本要素都是酒店的形象代表，一旦确定，一般就不会轻易改变。基本要素包括：酒店的名称、标志、标准字体、标准色、活动造型、象征图案和宣传口号。

(2) 应用要素

各类基本要素作为酒店的形象代表，必须被广泛地加以宣传才有效，否则就形同虚设，发挥不了应有的效力。这些基本要素的传播，需要借助于一定的载体，这些信息传播的载体就是应用要素。应用要素包括：酒店的各类办公用品、环境系统、运输系统、广告作品、客用品、制服系统、内部标记系统等。总之，对酒店而言，可供开发、利用的应用要素是非常丰富的。酒店应努力开发各类应用要素，增加这些“广告媒体”的数量，并在质量上加以提高，全方位地塑造酒店的整体形象。

二、酒店企业 CIS 的导入流程

1. 提案阶段

提案阶段的任务是为 CIS 工程立项，具体包括导入原因及目标、落实组织机构、制定基本计划、撰写 CIS 提案书。欲导入 CIS 的酒店企业，其最高管理层必须对 CIS 有充分的了解。酒店决策者和领导者的推动是这一计划获得成功的前提条件，得到酒店决策层的理解和支持以后，CIS 的组织实施机构才有可能选择和确定导入时机。一般来说，当以下几种情况出现时，就是最佳导入期：新酒店开业或原有酒店企业通过并购组成酒店集团；酒店经营理念的改变与重整；酒店市场定位与业务范围发生变化；特殊事件；危机公关，消除不良影响，增强酒店活力。

一旦在决策层通过 CIS 导入计划，即可正式成立 CIS 委员会，以确保计划有组织有步骤地完成。在 CIS 计划实施的整个过程中，委员会要处理好三个层次的合作关系，以保证计划得以和谐运作。第一层次是设计专家与领导者的通力合作，第二层次是推广领导者与员工的精诚合作，第三层次是实施过程中酒店与公众的互惠合作。

2. 实态调研阶段

实态调研阶段的任务是明晰酒店企业形象现状，摸清酒店实态与内外部公众期望的差距，针对差距设计具体的 CIS。实态调研越深入细致，CIS 计划也就越有成效。

实态调研内容一般分为内、外两个部分。内部调查包括：酒店经营理念、营运方针、产品开发策略、组织结构、员工素质、知名度与美誉度等内容。外部调查主要包括对同行业竞争企业信息的收集与分析，对旅游市场和目标市场资料的研究和运作。在系统地调查分析之后，有关调查成果应该形成文字材料，做好调查报告书。

3. 设计开发阶段

设计开发阶段主要以调查结果为依据，构筑理念系统，进而设计相应的行为传达形式和视觉传达形式，以塑造全新的酒店形象。

（1）构筑酒店经营理念，即理念识别设计

酒店经营理念是酒店的经营哲学和企业精神的结合体，反映了酒店的战略目标，构成了统一酒店员工精神力量的基础，形成了酒店员工的市场行为和社会行为的规范准则。具体包括酒店的经营信条、价值观、精神口号、企业风格与方针政策等。在理念识别中，酒店经营信条、价值观等处于核心和基础地位，并且通常应用一种座右铭式的口号体现出来。

（2）设计酒店行为识别系统

行为识别设计是酒店的软件设计，其原动力是酒店的理念识别，它主要帮助规划酒店内部的组织、管理、教育及对社会的一切活动。酒店企业的行为识别是通过具体员工的日常服务与管理行为，以及企业的竞争行为、对社区和社会承担的任务等途径加以体现的。

（3）设计酒店视觉识别形象

人们接受外界的信息有 83% 是通过眼睛来实现的，因此如果利用这一特征采集某种一贯的、统一的视觉识别，并通过各种媒体加以有效传播，就能够在目标公众中造成一种持久深刻的视觉效果，使后者能够一目了然地掌握所传达的信息，达到识别的目的。这一环节的设计具有相当的专业性，所以通常委托专业人员或专业设计公司来完成。

上述环节的设计完成后，需要注意三者的整合与统一。整合与统一在酒店企业形象导入与运作中处于核心地位，处理统一性的深度是 CIS 设计是否成熟的重要标志。在实际操作中，首先要把握好 CIS 体系中各子系统间的整合，如酒店行为规范如何与企业精神、顾客满意度联系起来，标志符号如何准确表达酒店理念等。其次，要处理好子系统内部各项目的整合统一，如怎样将酒店丰富的应用设计项目统一于同一形象概念中等。

CI 的设计与管理必须从开发设计系统做起，将以上各项基本要素设计定型、规范（包括标准范例和禁止使用范例），再将之运用于应用项目中。要使设计与管理准确，制定一份严格细致的 CI 手册十分重要。CI 手册一般由“基本规定”和“应用规定”两部分组成，可以编成一本手册，也可以分为两册。手册的编排形式并不重要，只要便于使用，说明清楚就可以。

CI 手册的内容主要包括：

(1) 基本要素。

① 标志与标志的制图法。

② 标准字与标准字的制图法。

③ 标准色与标准色的标示法。

④ 标志、标准字、标准色的变体设计。

⑤ 企业吉祥物。

⑥ 专用字体。

⑦ 版面编排模式及规定。

(2) 基本要素的组合系统

① 基本要素的组合规定。

② 基本要素组合系统的变体设计。

③ 禁止组合的范例。

(3) 应用要素

① 业务用品（名片、信封、信纸、账票……）。

② 广告媒体。

③ 包装设计。

④ 招牌、标识。

⑤ 专用车辆外观。

⑥ 办公室用品。

⑦ 员工制服。

图 4-26 所示为 CI 手册设计样例。

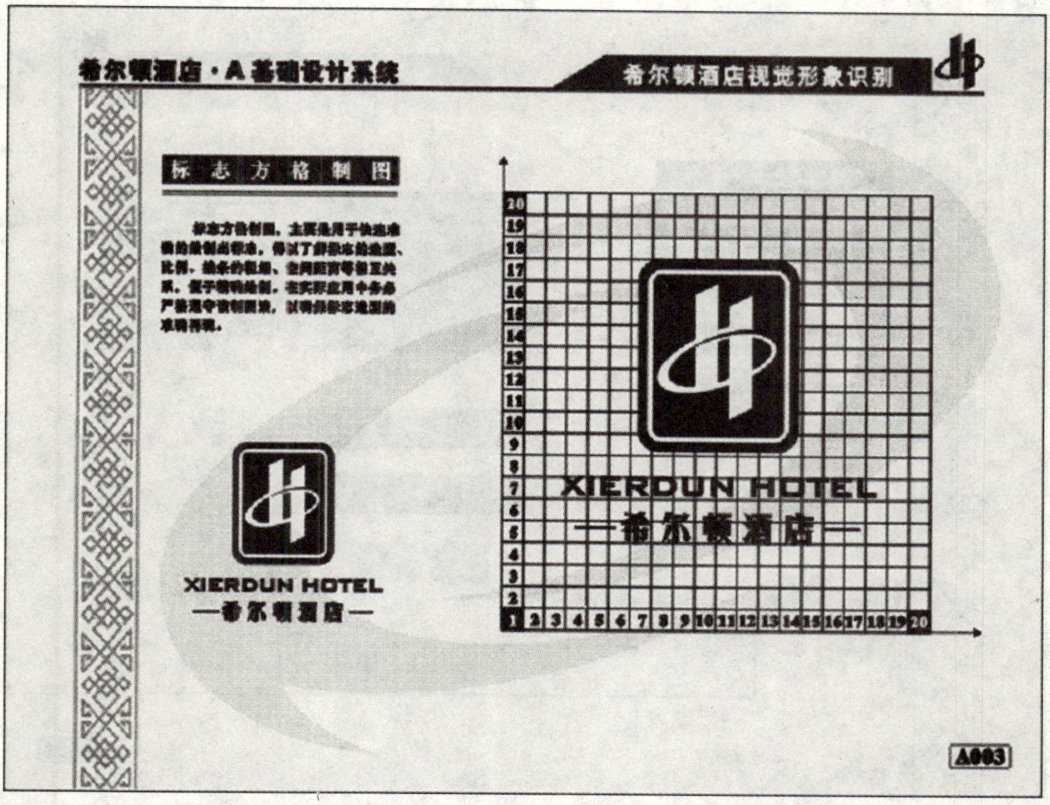

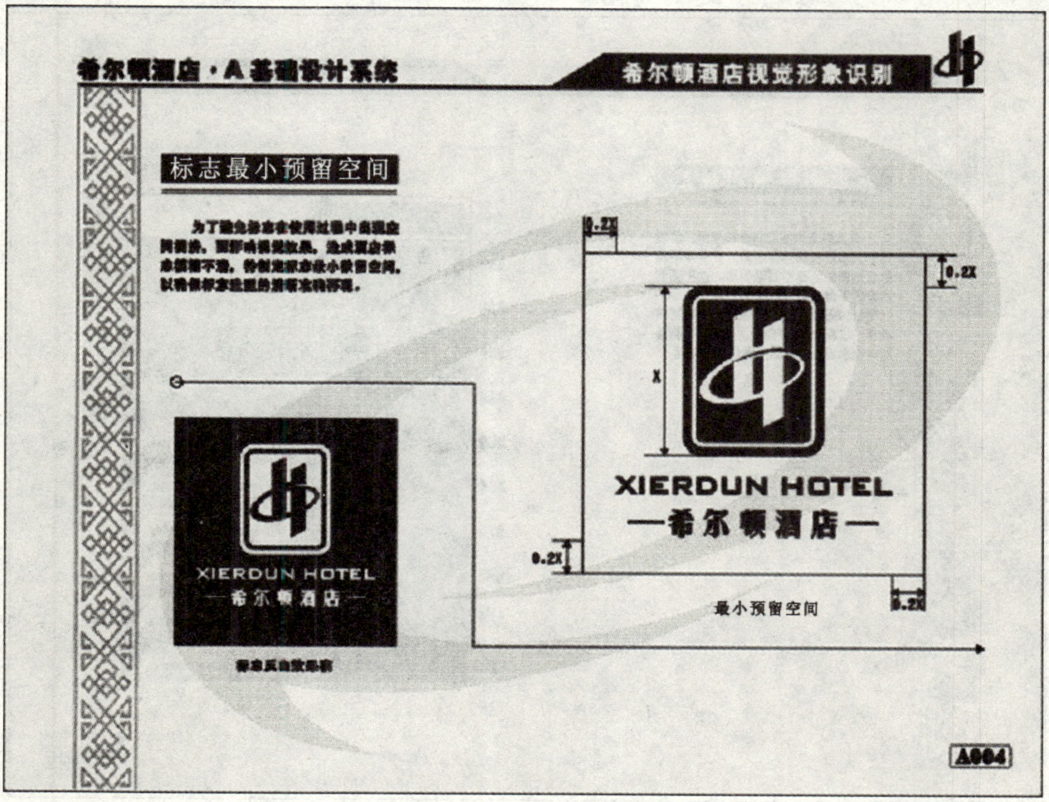

图 4-26 CI 手册设计样例

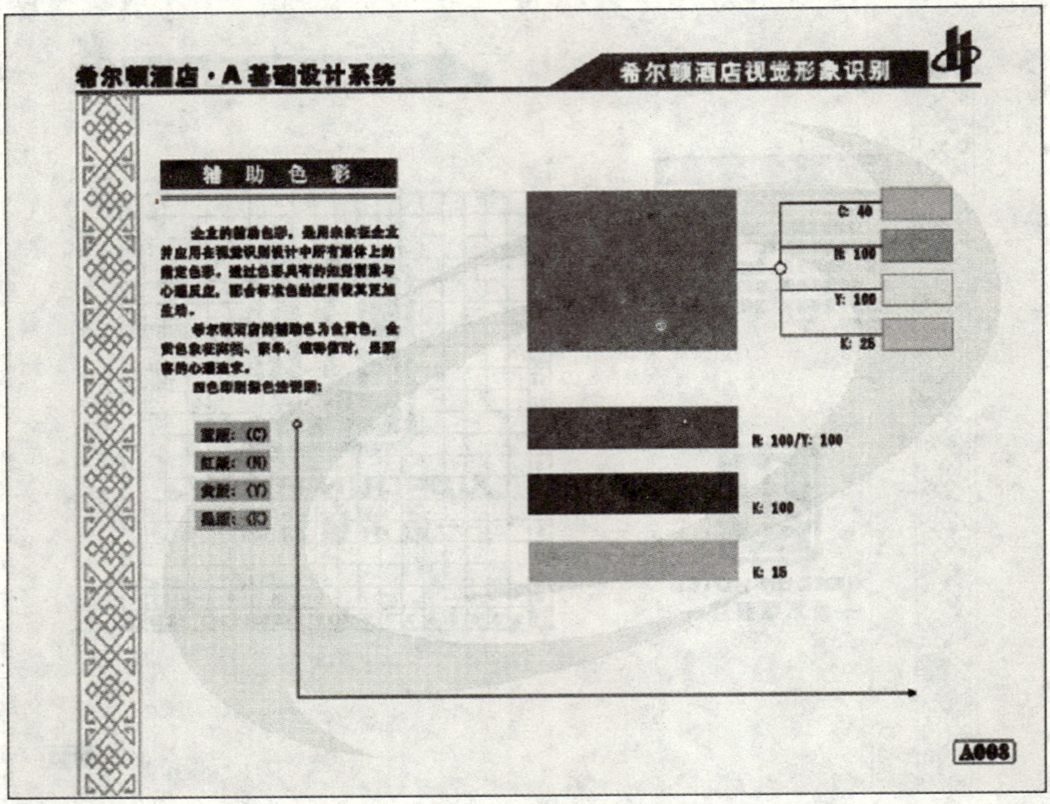

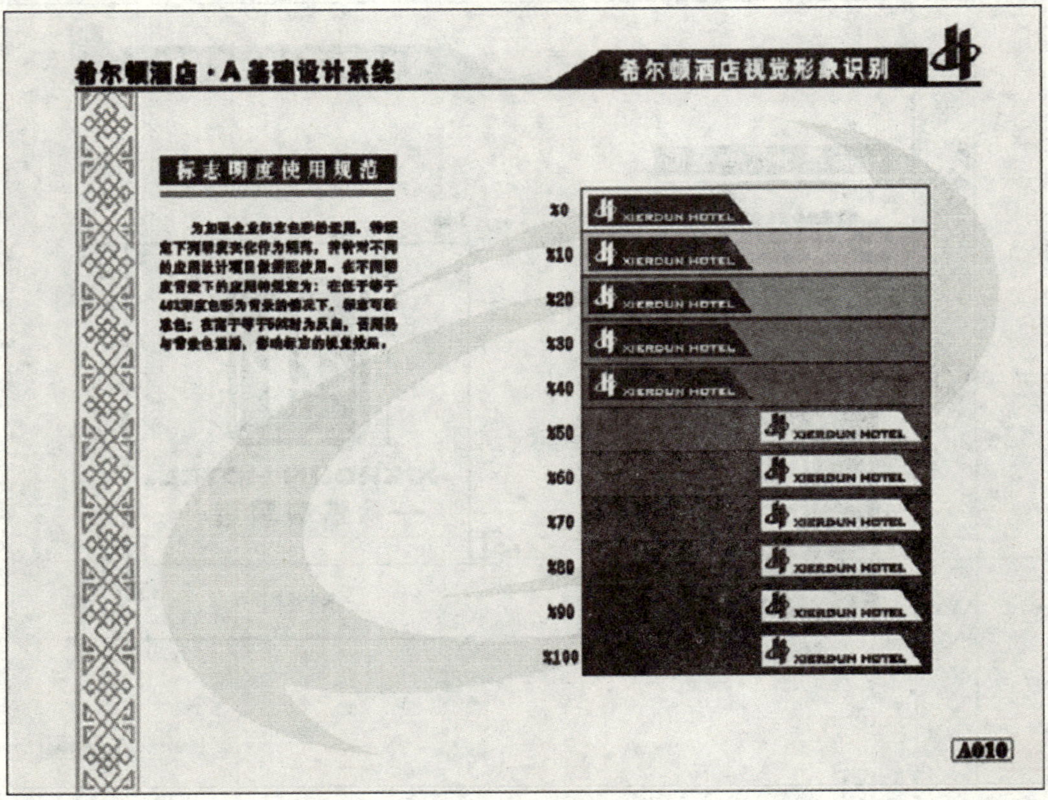

图 4-26　CI 手册设计样例（续）

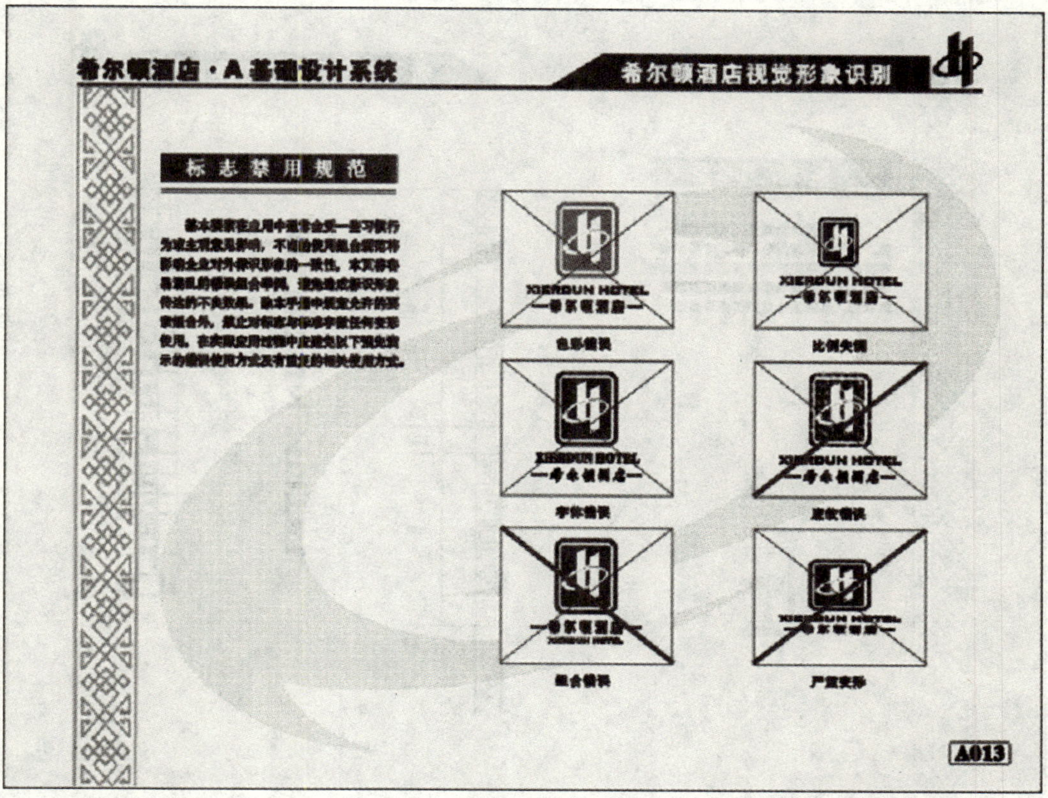

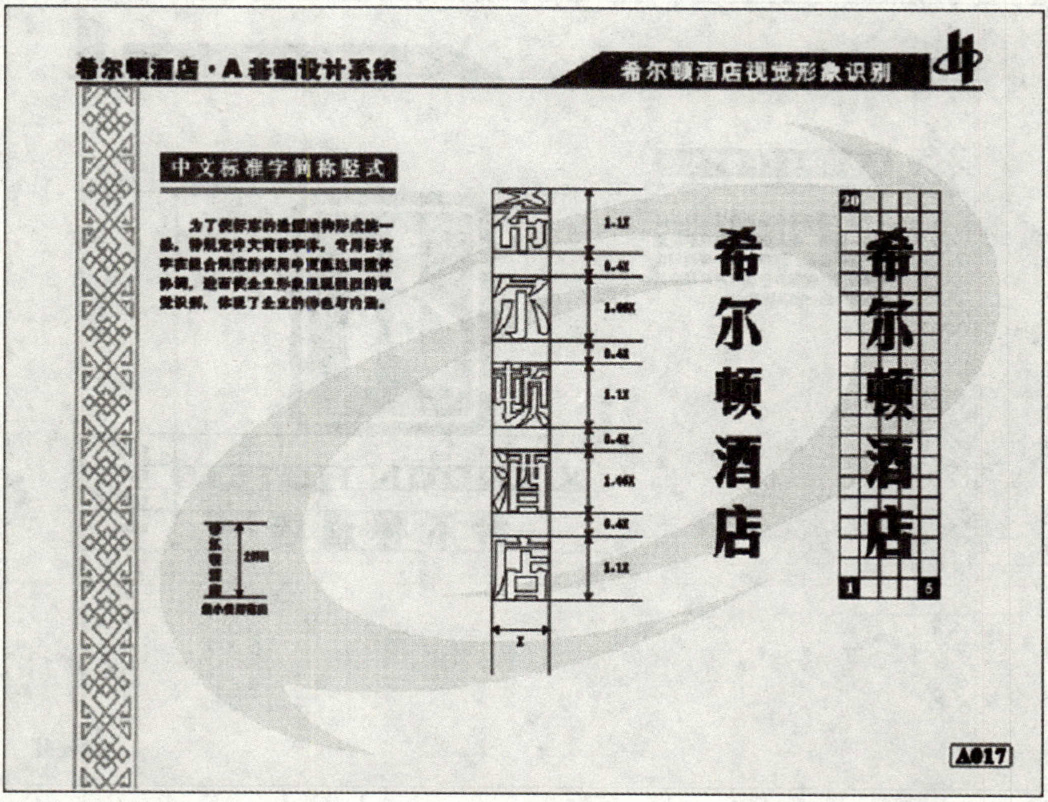

图 4-26　CI 手册设计样例（续）

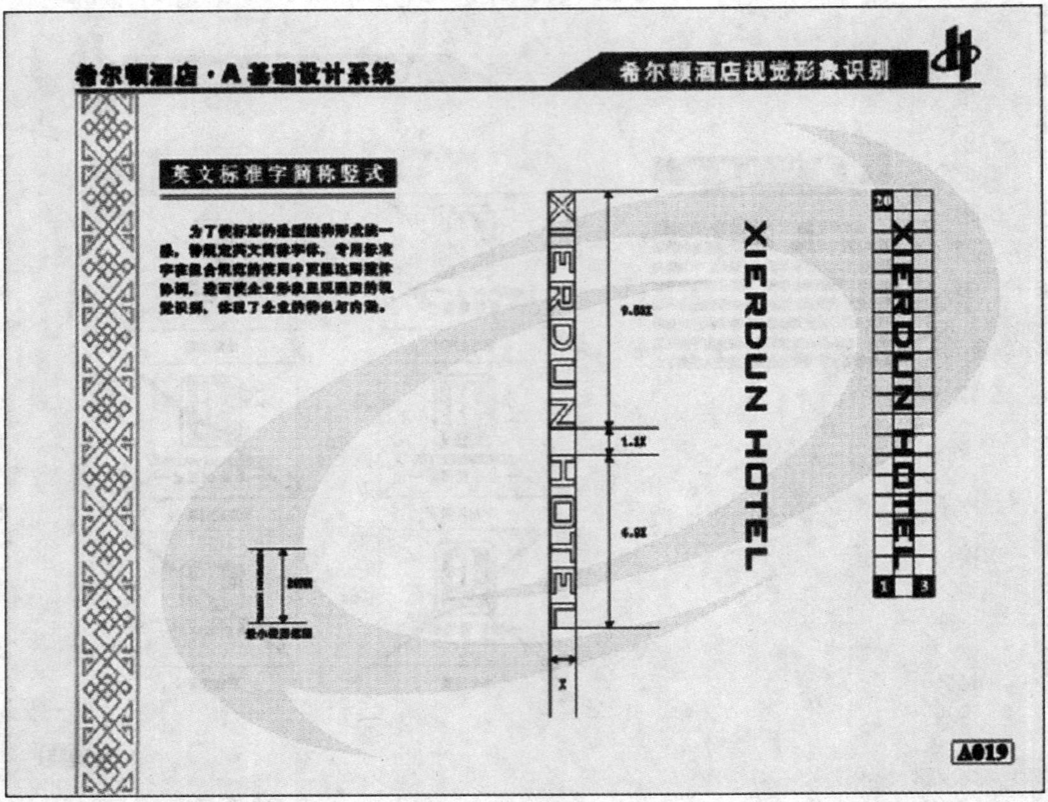

图 4-26　CI 手册设计样例（续）

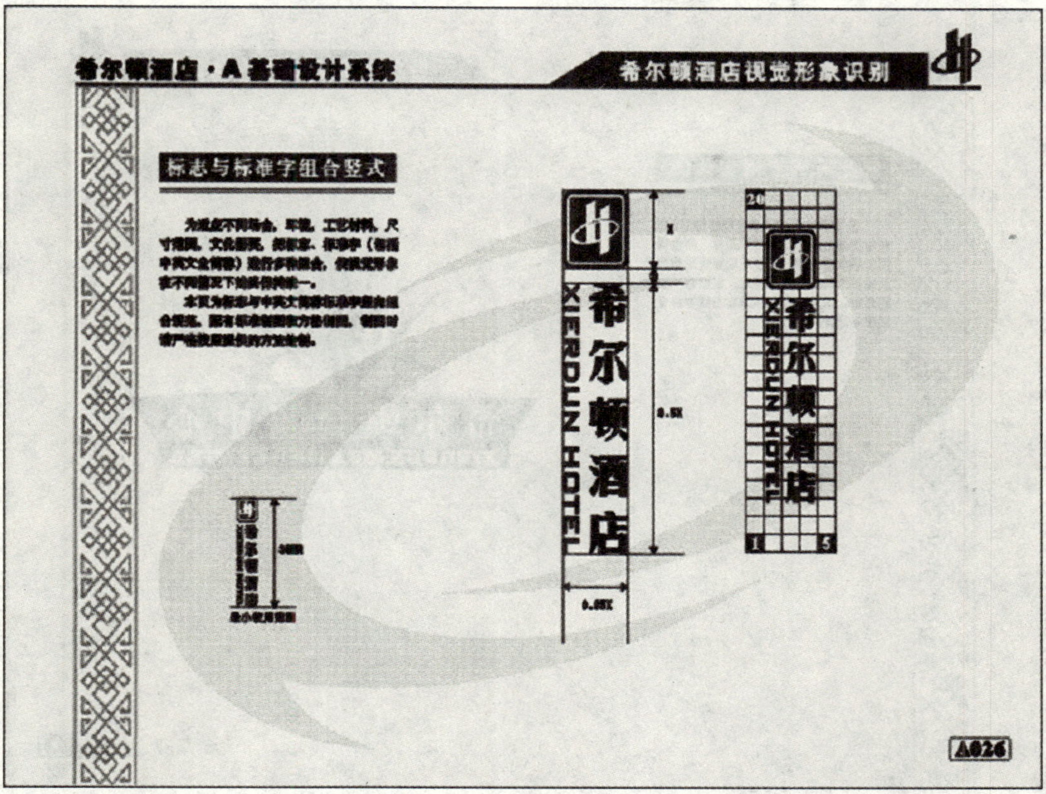

图 4-26　CI 手册设计样例（续）

图 4-26　CI 手册设计样例（续）

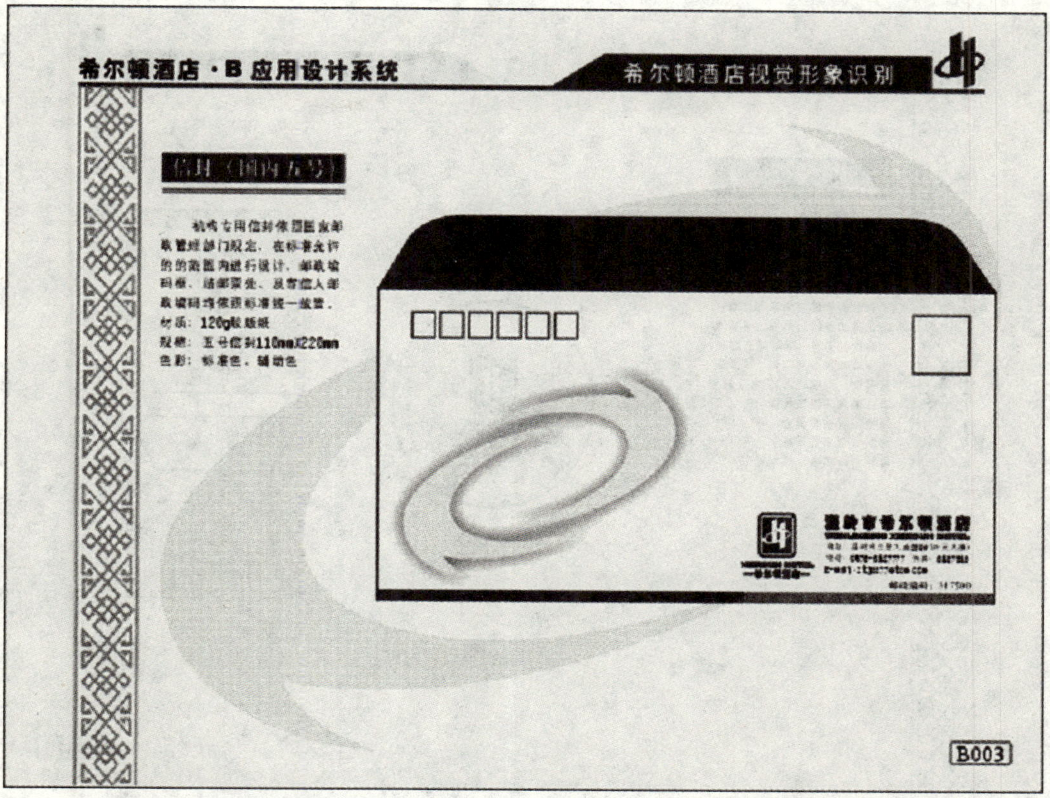

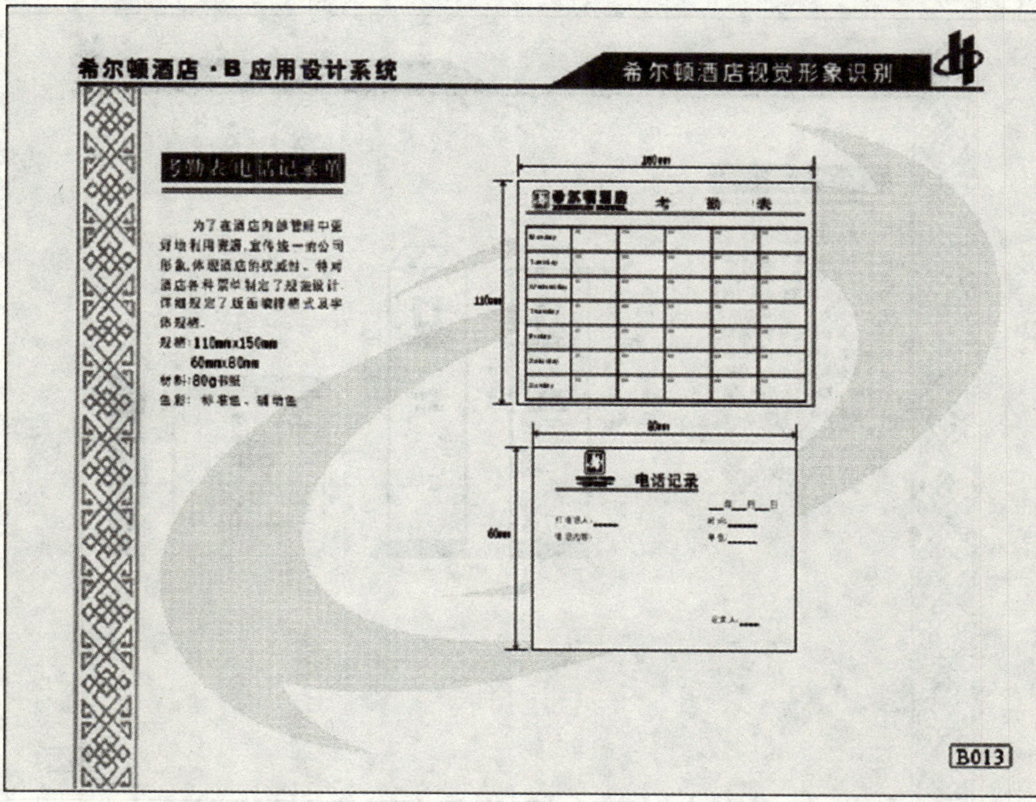

图 4-26 CI 手册设计样例（续）

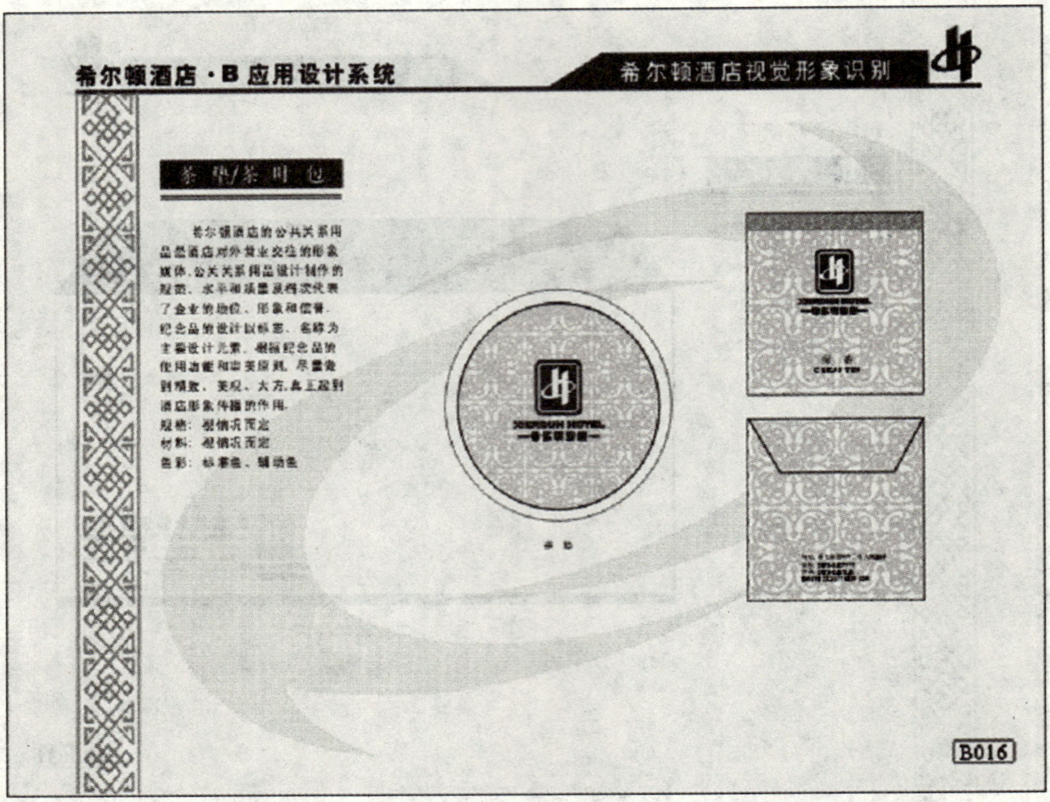

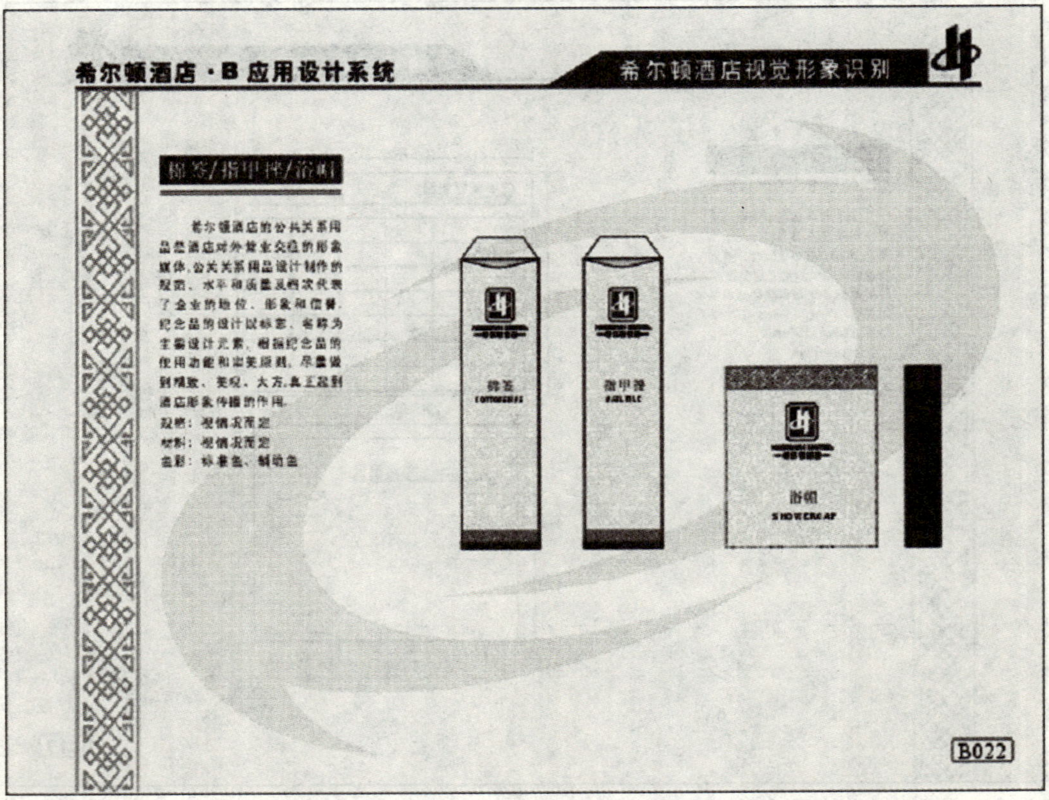

图 4-26　CI 手册设计样例（续）

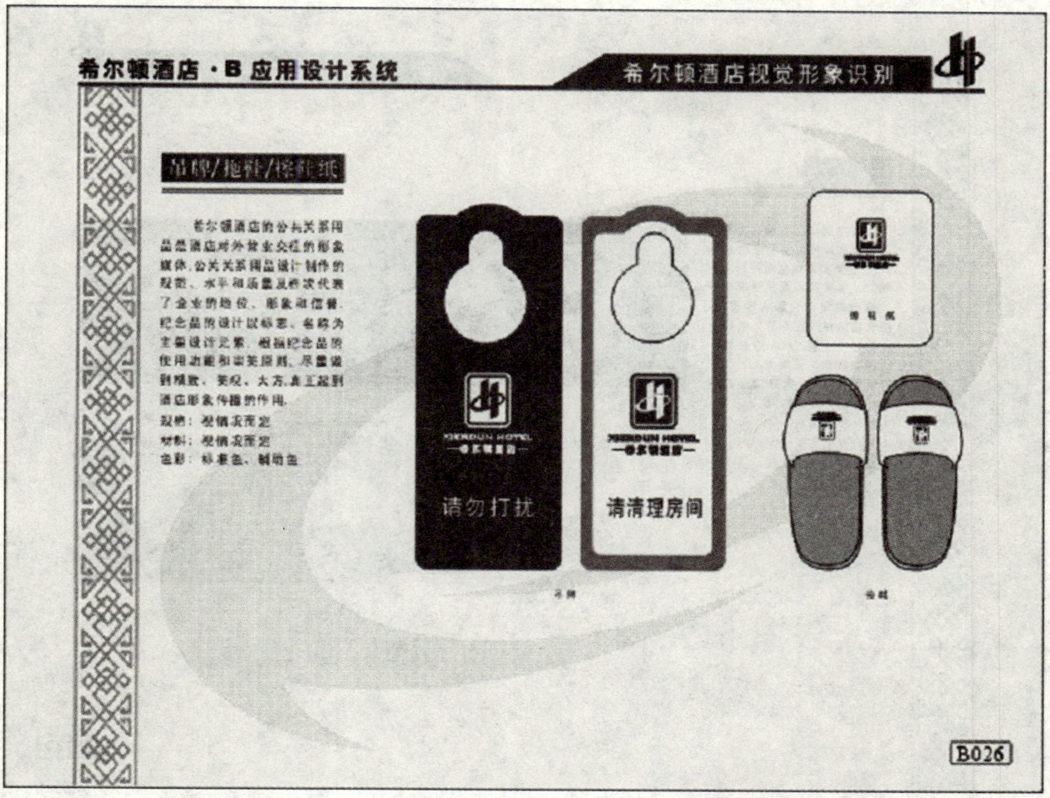

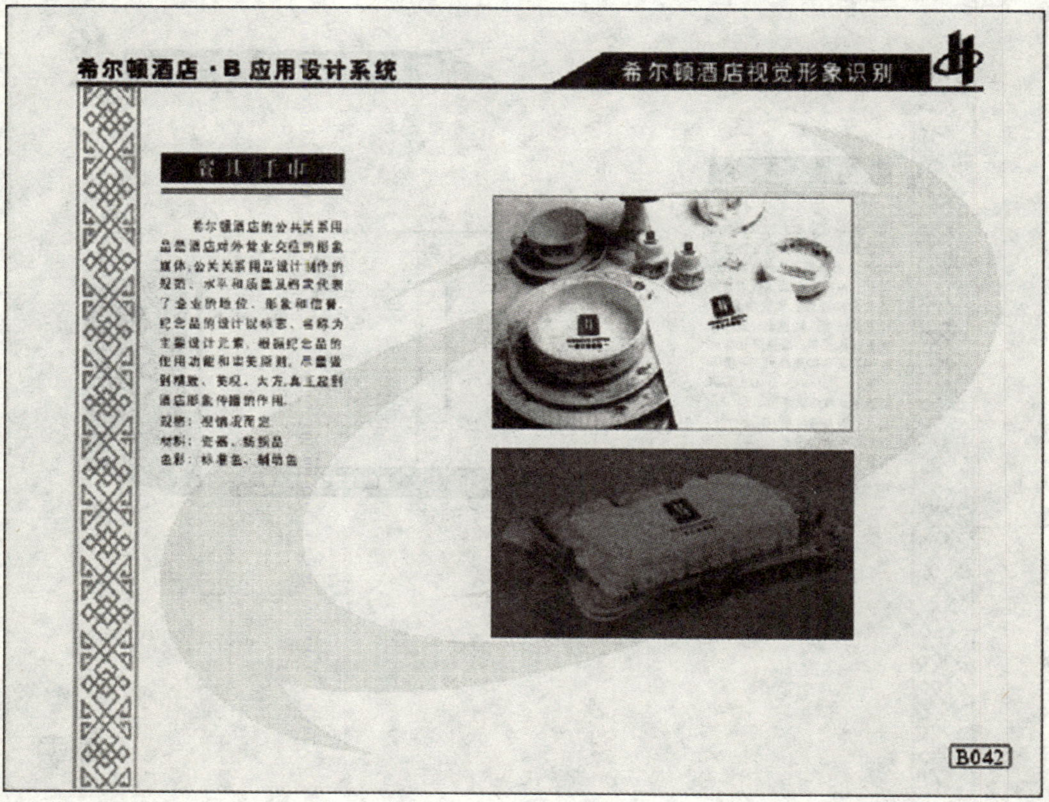

图 4-26　CI 手册设计样例（续）

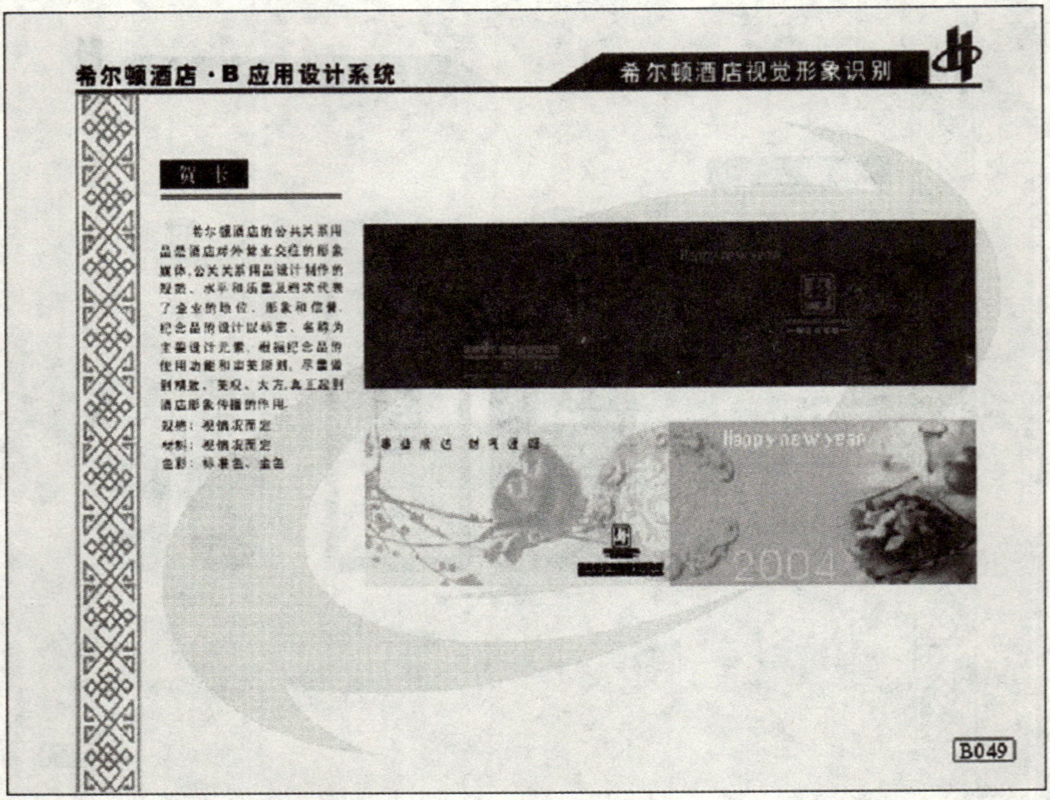

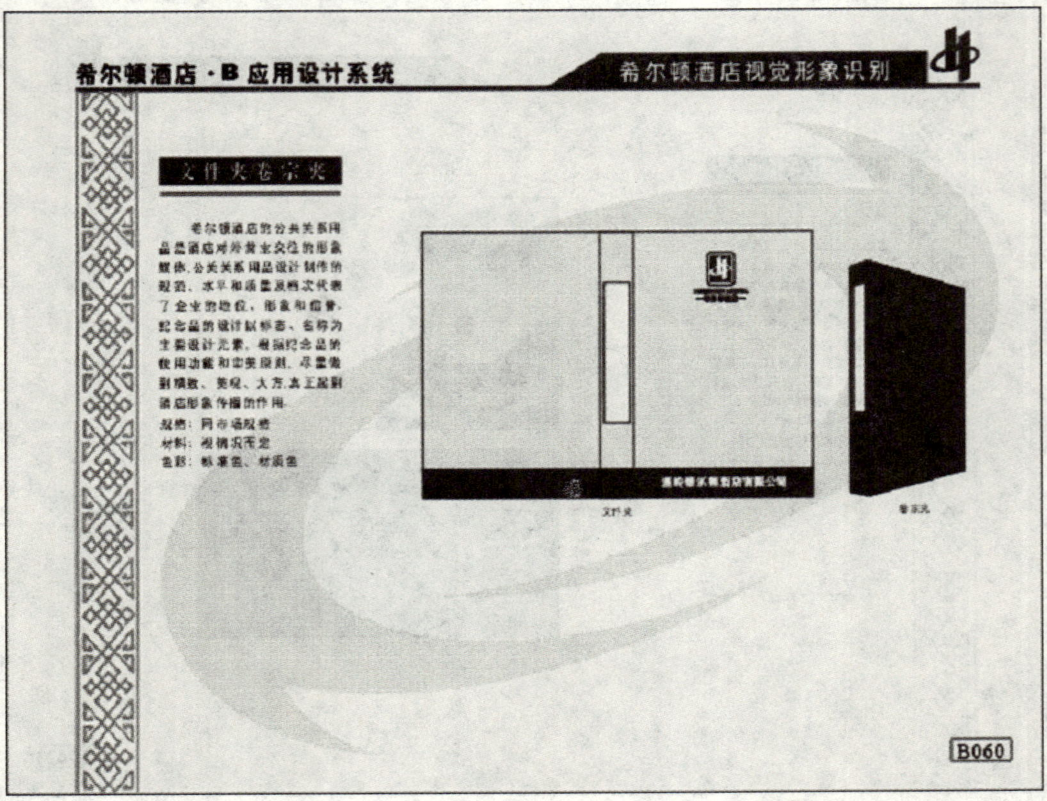

图4-26　CI手册设计样例（续）

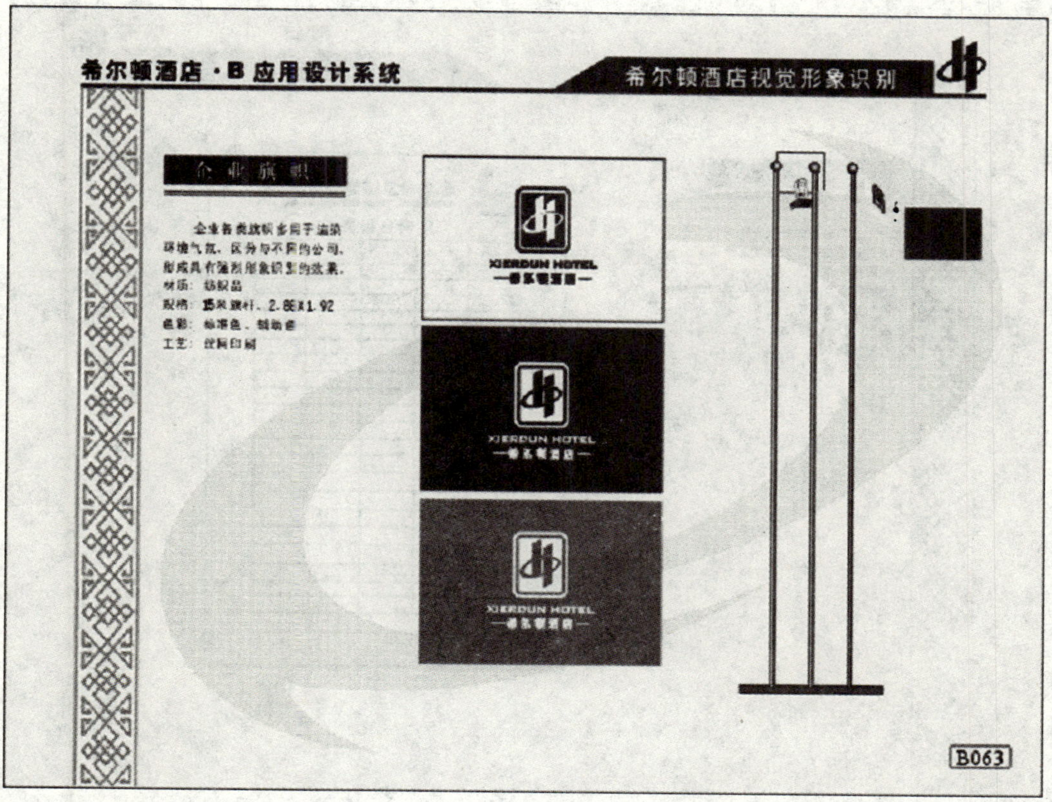

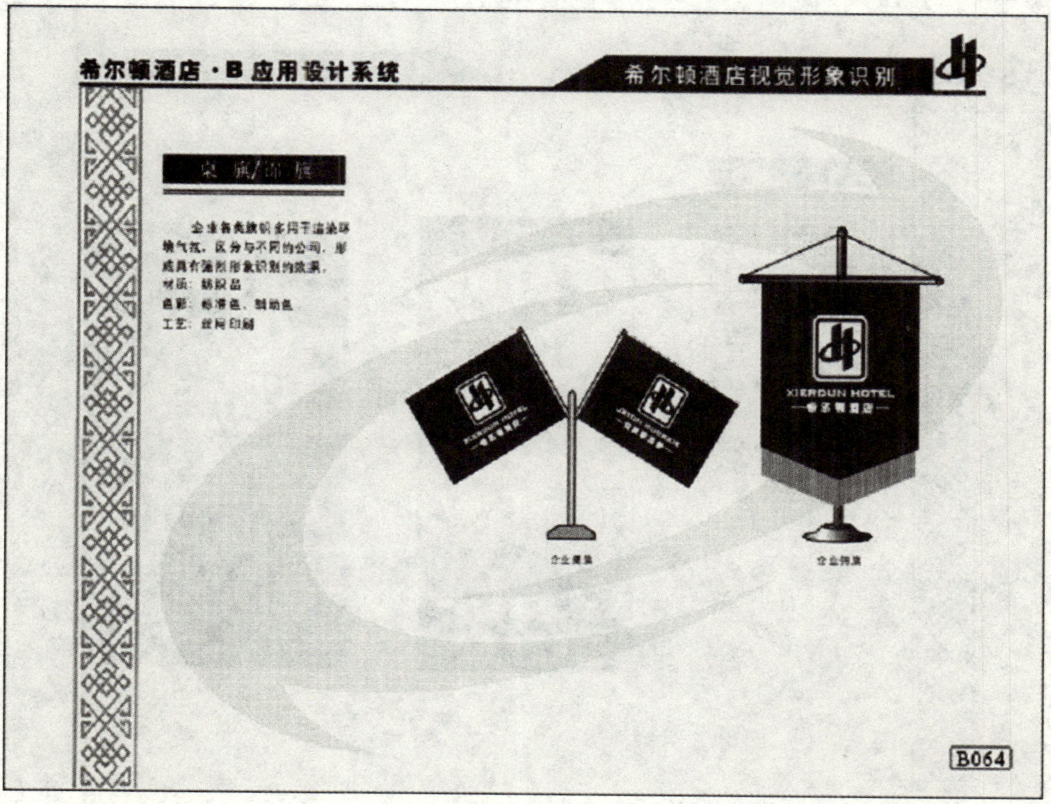

图 4-26　CI 手册设计样例（续）

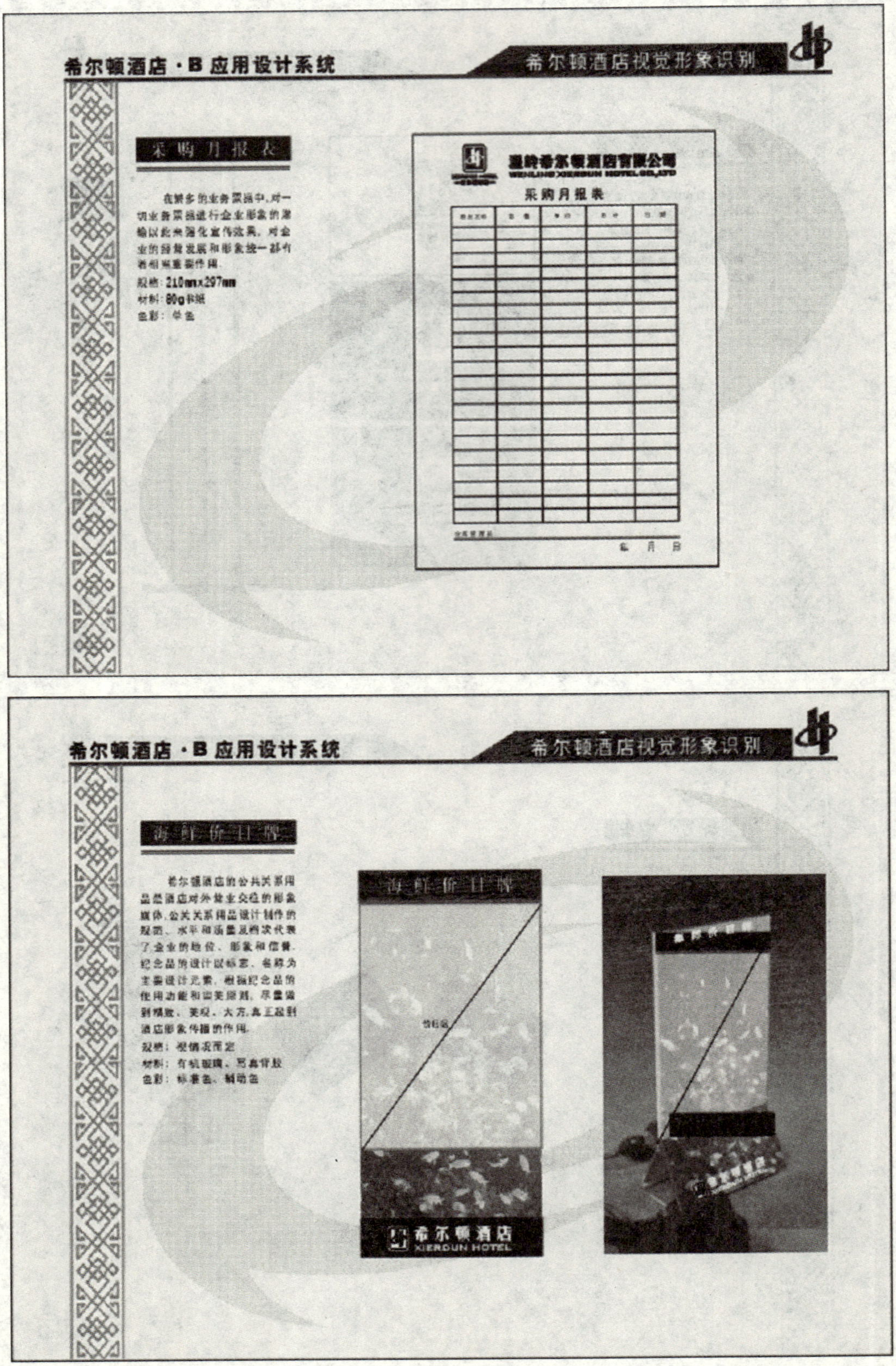

图 4-26　CI 手册设计样例（续）

4．实施与评价阶段

实施过程就是酒店依据 CIS 手册在员工的服务行为和管理者的管理活动中宣传贯彻企业形象战略的各个组成部分。评价就是定期监控酒店 CIS 的运作过程并对其效果做出评价，在评价的基础上形成新的运作起点。CIS 计划的贯彻实施可通过设立 CIS 执行委员会来进行，它隶属于 CIS 委员会，专职负责具体的 CIS 导入工作。计划实施可分为内部推广与外部推广。内部推广即广义上的员工教育，就是对酒店员工进行 CIS 意识的启蒙和灌输，进行企业形象系统的具体解析与说明。要做到理念深植人心，行为识别规范成为每个员工的自觉行为，必须导入相应的激励机制。各部门经理乃至总经理应该亲自参与或督导该类活动，以推动争创星级服务的活动，逐渐把真诚服务顾客的精神融入每一位服务员的工作习惯中。外部推广是 CIS 导入成败的关键，指通过广告、公关、新闻报道、网络等渠道宣传酒店企业形象。

酒店 CIS 是一个持续改进的过程，应不断总结和完善 CIS 计划的实施，不断地进行动态调研和预测分析，实时修正导入过程中因酒店内外因素变化而出现的新问题和新情况。有时有些问题需要单独立项，重新制定计划，这些单项指标的选择和组合，形成新的计划和新的系统。这就进入了 CIS 计划的第二个循环，即酒店第二个 CIS 计划状态。酒店第二次计划的导入，标志着第一次 CIS 计划迈上了高水平发展阶段。

知识拓展

酒店形象的构成

形象是酒店的无形财富和资源，是酒店在经营管理活动中不断积累、塑造而成的。酒店形象是指酒店在社会公众心目中相对稳定的地位和整体印象。酒店形象既包括建筑、客房、餐厅、设备设施等硬件形象，又包括管理水平、服务质量、员工精神面貌、企业文化等软件形象。

1. 产品形象

酒店产品形象的好坏主要取决于酒店为顾客提供的产品和服务的价值、员工在履行服务职责时所表现的态度、职业道德和责任心等。产品形象是由产品的视觉形象、产品的品质形象和产品的社会形象三方面构成的，如图 4-27 所示。产品的视觉形象是人们对形象认知部分，通过视觉、触觉和味觉等感官直接了解到的产品形象，诸如产品外观、色彩、材质等，属于产品形象的初级阶段层次；产品的品质形象是形象的核心层次，是通过产品的本质质量体现的。人们通过对产品的使用，对产品的功能、性能质量及在消费过程中所得到的服务质量，形成对产品形象一致性的体验；产品的社会形象是产品的视觉形象、产品的品质形象从物质层面综合提升到精神层面，是非物质的，是物质形象的外化结果，最具有生命力。

2. 服务形象

酒店服务形象是顾客对酒店提供的服务是否热情、周到，服务项目是否齐全、便利，服务态度是否真诚、礼貌，服务质量是否有保证、令人满意的反映和评价。

3. 管理形象

酒店管理形象是指公众对酒店的管理水平、管理方式和管理行为的评价和看法。酒店管理形象的好坏体现在酒店的经营决策、服务管理、销售管理、人力资源管理等多方面。

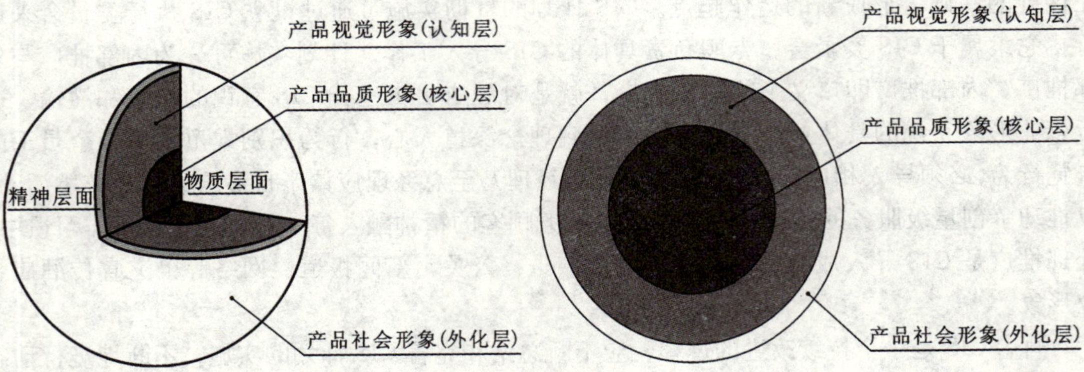

图 4-27 产品形象结构

4. 员工形象

公众对酒店员工的总体素质、能力、文化修养、道德水准、服务水平等方面的评价和看法，就构成了酒店员工的整体形象。整体形象通过每个员工的具体形象表现出来，因此要提升员工整体形象，就必须提升每个员工的形象。

综合实训

1. 员工招聘

实 训 内 容	
训练目的	培养学生开展招聘工作的能力，同时训练应聘学生的应变能力与心理素质
训练程序	(1) 学生根据酒店的需要制定招聘计划，包括招聘目的、招聘岗位、任用条件等 (2) 部分学生要写出应聘提纲或应聘演讲稿，一定要体现出应聘竞争优势 (3) 由学生扮演酒店方的评委，用集体投票的形式决定是否聘任 (4) 教师总结点评
训练提示	每个人只能竞聘两个职位；招聘由应聘者自述、答辩、投票决定聘任等程序构成
思考	通过这次活动，我学到了什么

2. 制定培训方案

实 训 内 容	
训练目的	通过制定酒店员工培训方案，完成一次员工培训过程
训练程序	(1) 学生参考下面提供的培训方案内容，编制酒店中某个岗位的培训方案 (2) 学生尝试讲解某一部分内容 (3) 学生互评，最后教师总结点评
训练提示	要模仿撰写完成某项培训教学方案；能模拟独立完成或组织某项培训内容
思考	通过这次活动，我学到了什么

案例资料：

某酒店基层管理人员培训方案

领班、主管是酒店的督导人员。面对员工，督导代表着中高层管理者，面对着中高层管理者，又代表着普通员工的利益。因此，在整个企业运作中，督导是一个关键的环节，起着承上启下的沟通作用，对酒店的成功经营至关重要。为此，对督导的培训和再培训是酒店不可或缺的工作任务之一。

根据酒店的实际情况及要求，现制定以下培训方案。

一、培训目的

通过培训全面提高酒店基层管理人员的专业素质。提高管理能力，掌握正确可行的工作技巧和方法，使这支队伍能高效地发挥作用，进而提升酒店的管理水平和服务水平。

二、培训方式

以集中授课为主，结合座谈交流、研讨、情景训练及现场指导等多种培训形式。强调培训的系统性、严谨性和实用性。

三、培训时间

培训授课从2011年3月初开始至11月底，培训过程共37周。课程安排每月6次，每次2课时（小时），总课时约为108节。（具体上课时间安排见“五、课程安排”）

四、培训特点

为了达到最佳培训效果，从成人学习的特点及酒店的实际出发，本培训方案设计上突出以下特点：

1. 培训需要

了解培训对象的需要，酒店管理者培训决策的目的与意图，是制定培训计划的前提，也是培训有效性的保障。培训小组在培训前通过集中访谈的形式对培训对象进行调查，广泛了解信息，保证课程设置及培训内容的针对性。

2. 课程设置

注意培训内容与学员密切相关且有用，将培训内容分割成易于接受和掌握的小“知识块”，控制学习进度，以便掌握；由于成人大多带着许多先前的经验来到课堂，故培训将注意把学员的新旧知识结合起来。

3. 教学方法

除讲授之外，将采取讨论、展示、案例分析、角色扮演、邀请专家及嘉宾座谈讲座、模拟练习、教育性游戏、启发互动式教学、多媒体教学等手段方法，使学员积极参与。

4. 效果评估

根据学习内容，分模块对学员的学习掌握情况进行考核。培训结束后通过学员调查评估培训效果，反馈信息。

5. 企业文化

企业文化影响着企业的计划、组织、人事、领导和控制等各项管理职能的实施方式，它往往为酒店确定风气并奠定人们的行为准则。杰出而成功的企业都有强有力的、有效的企业文化。企业文化反映企业的主张。培训将根据酒店高级领导层的意图和主张，将欲创立的企业文化精神和理念，在整个培训过程中加以渗透和强化，以提高组织的效力，帮助酒店实现目标。

五、课程安排

序　号	课　　　　程	课　时
课程一	培训者培训	6
课程二	沟通技巧	6
课程三	员工激励	6
课程四	团队建设	6
课程五	全面质量管理（服务质量控制）	6
课程六	会议管理	6
课程七	绩效管理	6
课程八	效率管理	6
课程九	人本化管理	6
课程十	企业文化	6
课程十一	管理者的素质与领导艺术	6
课程十二	角色认知	6
课程十三	客户关系管理	6
课程十四	个性化服务与服务创新	6
机动安排	专题讨论、培训对象调查、座谈等	6

3. 制定酒店原材料采购管理及仓库管理制度

实　训　内　容	
训练目的	培养学生独立设计酒店原材料采购管理流程的能力及仓库管理的能力
训练程序	(1) 学生参考下面提供的采购管理制度资料，设计酒店原材料采购及仓库管理制度 (2) 学生互评，最后教师总结点评
训练提示	学生需要在案例资料的基础上，写出不少于10条的酒店原材料采购及仓库管理制度，教师负责对学生制定的酒店原材料采购及仓库管理制度打分
思考	通过这次活动，我学到了什么

案例资料：

一、酒店采购管理制度

1. 制定采购计划

（1）由酒店各部门根据每年物资的消耗率、损耗率和对第二年的预测，在每年年底编制采购计划和预算报财务部审核。

（2）计划外采购或临时增加的项目，并制定计划或报告财务部审核。

（3）采购计划一式四份，自存一份，其他三份交财务部。

2. 审批采购计划

（1）财务部将各部门的采购计划和报告汇总，并进行审核。

（2）财务部根据酒店本年的营业实绩、物资的消耗和损耗率、第二年的营业指标及营业预测做采购物资的预算。

（3）将汇总的采购计划和预算报总经理审批。

（4）经批准的采购计划交财务总监监督实施，对计划外未经批准的采购要求，财务部有权拒绝付款。

3. 物资采购

（1）采购员根据核准的采购计划，按照物品的名称、规格、型号、数量、单位适时进行采购，以保证及时供应。

（2）大宗用品或长期需用的物资，根据核准的计划可向有关的工厂、酒店、商店签订长期的供货协议，以保证物品的质量、数量、规格、品种和供货要求。

（3）餐饮部用的食品、餐料、调味料、酒、饮品等，由行政总厨、大厨或宴会部下单采购部，采购人员要按计划或下单进行采购，以保证供应。

（4）计划外和临时少量急需品，经总经理或总经理授权有关部门经理批准后可进行采购，以保证需用。

4. 物资验收入库

（1）无论是直拨还是入库的采购物资都必须经仓管员验收。

（2）仓管员根据订货的样板，按质按量对发票验收。验收完后要在发票上签名或发给验收单，然后需直拨的按手续直拨，需入库的按规定入库。

5. 报销及付款

（1）付款

① 采购员采购的大宗物资的付款要经财务总监审核，经确认批准后方可付款。

② 支票结账一般由出纳根据采购员提供的准确数字或单据填制支票，若由采购员领空白支票与对方结账，金额必须限制在一定的范围内。

③ 按酒店财务制度，付款 ×× 元以上者要使用支票或委托银行付款结款，×× 元以下者可支付现款。

④ 超过 ×× 元要求付现金者，必须经财务部经理或财务总监审查批准后方可付款，但现金必须在一定的范围内。

（2）报销

① 采购员报销必须凭验收员签字的发票连同验收单，经出纳审核是否经批准或在计划预算内，核准后方可给予报销。

② 采购员若向个体户购买商品，可通过税务部门开票，因急需而卖方又无发票者，应由卖方写出售货证明并签名盖章，有采购员两人以上的证明及验收员的验收证明，经部门经理或财务总监批准后方可给予报销。

二、采购部业务操作制度

（1）按使用部门的要求和采购申请表，多方询价、选择，填写价格、质量及供方的调查表。

（2）向主管呈报调查表，汇报询价情况，经审核后确定最佳采购方案。

（3）在主管的安排下，按采购部主任确定的采购方案着手采购。

（4）按酒店及本部门制定的工作程序，完成现货采购和期货采购。

（5）对货物验收时出现的各种问题，应即时查清原因，并向主管汇报。

（6）货物验收后，将货物送仓库验收、入库，办理相关的入库手续。

(7) 将到货的品种、数量和付款情况报告给有关部门，同时附上采购申请单或经销合同。

(8) 将货物采购申请单、发票、入库单或采购合同一并交财务部审核，并办理报销或结算手续。

三、仓库管理制度

1. 仓库的分类

酒店仓库包括餐饮部的鲜货仓、干货仓、蔬菜仓、肉食仓、冰果仓、烟酒、饮品仓，商场部的百货仓、工艺品仓、烟酒仓、食品仓、山货仓，动力部的油库、石油气库，建筑，装修材料仓，管家部的清洁剂、液、粉、洁具仓，绿化部的花盆、花泥、种子、肥料、杀虫药剂仓，机械、汽车零配仓，陶瓷小货仓，家具设备仓等。

2. 物品验收

(1) 仓管员对采购员购回的物品无论多少、大小等都要进行验收，并做到：

① 发票与实物的名称、规格、型号、数量等不相符时不验收。

② 发票上的数量与实物数量不相符，但名称、规格、型号相符可按实际验收。

③ 对购进的食品原材料、调味料不鲜不收，味道不正不收。

④ 对购进品已损坏的不验收。

(2) 验收后，要根据发票上列明的物品名称、规格、型号、单价、单位、数量和金额填写验收单，一式四份，其中一份自存，一份留仓库记账，一份交采购员报销，一份交材料会计。

3. 入库存放

(1) 验收后的物资，除直拨的外，一律要进仓保管。

(2) 进仓的物品一律按固定的位置堆放。

(3) 堆放要有条理、注意整齐美观，不能挤压的物品要平放在层架上。

(4) 凡库存物品，要逐项建立登记卡片，物品进仓时在卡片上按数加上，发出时按数减出，结出余数；卡片固定在物品正前方。

4. 保管与抽查

(1) 对库存物品要勤于检查，防虫蛀、鼠咬，防霉烂变质，将物资的损耗率降到最低限度。

(2) 抽查。

① 仓管员要经常对所管物资进行抽查，检查实物与卡片或记账是否相符，若不相符要及时查对。

② 材料会计或有关管理人员也要经常对仓库物资进行抽查，检查是否账卡相符、账物相符、账账相符。

5. 领发物资

(1) 领用物品计划或报告

① 凡领用物品，根据规定须提前做计划，报库存部门准备。

② 仓管员将报来的计划按每天发货的顺序编排好，做好目录，准备好物品，以便取货人领取。

(2) 发货与领货

① 各部门各单位的领货一般要求专人负责。

② 领料员要填好领料单（含日期、名称、规格、型号、数量、单价、用途等）并签名，仓管员凭单发货。

③ 领料单一式三份，领料单位自留一份，单位负责人凭单验收；仓管员一份，凭单入账；材料会计一份，凭单记明细账。

④ 发货时仓管员要注意物品先进的先发、后进的后发。

（3）货物计价

① 货物一般按进价发出，若同一种商品有不同的进价，一般按平均价发出。

② 需调出酒店以外的单位的物资，一般按原进价或平均价加手续费和管理费调出。

6. 盘点

（1）仓库物资要求每月月中小盘点，月底大盘点，半年和年终彻底盘点。

（2）将盘点结果列明细表报财务部审核。

（3）盘点期间停止发货。

7. 记账

（1）设立账簿和登记账，账簿要整齐、全面、一目了然。

（2）账簿要分类设置，物资要分品种、型号、规格等设立账户。

（3）记账时要先审核发票和验收单，无误后再入账，发现有差错时及时解决，在未弄清和更正前不得入账。

（4）审核验收单、领料单要手续完善后才能入账，否则要退回仓管员补齐手续后才能入账。

（5）发出的物资用加权平均法计价，月终出现的发货计价差额分品种列表一式三份，记账员、部门、财务部各一份。

（6）直拨物资的收发，同其他入库物资一样入账。

（7）调出本酒店的物资所用的管理费、手续费，不得用来冲减材料成本，应由财务部冲减费用。

（8）进口物资要按发票的数量、金额、税金、检疫费等如实折为单价人民币入账，发出时按加权平均法计价。

（9）对于发票、税单、检疫费等尚未到的进口物资，于月底估价发放，待发票、税单、检疫费等收到、冲减估价后，再按实入账，并调整暂估价，报财务部材料会计调整三级账。

（10）月底按时将材料会计报表连同验收单、领料单等报送财务部材料会计。

（11）与仓管员校对实物账，每月与财务部材料会计对账，保证账物相符、账账相符。

4. 设计制作酒店形象 VI 手册

实　训　内　容	
训练目的	培养学生独立进行 CI 设计的能力
训练程序	（1）学生自定一个酒店名称，调查研究后进行 CI 设计，侧重于 VI 设计 （2）先设计该酒店基本要素，如标志、标准字、标准色等，要求多画草图，和老师商量后定稿，用相关软件制作标志 （3）之后根据不同的酒店特色选用酒店应用要素完成 VI 设计的主要内容 （4）将酒店基本要素和应用要素整理成册，加上封面、前言或导言
训练提示	设计应突出企业风格，鲜明地显现企业的独特个性
思考	通过这次活动，我学到了什么

单元五

酒店营销管理

学习目标

知识目标

1．熟悉酒店营销管理的过程

2．掌握酒店营销计划制定的程序

3．熟悉酒店营销组合策略

4．掌握酒店营销控制的程序

能力目标

1．能够根据酒店要求制定合理的市场营销计划

2．学会进行 SWOT 分析、营销环境分析等

3．能够根据不同的产品组合策略组合不同的酒店产品

任务 1 酒店市场营销过程管理

酒店营销管理是一种针对复杂多变的酒店市场营销活动的职能活动。为保证酒店的市场营销目标得以实现，酒店必须对其营销活动实施管理，这是酒店经营成败的关键所在。酒店的营销活动是一项涉及面广、系统性强、影响因素多的酒店经营行为。酒店营销管理是为了实现酒店营销目标，对酒店营销活动实施计划、组织、指挥、协调和控制等管理职能的过程。酒店营销管理的目的就是使酒店的营销活动与复杂多变的外部营销环境相适应，使酒店的内部资源配置与最佳市场机会的利用相适应。因此，必须将现代科学理论、手段和方法引入酒店营销活动的各个环节和每个阶段当中，使酒店整体营销活动高效有序地进行，才能使酒店营销目标得以实现。

任务导入

万豪酒店：细分市场永不停息

万豪酒店（Marriott）是与希尔顿、香格里拉等齐名的酒店巨子之一，总部位于美国。

八仙过海，各显神通，不同的企业有不同的成功之道。就酒店业而言，上述企业在品牌及市场细分上就各有特色：希尔顿、香格里拉等单一品牌公司通常将内部质量和服务标准延伸到许多细分市场上；而万豪则偏向于使用多品牌策略来满足不同细分市场的需求。

1. 万豪酒店概况

万豪酒店针对不同的细分市场成功推出了一系列品牌，如 Fairfield、Courtyard、Marriott 等。在早期，Fairfield 是服务于销售人员的，Courtyard 是服务于销售经理的，Marriott 是为业务经理准备的。后来，万豪酒店对市场进行了进一步的细分，推出了更多的旅馆品牌。

在“市场细分”这一营销行为上，“万豪”可以被称为超级细分专家。在原有的四个品牌都在各自的细分市场上成为主导品牌之后，“万豪”又开发了一些新的品牌。在高端市场上，Ritz-Carlton 酒店为高档次的顾客提供服务方面赢得了很高的赞誉并备受赞赏；Renaissance 作为间接商务和休闲品牌与 Marriott 在价格上基本相同，但它面对的是不同消费心态的顾客群体——Marriott 吸引的是已经成家立业的人士，而 Renaissance 的目标顾客则是那些职业年轻人；在低端酒店市场上，万豪酒店由 Fairfield Inn 衍生出 Fairfield Suite，从而丰富了自己的产品线；位于高端和低端之间的酒店品牌是 TownePlace Suites、Courtyard 和 Residence Inn 等，它们分别代表着不同的价格水准，并在各自的娱乐和风格上有效进行了区分。

经过多年的发展和演化，万豪酒店现在一共管理着 18 个品牌。

2. 万豪酒店的品牌战略

通过市场细分来发现市场空白是“万豪”的一贯做法，正是这些市场空白成了万豪酒店成长的动力和源泉。万豪一旦发现有某个价格点的市场还没有被占领，或者现有价位的某些顾客还没有被很好地服务，就会马上填补这个“空白”。一个多品牌的公司有完全不同的理念——公司的信心建立在对目标顾客需求的了解之上，并有能力创造一种产品或服务来满足这种需求。顾客的信心并不是建立在“万豪”这个名字或者其服务质量上，其信心基础是“旅馆是为满足顾客的需求而设计的”。比如说，顾客想找一个可以承受得起的旅馆住上三四个星期，TownePlace 可能就是其最好的选择，他（或她）并不需要为“万豪”额外的品质付费，他可能并不需要这样的品质，而且这种品质对他而言可能也没有任何价值。

3. 万豪酒店创新之道

“万豪”会在什么样的情况下推出新品牌或新产品线呢？答案是：当其通过调查发现在旅馆市场上有足够的、尚未填补的“需求空白”或没有被充分满足的顾客需求时，公司就会推出针对这些需求的新产品或服务——这意味着公司需要连续地进行顾客需求调研。通过分析可以发现，“万豪”的核心能力在于其顾客调查和顾客知识，“万豪”将这一切都应用到了从 Fairfield 到 Ritz-Carlton 所有的旅馆品牌上。从某种意义上说，“万豪”的专长并不是旅馆管理，而是对顾客知识的获取、处理和管理。如果调查显示某细分市场上有足够的目标顾客需要一些新的产品或服务特色，那么“万豪”就会将产品或服务进行提升以满足顾客新的需求；如果调查表明在某一细分目标顾客群中，许多人对一系列不同的特性有需求，“万豪”将会把这些人作为一个新的“顾客群”并开发出一个新的品牌。

万豪国际公司为品牌开发提供了有益的思路。对于一种现有的产品或服务来说，新的特性增加到什么程度时才需要进行提升？又到什么程度才可以创造一个新的品牌？答案是：当新增加的特性能创造一种新的东西并能吸引不同目标顾客时，就会有产品或服务的提升或新品牌的诞生。

在一个有竞争的细分市场中进行产品提升要特别注意获取并维系顾客。对于价格敏感型顾客，必须进行产品或服务的提升以避免他们转向竞争对手。如果没有竞争或者没有可预见的竞争存在，那么就没有必要进行提升。其实，竞争通常总是存在的，关键是要通过必要的提升来确保竞争优势。面对价格敏感型顾客，过多的房间并不能为 Fairfield 创造竞争优势。

思考

1. 什么是酒店营销管理？营销管理的主要任务是什么？
2. 酒店市场细分常用的方法有哪些？根据本案例，简述万豪酒店是如何对市场进行细分的。你认为，除了本案例所提出的细分标准之外，还可以运用哪些变量对酒店市场进行细分？
3. “万豪”会在什么样的情况下推出新品牌或新产品线？请列出市场细分的原则。
4. “万豪”的品牌管理给予中国酒店什么启示？

任务描述

自从有了市场经济就有了营销。对于营销，现今的企业早已不再陌生。对酒店来说，“美味佳肴”、“宾至如归”、来自厨师精湛的厨艺和客房部体贴的服务，“让顾客品尝佳肴”及让顾客体验“如归”，是源于市场营销的集体智慧。所以，如果说顾客是酒店的上帝，那么营销就是酒店的命脉。

酒店业面临的是一个庞大的异质市场，在这个市场上，消费者的需要、爱好、特征等是不一样的。对酒店而言，首先就意味着“商机无限”，可以有机会去开拓更多的市场；但同时也意味着酒店在开拓市场时，应抱着一颗“平常心”，根据自己的实际情况，去选取这庞大异质市场中的一分子作为主攻对象，因为酒店无能力也无精力去满足所有异质市场的需求。所以，酒店应进行市场细分，找出适合自己“胃口”的目标市场，找出适合自己发展的“市场空隙”。从这个意义上讲，酒店营销活动的任务就是发现市场空缺，恰当进行产品的市场定位，做到以特取胜。为保证酒店的市场营销目标得以实现，酒店企业必须对市场营销活动的各种因素进行有效的控制，而这一控制的过程就是对酒店市场营销管理的过程。

任务分析

一、分析市场营销机会

分析市场机会是酒店营销管理过程的第一步。所谓市场机会，就是市场上未满足的需要。市场机会对任何酒店都是平等的，但并不是任何酒店都能发现、抓住并利用的。只有那些与酒店内部条件（人、财、物、资金等因素）相适应，能够实现最佳营销因素组合策略和营销目标，拥有竞争优势及能够获得局部或全局的差别利益，并能促成酒店自身发展的市场机会才能为酒店所利用。例如，随着经济全球化和女性的社会政治地位日益提高，在各地频繁的商贸往来中，女性商务客人越来越多，这对许多商务酒店来说都是一个非常好的市场机会。但只有及时开发出符合女性商务客人住宿需要的产品和服务的酒店，才能把它变成自身的发展机会。因此，酒店要建立有效的市场营销系统，重视市场营销调研，认真识别和评估各种市场机会，善于捕捉和利用酒店的市场机会，不失时机地占领市场，形成竞争优势，实现良好的经济效益和社会效益。

酒店市场营销机会分析主要包括酒店营销环境分析、酒店消费者行为分析和酒店竞争形式分析。

1. 酒店营销环境分析

营销环境分析又称 SWOT 分析，是指酒店经营者通过对营销环境进行系统的、有目的的诊断分析，以便清楚本酒店的优势（Strengths）、劣势（Weaknesses）、机会（Opportunities）和威胁（Threats），从而确定酒店的营销战略（见图 5-1）。

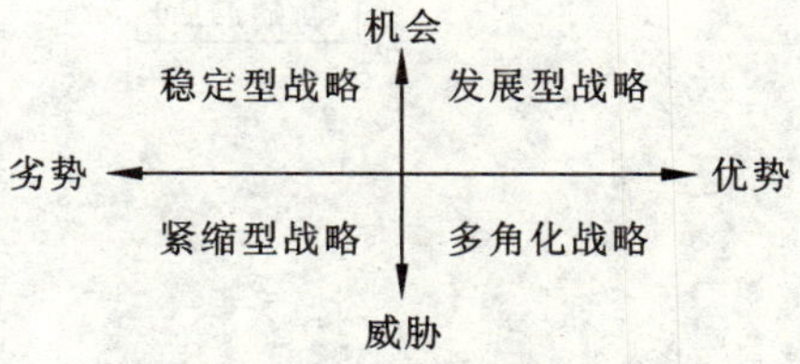

图 5-1 SWOT 战略选择图

对于酒店而言，经营环境可分为两种，一种是对酒店经营活动影响普遍的宏观环境，包括酒店所处的政治、经济、社会、技术环境等，具体可用 PEST 模型表示（见图 5-2）。另一种是与酒店经营活动密切相关，并受到酒店经营活动影响的微观环境，也可称为行业竞争环境。酒店在选择经营战略时，必须着重进行分析。

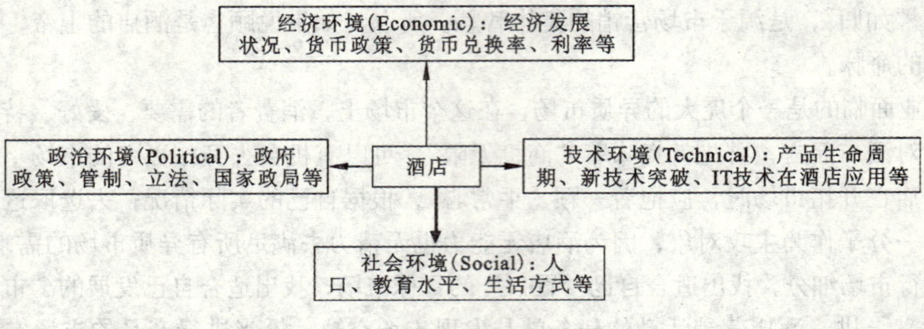

图 5-2 环境分析的 PEST 模型

企业在分析竞争环境时，一般采用美国学者迈克尔·波特的结构分析法。波特认为，一个行业的激烈竞争不是事物的巧合，其根源在于其内在行业的结构，即五种力量的抗衡（见图 5-3）。在酒店业中，这五种基本力量的强弱及其组合决定了酒店业竞争的激烈程度，决定着每一家酒店盈利的最终潜力。其中，强度最大的作用力将决定酒店企业战略的形成。

现代酒店企业面临着五种基本力量的挑战：潜在加入者的进入威胁、代用品的替代威胁、酒店产品购买者的讨价还价压力、生产要素供应商的讨价还价压力，以及现有酒店之间的抗衡。

酒店的经营管理及其活动都受到来自酒店内部和外部众多因素的影响。其中，有利于酒店经营活动顺利而有成效开展的酒店内部因素称为酒店经营的优势（S），如酒店优良的组织机构及现代化经营思想、优秀的酒店文化及雄厚的酒店资源等。反之，不利于酒店经营活动开展的酒店内部因素，如低劣的员工素质、紊乱的管理制度、不称职的管理人员、低品味的酒店文化等，称为酒店经营劣势（W）。酒店经营机会（O）是指有利于酒店开拓市场、有效地开展经营活动的酒店外部环境因素，如良好的国家经济政策、高速度增长的市场等。反之，不利于酒店开展经营活动的外部环境因素称为酒店经营威胁（T），如竞争对手越来越多、竞争对手实力增强、经营的目标市场萎缩等。

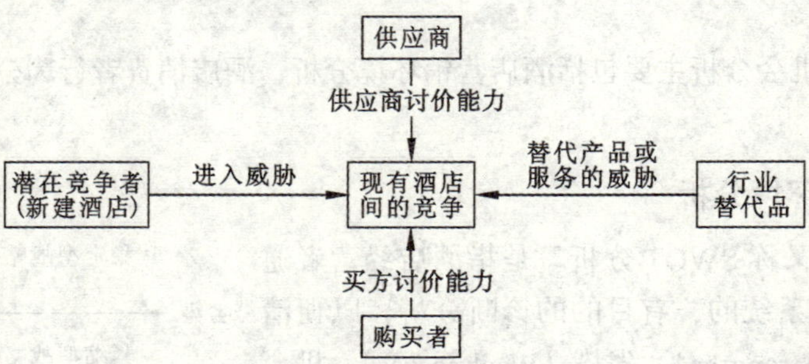

图 5-3 产业竞争结构模型

如果酒店企业外部有众多机会，内部又具有强大优势，则可采用发展型战略；如果外部有机会，而内部条件不佳，则宜采用稳定型战略；如果外部有威胁，内部状况又不佳，则应设法避开威胁，消除劣势，可采用紧缩型战略；如果酒店拥有内部优势而外部存在威胁时，则宜采用多角化战略分散风险，寻求新的机会。

另外，根据酒店内外部环境的不同状况，SWOT 矩阵还为酒店提供了四种可供选择的战略，即 SO 战略、ST 战略、WO 战略和 WT 战略（见表 5-1）。

表 5-1 SWOT 矩阵提供的四种可供选择的战略

内部 / 外部	优势 S	劣势 W
机会 O	SO 战略：利用内部优势，抓住外部机会	WO 战略：利用外部机会，克服内部弱点
威胁 T	ST 战略：利用内部优势，规避外部威胁	WT 战略：克服内部弱点，规避外部威胁

2．酒店消费者行为分析

酒店消费者行为指的是消费者为满足某种需要，在购买动机的驱使下购买酒店产品的各种行为表现，包括收集信息、比较、选择、购买、消费、评价等环节在内的一个完整过程。消费者行为是个人因素、社会因素及环境因素共同作用而发生的。要想使消费者选择本酒店而不选择其他的竞争酒店，酒店经营者就必须善于分析各类客人的行为及影响客人行为的各种因素。

首先，酒店经营者要分析消费者行为产生的内因即消费者个人因素，主要包括对消费者的需要、自我形象、爱好与兴趣、动机、认识及态度等个人因素的分析。通过这些因素的分析与研究，找到客人选择某酒店的内在原因，同时使酒店在提供的产品、服务、价格、促销等方面投客人所好。

消费者的个人因素是影响其消费行为的主要因素，但并不是唯一因素。消费者选择酒店时还会受到团体、家庭、组织文化及酒店促销活动等外在因素的影响。

绝大多数客人的消费行为是由其内因和外因共同作用而产生的，因此，作为酒店的经营管理者，应定期对消费者行为的影响因素进行诊断，弄清影响消费者行为产生和变化的真正原因，从而为今后的营销活动如产品设计、价格制定、促销活动等的策划提供有益的信息，为酒店营销活动打下良好的基础。

3．酒店竞争形势分析

酒店经营者除了分析市场、营销环境、客人消费行为等，还必须较为详细地分析其竞争形势。

（1）确定酒店的主要竞争对手

在竞争分析中，酒店管理者首先要明确谁是本酒店的主要竞争对手，谁将成为本酒店的主要竞争对手。其方法较多，如按酒店所在的区域、酒店的星级档次、酒店的目标市场、酒店的产品和服务内容等因素来确定，从而制定出奇制胜的竞争对策。

（2）进行竞争情况比较

竞争情况比较可以从竞争酒店所争夺的目标市场客人的需求着手，尤其要针对客人选择酒店的重要标准来进行竞争情况的相互比较，如酒店的地理位置、设施、服务、价格等。然后进一步了解竞争对手的产品组合情况和近期开展的营销活动和销售情况。通过对营销活动销售情况比较，管理者可以了解本酒店和竞争对手分别采取了哪些行之有效的营销策略，从而为日后制定营销方案打下良好的基础。

（3）确定酒店相对的竞争优势和劣势

根据前两步竞争分析工作，管理者能够判断出本酒店相对的竞争优势和劣势。值得注意的是，管理者应将判定的优势、劣势以书面的形式记录下来，以便于酒店决策者在制定年度营销计划时参考和使用。

（4）确定酒店竞争策略

酒店竞争分析的最终目的是希望通过分析构思和策划本酒店有效的竞争对策和竞争地位。

通常，在同一目标市场上竞争的酒店，因其营销目的、资源和实力不同，各自有不同的竞争地位，各酒店又因竞争地位的不同采取不同的竞争策略。在酒店竞争中，通常可能出现四种不同竞争地位的酒店，它们分别是市场领导者、市场挑战者、市场跟随者和市场补缺者。这四种竞争地位既可针对一个酒店，也可针对酒店的某一经营项目，如餐饮、客房等。同一个酒店的产品有可能处于不同的竞争地位，需要采取不同的营销策略。

二、确定酒店目标市场

通过分析市场机会，可掌握总体市场需求状况。不同顾客有不同需求，酒店应该根据顾客的群体特征进行酒店市场细分，选择对本企业最有吸引力、而酒店也可为之提供有效服务的细分市场为目标市场，实行目标市场营销。酒店在确定自己的目标市场的过程中，要经历三个阶段：一是市场细分，二是市场目标化，三是市场定位。

1. 市场细分（Segmenting）

正确选择自己的目标市场是成功的开始，而酒店市场细分则是确定酒店目标市场的首要过程。市场细分是指酒店经营者按照消费者的一定特性，把异质市场分割成两个或两个以上的同质市场，以用来确定目标市场的过程。酒店做好市场细分工作，一是有助于发现营销机会，明确、具体化目标市场；二是有助于深入了解消费者的需求；三是有利于制定正确的营销策略。根据美国营销专家麦卡锡的观点，市场细分一般由以下七个相互关联的步骤组成：

（1）选定酒店产品的市场范围

酒店经营者在确定了总体经营方向和经营目标之后，必须根据自身的行业特点、资源条件和产品特征来选定市场范围。酒店是以商务型为主，还是休闲度假等；酒店定位是高端，还是中低档酒店等，这项工作是企业市场细分的基础。市场范围是以顾客需求为着眼点确定的，因此通过调查工作分析市场需求动态是必要的。同时，酒店应充分结合自己的经营目标和资源，从广泛的市场需求中选择自己有能力服务的市场范围，不宜过窄或过宽。

（2）了解、列举潜在顾客的基本需求

在确定适当的市场范围后，根据市场细分的标准和方法，了解市场范围内所有现实和潜在顾客的需求，并尽可能地详细归类，以便针对旅游者需求的差异性，决定采用何种市场细分变量，为市场细分提供依据。要进行有效的市场细分，必须找到适当的、科学的细分标准，这个标准就是导致顾客需求出现差异的那些因素。酒店市场由于受年龄、性别、收入、文化程度、地理环境、心理因素影响，不同的消费者通常有不同的欲望和需要，因而有不同的购买习惯和行为。此外，旅游者在购买酒店产品时其购买形式也存有差异。正因为这样，酒店可以按照这些因素把整个市场划分为若干个不同的市场部分或亚市场，这些因素就叫做细分标准，由这些因素所决定的顾客差异是细分酒店市场的基础。细分酒店市场的标准很多，主要包括地理变量、住宿动机变量、购买方式变量、销售途径变量及其他社会人文变量等。在选定市场范围的前提下，酒店可以从人口、地理、行为、心理、经济等各种因素方面，列出潜在消费者的需求，以了解市场需求状况。

（3）分析潜在顾客的不同需求

在初步分析的基础上，酒店将罗列的各种需求作为调研依据，结合不同类型、具有鲜明特征的潜在顾客，了解他们较为迫切的需求，然后加以归纳、集中，选出二三个需求作为市场细分的标准。

（4）排除潜在顾客的共同需求

对于粗略划分的市场，其共同需求固然重要，但只能作为设计市场营销组合的参考，而不能作为市场细分的基础，因而可以排除这些共同需求，选择具有鲜明特征的需求作为市场细分的标准。

（5）划分相应的市场群

酒店经营者可以根据各个细分市场的主要特征，用形象化的语言或其他方式，为各个可能存在的细分市场确定名称。

（6）进一步分析各细分市场的具体特点

通过深入分析各细分市场的需求，了解市场上消费者的购买心理、购买行为等，对各细分市场进行必要的分解或合并。这项工作将帮助酒店寻找并发现最终的目标市场。

（7）评估各细分市场

在前面六个步骤完成后，各细分市场的类型已基本确定，此时酒店应估算各细分市场的潜在顾客数量，因为它决定了酒店的潜在销售量，影响酒店的获利机会。因此，酒店应对各细分市场予以全面、中肯的评估。

2. 市场目标化（Targeting）

在市场细分基础上，选择一个或几个亚市场作为企业的目标市场，这种营销活动称为市场目标化。“足够大”、“有潜力”、“未饱和”是酒店选择目标市场的三大依据。

（1）确定目标市场策略

当酒店选定目标市场后，如何经营好这些目标市场是酒店营销人员需要考虑的一个重要问题。酒店经营者在进行市场目标化进程中，常采用三种市场目标化策略，这三种策略也可统称为酒店市场覆盖策略。

① 无差异营销策略。无差异营销策略忽略不同顾客的需求差别，寻找出全部目标市场需求的共性，据此以同样的营销组合为该市场服务（见图 5-4）。

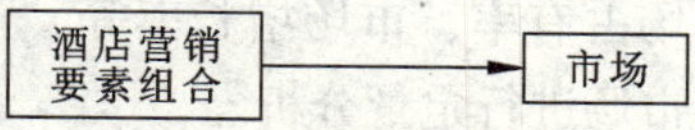

图 5-4　无差异营销策略

酒店营销人员试图用一种营销组合来应对整个市场，目的是为了集中满足市场消费者的共同需要，这种策略在营销学中称为无差异策略。无差异策略适用于：同质市场，即市场需求差异小得可以忽略不计的市场；新产品介绍期；需求大于供给的卖方市场。无差异营销策略的优点主要是它可以减少酒店的经营成本和营销费用。由于采用单一性的营销组合，产品的组合成本，销售渠道的费用及促销费用都大大降低。不足之处是这种策略忽视了市场需求的差异，可能会导致部分顾客的不满意。另外，这种策略不能适应竞争激烈的市场环境。

② 差异化营销策略。差异化营销策略是酒店针对不同的细分市场分别设计相应的营销组合，即用不同的营销组合分别进入几个目标市场（见图 5-5）。

酒店选择两个或两个以上的目标市场，并针对不同目标采用不同的营销组合，这种营销策略在营销学中称为差异化营销策略。差异化营销策略适用于：规模大，资源雄厚的酒店或酒店集团；竞争激烈的市场；产品成熟阶段。这种策略的优点是能够针对性地满足不同消费者的需要，能够创造出更多的销售收益。缺点是营销成本高、操作要求高，一般适合实力较强的企业。

③ 集中性营销策略。集中性目标市场策略是酒店选择一个或少量几个细分市场，集中企

业力量争取在所进入的细分市场获得较大的市场占有率（见图 5-6）。集中性营销策略适用于：资源不多的中小型酒店；竞争比较激烈的市场。这种策略的优点是能够集中力量、发挥优势、以特色取胜。缺点是风险较大。

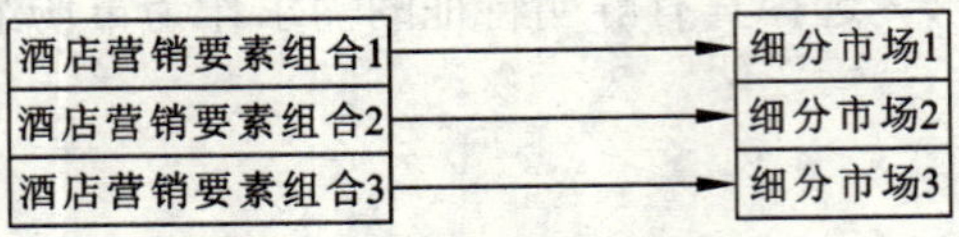

图 5-5　差异化营销策略

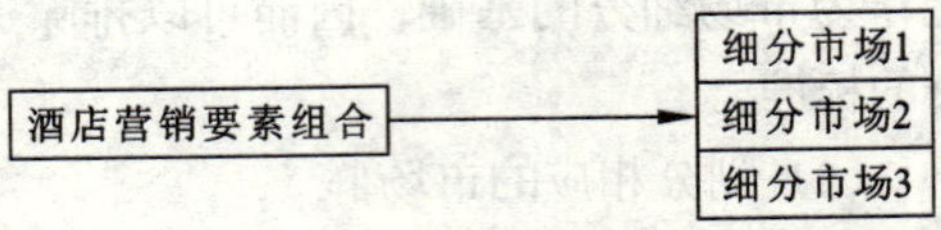

图 5-6　集中性营销策略

（2）确定目标市场的步骤

① 初步确定经营范围。不同的经营项目为酒店创造的收入是不同的。由于各酒店的情况不同，各经营项目创造的收入占总收入的百分比也不相同，但总的来说，客房和餐饮收入占酒店总收入的百分比很大，因此，绝大多数酒店将客房和餐饮作为主要的经营项目，酒店的营销力量也主要集中在这两个主要项目上。营销人员应对这两个经营项目进行市场细分，为这两个项目确定目标市场。

② 制定市场细分因素表进行市场细分。市场细分的因素很多，包括地理因素、人口特征因素、消费行为等方面。酒店营销人员可以根据实际情况来选择合适的市场细分因素。不过要注意细分因素的综合性，即要避免只从单方面选择细分因素。营销人员可以从多方面选出的细分市场制定简表以供参考，再根据细分因素表将市场划分为若干个细分市场。

③ 对各细分市场进行定性分析。定性分析是指对各细分市场的性质进行分析。如细分市场消费者的消费态度、价值观念，细分市场的发展趋势、变化情况、增长形势，以及专家们对各细分市场的看法等。

④ 对各细分市场进行定量分析。定量分析是指用具体的数量标准来衡量和预测各细分市场的现实容量和潜在力。可用于定量分析的衡量标准有市场的需求量、销售量、营业额、市场占有率、市场增长率等。营销人员常常利用统计图示法、均数分析法、回归法等对各细分市场进行定量分析。

⑤ 评估与确定目标市场。经过定性分析和定量分析，酒店营销人员基本认识了自己应经营的细分市场。但在最终选定酒店目标市场时，营销人员还得用以下五条原则对可能成为酒店目标市场的细分市场进行衡量和评估，以便真正找准自己的目标市场。

第一，可衡量性。一个细分市场应当能用某种数量指标和数量单位（如市场需求量、消费者购买力等）来衡量。第二，可达性。即酒店能够通过广告和其他促销手段有效地到达细分市场。第三，大量性。即细分市场必须具有足够潜力使酒店值得开发和经营，并能帮助酒店确定营销策略，带来可观的利润。第四，持久性。即细分市场能够持续较长时间，具有较强的生命力。第五，可防御性。指酒店能够按照划分的细分市场确定较为有效的营销策略。同时，细分市场能够保证酒店的竞争能力，使其在竞争中处于领先地位。

3．市场定位（Positioning）

市场定位是指酒店为了自己的产品和服务在目标市场顾客心中占据明确的、独特的、深受欢迎的地位而做出的相应决策和进行的营销活动。

（1）确定酒店市场定位的内容

① 形象定位。酒店形象指酒店外观、建筑风格、设计装修特色、酒店名称、酒店标志、

主调颜色、经营的档次等，它们会在顾客的心目中形成一种特定的形象。例如，麦当劳的形象除了鲜明的红色“M”外，还有清洁与卫生、快捷、简单化、标准。

② 产品定位。产品定位指酒店为客人提供什么样的产品。营销人员在为产品定位时，应注意三个要点：首先，酒店要为自己的产品培养和创造自己的特色，树立鲜明的市场形象，并能符合某一层次或目标市场客人的需求。其次，要详细说明产品能为目标市场客人提供的利益，以及客人从消费中得到的好处。最后，强调本酒店产品与竞争对手产品的差别，要让客人明确本酒店产品的优点和独特之处，及时给予客人独特的利益，使客人心甘情愿地选择自己的产品。

③ 价格定位。价格在酒店营销中最重要，也最敏感。是用高价吸引高档消费的客人，还是用中等价格吸引中档消费的客人？高价吸引的客人少而精，是精品策略，档次高，收入高。低价吸引的客人是薄利多销，面广人多，即大众化策略，以入住率和入座率取胜，取得一定的营业收入和现金流量。

④ 消费群体定位。即酒店以何种类型的消费者群体作为自己的目标市场，如商务散客、会议团体等。通常，酒店不会只选择某一类消费群体，而是根据具体情况选择几类消费群体作为目标市场。

⑤ 服务标准定位。即以何种服务标准为客人提供产品和服务。服务标准种类很多，有行业标准、国家标准、国际标准等。国际酒店业的服务标准包括服务的态度标准、服务的行为语言标准、个性化服务标准等。

⑥ 销售渠道定位。即通过何种销售渠道，将酒店的产品和服务传送给客人。酒店的销售渠道有两种：一是直接销售渠道，由酒店将产品直接销售给客人。二是间接销售渠道，酒店的产品经过中间商再传送到客人手中。

(2) 酒店市场定位的过程

① 确定目标市场和竞争对手。酒店的销售人员首先要通过对本酒店的整个市场的细分，在细致、准确的市场细分的基础上，决定在哪一个目标市场之中确立合适的形象。这是酒店进行市场定位的基础与前提，没有一个目标市场，酒店市场定位就无从谈起。更重要的是确定谁是自己的竞争对手，并分析竞争对手的产品特点。酒店的竞争对手实际上就是酒店产品的替代者，确定竞争对手之后，酒店必须采取多种渠道收集竞争对手产品的有关信息，了解目标市场上的竞争对手向顾客提供何种产品，其质量、数量、价格、特色等方面与本酒店同类产品比较有哪些优势和不足，从而明确竞争对手的产品定位情况。

② 分析目标顾客选择酒店的重要标准。消费者在选择酒店时的重要标准多种多样，诸如酒店的地理位置、客房的价格、设施和服务、气氛和名望等。这些都可能成为消费者在选择酒店时的重要标准。值得注意的是，不同的客人在选择酒店时的选择标准也是不同的。例如，商务型的客人与休闲度假型的客人对酒店的评价标准就存在着很多的区别。所以，酒店的营销人员应该弄清楚本酒店的目标客人是哪些，他们在选择酒店时的重要标准有哪些。利用客人选择酒店的重要标准，将本酒店与竞争对手进行比较，可以帮助营销人员发现酒店在哪些重要的选择上占有何种优势，并及时发现酒店的劣势在哪里。

③ 确定产品特色，树立市场形象。酒店确立自己产品的特色是酒店市场定位的出发点。酒店对目标市场中的竞争对手及其产品进行细致深入的调查和优势分析，发现本酒店优势所在，这些优势就是酒店产品定位的主要基础。首先，要了解竞争者的定位如何，他们提供的产品或服务

有何特色。其次，酒店要研究顾客对某类产品的各个属性的重视程度。最后，还要考虑酒店自身的条件，酒店可能会面对多种竞争优势并存的情况，此时酒店应当运用恰当的方法，在众多竞争优势中进行取舍，评估和选择出最适合本酒店的优势项目，并以此初步确定酒店产品在目标市场上的位置。有些产品的属性，虽然是顾客比较重视的，但是如果酒店无所不及，就会消耗酒店过多的资源，往往得不到预期的效果，这样，也不应该成为酒店市场定位目标。作为一家酒店，要综合考虑这些方面的因素，再明确自己所要确立的产品特色。

酒店产品的优势一经确定，就必须采取各种手段准确有效地向目标市场传播酒店产品的定位观念。酒店产品的优势不会自动地在目标市场上表现出来，要使这些优势能够发挥作用，影响顾客的购买决策，酒店需要以产品特色、优势为基础，树立鲜明的市场形象，主动而又巧妙地与目标市场中的顾客进行沟通，引起顾客的注意和兴趣，求得顾客的认同。

④ 评估酒店形象，准确传播酒店的市场定位观念。酒店要从经济效益和技术上对酒店的形象进行评价，评价自己到底有无特色，评价其与竞争者相比到底有无明显的优越性，并评价是否符合顾客选择酒店的重要标准。

酒店的市场定位需要通过它与顾客隐性的和显性的接触来传达，这也意味着酒店的所有员工要在平时对顾客服务时要反映酒店的形象，以传递期望中的市场定位。与此同时，酒店还需要大力开展广告宣传及公关活动，目的在于把酒店的定位观念准确地传达给那些潜在的顾客，使得酒店的形象可以很轻易地被公众及目标市场中的顾客所认知和接受。另外，这样做还可以对酒店的老顾客产生一种提醒的作用，因为这家酒店才是满足他们个性需求的场所。

三、制定酒店市场营销战略和策略

在选定了目标市场和确立市场定位以后，酒店营销管理的下一个步骤是制定酒店市场营销的战略和策略。战略是关于全局的长远的决策，策略是政策性的基本的实施方案。

1. 酒店发展与竞争战略

酒店的发展引起了酒店的竞争，酒店的竞争推动了酒店的发展。在发展中如何竞争，在竞争中如何发展，是酒店管理者必须首先做出的战略决策。

（1）酒店基本发展战略

酒店可以根据酒店所处外部环境和所拥有的内部资源条件的差异，选择不同的战略来实现其发展目标。具体来说，酒店发展战略的基本类型主要有三种（见表 5-2）。

表 5-2 酒店发展战略的基本类型

密集型发展战略	一体化发展战略	多元化发展战略
市场渗透 产品发展 市场开发	横向一体化 纵向一体化 多元化	同心圆多元化 水平多元化 混合多元化

① 密集型发展战略。密集型发展战略是指酒店现有产品与市场尚有发展潜力，于是充分挖掘自身潜力，实现自我发展的战略。其具体形式有市场渗透战略、产品发展战略和市场开发战略。

a．市场渗透战略。市场渗透战略是指酒店利用自己在原有市场上的优势，积极扩大经营规模和接待能力，不断提高市场占有率和销售增长率，以促进企业的不断发展。一般地说，采用这种策略，市场竞争比较激烈。酒店应在产品质量、价格、服务和企业声誉等方面下功夫，不仅要巩固原有市场的老客户，而且还要积极设法刺激各地潜在顾客，利用原有市场创造新的客户。同时，要努力争取将顾客从竞争者手中夺过来，以此来增强企业在市场竞争中的优势，促进酒店发展。扩展酒店现有产品市场是促进企业成长发展的一个重要途径，提高市场占有率，可以采用以下几种营销手段：加强广告宣传、创新营销方法、运用定价策略。对老顾客要给予更多的关照、尊重和优惠，不断让其体验到消费带给他的愉悦。“给别人一点甜头，自己才会有赚头。”老顾客消费老产品，要在消费过程中不断创造新意，否则顾客的忠诚度就会降低。

b．产品发展战略。产品发展战略是指酒店依靠自己现有的力量，努力进行产品创新，提高产品质量，从而使企业不断地成长和发展。酒店采用这一策略的关键是必须对市场需求的变化保持高度敏感，并建立快速反应的产品开发机制，要积极创造条件，不断进行产品开发工作，以求保持自己的产品在质量、价格等方面的优势。针对现有市场，不断开发适销对路的新产品，以满足顾客不断增长的需要，是企业成长发展的另一重要途径。

c．市场开发战略。市场开发战略又称市场发展战略，它是指酒店在原有市场的基础上，去寻找和开拓新的市场，进一步扩大产品销售，从而促进酒店企业的不断发展。为现有产品开发新市场，是使企业成长的最常用战略，其采用的主要方式是扩大地理区域。这种策略适用于企业的产品在原有市场的需求量已趋于饱和的情况。开拓新的市场，打开新的销路，能使企业得到进一步发展。但是，酒店要开拓某一个新市场，事先必须掌握它的特点和要求，选择合适的销售渠道，采用正确的营销手段和方法，否则，就会遭受很大的风险和损失。

密集型发展战略中市场渗透战略、产品发展战略和市场开发战略的选择可参见表 5-3。

② 一体化发展战略。一体化发展战略是指酒店充分利用自身的产品、市场和技术优势，不断向垂直、水平方向发展的总体化战略。这种战略选择是我国目前酒店管理集团扩张的主要途径，它有利于深化专业分工协作，提高资源的深度利用和综合利用效率。其具体形式有：

表 5-3 产品——市场战略 2×2 矩阵表

产品 / 市场	现有产品	新产品
现有市场	市场渗透战略	产品发展战略
新市场	市场开发战略	多元化发展战略

a．横向一体化战略。横向一体化战略又称水平一体化战略，是指酒店兼并作为竞争者的同类型企业。例如，大酒店收购、兼并小型酒店，按统一的标准、规范和品牌使其成为酒店的连锁店，靠这种经营灵活、星罗棋布的旅馆来延伸本酒店的市场。它是把性质相同、生产或提供同类产品的企业联合起来，组成联合体，以促进企业实现更高程度的规模经营和迅速发展的一种战略。横向一体化可以降低酒店业内的竞争压力，改善整个酒店业结构，使产业长期盈利能力提高。酒店企业横向一体化战略可以通过契约式联合、兼并同行业企业的形式实现。这种战略已经成为我国最主要的组建酒店集团的途径。采取横向一体化战略，不仅可以扩大服务规模与市场规模，增强经营实力，同时还可以避免与实力相当的酒店竞争，变竞争对手为合作伙伴，相互取长补短，共同利用市场经营机会。

b．纵向一体化战略。纵向一体化战略是指兼并酒店的上游企业或下游企业，从而增强企业竞争力，并避免因外部市场环境变化而带来的经营风险。这种战略可以通过以下三种形式实现：一是通过企业内部壮大而进入新的经营领域；二是与其他经营领域的企业实现契约联合；三是合并其他经营领域的企业。纵向一体化是酒店企业在两个可能的方向上扩展现有经营业务的一种发展战略，它包括前向一体化和后向一体化。前向一体化战略是酒店企业自行对本酒店产品或服务做进一步深加工，或者对资源进行综合利用，或酒店建立自己的销售组织来销售本企业的产品或服务。在现实旅游经济活动中，前向一体化更为普遍。具有资源或客源垄断优势的酒店企业更容易形成一体化经营。后向一体化则是指酒店向与其联系的后续企业或行业发展，即通过收购或入股形式控制其供应商。如酒店可直接控制其食品所需原料供应商，或直接经营食品原料或酒店家具用品等。后向一体化战略可以使企业能够对所用原材料的成本、可获得性及质量等具有更大的控制权。

③ 多元化发展战略。多元化战略又称多角化战略，是指酒店企业同时经营两种以上基本经济用途不同的产品或服务的一种发展战略。多元化战略是相对企业专业化经营而言的，其内容包括：产品的多元化、市场的多元化、投资区域的多元化和资本的多元化。

所谓产品的多元化，是指企业新生产的产品跨越了并不一定相关的多种行业，且生产多为系列化的产品，比如酒店企业介入到房地产或公寓管理行业；所谓市场的多元化，是指企业的产品在多个市场，包括国内市场和国际区域市场，甚至是全球市场，比如万豪酒店集团下属诸多子品牌；所谓投资区域的多元化，是指企业的投资不仅集中在一个区域，而且分散在多个区域甚至世界各地；所谓资本的多元化，是指企业资本来源及构成的多种形式，包括有形资本和无形资本诸如证券、股票、知识产权、商标和企业声誉等。一般意义上的多元化经营，多是指产品生产的多元化。多元化与产品差异是不同的概念。产品差异是指同一市场的细分化，但在本质上是同一产品。而多元化则是同一企业的产品进入了异质市场，是增加新产品的种类和进入新市场两者同时发生的。所以，多元化是属于经营战略中的产品——市场战略范畴，而产品差异属于同一产品的细分化。同时，对企业的多元化战略的界定，必须是企业异质的主导产品低于企业产品销售总额的 70%。

多元化发展战略是酒店企业为了更好地占领市场和开拓新市场，或避免单一经营的风险而向其他新的与酒店企业经营联系不直接的领域的发展。多元化发展战略的具体形式有：

a．同心圆多元化发展战略。是指酒店企业充分利用自己在技术上的优势及潜力，以酒店企业接待业务为圆心，积极发展与此相近的业务，使酒店业务不断向多品种和向外发展。由于同心圆多元化是从同一圆心逐渐向外扩展其经营范围，因此没有脱离原来的经营主线，经营风险较小，有利于企业发挥资源优势。

b．水平多元化发展战略。是指酒店企业针对现有的市场和现有顾客，充分利用自己在市场上的优势及社会上较高的声誉，根据顾客的需要去开发不同技术的产品，如酒店从事家政服务、家庭装修业务等。

c．混合多元化发展战略。是指酒店企业为了减少未来可能出现的风险，积极发展与原有的产品、技术、市场都没有直接联系的事业，生产和销售不同行业的产品。例如，酒店经营出租汽车业务、房地产业务等。选择这一战略的主要出发点：一是避免风险，可使企业在遭受某一经营领域的挫折时，通过在其他领域的经营成功而弥补亏损；二是获取更高的投资回报，当企业发现从事其他行业经营可能比原有行业获得更高的投资利润率后，它就有可能去涉足一个新的行业；三是利用原有的资源优势。

（2）竞争战略

竞争战略模型（见图5-7）是由迈克尔·波特所提出，包括公认的三种竞争战略：成本领先（Cost Leadership）战略、差异化（Differ-entiation）战略、专一化（Focus）战略。这些也是酒店企业在不同发展时期，面对不同竞争环境所选择与实施的三种竞争战略。三种策略的比较如表5-4所示。酒店可以通过分析自身的长处和竞争对手的短处，寻找一种适合组织发展的战略，以维系自身强有力的市场地位，从而避免与产业中所有竞争对手的正面冲突。

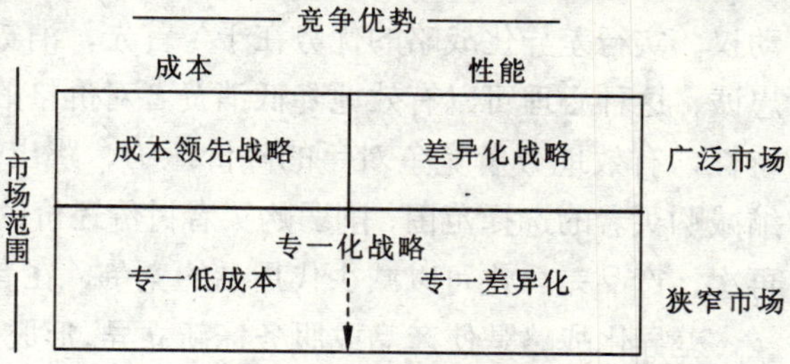

图5-7 三种公认竞争战略模型

表5-4 三种竞争战略的比较

成本领先战略的风险	差异化战略的风险	集聚战略的风险
（1）成本领先的地位无法保持 ① 竞争企业的模仿 ② 技术变革 ③ 成本领先地位的其他基础遭到削弱 ④ 差异化的相应地位丧失 （2）成本集聚的企业在部分市场上取得了更低的成本	（1）成本中相应地位丧失 ① 竞争企业的模仿 ② 作为差异化形象的基础对客户的重要性下降 （2）差异化集聚的企业在部分市场上取得了更加差异化的形象	（1）集聚战略被人模仿 （2）目标市场结构变得毫无吸引力 ① 结构被破坏 ② 需求消失 （3）广设目标的竞争企业占领了部分市场 ① 该部分市场和其他部分市场的区别缩小 ② 多品种生产的优势增加 （4）新的集聚企业进一步使产业市场细分化

① 成本领先战略。成本领先战略是指企业在提供相同产品和服务时，其成本明显低于主要竞争对手或行业平均水平。在激烈的市场竞争中，企业要保持长久的优势必须建立战略优势，而竞争战略优势的基本战略就是成本领先战略，其核心是指企业通过一切可能的方式和手段，降低企业的成本，成为市场竞争参与者中成本最低者，以低成本为竞争手段获取竞争优势。该战略要求酒店通过对食品成本控制、劳务成本控制、销售成本控制等措施，努力减低成本与费用，使价格低于竞争者的产品价格，以提高市场占有率。

酒店企业进行成本控制首先要制定目标成本或者标准成本，然后在成本形成过程中加强控制，并注意其与事中记录和事后分析相结合，及时发现影响成本降低的不利因素，以便及时采取有效措施达到预期目标。酒店成本控制程序如图5-8所示。

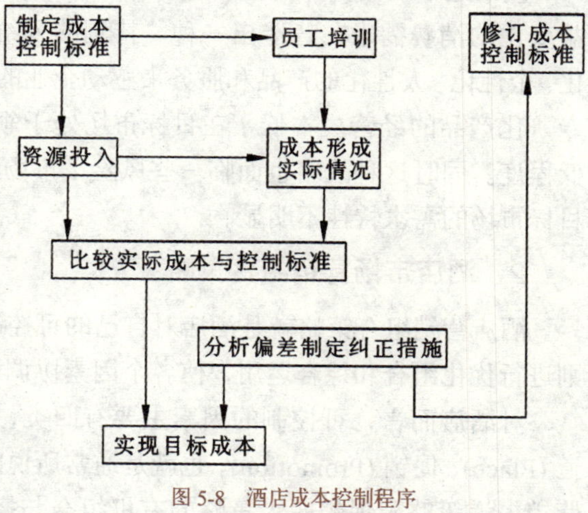

图5-8 酒店成本控制程序

成本领先战略在酒店应用时，首先要在酒店经营中努力追求规模经济效益，其次要在酒店经营中努力实现联合成本优势。要成功实施这一经营战略，应注意：第一，酒店之间的产品是同质无差别的；第二，在客人心目中，价格比产品差别更重要；第三，酒店产品的需求弹性很大，降低价格能够有效刺激需求，从而导致酒店住房率明显地提高；第四，销售量的增加能够弥补因价格下降而给酒店带来的利润损失；第五，酒店规模的扩大、服务项目的增加能够有效提高酒店吸引力，降低产品平均成本。

② 差异化战略。差异化战略是指酒店通过服务内容、服务方式和服务对象差异提供与众不同的产品和服务。实行差异化战略可以有效地防御来自于各方面的竞争压力，获得市场的主动权。实行差异化战略的优势在于：首先，消费者对某种符合自己偏好的产品会形成一种心理忠诚，这种心理可以有效地降低消费者对价格的敏感程度，在激烈的市场竞争中形成产品的独特性，有效地分解竞争对手的降价压力，跳出恶性价格竞争的漩涡。其次，产品差异化可以缩减购买者的选择范围，削弱购买者讨价还价的能力，差别越明显，酒店的讨价还价能力越高。再次，产品差异化可以减少代用品的竞争，在有差异和特色的产品中形成核心竞争力。

差异化战略是使产品或服务标新立异，形成一些在全行业范围内与众不同的特征。其方式、方法有很多，可以是体现于产品或服务自身的，也可以是实体以外延伸形态所体现的独到之处，如创新的产品、高超的质量、优质的服务、独特的品牌等。这些竞争者无法比拟的特征，能使酒店以较高的定价来获取更高的单位利润。差别化战略利用顾客对品牌的忠实以及由此产生的对价格敏感性的下降，能使酒店尽可能地避开竞争，同时能使酒店在追求高利润时不必追求低成本。当然，差别化战略并不是意味着酒店可以一味地忽视成本，但此时成本已不再是其首要考虑的战略目标了。

③ 专一化战略。专一化战略是指酒店把经营战略的重点放在某个特定的、某产品系列的一个细分区段或某一个地区市场上，为特定的地区或特定的顾客群提供特殊的产品或服务。酒店集中力量于某几个细分市场，而不是将力量均匀地投入整个市场。如“假日酒店联号”是以廉价、舒适、洁净、安全的食品及房间，吸引中产阶级或中下层收入的旅游者。成本领先和产品差异化战略在多个产业细分的广阔范围内寻求优势，而集聚战略则选择产业内一种或一组细分市场，提供满足特定用户需求的产品和服务，以寻求成本优势或差异化。

按照这一战略，目前在酒店业中比较流行的就是服务定制化策略。即酒店为迎合消费者日益变化的消费需求，营造出一种“特别的爱给特别的你”的“高尚”境界，以针对性、差异化、个性化、人性化的产品和服务来感动企业的诸多“上帝”的经营策略。这种战略的优势为：专一化产品的经营成本低；在目标市场处于领先地位；产品的独特性使替代品的威胁降到最低程度。同时这种战略也面临一些风险：市场范围比较狭窄；有吸引力的细分市场不易确定；目标市场的需求特性不明显。

2．酒店市场营销组合策略

酒店营销组合策略就是酒店对自己的可控制的各种营销因素进行分析，本着扬长避短的原则进行优化组合和综合运用，使各个因素协调配合，发挥整体功效，最终实现营销目标。

对酒店而言，可控制的因素主要有四类，即酒店的产品 (Product)、价格 (Price)、营销渠道 (Place)、促销 (Promotion)，也就是通常所说的 4Ps。营销组合策略就是产品策略、价格策略、营销渠道策略、促销四大策略的有机组合与搭配。酒店市场营销组合中的产品、价格、销售渠道和促销等各个要素各具特色，有各自的运用范围、效用和条件，营销组合就是要把这些因素组合成最佳的形式。

3．酒店营销资源配置

酒店营销战略的运用必须建立在一定的企业资源基础之上。围绕酒店的营销战略和营销组合的需要，对酒店的有限资源必须进行合理的配置，包括人员的调配、机构的设置、资金预算的安排、物质资源的分配等。

4．酒店市场营销总费用预算

酒店的市场营销活动要有一定的营销费用支持，否则就难以达到预期的营销目标。酒店市场营销的总费用预算要充分考虑酒店的历史和以往做法、竞争对手的情况、酒店所要占领的新的市场、计划拟采用的营销策略等方面的因素，在此基础上做出营销预算。从方法上来讲，一般主要按酒店产品预计的销售额的比例来进行计算、测定。

四、制定酒店市场营销计划

为保证营销战略得以贯彻落实，酒店营销部门还须指定具体的营销计划，包括产品计划、定价计划、销售渠道管理和分销计划、促销计划等。营销计划以既定的格式说明要做什么、为什么做、谁去做、和谁做、怎样做等具体问题，它通常以计划书的形式提供给主管领导。规范化的营销计划书还包括以下内容：内容摘要、目前营销状况、营销机会和问题分析及讨论、计划期营销目标、计划期营销战略、营销战略的实施计划、费用预算和利润计划、营销计划控制措施等。

五、实施和控制酒店市场营销计划

营销计划的制定只是具体营销管理活动的开始，更重要的在于对市场营销计划的实施和控制。一方面，酒店外部环境因素复杂而多变，因而市场营销人员针对未来不确定的市场环境所制定的计划难免与实际实施情况有一定的出入和偏离；另一方面，受酒店内部各种因素的影响，计划实施的结果与计划目标之间会出现偏差。因此，在酒店营销计划的实施过程中必须及时做出调控，并对计划本身进行必要的调整，以保证酒店营销目标的实现。

1．酒店营销控制程序

有效的营销控制讲究科学、严格的工作程序或步骤，其过程主要包括六个基本步骤，如图 5-9 所示。

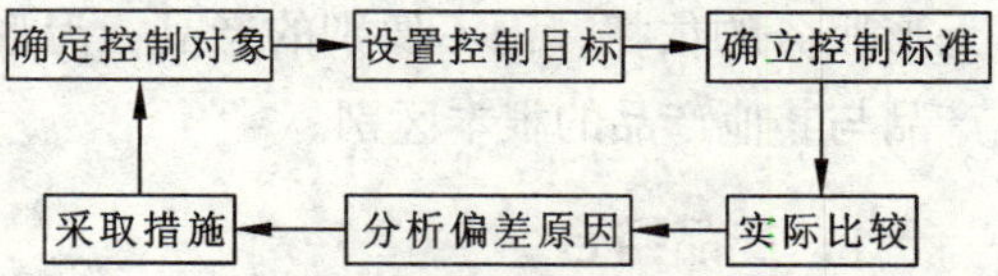

图 5-9　酒店营销控制程序

① 确立控制对象。最常见的酒店营销控制对象是销售收入、销售成本和利润。

② 设置控制目标。控制目标也就是计划目标。

③ 确立控制标准。控制标准是指以某种衡量尺度表示的控制对象的预期活动范围或可接受的活动范围。

④ 实际比较。即将控制标准与实际执行结果进行比较，如果一致，则控制过程到此结束。

⑤ 分析偏差原因。如果控制标准与实际执行结果产生偏差，则要分析产生偏差的原因。产生偏差的可能有两种：一是执行过程中的问题，一是执行计划本身的问题。

⑥ 针对偏差原因，采取改进措施。

2．采取正确的营销控制方法

（1）年度计划控制

酒店市场营销年度计划的控制目的是为了确保酒店实现年度计划所规定的销售额、利润等指标。其主要控制步骤为：首先，进行计划分解，将年度计划按市场变化趋势分解为季度和月度目标，再分解到酒店内部各业务部门，并落实相应的责任人；其次，对落实到各部门及个人的市场营销责任和目标，提出及采取相应的保障措施；最后，在计划实施过程中对营销实绩与计划的偏离情况进行分析、判断，改进实施方法或修正目标本身，尽可能弥合营销目标和计划实际执行结果之间的差距。这样，通过年度营销计划把企业内部各方面的责权利有机结合起来，就可充分调动广大员工的积极性，共同保证年度营销计划目标的实现。

（2）获利性控制

获利性控制是指酒店对各个目标市场、各种主要产品的获利性进行衡量。具体的方法是将用于各个目标细分市场的营销费用与来自这些目标市场的销售额进行对比，确定是否产生利润，分析原因并制定应对措施。

（3）战略控制

战略控制是酒店市场营销计划中的高层次计划执行控制，它主要是对酒店的市场营销环境、营销目标、营销战略、营销组织、营销方法和人员、程序等方面进行系统、全面的客观评价，通过检查、分析，发现酒店市场营销中存在的机遇和问题，从而为改进和完善其市场营销活动提供战略性的决策依据。

知识拓展

酒店营销组合策略

一、产品策略

酒店产品是指酒店企业向宾客提供的所有的物质产品和服务产品的总和，它是有形产品和无形服务的有机结合。在这个结合体中，无形的服务永远是酒店产品的主体，有形产品则是无形服务的依托，而不像别的产品，无形的服务永远只是有形产品的一种辅助物，这是酒店产品与其他产品的根本区别。

1. 产品组合

宾客所消费的产品不是由哪个单一的某个部门或是个人能够全部提供的。宾客需要的不是单个的产品，而是多种产品的组合。而宾客的需要又是千差万别的，要求酒店提供不同组合的产品供不同的宾客选择。也即，对酒店而言，要针对不同的宾客，开发出不同的产品组合。酒店可以从产品的广度、长度、深度和密度四个方面进行产品组合，形成不同的酒店产品系列。

① 产品组合的广度。指酒店所拥有的产品线的数量，即酒店经营的分类产品的数量，如客房服务、餐饮服务、娱乐服务等。产品线多，说明产品组合的广度较宽。

② 产品组合的长度。指酒店的每一个分类产品中所包含的不同服务项目的数量。如娱乐服务有 KTV 包厢、台球室、保龄球馆、桑拿中心、网球场、健身房等服务项目。

③ 产品组合的深度。指每一个不同的服务项目中又能提供多少不同的品种。如 KTV 包厢中能提供哪些 MTV 作品，有没有茶水服务、夜宵服务等。

④ 产品组合的密度。指每个产品线上的产品在使用功能、生产条件、销售渠道或其他方面的关联程度。产品组合的密度不是一个固定的概念，从不同的角度对产品组合的密度进行

评价，其结论是不一致的。如从生产条件这个角度来看客房产品和餐饮产品，它们的相关程度是很低的；但从销售渠道上看，它们却是有关联之处的。

酒店可以通过扩充或缩减产品组合的广度、长度和深度，提高或降低产品组合的密度。从这些角度出发，调整产品组合，使得酒店产品更具竞争力。例如，扩大产品的广度，增加酒店产品生产线，搞多种经营，就能扩大酒店企业的销售领域，增加酒店的经济收益，更重要的是有利于分担酒店的营销风险，做到"东方不亮西方亮"，增加酒店企业在竞争中的适应能力，把握竞争的主动权。而增加酒店产品的深度，就是增加了酒店产品的项目，有利于酒店企业挖掘潜力，增加花色品种，增加同类产品更多的细分市场的需要，成为不同宾客的最佳选择。增强酒店产品的密度，可以降低成本，为整体营销或整体开发提供方便，减少产品的密度，则有利于酒店企业适应动荡的市场变化，不至于发生牵一动百的尴尬。某酒店产品组合如表5-5所示。

表5-5 某酒店产品组合

	餐饮服务	客房服务	康乐服务
产品线的长度	中餐厅	普通单人间	桑拿
	西餐厅	普通双人间	健身
	咖啡厅	标准套间	卡拉OK、KTV
	自助餐厅	豪华套间	美容美发
	宴会厅	总统套间	
	特色餐厅		

表5-5中，该酒店产品组合的广度为3，产品组合的长度为15，餐饮服务产品线的深度为6。

2. 新产品的开发

开发新产品是酒店企业具有活力和竞争力的表现，是企业适应市场营销环境的变化，改变产品这一营销策略的管理过程。新产品不等于全新产品，它是指在技术、功能、结构、规格、实物、服务等方面与老产品有显著差异的产品，是与新技术、新理念、新潮流、新需求、新设计相联系的产品。如一间客房，改进了房间内的设施设备，就成为新产品；但是不改进设施设备，但改变了房间内的文化氛围，也是一种新产品。只要这种产品是宾客以前没有接触过的、没有尝试过的，但是宾客又喜欢去接触、喜欢去尝试的产品，就都是新产品。它包括以下三类：

① 全新新产品：采用新原理、新结构、新技术、新材料研制而成的全新产品，技术含量最高，是过去人们未曾想到的产品。如商务房、商务层，客房的综合布线系统等。

② 改进新产品：采用各种技术，对现有的产品在性能、结构等方面加以改进，提高其质量，以求得规格、式样等的多样化，它是在原有产品的基础上发展而来的。如各种改良的传统菜式。

③ 仿制新产品：市场上已经存在，酒店企业通过模仿而生产出来的产品。如卡拉OK作为一种自娱自乐的方式，在日本早已存在，但对中国市场而言，就作为模仿的新产品引进。

二、价格策略

价格是酒店产品价值的货币表现形式，是酒店进入市场的介绍信，也是酒店营销组合中唯一产生收入的因素。合理的定价和价格政策，可以影响生产领域的生产效率，流通领域的供求关系，消费领域的满意程度，因此，酒店要采用合理的价格策略来拉拢宾客，既要避免因价格过低导致酒店发生损失，又要防止因价格过高造成“门可罗雀”的局面。

价格是酒店主体营销组合策略中最活跃的因素，也是酒店实现营销任务的重要手段。

1. 影响价格的因素分析

现实市场不是“真空市场”，市场上的价格会受到以下因素的限制：

① 成本。酒店生产和销售产品，要获得一定的收益来弥补其成本开支。成本既是价格的组成要素，又是产品定价的主要依据（一般来说，成本是产品定价的下限）。酒店可以通过不同的方法计算其成本，但其产品定价不应低于成本。

② 市场因素。主要是指需求状况和竞争状况对价格的影响。价格是调节需求的有利手段之一。较高的价格会减少一定的需求量；较低的价格则会引起需求量的反弹。因此，产品在定价时必须考虑需求的约束。一般来说，宾客的最大价格承受力是这个产品价格的上限。竞争因素决定产品价格在其上限和下限的落点。竞争激烈的条件下，酒店的产品又处于下风，在定价时，价格应趋向下限；竞争较少，或是产品在市场上占优势时，定价可靠近上限。同时，还应考虑同类产品在市场上的定价情况。

③ 营销目标。不同时期，酒店有不同的营销目标。如有的是为了扩大销售量，提高市场占有率；有的是为了击败竞争对手，站稳脚跟；有的是先打开知名度再扩大美誉度。不同的营销目标会影响酒店产品的定价高低。

④ 政策因素。这是影响产品定价的一个政治因素。国家对某些产品规定了最高限价，对某些产品则规定了最低保护价。酒店在定价时应首先服从国家的价格政策，在这个大范围内参照其他因素定价。

⑤ 酒店产品因素。一般地，酒店产品质量的高低和价格成正比，即所谓的优质优价。此外，产品的生命周期、品牌、知名度等都会影响酒店产品的价格。

⑥ 通货膨胀。当酒店所在的地区发生通货膨胀时，酒店企业的各项成本均会呈不同程度的上扬趋势，迫使企业相应地提高价格，保证企业不致亏损。

2. 定价策略

定价策略是酒店企业进行价格决策的基本措施和技巧。酒店常采用的定价策略有：

(1) 新产品价格策略

新产品进入市场能否有效地打开销路，价格起着非常关键的作用。所谓价格是介绍信，就说明这张介绍信如果开得好，就能增加产品的受关注程度和受欢迎程度。常用的新产品定价策略有：

① 撇脂定价法：产品以高价进入市场，以便迅速收回投资，当有竞争者进入时，则采用降价的方法限制竞争者的进入。采用这种定价方法，要求酒店提供的产品具有无与伦比的优质性或独特性。

② 渗透定价法：产品以低于预期价格的价格进入市场，以期获得“薄利多销”的效果。在酒店形成买方市场的情况下，许多新开业的酒店都是以这种方式进入市场的。

③ 满意定价法：吸取撇脂定价和渗透定价的优点，选取一种比较适中的价格，既能保证企业获得一定的初期利润，又能被广大宾客所接受。

（2）心理定价策略

利用宾客的心理因素进行合理的定价，巧妙刺激宾客的消费欲望。常用的心理定价策略有：

① 尾数定价策略：给酒店产品定一个以零头数结尾的非整数价格，在宾客心目中留下一个价低的印象。适用于低档产品的定价。

② 整数定价策略：给酒店产品定一个整数价格，以这种价格来反映产品较高的质量。

③ 分级定价策略：根据产品的质量、构成、价值等因素，将酒店产品定为不同档次的价位，以体现不同产品的价值，但是分级不可过细。

④ 吉祥数定价策略：根据人们对数字的迷信和禁忌心理而采取的一种定价策略，如选一个含有 6、8 或 9 的吉祥数作为酒店产品的价格。这类定价法在香港、广东一带比较流行。

（3）折扣定价策略

在实行产品交易过程中，通过对实际价格的适量调整，将一部分价格转让给宾客，鼓励宾客购买。折扣定价策略有以下几种：

① 数量折扣：酒店根据宾客购买的产品数量或次数来决定是否给予折扣、折扣的幅度是多少，目的是鼓励宾客重复购买。

② 季节折扣：根据宾客购买行为的发生时间来确定是否给予或是给予多少折扣。酒店产品是一种季节性色彩浓厚的产品，有明显的淡、旺季之分，尤其一些处在非热带地带海滨的酒店，这样一些酒店就利用季节作为打折的因素。

③ 经时间折扣：根据每天早中晚不同的时间段或一星期中每天客流量的变化，拟订不同的价格。

④ 现金折扣：这主要是对酒店产品批发商实行的一种折扣，酒店对宾客提前支付账单给予的一种优惠，如某宾客在指定的付款日期提前若干天支付了自己的账单，酒店因此给他折扣，使其少付一部分账单。

⑤ 功能折扣：依据宾客的身份或产品的功能来确定折扣。如酒店普遍给众多的中间商较大幅度的折扣，但是对一些散客，给予的折扣幅度就非常小或根本不给予折扣。

折扣定价是酒店常采用的较有效的价格策略，许多酒店都利用价格做文章，打出种种诸如“增加你的钱袋子”、“努力减少你的账单”，“为孩子的未来攒钱”、“发送新货币”等口号，刺激宾客。当然，酒店在实施价格策略时，应严格执行有关价格政策，防止利用虚假价格开展营销活动的倾向，也要防止卷入削价竞争的泥淖。

三、营销渠道策略

营销渠道是指宾客产生消费动机进入酒店到最终消费酒店产品这一整个过程中所经历的路线及相应的一切活动的总和，又称为分销渠道。在市场经济条件下，市场的容量很大很广，大部分酒店产品必须依靠一定的销售路线，才能将产品转移到宾客手中。它既是酒店产品商品化的必由之路，也是连接产品和宾客的中介。并且，不同的营销渠道决定着营销活动的质量和效果。酒店营销渠道如图 5-10 所示。

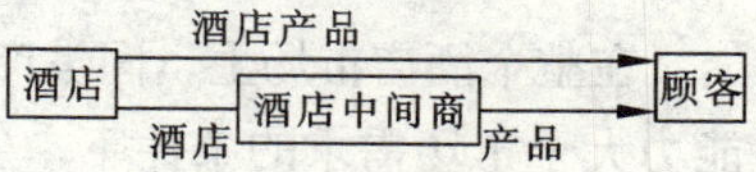

图 5-10　酒店营销渠道

1. 营销渠道的种类分析

酒店产品的营销渠道主要包括直接营销渠道和间接营销渠道两类。

① 直接营销渠道，又称无渠道营销，指酒店直接向宾客推销产品，宾客则直接向酒店购买所需的产品。通过开展内部促销活动，越来越多的酒店产品开始实现直接营销。

② 间接营销渠道。随着旅游市场国际化进程的加剧，对酒店而言，宾客开始出现全球分布的趋势，要吸引这些分散的宾客，单靠直接营销渠道已是不可能的，直接营销渠道在这些分散的宾客面前显得越来越脆弱。间接渠道的出现则弥补了这一尴尬。许多酒店开始借助批发商、零售商、代理商等营销机构和个人在营销信息上的优势，开展营销活动。这种经由中间商实现产品交换的营销形式就是间接营销渠道。

由于中间商介入的数量不同，间接营销渠道有不同的长度和宽度。营销渠道的长度是指产品从酒店到宾客这一过程中所流经的中间商的数量。中间商的数量越多，说明营销渠道越长。营销渠道的宽度是指在这些环节中所涉及的同类中间商的数量。同类中间商的数量越多，说明营销渠道越宽。

2. 营销渠道选择策略

酒店产品营销渠道的选择策略就是解决酒店在营销过程中选择何种营销方式的问题。是以直接营销的方式为主还是以间接营销的方式为主？如何选择不同长度和宽度的营销渠道？

一般来说，在回答这个问题时，酒店首先考虑以下因素：

① 产品因素。主要考虑产品的质量。一些质高价优的产品由于往往被少部分富有的购买者重复购买，因此，在营销这类产品时，宜采用直接营销渠道或窄短的营销渠道。相反，一些大众化的产品由于购买对象复杂，分布较广，宜采用宽长的营销渠道。同时，还要考虑该产品的性质，如是新产品，由于知名度较低，在争取中间商时往往花费较大的“口舌”，不如采用直接的营销渠道。

② 酒店自身的因素。酒店的经济实力、营销管理能力等都是应该考虑的因素，若酒店的资金实力雄厚，则完全可以自己组建营销队伍，或是用较高的佣金来吸引更多、更好的中间商队伍。若酒店的营销管理能力较强，也可以利用自己熟练的营销队伍来打开市场。反之，则必须以中间商来做营销工作。

③ 营销对象因素。营销对象的人数、分布情况、购买习惯等都会影响酒店企业的营销渠道的选择。一般来说，若酒店的营销对象数量大，且分布广，酒店宜采用长宽的营销渠道。反之则直接营销即可。

四、促销策略

在整个酒店市场上，同类产品或服务都存在诸多的生产者，在产品供给的现实和潜在生产能力大于市场需求的条件下，生产者都面临着由于消费者可能购买别人的同类产品而使自己的产品无法卖出的威胁。并且，这种威胁日趋尖锐，就像当代各种世界性的田径比赛，一方面，起跑线上的参赛运动员数量增加；另一方面，参赛运动员的素质也在不断提高。这就要求酒店企业必须花大力气将自己的产品推销出去，避免被淘汰出局的危险，而促销就是解除这一威胁的有力手段。

1．促销和促销策略

促销，就是酒店将有关企业或产品的信息，通过各种宣传、吸引和说服的方式，传递给目标消费者，促使其了解并信赖产品所蕴涵的丰富效用，引导他们购买，达到扩大销售的目的，其实质就是宣传、沟通产品信息。这种信息沟通的方式有广告活动、公共关系、营业推广、内部促销、人员推销、直接邮寄、形象促销等。

促销策略就是对促销对象或领域、促销任务、促销目标、促销效果、促销投入、各种限制条件等进行科学的选择、配置、控制和分析，使信息宣传、沟通手段和过程系统化、规范化。尽量提高促销活动的效果、效率，使之低投入高产出。

2．促销策略的内容分析

促销就是营销的沟通过程，促销策略的内容包括信息沟通的全过程。具体而言，在设计促销策略时，应从以下方面着手：

（1）选择促销对象

酒店在开展每一次促销活动时，首先要明确促销的对象是谁，是中间商还是宾客？这些对象分布在哪儿？其购买行为、心理活动等有何特点？针对具体的促销对象来设计具体的促销内容。

（2）选择促销目标

促销目标就是通过促销要解决的问题。一般来说，促销要解决的问题由浅到深有三个层次：

① 认识上的问题：通过促销，让宾客知晓、了解酒店的产品。

② 感觉上的问题：通过促销，让宾客对酒店的产品产生好感，产生好的评价。

③ 行动上的问题：通过促销，让宾客采取购买行为，促进酒店产品销售。

根据这三个层次，确定具体的促销目标，如增加市场销售额、发展新宾客、打开知名度、塑造公众的品牌意识、激励宾客重复购买、寻求有关机构的理解和支持等，根据这些细目标，对涉及促销的种种因素进行不同的组合。

（3）选择促销设计方案

酒店要合理设计信息宣传方案，确保信息的有效性。一般有效的信息要求酒店在设计促销方案时包含以下条件：

① 鲜明清晰的内容：促销的主题是什么，采用何种语言或何种象征物来表达、突出主题，衬托内容是哪些？

② 恰当醒目的形式：确定信息表达所采用的符号和编排方式，是采用图片为主、文字为主还是两者结合？图片和文字的比例如何？版式如何安排？选择哪种字体、字号？

③ 合理有序的结构：确定信息内容的叙述和表达的逻辑结构，采用哪种信息表达方式，是诉诸情感还是诉诸理智？是先抑后扬、先扬后抑还是只扬不抑？

④ 真实可信的信息源：确定权威度高，可信度高的传播者来宣传本次信息的主要内容。

（4）选择信息沟通渠道

采用何种渠道来传递信息，是大众传播渠道，还是人际沟通渠道，或是酒店内部沟通渠道？如何做好这些信息渠道的有机组合，使之扬长避短？

(5) 建立促销预算

根据酒店经营的现状、产品的特点、流动资金的情况、目标消费者的特征等因素进行促销费用预算，常采用的方法有：

① 目标导向法：根据具体的促销目标来确定需要的费用。

② 竞争对抗法：根据竞争对手的促销费用情况确定费用。

③ 销售比例法：根据酒店历年的营业额或利润按比例抽取促销费用。

(6) 确定促销组合方式

酒店应决定各种促销方式如广告活动、人员促销、直接邮寄、形象促销等方式的主辅关系和配合方式，并根据国家的有关法律和法规，确定每次促销活动的活动规则，确保促销活动的严肃性和合法性。

(7) 衡量促销结果

按照先前确定的促销目标，比较营业额、公众态度等指标的变化，衡量每次促销能释放出的"能量"，总结成败得失。

(8) 分析促销活动的限制因素

在设计促销组合策略时，为了保证促销活动的有效性，酒店应周密考虑各种不可控因素或不确定因素对促销活动可能发生的影响以及相应的应急对策，防止"临危手乱"现象的发生。当然，在分析限制因素时，酒店应本着抓住重点，照顾一般的原则抓大顾小，合理分配精力、物力和财力，防止主要精力被众多的小事所牵扯。

(9) 加强促销全过程的管理和协调

在这一点上，科特勒提出如下建议：

① 任命一名信息沟通的主管人员，对公司说服性信息沟通负责。

② 制定不同促销工具的适用范围及信息沟通作用宗旨。

③ 对用于产品、促销工具、产品生命周期不同阶段的所有促销费用进行追踪，并观察其效果。

④ 主要促销战役开始时，协调各种促销活动及其时间安排。

产品策略、价格策略、营销渠道策略和促销策略犹如酒店企业这辆汽车的四个轮子，共同决定着酒店营销活动的成败。酒店应加强对这四大策略的有效实施和控制，提高整体营销效果。

任务 2 酒店营销计划的制定与实施

酒店营销计划是对酒店营销活动的系统规划，是保证酒店营销目标实现的必要手段。它通过酒店面临的市场发展趋势及自身定位、实力的分析，来确定酒店今后的发展目标、营销战略和行动方案，并以文件的形式确定下来，成为指导酒店开展营销活动的纲领。一个营销计划的核心内容必须包括两个方面：一是"做什么"，即确定目标；二是"怎样做"，即确定行动方案。一个好的酒店营销计划，不仅能明确酒店的营销目标，为酒店营销活动指明方向，而且能够协调酒店的营销力量，保证酒店营销活动的有序进行，同时也可以作为一种管理手段，提高酒店的经营管理水平，提高经济效益。

任务导入

阿勒玛纳酒店的营销计划

阿勒玛纳是世界一流酒店，位于火奴鲁鲁商业区和威岌旅游点之间。在本区还没有与之匹敌的一流酒店。酒店与夏威夷最大的商业购物中心相连。酒店在以下几个细分市场中以市场领导者的形象出现：火奴鲁鲁的商务旅游者、航空班机乘务员、日本特殊活动客人及克玛阿纳散客和团队客人。

酒店提供正宗的夏威夷气氛（如装潢、服装、日常用品等都体现这种气氛），并以夏威夷式服务著称于世。如语言、餐饮、水果、鲜花及特殊活动等都突出这一服务方式。在威岌旅游区，当日本及美国零散客人需要停滞时，酒店易受竞争的威胁，并失去许多豪华客人。在这时期，酒店还需依靠其他目标市场的补充，并争取短住团队客人。酒店产品根据四个主要目标市场顾客的需要和要求来设计，并保证具有较高的满意度。酒店还有一个未开发的潜在市场，即常来夏威夷访问参观的散客和过夜客人。由于酒店在观光度假旅游市场中的竞争能力不强，易受旅游市场需求下降的影响，因此酒店只有靠餐饮部门来提高酒店收入。酒店各餐饮部门努力吸引当地客人，同时采取灵活多变的策略，来满足当地客人对客房的需求。

酒店让全体员工坚信："我们是在夏威夷最佳的酒店工作"。员工们因此必须热情好客，并将这种好客精神在酒店员工之间及与客人接触中充分体现出来。

根据以上酒店营销目标和营销理念，制定出了以下营销计划：

（1）确立目标市场

①航空班机乘务员。②日本特殊活动客人。③政府官员。④克玛阿纳客人。

（2）制定营销目标

利用地理位置、设施、服务及价格方面的优势，争取成为这一市场中顾客的第一选择。下一年客房出租间天数可望达到 3100 间天。

（3）主要营销策略

① 通过以下组织来争取客源：

a. 阿洛哈体育馆；b. 布莱斯特尔中心；c. 夏威夷大学；d. 计划经济部。

② 列出本地将举办的特殊活动：

信息来源：报纸、夏威夷旅游局及在布莱斯特尔中心举办的每月活动。

③ 为了保证争取到这些客源，酒店必须与这些单位的主要负责人取得联系，建立良好的关系。

④ 利用这些单位，为酒店确定五个宣传者，并写出他们的职称及电话号码。

⑤ 确定并选定夏威夷主要电台及其他宣传媒介，并列出这些机构的名称及主要负责人。

⑥ 抓住要点全面促销，提高入住率，平均房价，客房收入。

思考

1. 酒店营销计划应包括哪些基本内容？
2. 编制酒店营销计划的基本程序是什么？
3. 怎样保证酒店营销计划的顺利实施？

任务描述

营销是决定产品到货币的关键一跳。对于任何一家酒店企业而言，成败盛衰的关键在于能否顺利地、连续地实现从商品到货币的转变。不能顺利实现这一转变，就意味着人力、物力形同虚设，资金周转面临困难，就像人的身体出现血液循环梗阻，代谢过程停顿，生命受到威胁一样。可见，以实现商品和货币顺利转变为己任的营销活动是现代酒店经营管理的重要组成部分。营销活动是联结酒店和市场之间的桥梁，只有通过开展营销活动，酒店才有可能将潜在的交换转换成现实的交换，才有可能在实现产品交换的基础上获得经济效益和社会效益，才能获得发展必须的基石和动力。因此，酒店要加强对营销活动的管理，制定并实施市场营销计划，以确保营销活动的正常开展。

任务实施

一、酒店营销计划的制定

具体的酒店营销计划并没有一个统一固定的模式，其内容、结构和制定的程序也不尽相同。但几乎所有的酒店营销计划都包含一些带有共性的基本内容，其制定程序必须经历营销环境分析、营销目标的确立、营销策略的制定、营销行动方案的落实和营销预算的编制这五个基本步骤。营销计划的内容提要加上对以上五个基本步骤的文字总结就构成了一份相对完整的酒店营销计划书。

1．营销计划内容提要

酒店营销计划首先要有一个内容提要，对主要营销目标和措施进行简要概括的说明。例如，某酒店年度营销计划的内容提要："本年度要使酒店的销售额和利润额比去年有较大幅度的增长，计划销售额要达到1000万元，比去年增加20%；利润额要达到100万元，比去年增加25%。之所以能实现这一增长，是因为加盟酒店连锁集团带来了稳定的客源增长。为了达到上述目标，今年的广告预算要达到30万元，占计划销售额的3%……"。

2．营销环境分析

这是酒店营销计划制定的第一个阶段的工作。在市场调研的基础上，利用酒店可以得到的所有资料，对酒店外部营销环境和内部营销条件进行分析和评估，以找出酒店的优势和劣势、面临的机会和风险。通常的酒店经营环境是指影响酒店经营管理的各种外部因素的总和。酒店企业是一个开放的经济系统，酒店经营必然受到客观环境的控制和影响。酒店经营环境是一个多主体、多层次、发展变化的多维结构系统，主要由两大部分组成：一是酒店经营的宏观环境，一般指对酒店经营决策，尤其长期经营决策，普遍产生潜在影响的因素或力量，主要包括政治、法律、经济、科技、社会、文化和自然环境等因素；二是酒店经营的微观环境，主要指直接影响酒店经营活动，同时也受到酒店经营活动影响的环境因素，主要包括消费者、酒店竞争者、酒店供应商、酒店销售代理商、酒店投资者等。

（1）内外部环境分析

酒店内外部环境分析主要包括经济、政治、法律、人口、社会、科学技术和自然环境等六大要素在内的酒店营销宏观环境分析。

① 政治法律环境。它是指一个国家或地区的政治制度、体制、政治形势、方针政策、法律制度等方面，对现代酒店经营产生影响的相关因素。例如，中国改革开放前后的政治体制环境就对酒店经营活动有绝对的影响；酒店规范化的各种政策、法律、规章等影响酒店业的发展；各种经济体制与政策，包括股份制改革、国有企业改革、劳动人事制度、劳动法、广告法、合同法、金融制度等。

其影响主要表现为：一是影响酒店的经营活动与发展战略。不同的政治制度、不同的管理体制、不同的法律制度，都会影响到酒店业的经营活动与发展战略；二是对具体的经营活动的影响，既包括资金、土地、人力资源的配置，又包括政策优惠、星级评定、减免税收等方面，政府都在不同程度地发挥作用。政府可以通过制定财政、金融、工资、物价、税收、就业、工作安全、环境保护等方面的法规和政策，影响酒店的经营活动，既可以增加酒店的发展机会、也可以限制酒店的经营活动，并对酒店的发展构成威胁。三是稳定的社会环境是酒店发展与兴盛的前提条件。四是酒店与政府的关系，特别是外来酒店或酒店集团与政府的关系，往往决定酒店的全面发展。因此，酒店的经营管理者必须分析和把握政治法律环境的变动趋势，捕捉政策法规提供的有利时机，同时确定政治法律环境对酒店经营战略的限制条件，争取企业经营的有利条件和发展机会，促进酒店业取得更好的经营业绩。

② 经济环境。是指酒店经营过程中所面临的各种经济条件、经济特征、经济联系等各种客观因素，它是各种影响因素中最基本、最重要的因素。其主要因素的影响包括：第一，人均国民生产总值。十七大确定在2020年要实现人均国民生产总值比2000年翻两番，更加注重收入的平衡。这将会提高整个国内的消费能力，其中也包括旅游和娱乐消费。第二，人口因素与个人可自由支配收入。人口数量与人口构成会影响酒店的市场规模和消费需求结构，人口的流动情况，包括人口的流动量、流动区域、流动时间、流动距离、流动比率和流动结构等，会影响酒店的营销策略、方法和战略，服务设置，酒店结构等。例如，黄金周和传统节日假期、出入境政策对旅游与酒店业的发展影响是巨大的。人均可自由支配收入是影响消费市场、旅游业市场和消费结构的重要因素。第三，消费结构与产业结构。随着人们经济水平的逐步提高，消费结构也会发生变化。在消费开支中，用于旅游、娱乐、医疗保健等方面的比例会有所增加。产业结构转换是企业制定战略计划应着重分析的经济因素，今后我国逐步向以知识、技术、服务密集型的产业发展，这将给旅游酒店业提供发展机会。第四，通货膨胀与物价水平。它会直接影响到每一个人的可自由支配收入、消费水平、消费结构、消费动机与意愿，从而影响人们的消费支出，尤其是旅游这种非必要的消费支出。第五，利率、税率和汇率。利率增加，商品成本和价格会上升，还会造成存款增加，抑制消费而影响旅游消费。税率主要影响酒店业的投资回报。汇率变动对酒店经营的影响也十分明显。第六，经济基础设施。交通运输、能源、原材料供应、通信设施及各种商业基础设施及旅游资源状况等。例如，青藏铁路对青海、西藏旅游酒店业的影响，各种原材料供应的变化对酒店业的影响等。

③ 科技环境。是指一个国家或地区的科技水平、科技政策、新产品开发能力及技术发展的动向等。它既影响着人们的消费需求，又影响着酒店经营管理的手段和服务方式。科技的发展使得酒店成为应用高科技比较集中的领域。

其影响主要表现为：一是提高酒店的工作效率，如酒店管理系统使得酒店的运行自动化，方便了酒店的管理；客房虚拟娱乐中心、电子或指纹门锁系统、网络预订系统及建筑智能化等。

二是促进酒店向智能化方向发展，这是21世纪酒店重要的发展趋势之一，它的影响力不亚于绿色酒店等发展趋势，对酒店本身的管理、发展的影响力更为强大，甚至会改变整个传统酒店的发展模式。例如，由以财务管理为中心的办公（OAS）、楼宇（BAS）、通信（CAS）三大自动化管理系统组成的3A酒店。三是转变整个酒店经营与管理的模式。科技带给酒店的影响不仅仅是设施设备和消费体验等方面的变化，更多的是影响着传统的酒店管理模式和方法，必须在新的科技条件和手段的情况下，探索酒店新的管理模式和方法。

④ 社会文化环境。是指一个国家或地区的民族特征、文化传统、价值观、宗教信仰、教育水平、社会结构、风俗习惯等情况。

其影响主要表现为：一是生活方式的变化影响着酒店的消费群体和对产品与服务新的需求，酒店所提供的产品与服务均要做出相应的调整。二是广泛的环保运动要求绿色酒店的建设，要求旅游酒店必须大力节能降耗。推行清洁生产，减少污染排放，创建绿色酒店，并要积极参与社会公益环境美化与环境保护活动，更凸显现代酒店应该承担更多的社会责任。这是对酒店新的、迫切的要求，是过去时代所不曾有过的强烈要求，甚至上升到政府的法律和政策层面的要求，这样影响和改变着酒店的发展的思维和方向问题。三是文化素质的提高影响酒店的人力资源与消费需求等的影响也是显而易见的。高等和职业教育充分地反映在对酒店从业人员的培训和专业的酒店管理人才的培养都出现了空前的状况，为酒店管理和服务提供了越来越强大的人才智力支持。另一方面，人们文化素质和文明程度的提高也要求酒店所提供的产品与服务的文化内涵的增加和拓展。四是对民族性、传统性文化的重视，弘扬民族传统的优秀文化成为民族特色酒店发展的新方向，特别是发展中国家酒店业近年来发展的趋势和特色之一。五是时尚的影响。六是人们的思想观念的变化。

（2）酒店竞争者分析

竞争者分析的第一步是确定竞争对手，只有那些与本酒店地理位置相近、提供的产品和服务在内容和档次上相近、面对的客源市场相同的酒店才是竞争对手；第二步是选择一些关键因素与竞争对手进行比较，如地理位置、服务特色、营销活动等，从中找出自己的优劣势；第三步是找出竞争对手的独特销售点，即本酒店所不具备的特点；第四步是寻找和分析经营机会。

（3）酒店产品分析

酒店产品分析包括酒店硬件设施和软件服务两个方面，其结果有助于加强对自身产品的了解，发现存在的问题，从而加以改造和完善，以更好地满足顾客的需要。另外，也能使酒店发现本酒店的独特销售点，以进一步强化竞争优势。

① BCG分析法（波士顿咨询集团法）。是由波士顿咨询集团（Boston Consulting Group）发明的一种被广泛运用的业务组合分析方法，即用“市场增长率 - 相对市场占有率矩阵”对企业产品进行分类和评估的一种分析方法，如图5-11所示。

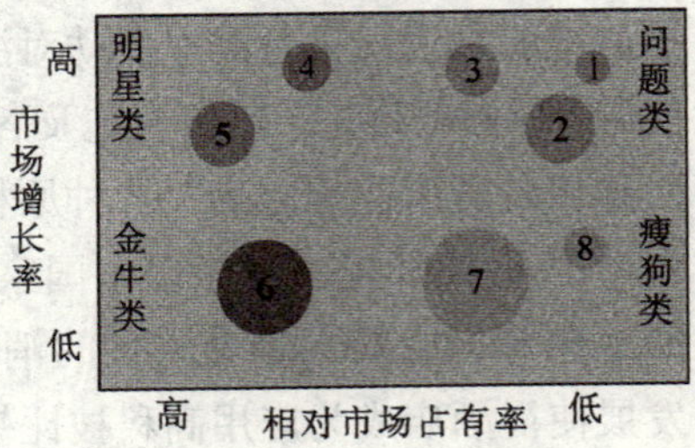

图5-11　BCG分析法

矩阵图把企业所有的产品分为四种不同类型：

a．问题类（Question mark），又称问号类产品，是指市场销售增长率高与相对市场占有率低的产品，是可能有发展前途而企业尚未大力投资的业务。问题类产品需投入大量资金以满足迅速增长的市场需求。企业应慎重地选择一二个有前途的问题产品，集中投入资金，将其培育为明星产品。

b．明星类（Star），明星类产品是指销售增长率与相对市场占有率都高的产品，具有良好的发展前景，企业必须投入大量资金来维持其快速发展并击退竞争者的进攻。因此，明星产品不一定能为企业带来丰厚的利润，但它常常是企业未来的金牛业务。

c．金牛类（Cash cow），低销售增长率与高相对市场占有率。金牛类产品市场增长率低，企业不必大量投资。作为市场领先者，还享有规模经济高利润的优势，所以能为企业带来大量的利润，用作经营开支和支持其他各类产品经营。企业应大量培植金牛类业务，尽量延长其生命期。

d．瘦狗类（Dog），是指市场增长率与相对市场占有率都较低的产品，它们在竞争中处于劣势。可能是微利、保本甚至亏损的产品，如果没有特别的原因，应进一步收缩或淘汰。

针对企业产品的现状制定业务组合或产品计划，确定产品的投资策略：

a．发展策略：大力投资，适于明星类和有发展前途的问题类产品。

b．维持策略：维持现状，适于金牛类产品。

c．缩减策略：缩减投资，主要适用于问题类和瘦狗类产品。

d．放弃策略：清理处理，主要适用于没有前途和亏损的问题类和瘦狗类产品。

② 多因素组合分析法（GE 法）。通用电气公司的方法较 BCG 法有所发展，它用“多因素组合矩阵”来对企业的产品加以分类和评价（见图 5-12）。

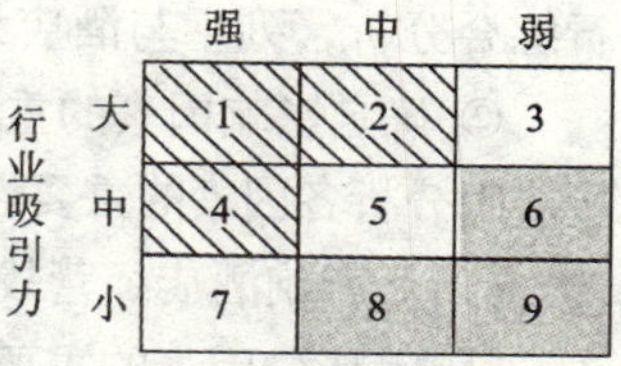

图 5-12　多因素组合分析法

通用电气公司认为，企业在对其产品加以分类和评价时，除了要考虑市场增长率和市场占有率之外，还要考虑行业吸引力和企业竞争力这两个变量所包含的因素。行业吸引力一般包括市场规模、市场增长率、利润率、竞争强度、技术要求、能源要求、环境影响及通货膨胀因素的影响等。企业竞争力包括市场占有率、产品质量、品质信誉、促销渠道、促销效率、生产能力、单位成本、物资供应、开发研究实绩及管理水平等。

矩阵图中按行业吸引力和企业竞争力分为三个地带：

a．左上角地带（又称“绿色地带”，这个地带的三个小格是“大强、中强、大中”）。在这个地带的产品，企业要“开绿灯”，采取增加投资和发展增大的战略。

b．对角线地带（又称“黄色地带”，这个地带的三个小格是“小强、中中、大弱”）。在这个地带的产品，企业要“开黄灯”，采取维持原有市场占有率的战略。

c．右下角地带（又称“红色地带”，这个地带的三个小格是“小弱、小中、中弱”）。在这个地带的产品，企业要“开红灯”，采取收缩或放弃的战略。

③ 产品 / 市场发展矩阵分析法。这种分析法是将产品分为现有产品和新产品，市场相应分为现有市场和新市场，从而形成了一个四象限的矩阵。酒店企业可从这四个象限的满足程度上来寻找、发现市场机会（见图 5-13）。

现有市场	市场渗透	产品开发
新市场	市场开发	多元化经营

图 5-13　产品 / 市场发展矩阵

a．市场渗透：即酒店企业通过改进广告、宣传和推销工作，以及短期削价和增设销售渠道等措施，扩大回头客比率，争取新的顾客，在现有市场上扩大现有产品的销售。

b．市场开发：即酒店企业通过在新的市场增设新的销售渠道，加强广告促销等措施，在新市场上扩大现有产品的销售。

c．产品开发：即酒店企业通过增加花色、品种、规格等，向现有市场提供新产品或改进产品。

d．多元化经营：就是酒店企业尽量增加产品种类，跨行业经营多种产品和服务，扩大企业的生产范围和市场范围，使企业的特长得到充分发挥，人、财、物等资源得到充分利用，从而提高经济效益。

(4) 客源市场分析

通过客源市场分析，可以使酒店掌握本酒店的客源市场的区域分布以分配营销力量；可以理解、了解顾客的购买动机和消费需求，使酒店提供相应的产品，制定相应的营销策略；可以帮助酒店全面了解客源市场的变动情况，为酒店制定正确的经营决策奠定基础。

(5) 酒店营销活动分析

营销活动分析包括对酒店过去所进行的营销活动的有效性进行评估和分析。通过分析有助于酒店在以往的基础上找准新的营销重点，并开展更为有效的市场推广工作，减少盲目性。

(6) 酒店经营环境的基本分析程序

① 找出最有影响的环境因素。影响酒店外部环境的因素具有数量多、复杂程度高、互相关联、变化快、对企业经营影响大的特点。经营者必须运用丰富的知识、经验和科学的方法进行综合分析，列举与酒店经营有关的因素和利害关系，从中找出对酒店经营最有影响的因素。

② 确定影响因素的重要程度。进一步对提出的主要环境因素确定其重要程度。可由环境分析小组分析各因素的重要性，并对各个环境因素按重要性进行打分（见表 5-6）。其具体做法是：

a．对影响酒店经营战略成败的环境因素打分。

b．对环境因素的重要性打分。

c．将影响分数和重要性分别相乘得到一个综合分数。

d．分析影响因素导致的酒店经营风险。

e．认识和识别机会和威胁。

表 5-6 酒店营销环境影响因素分析

因　　素	因素的影响	因素的重要性	机会和风险	次　　序
经济	−2	4	−8	2
政治	−1	2	−2	4
社会	−1	2	−2	4
技术	+2	3	+6	3
需求	−2	5	−10	1
竞争	0	2	0	5
…		…	…	…

SWOT 分析法又称态势分析法，它是由美国旧金山大学的管理学教授于 20 世纪 80 年代初提出来的，SWOT 的四个英文字母分别代表：优势（Strength）、劣势（Weakness）、机会（Opportunity）、威胁（Threat）。所谓 SWOT 分析，即态势分析，就是将与研究对象密切相关的各种主要内部优势、劣势、机会和威胁等，通过调查列举出来，并依照矩阵形式排列，然后用系统分析的思想，把各种因素相互匹配起来加以分析，从中得出一系列相应的结论，而结论通常带有一定的决策性。表中综合分数为正值，代表外部环境为酒店经营提供机会。综合分数为负值，代表外部环境为酒店带来威胁。根据酒店经营面临的机会与风险，可以把酒店经营环境分为四种类型（见图 5-14）：

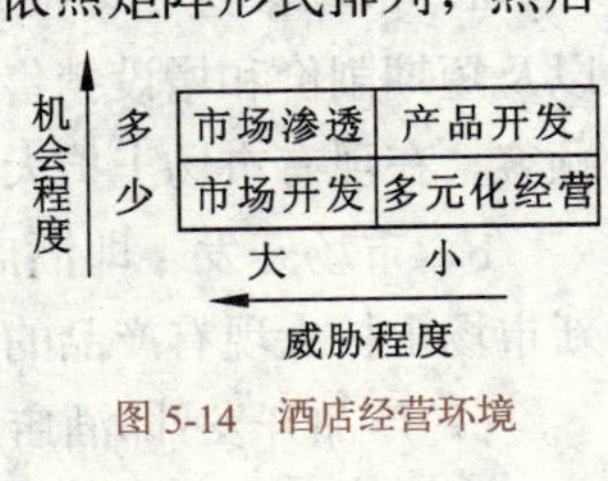

图 5-14 酒店经营环境

a．风险型：机会多，但风险大，期望能在风险中取胜。

b．理想型：机会多，风险小，但是竞争较为激烈。

c．成熟型：市场较为平静，酒店运行较为良好，没有受到太大的挑战，但是得等待时机，扩大酒店的规模，提高酒店的影响力。

d．困难型：市场机会少，风险大，竞争激烈，酒店经营与生存岌岌可危。

另外，根据酒店内外部环境的不同状况，SWOT 矩阵还为酒店提供了四种可供选择的战略，即 SO 战略、ST 战略、WO 战略和 WT 战略（见表 5-7）。

③ 利害关系分析。这是环境分析的一个重点。它主要是有关酒店消费者、酒店竞争者、当地政府、上级主管部门、银行、各种利益团体等的分析。要慎重对待利害关系者，在制定经营战略和执行战略时，都要考虑利害关系者的反应，要充分分析和假设对方会有什么样的反应、态度和行动。

表 5-7　SWOT 矩阵提供的四种可供选择的战略

内部 外部	优　势　S	劣　势　W
机会 O	SO 战略 利用内部优势 抓住外部机会	WO 战略 利用外部机会 克服内部弱点
威胁 T	ST 战略 利用内部优势 规避外部威胁	WT 战略 克服内部弱点 规避外部威胁

3．营销目标的确立

通过营销分析发现了机会，认清了自身的优劣势之后，就要根据酒店的实际确立酒店的营销目标。酒店营销目标是对一定时期内的酒店营销活动所要达到的成果的清晰而准确的描述，也是酒店在一定时期内所要实现的一种理想境界，这种理想境界既可用定性的方式来表达，也可用定量的方式来表示。因此，酒店营销目标可分成定性目标和定量目标两大类。定性目标通常有市场形象、服务质量、市场竞争地位等目标；而定量目标通常有酒店市场占有率、营业收入、利润、投资回报率、客房出租率、销售量、平均房价等。

4．营销策略的制定

制定市场营销计划过程下一步就是制定具体的市场营销策略并使之形成文字。市场营销策略由三个方面组成：确定目标市场、进行市场定位、制定市场营销组合策略。根据目标市场的特点，围绕确定的市场定位，可以为产品、价格、销售渠道和促销等组合要素制定各自相应的策略。

5．营销行动方案的落实

营销行动方案是指实现酒店营销目标，实施酒店营销策略所设定的具体行动步骤和详细的布置，它实际上是酒店营销策略的进一步具体化的产物。良好的营销行动方案明确规定营销活动的内容、由谁负责、何时开始、何时完成、费用预算、日程安排和评估方法等。把营销策略转化为具体的营销活动程序的过程就是这一步工作的主要任务。制定营销行动方案时，应将行动方案的每项具体内容都列出详细的程序，以便于执行和检查。

6．营销预算的编制

营销预算是指为了实现营销计划中所规定的目标而必须的费用总额。营销预算的编制要考虑的基本问题有两个：第一，为了实现计划期内的营销目标，酒店开展所有的营销活动共需要投入多少资金？第二，这些资金如何在各产品和目标市场之间，如何在各项营销活动之间进行分配？这是一项十分重要而又有难度的工作。在实际工作中编制营销预算一般有两种方法：一是自上而下法，即根据以往经验，按照酒店营业总收入的一定百分比确定营销费用的最高限额，然后根据不同产品或市场的营业收入在酒店总收入中所占的比例进行分摊。这一方法简单易行，但对各项营销活动实际开展所需费用缺乏分析研究，容易导致营销活动与营销费用之间的不吻合。二是自下而上法，即目标任务法。这种方法首先要明确酒店所要实现的营销目标，然后分析实现这一目标所需开展的各种营销活动，并估算各项活动的费用，最后得出预算总额。这一方法对实现营销目标所需开展的营销活动的费用进行了认真详细的研究，确保了每一项营销活动正常开展所必需的足够经费，但操作起来有一定的难度，耗时较多，且容易超出酒店能够承受的营销预算总额。

二、酒店营销计划的实施

营销计划的提出和制定仅仅解决了酒店市场营销活动应该“做什么”和“为什么这样做”的问题，而营销计划的实施才是解决企业市场营销“怎样做”的问题。

1．制定详细的行动方案

行动方案实际上是营销计划的具体执行计划，除在该方案中明确营销策略实施的关键性要求和任务外，还要将这些活动内容的责任落实到个人或作业单位，并明确具体的行动计划执行时间表，在时间上要有严格的规定。

2．建立营销组织机构

营销组织机构是酒店营销计划贯彻实施的专职部门，对推动酒店营销活动的开展有着决定性的作用。另外，由于非正式组织在酒店中客观存在，因而要在发挥正式的营销组织作用的同时，还要重视非正式组织的作用，使正式组织与非正式组织紧密结合，提高酒店员工对营销计划的认同、理解，促进和保证酒店营销计划的顺利实施。

3．注重内部营销，开发酒店人力资源

所谓内部营销就是将酒店员工视为内部顾客，把工作视为内部产品，从而努力提供内部产品以满足内部顾客需要的一系列活动，也就是通过提供能满足员工某种需要的工作来吸引、发展、激励并保持优秀的员工留在酒店的一种管理理念或管理策略。因为酒店实行全员营销，酒店营销计划的顺利实施最终要通过酒店全体员工，尤其是专职营销人员的共同参与和努力来实现。因而，注重酒店内部营销，努力开发酒店人力资源，形成一支高素质的酒店员工队伍，做到人尽其才，才尽其用，就可为顺利实施预定的营销计划提供可靠的保证。

4．设计科学合理的报酬制度

充分调动酒店员工的积极性，最终还依赖于一套科学合理的报酬制度和完善的激励机制，

同时要求酒店员工将个人利益与酒店利益、短期利益与长期利益结合起来，避免只顾眼前利益而做出有损于酒店整体形象与长远利益的行为。

5．建设酒店企业文化

酒店企业文化是酒店全体员工一致认同和遵循的价值标准和行为准则。它是酒店的精神和灵魂所在，是酒店的重要战略资源。它对酒店经营思想和领导风格、对员工的工作态度和作风等方面起着决定性的作用。通过酒店企业文化建设，使酒店营销计划的实施在相应的企业文化和管理风格的氛围中得到强大的无形力量支持。

上述几个方面必须协调一致，相互配合，才能有效地保证酒店营销计划的顺利实施。

知识拓展

酒店市场营销与推销的区别

说到酒店营销，人们可能马上会想到推销。认为营销就是推销，就是酒店向宾客推销产品，做些宣传工作而已。例如，酒店推出了美食周活动，营销人员的任务就是设计几张广告，四处加以张贴，或是在报纸上刊登一则广告，将此信息传递给公众就可以了，或是采用“买一送一”的方式单向刺激公众购买。其实，这只是营销的一部分。正确理解酒店营销活动的内涵是酒店开展有效营销活动的前提。

酒店市场营销不是经营销售，它具有这样一种功能：负责了解、调研顾客的合理需求和消费欲望，确定酒店的目标市场，并且设计、组合、创造适当的酒店产品，以满足这个市场的需要。简单说酒店市场营销就是为了满足客户的合理要求，为使酒店盈利而进行的一系列经营、销售活动。

酒店市场营销与推销的区别在于：推销是以酒店现有的产品作为工作的起点，研究怎样利用广告、公关、人员推销、营业推广等手段来增加销售量，在增加销售量的基础上实现酒店的目标；而营销则要求酒店在提供产品或服务之前，首先研究目标顾客的需要是什么，然后根据顾客的需要来设计或调整酒店的经营内容，再通过一系列的营销策略让顾客知晓并吸引他们购买或使用酒店的产品或服务，在顾客购买或使用酒店产品的基础上，酒店获得收入和利润，实现经营目标。酒店市场营销与推销的区别如表 5-8 所示。

表 5-8 酒店市场营销与推销的区别

表现方面	营　销	推　销
中心点	顾客	酒店产品
关注点	顾客需求	酒店产品和服务销售
手段	重视产品策略、价格策略、营销渠道策略、促销策略等四大策略的有机组合与搭配	重视广告、公关、人员推销、营业推广等作用

酒店营销活动是以满足宾客的需要作为实现酒店目标前提，因此，酒店营销活动的任务就是通过对市场进行周密的调查研究，了解宾客的各种需要和欲望，在此基础上设计适销对路的酒店产品来满足宾客的需要。

综合实训

1．制定酒店营销方案

实训内容	
训练目的	培养学生独立设计酒店营销方案的能力
训练程序	（1）教师讲解实训内容及注意事项 （2）将实训学生分成四至五个小组，分别选择不同的酒店作为实训地点 （3）实训学生以组为单位到各组选定的目标酒店调查了解其经营状况 （4）根据调查结果进行酒店营销机会分析 （5）依据酒店条件进行市场细分和目标市场选择 （6）设计酒店营销战略 （7）营销方案策划 （8）在课堂上介绍调查过程和设计方案 （9）学生互评，最后教师总结点评
训练提示	学生需要注意酒店营销 4P 组合中各因素之间的整体性和相互联系
思考	通过这次活动，我学到了什么

2．酒店营销环境分析

实训内容	
训练目的	培养学生独立分析酒店营销环境的能力
训练程序	（1）学生分组针对所要分析的内容进行调研 （2）根据酒店的实际情况打分 （3）分析营销环境变化对酒店的影响（SWOT 分析） （4）提出应对措施
训练提示	请在你所在的地区找一家酒店，用案例资料中的“酒店营销环境分析表”进行环境分析
思考	通过这次活动，我学到了什么

案例资料：

评价影响一个组织的环境因素，需要研究、预测、判断等一系列工作。一个较简单的方法就是找出每个环境因素，然后按机会和风险分别赋予正值和负值，绝对数值越大，表明机会和风险越大。下表为酒店用来分析酒店营销环境的分析表。

酒店营销环境分析表

营销环境因素	酒店过去及现在所面临的营销环境打分	酒店将来的营销环境有无变化		营销环境变化对酒店的营销				酒店针对营销环境的变化应采取各种措施
		无	有	优势	劣势	机会	威胁	
（一）	（二）	（三）	（四）	（五）	（六）	（七）	（八）	（九）
一、酒店营销微观环境								
1．客源市场发展情况	+2，+1，0，−1，−2							
2．客人对酒店产品的满意程度	+2，+1，0，−1，−2							

续表

营销环境因素	酒店过去及现在所面临的营销环境打分	酒店将来的营销环境有无变化		营销环境变化对酒店的营销				酒店针对营销环境的变化应采取各种措施
		无	有	优势	劣势	机会	威胁	
（一）	（二）	（三）	（四）	（五）	（六）	（七）	（八）	（九）
3. 典型消费者特征	+2，+1，0，−1，−2							
4. 酒店供应商供货情况	+2，+1，0，−1，−2							
5. 能源成本	+2，+1，0，−1，−2							
6. 中间商客源提供变化情况	+2，+1，0，−1，−2							
7. 酒店面临的竞争形势	+2，+1，0，−1，−2							
8. 劳务市场人力资源提供情况	+2，+1，0，−1，−2							
9. 社会机构与酒店之间的关系	+2，+1，0，−1，−2							
10. 债权人特点： 资本结构与信贷信誉	+2，+1，0，−1，−2							
二、酒店营销宏观环境								
1. 国际国内政治形势	+2，+1，0，−1，−2							
2. 政府态度及旅游政策制定	+2，+1，0，−1，−2							
3. 客源国及目的地国文化特征	+2，+1，0，−1，−2							
4. 客源地家庭结构趋势	+2，+1，0，−1，−2							
5. 目标市场地位发展	+2，+1，0，−1，−2							
6. 国际国内经济形势	+2，+1，0，−1，−2							
7. 交通发展情况	+2，+1，0，−1，−2							
8. 科技发展情况	+2，+1，0，−1，−2							
9. 人口变化情况	+2，+1，0，−1，−2							
10. 全国旅游发展形势	+2，−1，0，−1，−2							
11. 当地旅游资源开发情况	+2，+1，0，−1，−2							

备注：1. 表中的第一栏中列出酒店营销环境因素。

2. 第二栏是有关营销环境因素对酒店营销的有利程度。请把第二栏“很有利 +2，较有利 +1，较不利 −1，很不利 −2”你认为最适合的数字圈起来。无法决定时，请把“0”圈起来。如果各项的累计分达 42 分，则营销环境对你的酒店很有利，你的酒店在此环境营销成功的可能性极大，积分达 21 分，酒店也较有可能成功。积分低于 21 分或得到负分，则说明你的酒店面临的营销环境对酒店不利，必须采取必要的措施。

3. 在第三、四、五、六、七、八栏中分别标出酒店将来营销环境变化情况及环境带给酒店的各种情况。

4. 在第九栏中，请分别写出酒店将要采取的营销措施。无论面临的是优势或劣势，还是机会或威胁，都应采取适当的营销措施。这样，才能在自己面临的营销环境中求生存、求发展。

单元六

酒店服务质量管理

学习目标

知识目标

1．了解酒店服务质量的内容

2．熟悉酒店服务质量管理的主要环节

3．掌握酒店服务质量管理的方法

能力目标

1．学会制定酒店服务规程

2．学会建立酒店服务质量管理体系

3．能够运用因果分析图等对酒店服务质量问题进行分析

任务1 把握酒店服务质量管理的基本环节

酒店服务质量是酒店在竞争中取得相对优势的基础，要提高酒店服务质量，就必须加强服务质量管理。酒店服务质量管理就是通过对服务标准和服务规程的制定和实施，以及各种管理方法的运用，建立酒店服务质量管理保证体系，达到服务质量标准化、服务形式规范化、服务过程程序化，其目的就是以优质服务赢得客人。

任务导入

一副假牙的命运

某宾馆客房内，一位客人坐在沙发上。服务小姐在做床和清理卫生工作。客人客气地说："小姐辛苦了，今天我不出去。您就简单整理一下就行了。"服务小姐对客人报以微笑，服务小姐做完客房，便来到卫生间进行清理。

在卫生间，服务小姐擦浴缸、揩墙面。当清理到洗面盆时，她转身随手将洗面盆台上一个杯子中的水倒入马桶。然后清擦地面。最后，抽掉马桶里的水，再对马桶进行洗刷。打扫完卫生间，小姐退出了客房。

大约半小时后，客人发现卫生间洗面盆台上茶杯中的一副假牙不见了，便匆忙找到服务员小姐询问。

"小姐，你刚才整理卫生间时，看没看到茶杯中的假牙？"

"没看到。"小姐答道。

"杯子里面的水你倒在哪里了？"客人问。

"可能倒在马桶里了。"小姐想了想说。

"我的上帝，你把我的假牙倒入了马桶！"

客人和服务小姐一起来到客房卫生间察看马桶，已经没有假牙的踪影。

客人来回踱步，急汗涔涔。小姐立于一旁，手足无措。

客人拿起电话，向大堂副理投诉。大堂副理闻讯赶到。

"请你们看看我的牙齿。我真是有假牙的，在香港几经周折才装好的。"客人指着自己的嘴，急不可耐地申诉。

"先生会不会放在了别的地方？"大堂副理问。

"绝对不会，没有一点可能性，每晚睡觉前我都是放在卫生间里，这是我多年的习惯。"客人口气坚决。

大堂副理从卫生间察看到客房，没有发现客人的假牙。

"先生，这件事情您看如何解决为妥？"大堂副理诚恳地问。

"我要我的假牙，你们要想方设法。"客人答。

"我们充分相信先生的投诉，只是没有见到这副假牙前，我们难以处理。请先生不要误解，我们没有不相信先生的意思……"大堂副理感到十分棘手。

"我的意思，你们把马桶挖开来，就可以证实。但我有言在先，进了马桶的假牙，我是不会再用的。"客人说道。

大堂副理考虑了一会儿，说："这样好吗？我与有关部门商量一下，尽快给先生一个圆满的处理。"

大堂副理来到工程部，请工程部派出人员挖开马桶。工程部经理说："挖开之后找到了假牙，客人会再用吗？还有可能就是已经被水冲走，即使挖开也无法找到。"

大堂副理说："没有别的选择。我们谁也没有见到这副假牙，单凭客人的一面之词，不足为据，就是赔偿也没有尺度。挖开马桶一来是为了取证，二来也是向客人表示我们的诚意。"

工程部派出了两名工人，开始了拆马桶的工作。客人怏怏不乐，坐在客房内等待。

大堂副理走进客房，对客人说："先生，这间客房的马桶拆卸之后重新安装，要等固定底座的水泥干，起码两天之后才能使用。因此，我们已经为先生安排好了隔壁的房间。"

"那好吧，遵从你的安排。"客人同意换房。

终于，在拆卸下马桶之后找到了假牙。

看到失而复得的假牙，客人一时语塞。大堂副理说："发生了这样不愉快的事情，我们非常抱歉。对属于客人的东西，只能稍加清理，不能随便移位，更不能想当然地丢弃。发生今天这样的事，责任全在我们，服务小姐没有严格按照规范操作，粗枝大叶，我们一定改进。我们愿意全额赔偿。"

"没有了假牙我吃东西很不方便。但看在副理的面子上，我只有克服。你们的善后工作做得还是很认真的。"客人苦笑着说。

大堂副理取出手帕将这副假牙包了起来，装进口袋，说："这是一次教训，我们将把它作为今后对员工教育的实物教具，尽管它的代价太大了，但是也值得。"

思考

1. 你认为该酒店的服务规程是否有问题？为什么？
2. 酒店服务质量管理的方法有哪些？

任务描述

一个酒店就像一座城市，这座城市中几乎铺陈了人类衣食住行的全部行当。而酒店作为一家企业，它提供的核心产品实际上只有一个，那就是服务，服务质量是酒店的生命线。

酒店市场营销和客源组织带来了充足的客源，而能否留住客人，求得酒店长期生存和发展，关键在于服务质量的优劣及其质量管理水平。服务质量是酒店生存和发展的基础，要提高服务质量，就必须加强服务质量管理，而要更好地进行服务质量管理，则必须建立服务质量管理体系。

任务实施

一、制定酒店服务规程

酒店服务规程是酒店进行质量管理的依据和基础，是酒店根据各自的等级而制定出的适合本酒店实际情况的管理制度和作业标准。酒店服务规程是指以描述性语言对酒店某一特定的服务过程所包含的作业内容和顺序及该服务过程应达到的某种规格和标准所做的详细而具体的规定。简单地说，它是指某一特定服务过程的规范化程序和标准。通常包含：服务规程的对象和范围；服务规程的内容和程序；服务的规格和标准；服务规程的衔接和系统性。

1. 提出目标和要求

酒店决策层的管理人员根据酒店的特点（如客源特点、业务特点、环境特点等），扬长避短并突出本酒店的特色，提出本酒店服务规程应达到的目标和具体要求，并将其布置落实到酒店每一相关部门。

2. 进行信息分析

酒店在制定服务规程前，必须对国内外酒店管理的最新信息、市场需求情况等进行细致的调查和分析，寻找客人真正需要的服务，使所制定的服务规程真正成为酒店服务质量的保证。制定服务规程时，要在力所能及的范围内结合国内外酒店业的现状和发展趋势，力求使规程更加合理和符合客人需求，具有一定的时代感。

3. 开展动作及作业研究

在信息分析之后，酒店还应对每个作业过程进行细致分析，确定作业的先后次序，确定作业过程中的各项要求。作业过程分析和排序不仅要符合作业本身的规律和要求，而且必须与相关部门的要求吻合，与酒店的其他规章制度相一致。作业过程确定以后要进行动作分析，确定合理动作，摒弃多余动作，使服务人员有一个较好的行为规范。

4. 编制服务规程草案

当作业过程与动作规范研究有一个基本框架后，酒店就可以进一步讨论本部门各服务过程的规程草案。各部门管理者召集下属主管、领班和资深服务人员讨论确定本部门的所有服务内容和服务过程，并制定出每一服务过程的规程草案。具体内容包括：确定该服务过程的主要环节；提出每一环节的具体要求，如仪容仪表、操作内容、操作顺序及应达到的规格标准等具体细节；规定每一环节之间的衔接内容，以避免脱节而造成质量问题等。为了能够最大限度地减少员工行为的随意性，一项完整的酒店服务规程应包括规程名称、规程目的、管理职责、运作规程（具体包括执行层级、管理对象、管理方式等）、管理分工与考核指标等。

5. 确定服务规程

草案出台后，应将规程草案在小范围内试行，在实践中进行修改，使其更具可行性。最后将规程草案交酒店决策层审定，经审定的服务规程应作为规章制度予以颁布实施。制定科学合理的酒店服务规程非常重要，但更为重要的是酒店服务规程的实施。只有切实地实施服务规程，才能保持并且不断提高酒店服务质量，否则，服务规程不过是一纸空文。另外，随着酒店等级的提高、宾客需求的变化及酒店业的发展，酒店应随时调整服务规程，并定期修订，使之更加适用和完善。

二、建立酒店服务质量管理体系

服务质量管理体系是为贯彻酒店质量规程、实现质量管理目标而建立的一整套组织机构、基础工作、质量标准、制度程序等。它是酒店服务质量管理的核心和主要保证，其具体内容主要包括：组织领导体系（见图 6-1）、质量标准体系（见图 6-2）、服务程序体系（见图 6-3）、制度化管理体系（见图 6-4）和质量管理信息体系等。

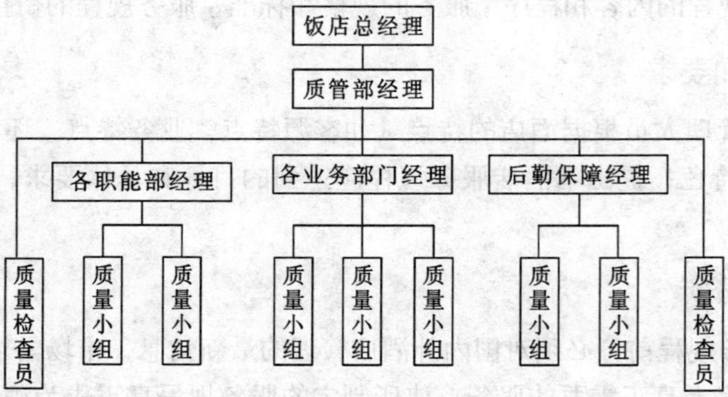

图 6-1　酒店组织领导体系

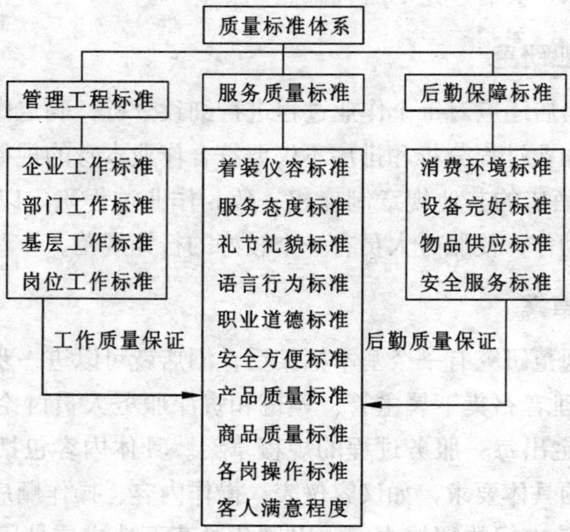

图 6-2　酒店质量标准体系

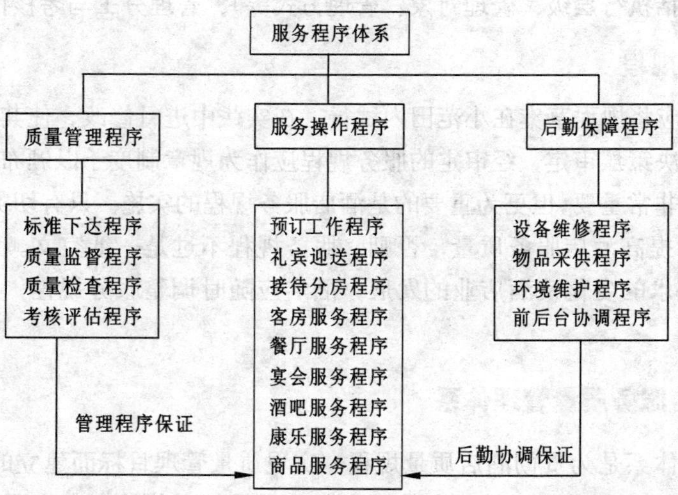

图 6-3　酒店服务程序体系

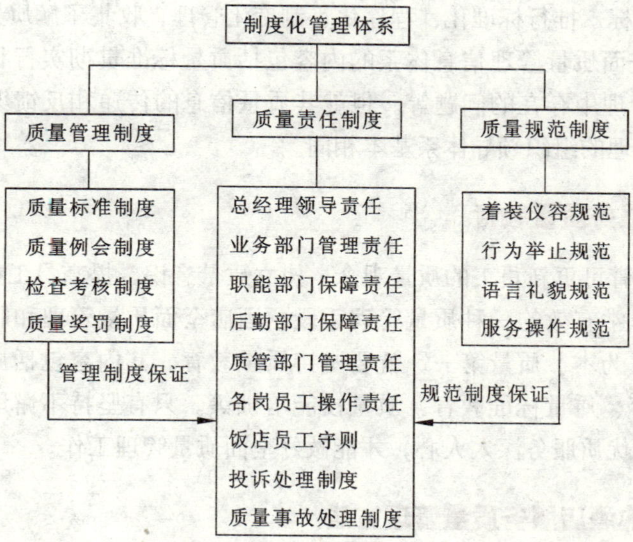

图 6-4　酒店制度化管理体系

1．组织领导体系

有效的组织领导体系是酒店全面质量管理的组织保证。各酒店因其实际情况不同，其组织形式也不完全相同。其特点是总经理负责，质管部经理和各部门经理成为全面质量管理的直接责任人，部门以下均开展质量小组活动，各部门服务质量分别由质管部经理和质量检查员负责督导检查，定期评比。

2．质量标准体系

质量标准体系是酒店全面质量管理体系的核心内容，也是质量管理的重要基础工作。只有健全酒店质量标准体系．全面服务质量管理才有客观依据和奋斗目标，也才能做好全面质量管理工作。

3．服务程序体系

服务程序体系是酒店全面质量管理体系的重要内容，也是标准化管理的前提和基础。酒店全面质量管理的标准化体系和程序化体系是互相联系、互相依存、互为条件的。为此，在建立酒店全面质量管理的标准化体系的同时，也要建立程序化质量体系。

4．制度化管理体系

制度化管理是为保证酒店标准化、程序化质量体系的贯彻实施，运用规章制度所进行的质量管理工作。制度化管理的目的在于用规章制度来规范员工的行为，协调各项质量管理工作和服务操作的关系，消除全面质量管理工作中可能发生的混乱现象，保证酒店各项服务的顺利进行和质量标准的贯彻落实。酒店全面质量管理化体系的内容很多，它以质量责任制度为中心，以质量管理制度和质量规范制度为保证。

5．质量管理信息体系

酒店全面质量管理的信息体系由从上到下的信息传递和从下到上的信息反馈构成。它是贯彻质量方针、质量目标，推行标准化、程序化、制度化管理，收集了解质量反馈、客人意见等的重要条件。酒店全面质量管理信息体系的内容包括质量标准贯彻实行状况，质量制度、程序落实情况，质量管理中存在的问题等。但就其质量信息的传递和反馈渠道而言，其信息体系构成与全面质量管理的组织领导体系基本相同。

三、进行酒店服务质量教育

酒店服务质量教育可更新员工的质量观念，树立质量意识，提高员工整体素质，从而提高酒店服务质量，是非常有效的一种质量管理手段。酒店全面质量管理和服务质量都是靠人来完成的，要坚持以人为本、质量第一，就要坚持质量教育。其内容包括质量意识教育、基础理论与质量知识教育、质量标准教育、质量技能培训等。只有坚持不懈地抓好质量教育，不断总结提高，使争创优质服务深入人心，才能做好全面质量管理工作。

四、采取有效的酒店服务质量管理方法

只有采取有效的服务质量管理方法，才能真正提高酒店服务质量，为顾客提供满意的服务，使酒店获得良好的经济效益和社会效益。

1．全面质量管理

全面质量管理是工业企业行之有效的一种质量管理方法。酒店虽不同于工业企业，但由于管理科学本身是一门边缘科学，所以全面质量管理的思想、内容和方法对酒店服务质量管理还是有着重要的现实意义。酒店的全面质量管理是从酒店系统的角度出发，把酒店作为一个整体，从酒店服务的全方位、全过程、全人员、全方法、全效益入手，以提供最优服务为目的，以质量为管理对象，采用一整套质量管理体系、技术和方法而进行的系统的管理活动。

（1）酒店全方位质量管理

酒店全方位质量管理，是指酒店内部的各个部门及外部有关的行业，为顾客提供的各个方面服务的质量管理。包括酒店前台接待部门、后台业务部门、各职能部门，以及酒店外部有关的酒店和物资供应部门（如食品、酒水、能源、旅行社、交通等）的服务质量管理。酒店全方位服务质量管理的内容包括：

① 利用和开发酒店现有的设备，向顾客提供高质量的食、宿、行、娱、购，以及健身、交流、洽谈生意、会议等各方面的服务。

② 通过市场的调研与探索，开发具有地方特色、本酒店特色、符合市场需求的产品，以满足住店顾客需要，扩大经济效益。

③ 通过业务部门与公关部门的广告、宣传及设施改进和服务质量的提高，创立酒店的声誉和口碑，招徕更多的顾客，增强酒店的竞争力。

④ 通过与旅行社的业务联系，扩大业务关系，保证有较高的团队入住率，以及增加酒店的声誉。

⑤ 通过与有关商品部门、工艺部门协作，提供高质量的旅游生活必需品和旅游纪念品，扩大酒店商场的服务项目，增加效率。

⑥ 通过与其他有关行业的联系，为顾客提供多种服务项目。

⑦ 通过专业教育和岗位培训，提高各级管理人员和服务人员的专业水平和服务水平。

⑧ 通过人力、物力、财力的决策计划、组织、协调与监督等管理工作，提供高质量、高效率的酒店管理。

（2）酒店全过程服务质量管理

全过程服务质量管理是指对酒店的各项服务从预备阶段到服务过程(阶段)、服务结束(后阶段)所采取的具有相关性和连续性的管理。

① 酒店服务预备阶段的质量管理，主要指酒店在直接接待顾客前各种准备服务工作的质量管理。它包括客房的预订，餐厅酒水、菜肴原料的采购、贮藏，商场商品的供应等方面的质量管理工作。既要多招徕顾客，又要创造条件接待顾客，这就是酒店服务准备阶段质量管理的关键所在。

② 酒店服务阶段的质量管理，主要指在直接接待顾客过程中的各项工作的质量管理。它包括总台的入住登记、房间分配、行李提送、房间清洁、洗衣服务、餐厅的迎宾、上菜斟酒及美容、购物等服务质量的管理。

③ 酒店服务后阶段的质量管理，主要是指通过顾客意见卡、留言簿、投诉信、座谈会及其他各种方式所征集到的顾客住店后的意见和反映，掌握客房、餐厅、康乐、购物等各项酒店服务的反馈信息，提高酒店服务质量的方法与手段，以便在未来的服务质量计划中提高标准。

（3）酒店服务全员质量管理

酒店服务全员质量管理，主要是指各级管理人员、决策人员、操作人员、服务人员等各层级人员的人才素质管理和质量管理，它贯穿于酒店各层级人员执行酒店质量计划、完成质量目标的过程之中。因此，要把全酒店及各个部门的质量计划、目标落实到每个员工、每个岗位，使酒店上下各层级人员对质量计划、目标有统一的认识，认真执行。而酒店各部门的质量计划和质量目标，则是通过各部门的服务质量标准来衡量。部门不同，岗位不同，所要求的服务质量标准也就不同。

（4）酒店服务的全方法质量管理

酒店服务的全方法质量管理，主要指采用多样性和全面性的管理方法，以达到服务高质量的目的。酒店服务质量管理的方法包括：行政方法、经济方法、法律方法、科学方法(计算机等)、思想教育方法，以及定性定量的分析方法、数理统计方法等。酒店服务的全方法质量管理是多种管理方法的有机结合，应在统一的前提下，根据服务质量问题产生的原因，有选择性、针对性地进行质量管理。

（5）酒店服务全效益质量管理

酒店服务全效益质量管理，主要指酒店服务既要追求经济效益，又要注重社会效益，并尽可能地把两者结合起来。提高服务质量，目的在于创造更大的经济效益，使酒店在市场竞争中立于不败之地。酒店服务在创造经济效益的同时，也要创造社会效益。尽管有时可能获利较少，但好的社会效益却可以为酒店带来良好的声誉。

综上所述，全面质量管理是酒店以顾客需求为依据、以顾客满意为标准、以全过程管理为核心、以全员参与为保证、以科学方法为手段，运用全面质量的思想和观念推行的服务质量管理，它是达到酒店预期的服务质量效果的一种有效的管理方法。它运用科学的质量管理思想和方法，把质量管理的重点放在“预防为主”上，将质量管理由传统的事后检查服务质量的结果，转变为控制服务质量产生的因素，通过对质量的检查和管理，找出改进服务的方法和途径，从而提高服务质量。全面重量管理的核心是强调一致性，克服随意性，消除差错，使顾客得到全面的满足。

2．质量分析方法

质量分析是酒店质量控制与管理的基础工作，通过质量分析可以找出酒店存在的主要质量问题和引起这些质量问题的原因，使管理人员有针对性地对质量问题采取有效的方法进行控制和管理。

（1）ABC 分析法

ABC 分析法又称 ABC 管理法或重点法，运用 ABC 分析法，可以找出酒店存在的主要质量问题。ABC 分析法以"关键的是少数，次要的是多数"这一原理为基本思想，通过对影响酒店服务质量诸因素的分析，以质量问题的个数和质量问题发生的频率为两个相关的标志，进行定量分析。先计算出每个质量问题在总体质量问题中所占的比重，然后按照一定的标准把质量问题分成 A、B、C 三类，以便找出对酒店服务质量影响较大的一至两个关键性的质量问题，并将其纳入酒店当前的 PDCA 循环中去，从而保证解决重点质量问题，又能照顾到一般质量问题。

用 ABC 分析法分析酒店服务质量问题共分四个步骤：

① 收集服务质量问题信息。酒店管理者可以通过宾客意见调查表、客人投诉记录和各部门的检查记录等收集质量问题信息。

② 将收集到有关质量问题的信息进行分类、统计，制作服务质量问题统计表。对酒店服务质量的分类一般有菜肴质量、服务态度、服务技巧、语言水平、酒店设备等。然后统计出每类质量问题出现的次数，并计算出在质量问题总体中所占的百分比。下面举例加以说明，某酒店服务质量信息统计结果如表 6-1 所示。

表 6-1　服务质量问题统计表

质 量 问 题	问 题 数 量	比　　率	累计比率 /%
菜肴质量	130	65.0	65.0
服务态度	36	18.0	83.0
外语水平	20	10.0	93.0
娱乐设施	8	4.0	97.0
其他	6	3.0	100.0
合计	200	100.0	100.0

③ 根据统计表绘制巴雷特曲线图，如图 6-5 所示。

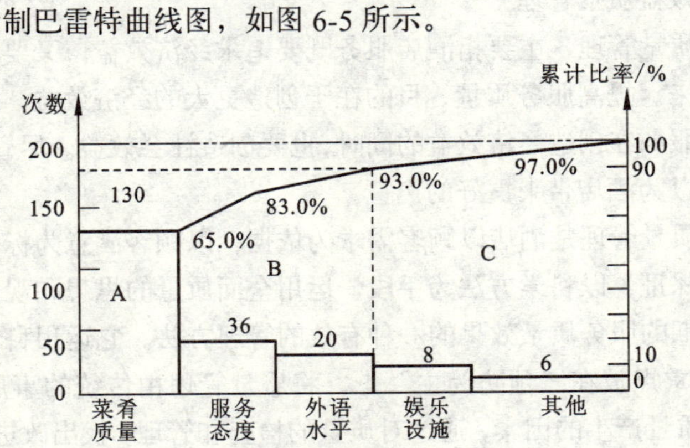

图 6-5　巴雷特曲线图

巴雷特曲线图是有两条纵坐标轴的直角坐标图。横坐标轴上标明分类后的质量问题，从左到右按出现次数多少的顺序排列。左边的纵坐标轴为质量问题出现的次数，右边的纵坐标轴为质量问题出现的频率（%），以每类质量问题出现的次数为纵坐标作图。最后按累计频率进行分类。一般的划分标准为：

a．A类是关键的问题，累计频率百分数范围在0～70%之间。

b．B类是一般性的问题，累计频率百分数范围在70%～90%之间。

c．C类是次要的问题，累计频率百分数范围在90%～100%之间。

上述分类标准不是绝对的，ABC类划分的范围可以根据实际情况进行一定幅度的升降。如图6-5中A类问题的累计频率百分数范围为0～65%。

④ 分析并找出主要质量问题。根据巴雷特曲线图的划分可知，在酒店质量问题中：

a．A类问题是酒店存在的主要质量问题。这类质量问题在酒店质量问题总体中占60%～80%。由图6-5可知，A类问题的个数虽然很少，仅有一个问题，但这类质量问题却在酒店质量问题总体中占了65%，说明菜肴质量是关键的少数问题。如果这个质量问题得以解决，酒店的服务质量将有大幅度的提高。因此，酒店管理人员对A类质量问题必须给予充分的重视，立即着手解决，并把这类质量问题作为当前质量控制与管理的对象。

b．B类质量问题属于一般的质量问题。这类质量问题占酒店质量问题总数的15%～25%。这类质量问题尽管没有列入当前质量控制与管理的对象，但管理人员也应给予足够的重视，以防止其有上升的趋势。

c．C类质量问题是次要的质量问题。虽然这类质量问题包括的个数很多，但只占酒店质量问题总体的5%～15%。这类质量问题往往带有较大的偶然性，管理人员不必为此花费太多精力。

在运用ABC分析法过程中应注意：一是A类问题所包含的具体质量问题不宜过多，1～3项是最好的，否则无法突出重点。二是划分问题的类别也不宜过多，对不重要的问题可单独归为一类。

（2）因果分析图法

用ABC分析法找出了酒店的主要质量问题，可是这些主要的质量问题是怎样产生的呢？必须对产生这些质量问题的原因作进一步的分析。因果分析图法是分析质量问题产生原因的简单而有效的方法。

在酒店经营过程中，影响酒店服务质量的因素是错综复杂的，并且是多方面的。因果分析图对影响质量（结果）的各种因素（原因）之间的关系进行整理分析，并且把原因与结果之间的关系用箭头线表示出来。因果分析图图形像鱼刺、树枝，所以又称鱼刺图、树枝图。

① 确定要分析的质量问题，即通过ABC分析法找出A类质量问题。

② 发动酒店全体管理人员和员工共同分析，寻找A类质量问题产生的原因。各种原因找出以后，还需要作进一步的分析，即查明这些原因是怎样形成的。

③ 将找出的原因进行整理后，按结果与原因之间的关系画在图上，如图6-6所示。

3．PDCA循环法

PDCA循环法是一种质量控制的循环方法。在酒店质量管理与控制中，对酒店的质量管理活动按照计划（Plan）、实施（Do）、检查（Check）和处理（Act）四个阶段来开展，即按照计划、实施、检查、处理四个阶段组成的循环来进行。

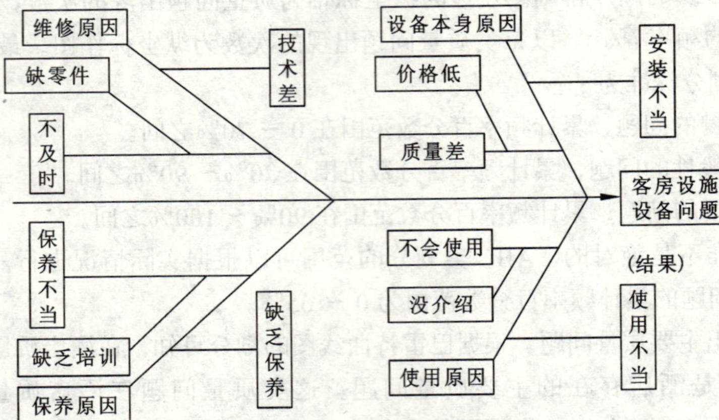

图 6-6 因果分析图（客房设施设备问题）

（1）PDCA 循环法的步骤

运用PDCA 循环来解决酒店的质量问题，可分成八个步骤进行，如图 6-7 所示。

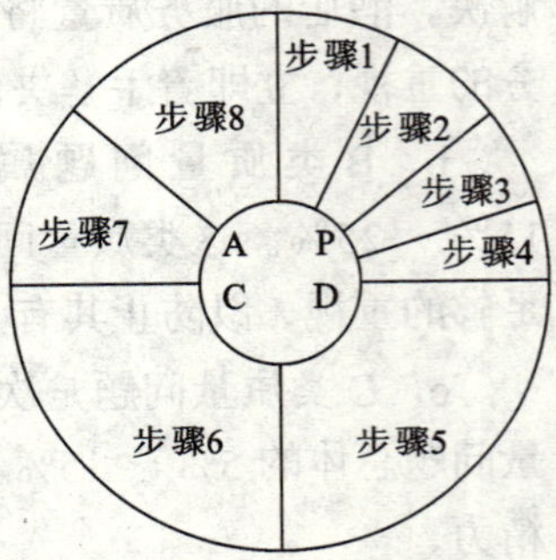

图 6-7 PDCA 循环法的步骤

① 计划阶段。这一阶段的工作是制定质量管理目标和质量管理计划，在目标和计划中要明确规定达到质量标准的时间和要求，以及由谁来完成、用什么方法来完成等内容。

步骤 1：对酒店服务质量或工作质量的现状进行分析，找出存在的质量问题。运用 ABC 分析法分析存在的质量问题，从中找出对酒店质量影响最大的问题。

步骤 2：运用因果分析法分析产生质量问题的原因。

步骤 3：从分析出的原因中找出关键点。

步骤 4：提出要解决的质量问题，制定解决质量问题要达到的目标和计划，提出解决质量问题的具体措施和方法及责任者。

② 实施阶段。这个阶段的工作是严格按照已定的目标和计划，认真地将其付诸实施。

步骤 5：按已定的目标、计划和措施执行。

③ 检查阶段。这个阶段的工作是对实施后产生的效果进行检查，以确定所做的工作是否有效果，在实施阶段还存在哪些问题。

步骤 6：在步骤 5 执行以后，再运用 ABC 分析法对酒店的质量情况进行分析，并将分析结果与步骤 1 所发现的质量问题进行对比，以检查在步骤 4 中提出的提高和改进质量的各种措施和方法的效果。同时，要检查在完成步骤 5 的过程中是否还存在其他问题。

④ 处理阶段。在这个阶段中，要把成功的经验经过处理后形成标准，对不成功的教训也要进行总结，以避免重犯类似的错误，对于尚未解决的问题，留待下一个循环解决。

步骤 7：对已解决的质量问题提出巩固措施，并使之标准化，以防止同一问题在下次循环中再次出现，即制定或修改服务操作标准或工作标准，制定或修改考核标准及各种相关的规定与规范。对已完成步骤 5 但未取得成效的质量问题，也要总结经验教训，对于如何防止这类问题再发生提出相关的建议。

步骤 8：提出步骤 1 所发现而尚未解决的其他质量问题并将这些问题转入下一个循环中去求得解决，从而与下一个循环的步骤 1 衔接起来。

（2）PDCA 循环的关键问题

① PDCA 循环法必须按顺序进行，四个阶段的八个步骤既不能缺少，也不能颠倒。四个阶段的八个步骤就像个车轮一样，一边循环，一边前进（见图 6-8）。这个车轮必须依靠酒店组织的力量和全体员工的努力推动，才能顺利地转动前进。

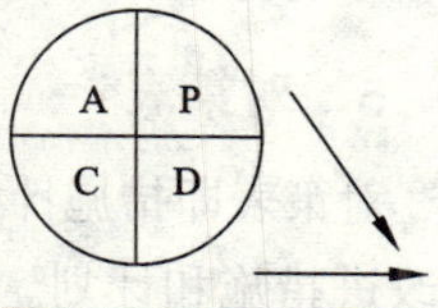

图 6-8 车轮式的 PDCA 循环

② PDCA 循环法必须在酒店各个部门、各个层次同时进行。酒店是个大的 PDCA 环，各个部门又有各自的 PDCA 环，各班组直至个人都应有 PDCA 环（见图 6-9）。只有当这些大环套小环，每个环都按顺序转动前进，互相促进，才能产生作用。例如，客房部根据酒店质量计划 (即酒店的 PDCA 循环的 P 阶段) 制定客房部的质量计划。这样外层的 PDCA 循环是内层 PDCA 循环的依据，内层的 PDCA 循环又是外层 PDCA 循环的具体化。通过酒店、部门、班组 PDCA 循环把整个酒店的质量管理有机地结合起来，使各部门、各层次彼此相互推动，相互促进。

③ PDCA 循环不是简单的原地循环。PDCA 每循环一次都要有新的更高的目标，犹如爬楼梯一样（见图 6-10）。每循环一次必须达到既向前推进了一步，又向上升高了一层。这意味着每经过一次循环后，酒店的质量水平就有了新的提高。

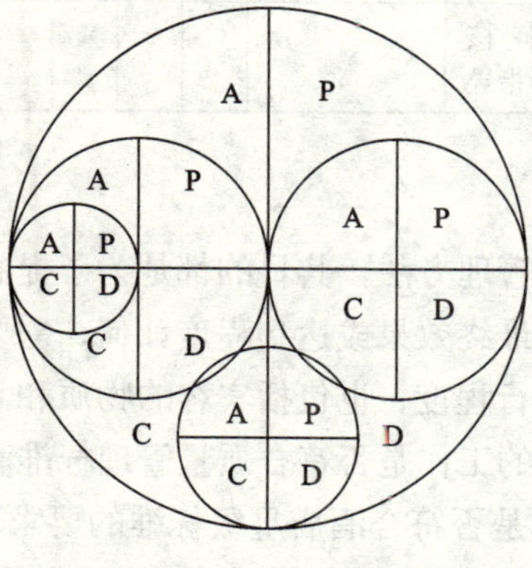
图 6-9 PDCA 循环在各部门同时进行

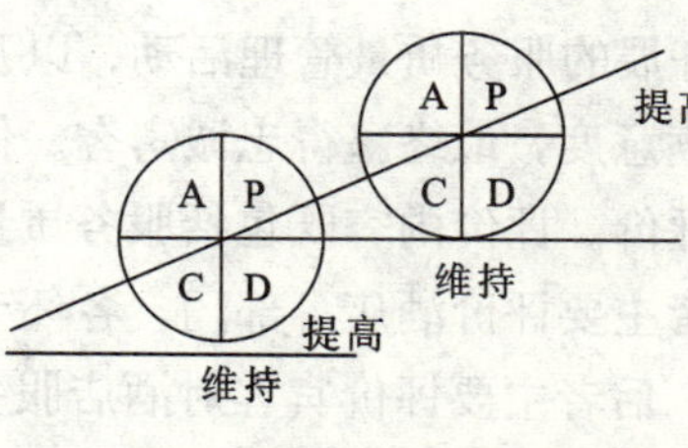

图 6-10 PDCA 循环不是简单的原地循环

4. ZD 管理法

ZD 是英文 Zero-Defects 的缩写，是美国人克劳斯比于 20 世纪 60 年代提出的一种管理观念，其含义是无缺点管理、零缺点管理。ZD 管理法以“无缺点”为管理目标，以每个员工都是主角为宗旨，充分挖掘人的内在潜力，将缺点和差错减少到最低限度，确保服务质量。在酒店中采用这种管理方法，可以促使酒店服务管理达到最佳。其主要做法是：

① 建立服务质量检查制度。许多酒店建立了自查、互查、专查、抽查和暗查等五级检查制度，督促员工执行质量标准，预防质量问题的出现。

② DIRFT，即每个人第一次就把事情做对 (Do It Right the First Time)。酒店服务具有不可弥补的特点，所以，每位员工都应把每项服务做到符合质量标准，这是改善酒店服务质量的基础。

③ 开展零缺点竞赛。一般来说，造成酒店服务质量问题的因素有两类，即缺乏知识和漫

不经心的服务态度。缺乏知识可通过培训等得到充实，但漫不经心的服务态度只有通过个人觉悟才有可能改进。因此，酒店可开展零缺点竞赛，使员工养成 DIRFT 的工作习惯。

5．对策表

对策表即措施计划表。酒店找出存在的服务质量问题及主要原因后，就要制定对策，即制定改进措施和计划。将这些措施和计划汇集成表，就是对策表（见表 6-2）。对策表是改进服务质量的一种有效控制方法，具体步骤如下：

① 首先做出措施计划表。

② 用 ABC 分析法分析出酒店存在的主要质量问题。

③ 经因果分析图找出酒店主要质量问题存在的主要原因。

④ 针对主要原因制定对策，制定改进措施和计划，并汇集成表。

表 6-2 对策表（提高菜肴质量对策）

序号	问　题	现　状	对　策	负责人	进度				
					5	10	15	20	25
1	原料不符合规范	菜肴外形不美观	（1）制定采购规格标准 （2）严格原料入库制度	×××					
2	无标准菜谱	菜肴份额不均	（1）制定标准菜谱 （2）增设厨房配菜员	×××					
3	技术水平低	菜肴花色单调	（1）参加厨师等级培训考核 （2）聘请特级厨师现场指导	×××					

五、评价酒店服务质量管理效果

酒店开展的服务质量管理活动，以及所采取的质量管理方法，其目的都是为了提高服务质量和宾客满意度，最终赢得忠诚宾客。但能否达到这一最终效果或达到程度如何，需要进行科学的效果评价。评价内容既包括服务质量管理标准的执行程度，也包括宾客的物质和心理满足程度。前者主要评价酒店各部门、各环节、各岗位员工的工作是否符合质量管理标准和服务规程的要求。后者主要评价宾客对酒店服务质量的满意率是否符合酒店星级标准的要求，如员工的素质高低，设施的配套程度，设备的舒适程度，实物产品的适用程度，服务环境的优美程度等。

评价方法主要是检查，其方式是灵活多样的。如旅游主管部门对酒店的质量检查，特别是星级评定和星级复查，酒店内部的质量检查，宾客满意率调查等。根据评价内容，对照检查结果，酒店管理者应客观地评价酒店服务质量管理效果，及时找出存在的质量问题，分析其产生原因，提出有针对性的改进措施，以不断提高酒店服务质量。

酒店服务质量管理的效果最终主要表现在两方面：一是是否符合酒店服务质量的等级标准；二是是否满足客人的物质和精神的需要。酒店的服务质量管理应以此为准则，采取多种方法，加强检查考核，及时发现各种问题，并采取有效措施，不断完善管理，提高服务质量。

1．酒店服务质量调查

酒店服务质量调查主要有四种方式：直接面谈、电话访谈、问卷调查和暗访调查。酒店应综合考虑各种调查方式的优缺点，尽量采用两种或两种以上调查途径相结合的方式，以获取更充分的统计资料。有关这四种调查方式的优劣势如表 6-3 所示。

表 6-3 酒店企业调查主要方式的比较

调查方式	优势	弊端
直接面谈	（1）可提出较为复杂与深入的问题，能借助相关资料让被调查者更好地理解调查者的观点 （2）能较为完整地理解被调查者的观点	（1）成本较高 （2）需要素质较好的调查员 （3）难以提出或回答较为敏感的问题
电话访谈	（1）成本较低 （2）快捷 （3）可对是否进行深入调查进行选择	（1）只能提问简单直接的问题 （2）访谈时间短 （3）需要高素质的人员，仅通过语言沟通就能保持被调查者的兴趣与注意力
问卷调查	（1）成本低 （2）能较好地避免调查者的偏见 （3）受调查者可以匿名 （4）方便收集距离远的调查者的意见（通过 E-mail 还可提高回复的速度）	（1）普通信件回复慢 （2）回复率低 （3）问卷必须简短与简单 （4）样本难以做到具有代表性，由于某些被选择的调查对象可能不会回复
暗访调查	隐蔽性高，能获得更真实的调查资料	对调查人员的素质有极高的要求

2. 确定酒店服务质量评价标准

国外营销人员研究表明，酒店服务质量由五个基本要素构成，这五个要素基本涵盖了酒店服务质量的属性，也是顾客评价酒店服务质量的主要标准（见表 6-4）。

表 6-4 酒店服务质量的衡量标准及示例表

衡量标准	示例
可靠性：为顾客提供可靠、安全的服务	简单精确，保存准确的记录，按指定时间提供服务
反应性：员工愿意提供服务的程度	提供即时服务，快速回复顾客的要求
保证性：员工的知识和传达信赖与信心的能力	使顾客产生安全感和信任感
移情性：对顾客的关照	了解顾客的具体需求，为顾客着想
有形性：服务的有形保证	有形设备，员工外表，提供服务工具的形式

（1）可靠性

可靠性是客人消费酒店产品看重的一大属性。可靠性要求酒店在提供服务的过程中不折不扣，严格按照服务规程操作，使服务差错出现的可能性尽量小，确保客人的消费权益不受损害。例如，必须兑现向预订客人承诺的客房。

（2）反应性

反应性是指为酒店客人提供各种服务的愿望及反应的快慢程度。研究表明，在服务过程中，等候服务的时间长短是关系到客人的感知服务质量优劣的重要因素，让客人等待或不及时解决问题都会给质量感知带来消极的影响。因此，酒店提供各项服务时应尽可能减少客人等候的时间。服务效率始终是客人关心的问题，服务效率低可能会让酒店失去已有的客人。

（3）保证性

保证性指酒店员工所具有的知识、礼貌礼节及表达出自信与可信的能力。这包括完成服务的能力、对顾客的礼貌和尊敬、与顾客有效的沟通等。酒店员工亲切友好的问候和微笑将缩短顾客与新环境之间的距离，员工高超、熟练的操作技能和非同一般的应变能力则可使顾客倍感放心和安全。为此，员工应尽可能拓宽知识领域，服务过程中需掌握记忆、表达、分析、理解、公关等方面的能力和技巧。

（4）移情性

移情性是指设身处地地为酒店客人着想并对他们给予充分的关注，这体现了酒店对顾客的关心、体贴与尊重程度。服务人员的友好态度，对客人无微不至的关怀，能够最大限度地满足顾客情感上的需要，反之则会让顾客感到不快与失望。

（5）有形性

有形性是指酒店通过一些有效的途径——有形的设施、设备、人员和气氛等传递服务质量形式。这是酒店员工对顾客更细致的照顾和关心的有形表现，如床头的晚安卡、天气预报等。由于酒店产品的无形性，经营者常常在服务设施与酒店建筑等硬件上下功夫，力求给顾客以美感与关爱。

3．酒店服务质量的评价与改进

服务评价与改进过程就是实施服务过程作业的连续评价，以识别和积极寻求服务质量的改进机会。服务评价与改进过程包括以下三个程序：

（1）数据的收集

用以下手段从服务运作的测量中得到的数据是有用的：①供方评定，即酒店自我评定；②顾客评定（包括顾客反映、顾客投诉及要求的反馈信息）；③质量审核。对这些数据的分析将用于测量服务要求的完成和寻求改进服务质量的机会，以及所提供服务的效果和效率。

（2）数据分析

酒店应优先考虑那些对服务质量产生最不利影响的活动。现代统计方法在许多方面能有助于数据的运用，不论是在获得对顾客需要的更好理解方面，还是在过程控制、能力研究、预测方面，或者在质量测量方面，均有助于决策。

（3）服务质量的改进

酒店应持续改进服务质量。酒店质量管理部门应及时把分析结果反馈给有关管理者，并及时提出服务改进建议。同时，定期向高层管理者报告，对长期质量改进建议进行管理评审。

知识拓展

酒店服务质量的构成内容

服务是酒店向客人出售的特殊商品，既然是商品，就会同其他产品一样具有检验其品质优劣的标准，这个标准就称之为质量，即服务质量。酒店服务质量是指酒店以其所拥有的设施设备为依托，为顾客所提供的服务在使用价值上适合和满足顾客物质和精神需要的程度。

酒店服务质量可分为功能质量和技术质量两大类（见图 6-11），前者指提供顾客“什么”，后者指“如何”提供服务。酒店服务质量是有形产品质量和无形服务质量的有机结合。有形产品质量主要满足顾客物质上的需求，是指酒店提供的设施设备和实物产品及服务环境的质量。无形产品质量是指酒店提供的服务的使用价值的质量，即服务质量。服务的使用价值使用以后，其服务形态便消失了，仅给顾客留下不同的感受和满足度。其中，设备设施质量指酒店硬件的完好程度、安全程度、舒适程度和方便程度，以及与酒店的档次、规模、规格的吻合程度。实物产品质量指酒店提供的有形的菜点酒水、客用品等的质量。环境质量是指酒店的自然环境和人际环境，包括服务场所的装饰布置、环境布局、灯光气氛、色调情趣、清洁卫生、空间形象等方面，也包括酒店与客人的人际环境、文化吸引性与相融性、酒店内部人际关系等因素。劳务活动质量是酒店服务质量的主要表现形式，其内容包括服务态度、服务知识、服务技能、服务方式、礼节礼貌、劳动纪律、职业道德等方面。

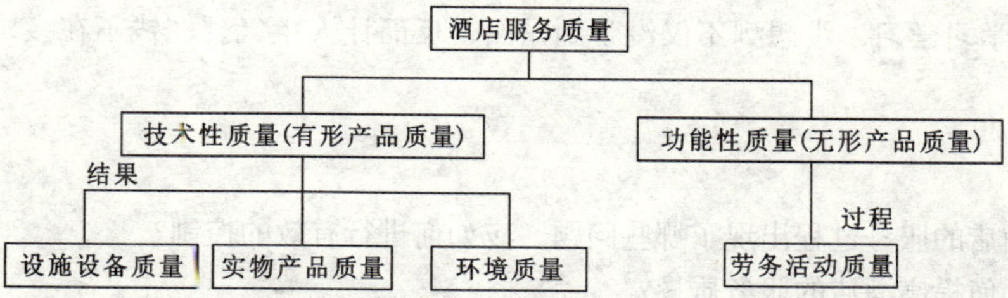

图 6-11　酒店服务质量构成内容

任务 2　酒店服务质量的控制

酒店服务质量控制是指采用一定的标准和措施来监督和衡量服务质量管理的实施和完成情况，并随时纠正服务质量管理目标的实现。它是从酒店系统出发，把酒店作为一个整体，以控制酒店服务的全过程、提供最优服务为目标，运用一整套服务质量管理体系、手段和方法，以服务质量为管理对象而进行系统的管理活动。

任务导入

一只小虫子引起的风波

某三星级酒店一行 15 人由总经理率领慕名来到本市一家酒店用晚餐。他们此行的主要目的是想学习该酒店的管理和服务，看看菜肴如何。

晚 7 时他们来到单间“春”厅，虽有预订，因多来了几个人，使得服务员和领班手忙脚乱地加椅子和餐具。人们还没有坐下，一客人指着墙上那幅字，问服务员写的是什么，服务员答：“不清楚。”又问领班，答：“不知道。”入座后，客人点菜，问：“最近咱们餐厅推出什么特色菜没有？”领班回答：“不清楚，我到厨房问一下告诉你。”客人点完菜，领班把菜牌一收离开了。15 min 后才开始上凉菜。客人们发现转盘底下爬出一只蚂蚁，叫服务员赶快处理；同时，一客人从啤酒杯里打死一只小虫子后，让领班换一只杯子，换后，客人觉得更换的这个杯子似乎就是刚才那个杯子，因为发现杯子里有手拿过的痕迹，要求再重新换一个。领班不情愿地拿来一个与原来杯子不同的高脚杯，往桌子上“砰”地一放，客人问：“怎么是这种杯子？”领班答：“杯子没有了，这才是喝啤酒的杯。”

席间，客人流露出对领班的不满，就对服务员讲：“您服务得不错，你们那个领班真不像话。”后来领班也就没有出现了。结账时客人提出要打折，服务小姐讲：“我做不了主，得上报。”10 min 后，服务小姐把投诉客人叫出去了。餐饮部经理出面说：“可以考虑打折，但只能打八五折。"，客人讲："不行，你们服务出现这么多问题，菜肴也不好，怎么也得打六折。"餐饮部经理讲："我做不了主，得上报。"这样僵持不下，10 min 又过去了。最后值班经理（是酒店的人力资源总监）来了，听了投诉经过后说："你们讲的那个领班服务不好我知道，她不代表我们酒店。""你们不能指责服务员，你们是人，他们也是人。"最后，以八折达成协议。可是，客人一看账单觉得价格不对，打折下来应为 3200 多元，怎么是 3600 多元？仔细一算，发现基围虾和另一个菜均按两份计算。这下客人火了，客人说："本来是想来考察，学习学习，没想到不仅没学到东西，反而让人生气。""钱不在多，关键是要争一口气。"

思考

1. 这家酒店的服务过程出现了哪些问题，应如何进行有效的控制？
2. 应该如何提高酒店的服务质量？

任务描述

与传统的制造业相比，酒店的产品是特殊的：要在顾客的面前完成产品的生产，要随时根据顾客的需求进行调整，要把自己的态度和情感变成服务的灵魂，要在服务过程中完成顾客个性化信息的收集和服务行动。质量是酒店的生命，没有质量的产品就是废物，因此，质量的管理无论如何强调也不过分。作为管理者，及时地检查和督导是必不可少的。质量出自每个员工手中，所以，服务质量的管理与控制是全体员工的责任。

任务实施

一、确定酒店服务质量管理目标

酒店质量管理是围绕着质量管理的目标展开的。酒店质量管理的基本目标是：贯彻酒店服务质量等级标准，提供适合顾客需要的服务劳动使用价值，维护和保证顾客的合法权益，不断提高酒店的服务质量。也就是说，酒店的质量管理必须以满足顾客的需要为中心，以酒店服务质量的等级标准为基本依据，并结合本酒店的实际情况确定自己的质量管理方针、政策和措施，制定具体的、切实可行的规范和管理制度，这是酒店质量管理的首要任务。

二、建立酒店服务质量控制的保证体系

服务质量控制的保证体系是指酒店在设施设备质量、实物产品质量和劳务质量等方面对顾客所提供的担保。它以"宾客至上，服务第一"为宗旨，以全面提高服务质量为目标，运用系统观念和方法设置必要的组织形式，把各岗位、各环节、各阶段的服务质量管理职能组织起来，形成一个任务清楚、责任明确、上下对口、环环相扣的服务质量管理系统，以保证提高服务质量，为客人提供高质量、高效率的服务。服务质量控制的保证体系不仅仅是通常理解的质量检查，它强调的是全员参加，过程控制及质量问题的预防和改进。它有十分明确的方针和目标，其运作是以顾客满意为出发点，以服务质量持续改进为目的。

酒店服务质量控制的保证体系是酒店系统的一个子系统，这个子系统是一个以提高酒店服务质量为目标，具有明确的任务、职责、权限的有机整体。其目的就是要把酒店各部门服务质量管理职能，纳入酒店统一的服务质量管理系统，把酒店各个部门的工作质量和服务过程中各个环节的服务质量联系起来，以便有效地控制全酒店的服务质量。

酒店服务质量控制的保证体系要根据服务质量控制的特点来建立。一般来说，服务质量控制的保证体系应包括三个层次：第一，酒店应设立以总经理为首的服务质量管理领导机构，建立服务质量监督网，负责确立酒店服务质量管理目标，研究制定服务质量管理计划，并负责组织、协调、督促、检查各部门服务质量管理动态。第二，各部门根据业务范围设立服务质量管理小组，主要负责本部门服务质量管理计划的制定和落实。部门服务质量管理中涉及与全酒店或其他部门有关的问题，则和有关主管部门的服务质量管理小组协调。横向联系中难于解决的问题，由酒店服务质量管理领导小组解决。第三，班组开展服务质量小组活动。重点是根据服务质量管理工作的要求，抓好标准化、程序化、制度化、原始记录等各项工作的具体落实，及时收集和解决服务质量管理工作中的问题。

建立酒店服务质量控制的保证体系要解决下述问题：

① 酒店总经理要重视这项工作，要指定专人负责服务质量的管理工作。要制定管理职责，提供人员和物质资源，确认质量体系结构，在接待顾客的活动中，使其发挥作用。

② 要制定和完善各项规章制度和操作程序标准，这是服务质量检查、控制、评估的标准和依据，同时要制定酒店质量方针和质量目标。质量方针要确认酒店的服务等级、酒店的形象和信誉、服务质量各项目标、改进服务质量的措施及各级质量管理人员的作用。质量目标要解决的是让顾客满意、预防质量问题发生、实施全面质量管理（全员参加）、对服务质量进行评估、改进、预防对社会和环境的不良影响等。

③ 建立以市场开发、服务设计、服务提供、评估改进为主的服务质量环，并按服务质量环指出的方向，使服务质量保证体系开始运作和不断循环。服务质量保证体系是一个动态的管理机制，要循环往复地运行，才会使服务质量较上一次有所改进。

④ 为了使服务质量控制的保证体系有效运作，关键要掌握该体系的市场开发过程、设计过程、服务提供过程、服务业绩分析改进等。

为了方便理解和使用，ISO 9004—2 标准的《服务指南》将影响或涉及服务质量的因素分成四大部分、20 个运作程序，形成服务质量保证的运作操作体系，并将其具体化。具体内容如图 6-12 所示。具备这些要素并把这个体系投入了接待顾客的运作，就标志酒店真正建立了完善的、科学的服务质量保证体系。而酒店一旦建立了这个体系，就使酒店对服务质量的管理走上了标准化、规范化、制度化和国际化的轨道。

三、建立酒店服务质量管理专职机构

在酒店的常设机构中，应建立与服务质量控制体系相适应的、能够监督和控制质量形成过程中各阶段职能的专职机构。这个机构的职责是促使质量形成过程中的各环节、各部门相互联系，协调配合，从保证酒店整体最佳效益出发，确保酒店整体服务质量和服务水平。质量管理机构作为服务质量控制体系的组织保证，一般是在总经理的直接领导下，在各部门分设质量管理员，从上到下形成质量管理组织网络。酒店总经理对酒店服务质量目标的制定和实施负有主要责任，酒店总经理应负责组建服务质量控制体系，并为其有效运行提供必要的资源保证；要制定与酒店相适应的质量方针和质量目标，并采取必要的措施，使质量方针和目标能为全体员工所掌握并贯彻执行；要重视服务质量控制体系的审核和质量成本的分析和评价。同时，要明确规定酒店各管理层次和各职能部门的质量责任，并明确规定从事各项活动的人员的任务权限，做到质量工作事事有人管、人人有专责、办事有程序、检查有标准，以达到预期的质量目标，并使各项活动之间协调配合。

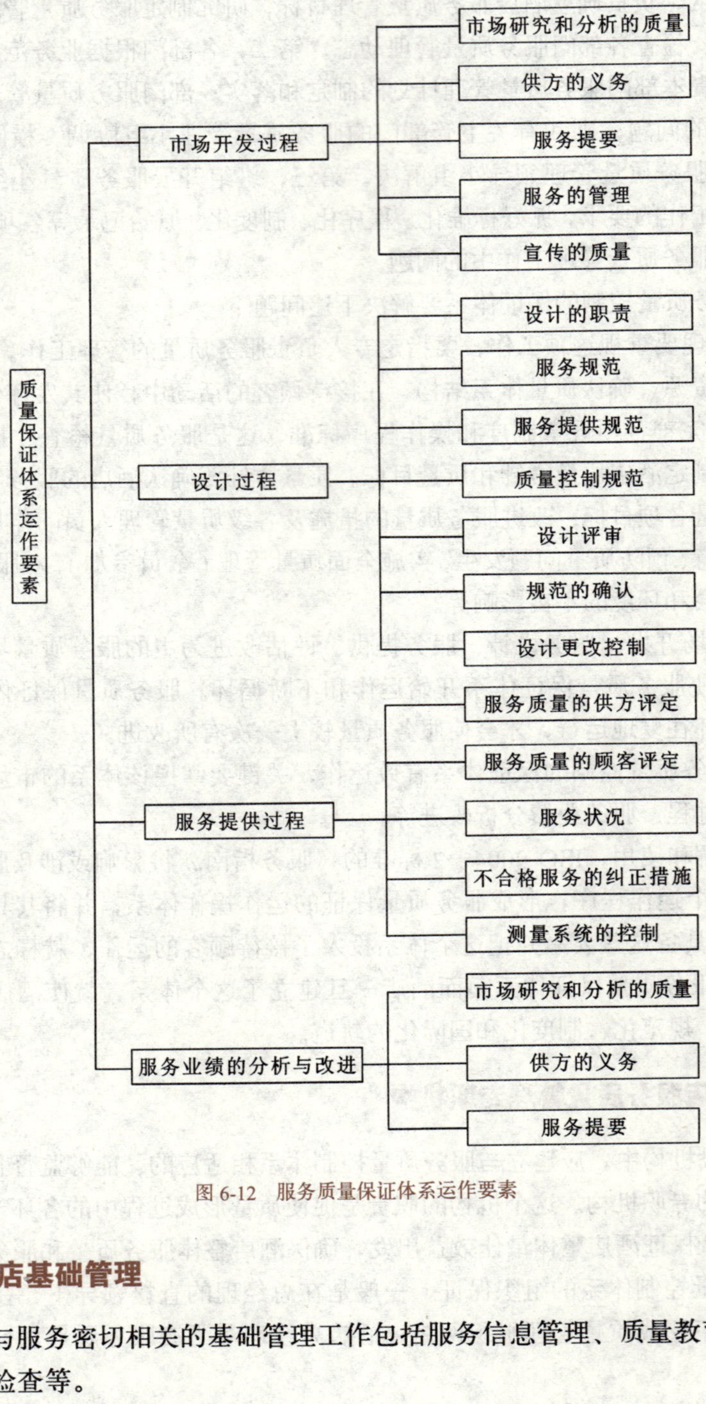

图 6-12 服务质量保证体系运作要素

四、强化酒店基础管理

酒店管理中与服务密切相关的基础管理工作包括服务信息管理、质量教育管理、服务质量文件管理和监督检查等。

1. 服务信息管理

酒店质量管理的信息是指围绕酒店质量管理活动而产生的有关服务质量和工作质量的各种情况、反映，国内外酒店同行在质量、发展动向等方面的信息，以及有关酒店接待对象方面的各种资料。如酒店的各种原始记录（包括服务操作记录、设备运行与维修记录、质量检查考核记录、质量例会记录、值班记录、投诉记录等），质量信息报表，质量调查表，上级有关文件，各种报刊、杂志、电视、电台等新闻媒介，以及直接的访问和间接的调查等。它是酒店制定质量管理目标、质量标准和质量管理措施的基本依据，也是酒店设计服务活动和服务人员提供服务的依据。

2. 质量教育管理

酒店的质量管理必须坚持始于教育、不断教育的原则，它只有阶段性的总结，而没有终点。酒店质量的教育工作主要包括：一是质量意识的教育。质量意识是员工对质量的看法和认识。通过质量教育应使员工认识到质量是酒店经营的生命线，没有质量就没有效益；质量只有好坏之分，而不存在较好与较差，必须追求完美；保证质量的最好办法是事先预防错误的发生；优质服务是各部门互相协作，全体员工立足本职、共同努力的结果。二是全面质量管理基本知识的普及教育，使员工掌握酒店服务质量的基本内容和标准，了解酒店质量管理的基本知识和方法，从而强化自我管理意识。三是职业道德教育，培养员工高尚的道德情操。四是业务技术教育，使员工掌握正确的技能和方法，提高业务技术和服务水平。

3. 服务质量文件管理

为了健全和完善服务质量控制体系并使之有效运行，应将服务质量控制体系的内容、要求、制度、程序和方法等加以系统整理和总结，形成质量管理文件。服务质量管理文件包括酒店服务质量标准、服务质量记录和服务质量档案。服务质量管理文件是推行服务质量控制体系的前提条件和客观依据，它指出了酒店实现质量目标的有效途径和方法，体现了酒店的管理思想和思路，是服务质量控制体系的重要组成部分，也是酒店管理的重要智力成果。

4. 监督检查

监督检查是对服务质量的进一步保证，是服务质量控制的重要环节。酒店可以从监督检查的主体、方法、结果及分析几方面来形成一个完整的体系。为了强化服务质量管理的力度，检查人员应具有良好的职业道德和公正的人品，而且应具有很强的专业能力和一定的权威。检查的内容不仅要包括直接服务现场，还应包括间接的服务现场。间接部门应将直接服务部门看成是自己的“内部顾客”，工作上也应强调“零缺点”，才能保证整体服务水平的提高。

另外，在进行日常三级质检督导工作的同时，酒店还可聘请业内同行、旅游局星评员、酒店常住客人对酒店的服务质量、卫生质量等进行明察、抽查和暗访，广泛收集各方面意见，以改进和提高酒店的整体服务质量管理水平。

（1）服务质量检查的组织结构设计

有些酒店成立了专职的部门——服务质量管理部，还有些酒店在培训部或总经理办公室内设立相应的职能（见图 6-13），有利于将质量检查与培训工作紧密地结合起来，从技术和业务的角度来完善酒店的服务质量；而后者（见图 6-14）则是为了赋予质量检查工作更大的行政权威，加重检查工作的分量。

也有一些酒店没有设立专职的部门，而是代之以非常设的服务质量管理委员会来执行检查。（见图 6-15）

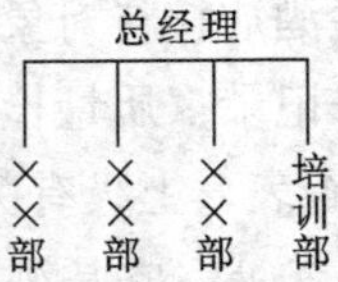

图 6-13　设立在培训部

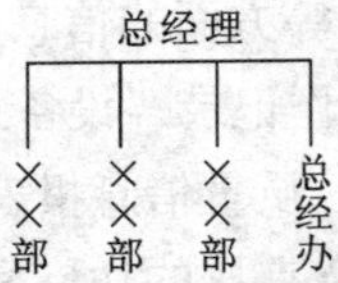

图 6-14　设立在总经办

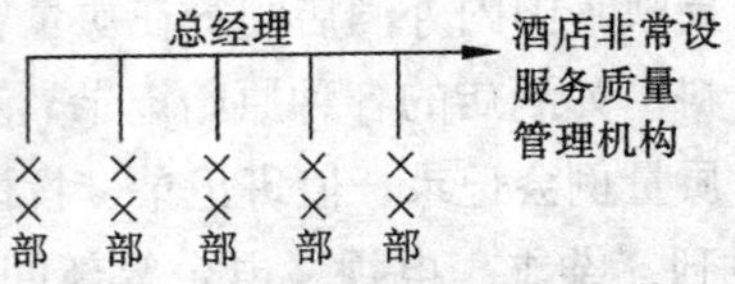

图 6-15　非常设服务质量管理机构

上述各种组织形式都具备其特有的优势，但也都有其无法回避的缺陷。对此，可以通过表 6-5 做进一步认识。

表 6-5　酒店服务质量检查的不同组织形式的比较

组织形式	优　势	不　足
设专职部门	有机构和人员上的保障	机构设置繁杂，有限的人员很难对酒店各个部门的情况都十分了解，故检查本身的质量会打折扣
设置于培训部之内	有利于服务质量检查与培训工作密切结合	缺乏权威性，缺乏其他部门的参与
设置于总经办之内	检查的权威性得以加强	缺乏专业性，缺乏其他部门的参与
非常设服务质量管理委员会	兼顾了检查的权威性和专业化，实现了各个部门的参与	由于没有专职的部门和专业的人员，检查人员对于自己部门以外的业务不尽熟悉，往往造成自己人查自己部门，因此对现在的问题不够敏感，深层次问题不易查出，且容易出现各部门护短的情况

酒店在实施服务质量检查的过程中到底采用哪种组织形式，应根据自己的具体情况来决定，不可盲目地效仿别人，最适合解决自己所面临的问题的组织形式就是最好的形式。但在选择服务质量检查的组织形式时，可以参考以下一些因素：

① 整个酒店的管理方式是集权式的管理，还是分权式的管理，服务质量检查的组织形式应与酒店整体的管理方式相协调。

② 酒店服务质量目前所处的阶段和所面临的主要问题是什么，在检查的过程中主要缺乏什么，是权威、技术，还是各部门的重视程度。

③ 酒店中高层管理人员的基本素质和专业能力。

④ 酒店基层员工的服从性和技术操作能力。

有些酒店采用了专职的部门或机构和非常设委员会相结合的办法，也收到了很好的效果。

（2）服务质量检查的实施方式

酒店服务质量检查的实施方式大体上可以归纳为以下几种：

① 酒店统一检查。这种检查由酒店服务质量检查的最高组织定期或不定期实施。由于它是酒店服务质量检查的最高形式，因此具有较高的权威性，容易引起各部门的重视。

② 部门自查。所谓自查，就是酒店按照服务质量的统一标准，要求各部门、各班组自己对自己进行的检查。同时，各部门会受到酒店的服务质量管理机构的督查。

③ 外请专家进行技术诊断。外请专家表现出较高的专业性，还会带来一些其他酒店在控制服务质量方面的经验，这些对于任何酒店都是重要的。

④ 走动式巡检。酒店管理人员的每一次走动都应作为是对服务质量的一次检查，对这一

过程中发现的每一问题都应及时纠正，就如同酒店的培训绝不仅仅是在教室内完成，而应融入管理人员对员工的每一个操作行为的纠正和训导之中一样。

不论是哪个层次的检查，其形式都可以分为明查和暗查两种。明查是在事先通知后的检查，它可以了解被检查部门在较为充分的准备之后的服务质量的状况。当然，这也可能因经过过多的“装饰”而缺乏真实性，但它却可以反映酒店服务质量在临近自己最高水平时的一个基本状态。与之相反，暗查则是了解酒店服务质量日常基本水准的手段，与明查相比，尽管在暗查的过程中会发现更多的问题，但它反映的却是真实的。

五、加强酒店服务现场管理和过程管理

1．服务现场管理

服务现场指的是服务的具体场所和具体服务过程，也是酒店服务质量得到最终体现的场所，酒店必须加强服务现场的管理。在现场管理中有一个很重要的概念就是整个现场要处在受控状态，现场出了问题要立即解决。酒店服务生产与消费同时性的特点及顾客的需求差异，增加了酒店员工的操作难度、酒店的管理难度。不同的酒店、不同的员工、不同的顾客在不同场合、不同时间对于酒店的服务质量要求是不同的。顾客需求的多样性和不稳定性要求员工能够短时间内在现场做出快速反应，这只有具有丰富经验、应变能力强的员工能够做到。为此，酒店管理者应通过现场管理，检查员工的准备工作，在对顾客服务方面起到督导的作用，观察其是否严格按照标准程序执行各项操作，激励下属员工的工作，做到事前控制、事中指导，及时处理出现的各种问题，从而保证服务质量的相对稳定。

（1）加强对客交流

酒店管理人员必须熟知“再忙也不能忘了顾客”这一黄金准则。酒店管理人员进行现场管理的首要任务就是热情问候顾客，及时征询顾客的意见，适时提供必要的服务，帮助顾客解决一些特殊的需要，使顾客有受尊重、受关照的感觉。

（2）控制服务标准

酒店管理人员应经常巡查所辖部门，调动员工的情绪，指挥和督促服务人员按标准规程提供服务，通过观察判断及时发现并纠正偏差。同时，要及时同相关部门保持联络，保证服务工作环环紧扣，步步到位。

（3）关注重点服务

“分清主次，抓住重点”是管理的基本方法之一。酒店管理者在工作过程中必须关注重点服务。一般来说，管理人员需要特别关注的重点服务顾客有：一是重要顾客，管理人员必须通过参与服务、现场指挥，保证接待的规格与水平。二是爱挑剔的顾客，对这类顾客，服务人员要么因为缺乏为这些顾客服务的经验而导致顾客不满，要么因为惧怕或厌恶这些顾客而不愿接待或冷落顾客而导致顾客投诉。所以，管理人员必须关注这些顾客，并帮助指导服务人员做好各项接待工作。三是曾经投诉过酒店的顾客，或曾在酒店有过不愉快经历的顾客。因为此时的酒店服务对顾客的情绪和对酒店的印象至关重要，所以管理人员必须要提供特别用心、精心、细心的服务，以化解顾客心中的“疙瘩”。四是有缺陷、身体不适、消费低廉的顾客，无论何种原因，都是需要特殊关照的，绝不能使顾客有受冷落、受怠慢之感。

（4）寻找并处理顾客的投诉

由于酒店和顾客的各种主客观原因，顾客对酒店的环境、菜点、服务、价格等产生不满意的现象是难以避免的。但顾客对待不满意的态度是不同的，有些会告诉酒店，有些则不会主动告诉酒店；有些可能会再来，有些则不会再来。所以，顾客若有不满意，投诉并不可怕，可怕的是顾客不投诉。因为顾客不投诉并不等于顾客都满意，顾客在酒店不说，并不意味着他在酒店外面也不说。所以，酒店管理人员必须要随时注意顾客的表情和情绪，主动征求顾客的意见，及时把顾客的不满情绪消灭在萌芽状态。对于顾客的投诉，酒店应给予足够的重视并注意处理的技巧。

(5) 做好人力的调度

为了做到分工明确、职责清楚、责任到人，酒店服务一般采用分岗分区域负责制。但在营业过程中，顾客的分布及活动时间往往不以人们的意志为转移，所以必然会出现忙闲不均的状况，这就需要管理者现场调度，进行第二次、第三次分工，以保证接待服务的质量。另外，酒店接待活动有高峰和低谷，高峰过后，管理人员应适时安排部分员工休息。

2. 服务运作过程质量控制

酒店服务运作过程质量控制是指采用一定的标准和措施来监督和衡量服务质量管理的实施和完成情况，并随时纠正服务质量管理目标的实现。酒店服务运作过程质量的控制有三个特点：全方位，它是指酒店的每一个岗位都要参与服务质量管理；全过程，它是指酒店每一岗位的每一项工作从开始到结束都要进行服务质量管理；全体人员，它是指酒店所有员工都要参与服务质量管理。

(1) 服务预备过程的质量控制

服务预备（准备）过程的质量控制主要指酒店在接待宾客前各种服务准备工作的质量控制与管理。服务预备过程质量控制是提高服务质量的前提条件，其根本目的是贯彻预防为主的方针，为提供优质服务创造物质技术条件，做好思想准备。酒店各部门的服务性质不同，事前准备工作的内容、形式、时间也不同，因此要根据各岗位的不同情况来控制事前服务质量。如设施质量控制（包括设施设备的安全程度、舒适程度及配备的合理程度）、服务人员的思想准备（包括职前培训、岗位培训、重要接待任务前的思想动员）等。

① 资源整合与配置。酒店在服务预备（准备）过程中要根据所提供的服务产品的质量要求对现有的资源进行合理的整合与配置。

② 服务过程质量控制策划。服务过程质量控制策划就是编制服务过程质量控制文件，包括服务方式与服务操作程序文件、服务质量检查标准和服务质量管理文件等，以此来规范服务过程，保证服务人员能按照规定的程序在受控状态下提供服务，使提供的各项服务能满足服务质量要求。

③ 人员培训。包括职前培训、岗位培训、重要接待任务前的动员等。必须让各岗位人员认识和了解自己的岗位在服务提供过程中的岗位职责和质量职能。

(2) 服务过程的质量控制

服务过程中每一次对客服务，由于时间、环境、对象、心理、标准等多方面因素的影响，其服务的质量和结果是不尽相同的。所以，应从每次服务的常规模式中不断创造新的、更好的服务，以满足客人的消费要求，达到既定的服务标准，实现既定的服务质量目标。服务过程中的质量控制贯穿于酒店业务管理的全过程。

① 层级控制。即通过各级管理人员一层管一层地进行。主要是控制重点程序中的重点环节，

如客房预订、总台接待质量等。

② 现场控制。服务质量的偏差往往是一瞬间发生的，有些偏差必须立即纠正，因此要加强现场控制。各级管理人员要尽可能深入服务一线去发现服务质量中的问题，及时处理。如客人投诉要尽可能及时解决，在客人离店前尽量消除不良影响，维护酒店声誉。

(3) 服务结束的反馈过程（服务后过程）质量控制

服务结束的反馈过程质量控制主要是指通过各种方式征集顾客服务消费后的意见和反映，根据酒店服务产品的质量反馈信息，分析提高酒店服务质量的方法与手段，以便在未来的服务质量计划中提高质量标准。

① 质量反馈信息控制。服务后过程的质量反馈信息是评价服务过程质量的重要依据，也是今后服务改进和质量提高的参考依据。

② 纠正措施与预防措施控制。纠正措施是指为解决已发现的质量问题和消除由于质量问题而引起的影响所采取的措施。预防措施是指为解决潜在质量问题和消除潜在的影响因素而采取的措施。

③ 新标准的制定。要把服务过程质量控制的成功方案和有效措施，纳入相应的质量程序文件和服务程序、服务流程说明书中，使其成为新的服务规范和服务标准。

六、组织服务质量管理活动

酒店服务质量管理活动包括接待服务活动本身的组织和质量管理活动的组织两个方面。前者主要是对服务质量标准的执行和控制，做到服务质量标准化、服务行为规范化、服务过程程序化。后者主要是开展服务质量管理主题活动，其目的在于发动群众，制造声势，促进服务质量的提高。

七、加强酒店服务质量评估分析

酒店要善于总结服务质量管理的经验和教训，尤其需要分析事故、投诉产生的原因，只有这样才能跟上“永远追求更好”的消费观念，引领服务消费的潮流。酒店应把服务质量的评估分析形成一个制度，如定期举行会议，总结分析上阶段的服务质量和存在的问题，对下阶段可能出现的服务质量问题提出预防措施并通报相关部门。

1．建立酒店服务质量评价体系

(1) 酒店服务质量评价体系的构成

全面、系统的酒店服务质量评价体系 (见图 6-16) 应包括如下要素 :

① 评价主体，即由谁来评价。评价主体应当包括顾客、酒店组织及第三方。组织通过自我评价自以为向顾客提供了良好服务，但顾客可能并不认可，这表明了规范、过程和测量中的不足。所以，应当将顾客的评价与组织自身评价进行比较，从而评定两种质量评价的相容性，以及为服务质量改进而采取相应措施的必要性。而进行阶段性的第三方评价可以让更多潜在的消费者对酒店服务质量产生正确的预期并予以信赖。

② 评价客体，即评价什么内容。评价客体应当包括酒店服务质量的各个方面，即由设施设备、服务用品、环境、实物产品等构成的硬件服务质量，由服务项目、服务过程中的服务意识与态度、礼仪礼貌、服务方法与技巧、安全与卫生等构成的软件服务质量。对顾客满意

的评价应集中在服务规范和服务提供过程等满足顾客需要的范围内。而第三方评价则应较侧重于对硬件服务质量的考察。

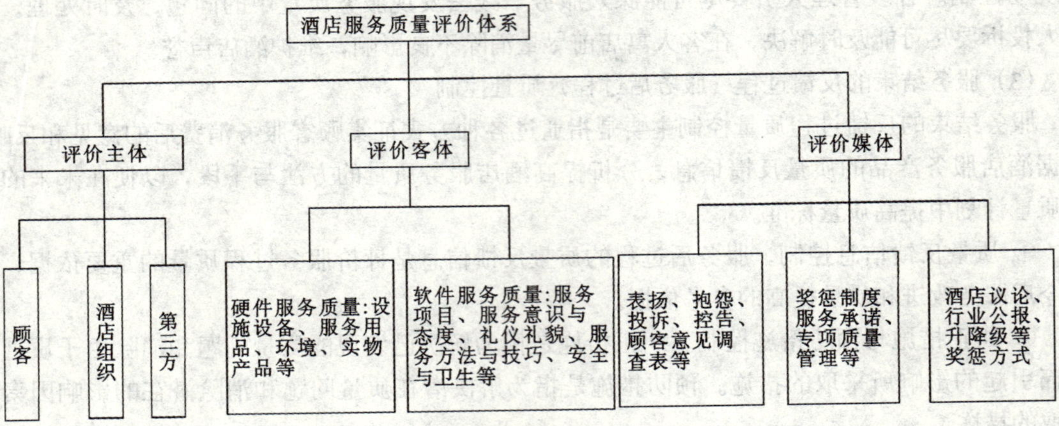

图 6-16 酒店服务质量评价体系的要素构成

③ 评价媒体，即评价的表现形式、各评价主体反映评价结果的渠道。酒店组织以奖惩制度、服务承诺、专项质量管理等来反映其评价结果。第三方评价则以酒店议论、行业公报、升降级等奖惩方式对评价结果进行公开。

(2) 酒店服务质量评价主体的逻辑关系

酒店服务质量的评价主体之间存在着现实的逻辑关系，即顾客评价是服务质量评价的最终目的，酒店评价是提高酒店服务质量、进行顾客评价的参考和第三方评价的依据，以第三方为主体的评价则是整个酒店服务质量评价体系的基础(见图 6-17)。

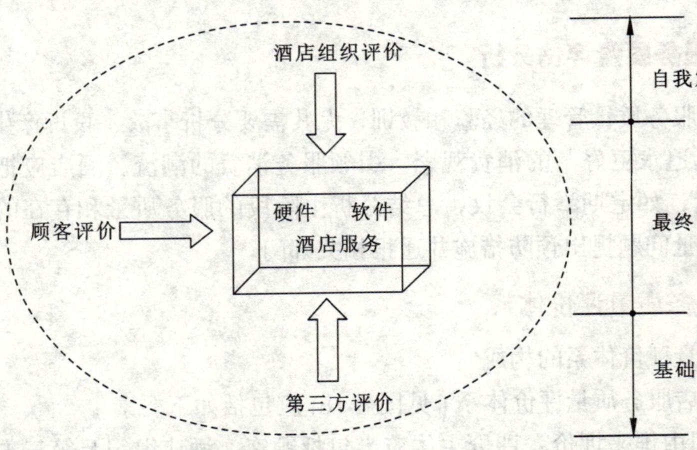

图 6-17 酒店服务质量评价主体的逻辑关系

① 顾客评价是酒店服务质量评价的有效手段，酒店的任何经营活动和管理手段都是为了满足顾客需要而建立和开展的。顾客评价是酒店服务质量评价体系的焦点。顾客的感知服务质量受到许多因素的影响，如图 6-18 所示。顾客感觉中的服务质量不仅与顾客的服务消费经历有关，而且与顾客对服务质量的期望有关，如果顾客实际经历的服务质量不如他们的期望，他们感觉中的整体服务质量就差（见图 6-19）。

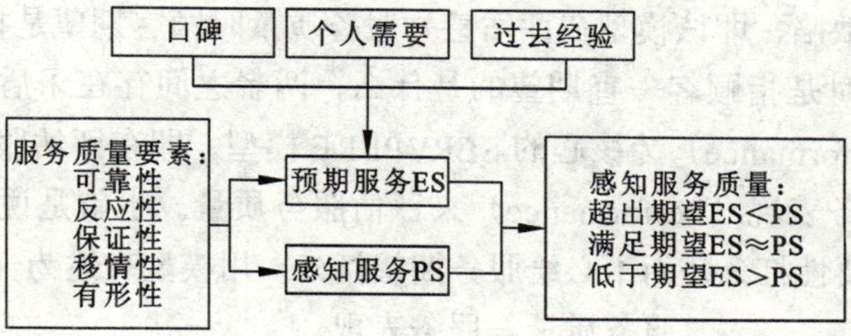

图 6-18 感知服务质量

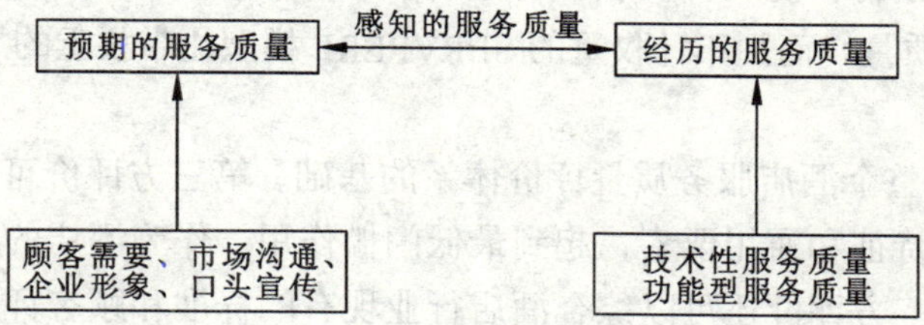

图 6-19 顾客评估服务质量的过程

顾客评价可以使用描述性的语言，也可以通过对顾客满意度的测量来反映。当前，已为国内外营销学界所普遍认可的测量方法是由美国营销专家柏拉所拉门、塞登尔和贝利提出的 SERVQUAL 模型，以及克罗宁和泰勒在此基础上提出的 SERVPERF 模型。

a．SERVQUAL 模型。美国著名的营销家柏拉所拉门、塞登尔和贝利在顾客评估服务质量问题上提出了“差异理论”（Gap Theory），他们认为顾客的感知服务质量（Perceived Service Quality）的高低决定了顾客对服务质量的评估，而顾客的感知服务质量取决于服务过程中顾客的感觉（Perception）与顾客对服务的期望（Expectation）之间的差异程度，进而指出感知服务质量是“顾客做出的与服务是否优质有关的全面的判断和看法”。用模型表示如下

$$SQ=\sum(P_i-E_i) \quad (1)$$

其中，SQ 为顾客感知的总的服务质量；P_i 为顾客体验的第 i 个问题的得分；E_i 为顾客期望的第 i 问题的得分。

公式（1）表示的是一个顾客感知的总的服务质量，将所得的分数除以问题的总数就得到一个顾客的 SQ 分数。把调查样本中所有顾客 SQ 分数相加再除以顾客的总数就得到平均 SQ 分数。

在公式（1）中隐含着一个假定条件，即提供的服务属性在顾客心目中的重要程度是相同的，不存在哪个属性更重要的问题。但是实际状况却不是这样，不同的服务属性在顾客心目中的重要性是不一样的，因此 SERVQUAL 模型中需要顾客填写服务属性的权重，这样得出的结果更符合实际。在公式（1）基础上可进一步得到加权计算公式

$$SQ=\sum W_i(P_i-E_i) \quad (2)$$

其中，W_i 为每个服务属性的权重。

SERVQUAL 模型是较为科学、实用的质量评估方法，对服务质量的评估进行了系统的处理，得到了很多人的认可。但不可否认，该模型还有许多要发展和完善的地方，如该模型从理论到实际都没表现出预期与结果的差别的基础是什么；对期望有不同的理解，以差异分数描述服务质量的可行性等。

b．SERVPERF 模型。克罗宁和泰勒认为用 SERVQUAL 模型评估服务质量时，在概念化

和操作化方面存在着缺陷，即该模型在评估感知服务质量时顾客期望是指顾客应该期望什么，而在评估顾客满意度时是指顾客一直期望的是什么，两者之间存在矛盾。因此，两位学者提出了以服务表现（Performance）为核心的 SERVPERF 模型，即在评估服务质量时不考虑顾客期望的因素，而用服务表现（Performance）来评估服务质量。也就是说，顾客只需就服务的体验和服务属性的重要性打分，而不必给服务期望打分。用模型表述为

$$\text{服务质量} = \text{服务表现} \tag{3}$$

$$\text{服务质量} = \text{服务表现} \times \text{权重} \tag{4}$$

克罗宁和泰勒对银行、洗衣、快餐行业进行调查后认为 SERVPERF 模型比 SERVQUAL 模型更适于评估服务质量，而且不计权重的 SERVPERF 模型比带权重的 SERVPERF 模型的评估效果更好。

② 第三方评价是整个酒店服务质量评价体系的基础。第三方评价可以规定酒店产品或服务的主要功能、基本特征和通用要素，起到最低门槛作用，作为酒店的进入标准，为顾客评价提供客观依据；第三方评价还可以综合酒店行业现有的标准和顾客评价的特性，制定比较客观且顾客和酒店双方都能接受的标准，从而规范酒店服务，促进整个酒店业的标准化进程。

③ 酒店评价属于自我发展层，是第三方评价的依据和参考。

④ 酒店服务质量评价体系的核心是酒店服务，酒店服务是酒店服务质量评价各方的客体。而由顾客评价、酒店组织评价与第三方评价构成的大包围圈即是酒店服务质量评价体系的主要框架。

（3）酒店服务质量评价体系的评价指标

酒店服务的特性可以是定量的（可测量的），也可以是定性的（可比较的），这取决于如何评价及由谁进行评价。酒店服务质量的评价指标应包括以下内容：

① 顾客满意指标。如顾客满意率、顾客投诉率、投诉回复率、二次购买率等。

② 服务硬件质量指标。如房间数量、设施设备档次与数量、设备完好率、设备维修率等。

③ 服务软件质量指标。如服务时限、服务人员素质、服务人员语言水平等。

④ 酒店经济指标。虽然各项经济指标与酒店服务质量评价并没有直接的关系，但却可以从侧面反映出该酒店的服务质量水平。只有服务质量优良的酒店才会吸引顾客，在竞争中取得优势，从而获得较好的经济效益。只有加入对酒店经济状况的考核，评价才能够做到全面和完整。酒店经济指标包括利润总额、销售利润率、利润增长率、资产利润率等。

（4）酒店服务质量评价体系的定量评价模型

综上所述，若设酒店服务质量为 Q，顾客评价结果为 C，酒店评价结果为 H，第三方评价结果为 G，那么酒店服务质量评价体系的模型可以用下式表示（其中 a、b、c 为系数，且 $a+b+c=1$）

$$\text{酒店服务质量 } Q=a\times C+b\times H+c\times G$$

$$\text{顾客评价 } C=\sum\text{各评价因子}\times\text{因子的权重}\ (\sum\text{因子权重为 1})$$

$$\text{酒店评价 } H=\sum\text{各评价因子}\times\text{因子的权重}\ (\sum\text{因子权重为 1})$$

$$\text{第三方评价 } G=\sum\text{各评价因子}\times\text{因子的权重}\ (\sum\text{因子权重为 1})$$

上式中各方评价的结果是由各因子的具体得分及与其相应的权重相乘而得的。以顾客评价为例，为使说明简单化，假使顾客仅仅对酒店的设施设备打 80 分，对员工态度打 90 分，其中设施设备的权重为 0.4，员工态度的权重为 0.6，那么顾客评价的具体结果可表示为

$C=80\times0.4+90\times0.6=86$。

各方评价因子及其权重的具体确定可以根据实际情况由各方自行确定，从而得出各自评价的具体结果。酒店服务质量评价体系模型中三方评价结果前的系数，可以用德尔菲法即专家意见法来确定。

2．顾客满意度测评

（1）顾客满意度测评模型

顾客满意度测评模型针对企业或产品的每个层次与因子进行研究分析，深入研究整体的满意度状况与影响满意度的因素，能够为企业更好地判断各环节满意度的情况。顾客满意度测评模型包含六个变量，即顾客期望、顾客对质量的感知、顾客对价值的感知、顾客满意度、顾客抱怨、顾客忠诚，它们之间的结构关系模型如图 6-20 所示。

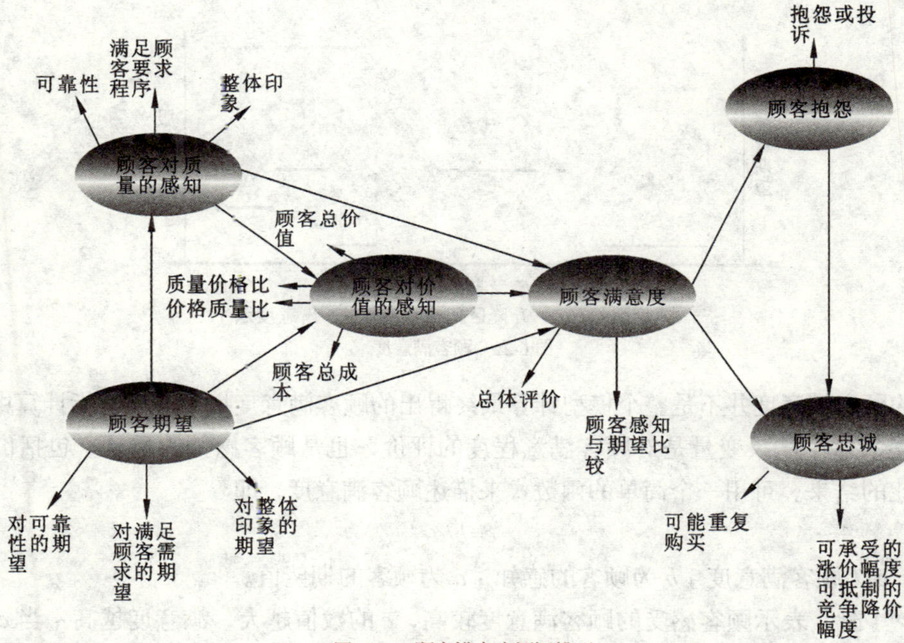

图 6-20 顾客满意度测评模型

模型中的变量都是难以直接量化的潜在变量，下面对各潜在变量的含义说明如下：

① 顾客期望。顾客期望即反映顾客在购买决策过程的前期对酒店产品或服务形成的一种期望值。顾客在购买某项产品或服务之前，会根据以往的经验、广告或口碑等对酒店所提供的产品或服务有所期望，如图 6-21 所示。顾客期望来自于顾客需求，不同的顾客有其不同的需求，随之就会产生不同的期望。由顾客需求所形成的顾客期望，就会成为顾客在其购买决策过程中实际感受的一个评判依据。

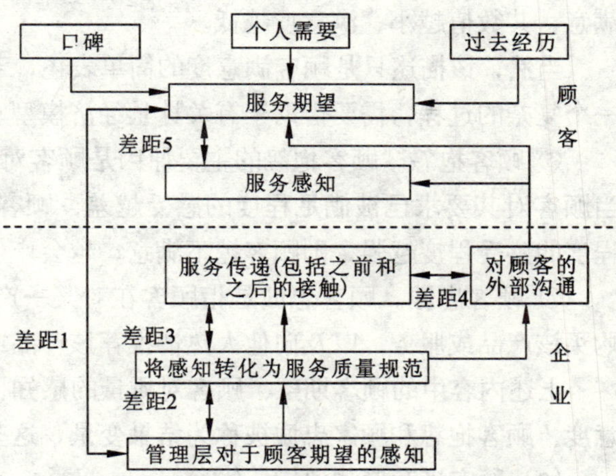

图 6-21 顾客期望

② 顾客对质量的感知，指顾客在购买和消费酒店产品或服务过程中对质量的实际感受和认知。如果说期望是事前产生的，那么感知便是事后形成的。需要指出的是，对质量的感知虽然是顾客对其购买决策整个过程在主观上的判断，但是其判断的基础来自于实际经历的一个客观体验过程，其判断依据就是顾客在经历前对需求的期望。

③ 顾客对价值的感知，指顾客在购买和消费产品或服务过程中，对所支付的费用和所达到的实际收益的体验。顾客感知的价值核心是价格，但不仅仅是价格。从广义角度考虑，顾客对价值的感知体现在顾客对总成本的感知、对总价值的感知、对质量和价格之比的感知等方面。

④ 顾客满意度。满意程度是一种对产品或服务的事前预期与感受到的实际表现进行评估与比较的结果（见图 6-22）。当顾客购买及使用了产品或接受了服务之后，如果感受到的实际表现能够符合或超过事前预期，则顾客会感到满意；反之则会不满意。

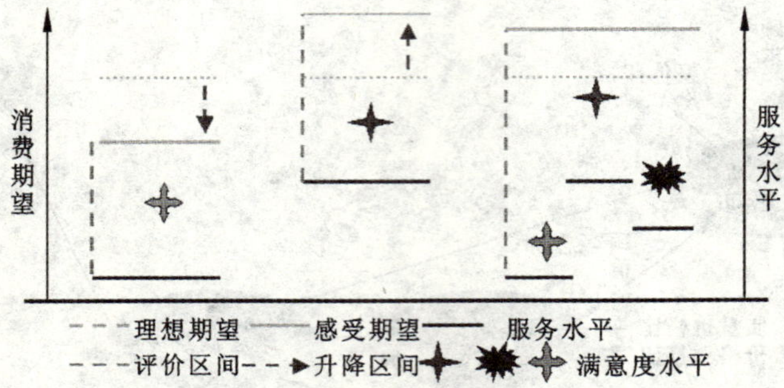

图 6-22　顾客满意度

这里的顾客满意度并不是整个模型计算最终得出的顾客满意度指数，而是指计算中间的一个结果变量。这个结果变量是对顾客满意程度的评价，也是顾客感知的质量（包括价值）与其期望相比的结果。可用一个简单的函数式来描述顾客满意度，即

$$c=b/a$$

其中，c 为顾客满意度；b 为顾客的感知；a 为顾客的期望值。

当 $c>1$ 时，表示顾客感受的顾客满意度较高，c 的数值越大，满意度越高；当 $c=1$ 或接近 1 时，表示顾客的感受既可以是比较满意，也可以是一般；当 $c<1$ 时，表示顾客感受为不满意，其数值越小，满意度越低。

当然，该描述只是顾客满意度的简单表述，对顾客的事前期望和事后感知的把握和度量是一个复杂的过程，需要借助于有关计量经济模型。

⑤ 顾客抱怨。顾客抱怨的主要原因是顾客对产品或服务的实际感受未能符合原先的期望。当顾客对其要求已被满足程度的感受越差，顾客满意度也就越低，即顾客对其要求不被满足程度的感受程度越强，则顾客越不满意，越会产生抱怨，甚至投诉。

⑥ 顾客忠诚。顾客忠诚是指顾客在对某一产品或服务的满意度不断提高的基础上，重复购买该产品或服务，以及向他人热情推荐该产品或服务的一种表现。

上述内容中的顾客期望、顾客对质量的感知、顾客对价值的感知被称为前提变量；顾客满意度、顾客抱怨和顾客忠诚被称为结果变量，这些变量之间存在着复杂的相关关系。

（2）顾客满意度测评指标体系

建立顾客满意度测评指标体系是顾客满意度测评的核心部分，在很大程度上决定了测评结

果的有效性、可靠性。顾客满意度测评模型中的顾客期望、顾客对质量的感知、顾客对价值的感知、顾客满意度、顾客抱怨和顾客忠诚均为隐变量，都不是可以直接测评的。需要对隐变量进行逐级展开，直到形成一系列可以直接测评的指标，这些逐级展开的测评指标就构成了顾客满意度测评指标体系。

顾客满意度测评指标体系是一个多指标的结构，运用层次化结构设定测评指标，能够由表及里、深入清晰地表述顾客满意度测评指标体系的内涵。通过长期的实践总结，将测评指标体系划分为四个层次较为合理。每一层次的测评指标都是由上一层测评指标展开的，而上一层次的测评指标则是通过下一层的测评指标的测评结果反映出来的，其中“顾客满意度指数”是总的测评目标，为一级指标，即第一层次；顾客满意度模型中的顾客期望、顾客对质量的感知、顾客对价值的感知、顾客满意度、顾客抱怨和顾客忠诚等六大要素作为二级指标，即第二层次；根据不同的产品、服务、企业或行业的特点，可将六大要素展开为具体的三级指标，即第三层次；三级指标可以展开为问卷上的问题，形成了测评指标体系的四级指标，即第四层次。

由于顾客满意度测评指标体系是依据顾客满意度模型建立的，因此测评指标体系中的一级指标和二级指标的内容基本上对所有的产品和服务都是适用的，如表 6-6 所示。

表 6-6 顾客满意度测评的一、二、三级指标

一 级 指 标	二 级 指 标	三 级 指 标
顾客满意度指数	顾客期望	对产品或服务质量的总体期望
		对产品或服务质量满足顾客需求程度的期望
		对产品或服务质量稳定性的期望
	顾客对质量的感知	顾客对产品质量的总体评价
		顾客对产品质量满足需求程度的评价
		顾客对产品质量可靠性的评价
		顾客对服务质量的总体评价
		顾客对服务质量满足需求程度的评价
		顾客对服务质量的可靠性的评价
	顾客对价值的感知	给定价格时顾客对质量级别的评价
		给定质量时顾客对价格级别的评价
		顾客对总成本的感知
		顾客对总价值的感知
顾客满意度指数	顾客满意度	总体满意度
		感知与期望的比较
	顾客抱怨	顾客抱怨
		顾客投诉情况
	顾客忠诚	重复购买的类别
		能承受的涨价幅度
		能抵制的竞争者的降价幅度

建立顾客满意度测评指标体系，主要是设定测评指标体系中的三级指标和四级指标。三级

指标的具体内容可归纳为 20 项，这些三级指标是一个逻辑框架，在各行业原则上都是可以运用的。对某一具体产品或服务的顾客满意度测评的实际操作中，应该根据顾客对产品或服务的期望和关注点具体选择，灵活运用。

知识拓展

酒店服务质量评价的内容与范围

1．酒店服务质量的内容

酒店服务质量的内容是酒店服务质量评价的核心内容。虽然服务质量的硬件组成部分因酒店实际情况和客人需求有所差异，但毕竟有现实客观的衡量标准。而服务质量的软件组成部分则因依赖于服务提供者的个体差异和接受方的主观体验，很难有客观量化的衡量。因此，酒店服务质量的内容关键在于考察酒店服务是否遵循了标准程序。对于酒店各项服务而言，其服务质量标准是早已制定好的，并希望每一位服务人员都能遵守这些既定规则。服务质量标准作为酒店质量管理体系中的前提，为酒店服务质量评价提供了依据，并将通过评价来确保其执行。

2．酒店服务过程

评价酒店服务的过程即考察酒店服务中的各环节顺序是否恰当，目的在于保持活动的逻辑顺序和对服务资源的协调利用。以房务员打扫房间为例，服务员应该先做走客房还是住客房，还是 ooo（out of order）房？酒店服务工作的各项作业流程如何？通过对酒店服务过程、作业流程的规定与评价，可以发现和改正服务工作中的协调性与行动顺序上的问题，并不断改善服务质量。

3．酒店组织结构和酒店服务结构

评价为客人提供服务的酒店组织构成及酒店服务本身的结构。对酒店服务而言，有形设施和组织设计上是否充足？有形设施和设备只是结构的一部分，人员资格和组织设计也是重要的质量因素。以餐饮部各班组为服务的活动单位为例，卫生、清洁、高档的餐具可以提高餐饮服务的质量，更重要的是，在各班组中开展评比与竞争，将激励机制引入其中，使每一位服务人员都产生工作的压力，才能有利于保证与提高餐饮的服务质量。

4．服务结果

服务结果是酒店服务质量评价的重要范围之一。服务结果不仅是客人评价酒店服务质量的重要方面，也是酒店进行服务质量管理的主要内容。酒店服务质量评价所考察的酒店服务结果包括“酒店服务会导致哪些状况的改变？”、“顾客满意吗？”等涉及酒店服务最终结果的问题。例如，餐桌上要求顾客评价服务质量的卡片。顾客抱怨是反映质量结果的有效指标之一。抱怨水平的上升一定说明服务质量的不可接受。通过跟踪这些指标（如投诉率），就可以监督服务结果质量的变化。

参 考 文 献

[1] 王孟津，谢敏．酒店企业管理 [M]．上海：华东师范大学出版社，2008．
[2] 阮晓明．饭店管理基础 [M]．杭州：浙江大学出版社，2009．
[3] 朱承强．现代饭店管理 [M]．北京：高等教育出版社，2002．
[4] 程旭东．现代酒店管理 [M]．北京：人民邮电出版社，2011．
[5] 徐文苑．现代饭店管理概论 [M]．北京：清华大学出版社，2008．
[6] 刘叶飙．酒店营销学 [M]．北京：高等教育出版社，2004．

综合实训

1．酒店服务质量分析

实　训　内　容	
训练目的	培养学生独立进行服务质量分析的能力
训练程序	(1) 将学生分成几个小组，调查收集一家酒店的服务质量问题信息 (2) 对收集到的有关质量信息进行分类和分析 (3) 找出该酒店服务质量存在的主要问题 (4) 学生互评，最后教师总结点评
训练提示	运用所学的服务质量分析方法，制作该酒店的服务质量问题因果分析图，并提出改进的措施
思考	通过这次活动，我学到了什么

2．酒店服务质量控制

实　训　内　容	
训练目的	使学生了解质量监督的基本过程，初步了解服务质量控制的方法
训练程序	(1) 安排学生到校内实训基地（酒店或餐厅均可）轮流担任质量监督助理 (2) 按业务流程把相关学生确定为各个阶段的质量监督助理，负责质量监督和检查 (3) 在顶岗实训前，要对学生进行培训，明确其责任和义务 (4) 学生在实训后应总结出一套质量控制行之有效的方法，且具有创新性
训练提示	实习酒店要对学生进行评估，教师负责对学生的报告及其表现打分
思考	通过这次活动，我学到了什么